The Practitioner's Guide to Graph Data

실무자를 위한 그래프 데이터 활용법

실무자를 위한 그래프 데이터 활용법

그래프를 그리면 세상이 보인다. 그래프 씽킹으로 시작하는 그래프 데이터베이스 사용 안내서

초판 1쇄 발행 2022년 05월 10일

지은이 데니즈 고즈넬, 마티아스 브뢰헬러 / **옮긴이** 우정은 / **펴낸이** 김태헌
베타리더 김용회, 윤다영, 이석곤, 이승표, 이요셉, 장대혁, 전종희, 조현석, 황시연
펴낸곳 한빛미디어(주) / **주소** 서울시 서대문구 연희로2길 62 한빛미디어(주) IT출판부
전화 02-325-5544 / **팩스** 02-336-7124
등록 1999년 6월 24일 제25100-2017-000058호 / **ISBN** 979-11-6224-559-0   93000

총괄 전정아 / **책임편집** 서현 / **기획 · 편집** 정지수
디자인 표지 이아란 내지 박정화 / **전산편집** 이경숙
영업 김형진, 김진불, 조유미, 김선아 / **마케팅** 박상용, 송경석, 한종진, 이행은, 고광일, 성화정 / **제작** 박성우, 김정우

이 책에 대한 의견이나 오탈자 및 잘못된 내용에 대한 수정 정보는 한빛미디어(주)의 홈페이지나 아래 이메일로
알려주십시오. 잘못된 책은 구입하신 서점에서 교환해드립니다. 책값은 뒤표지에 표시되어 있습니다.
한빛미디어 홈페이지 www.hanbit.co.kr / 이메일 ask@hanbit.co.kr

지금 하지 않으면 할 수 없는 일이 있습니다.
책으로 펴내고 싶은 아이디어나 원고를 메일(writer@hanbit.co.kr)로 보내주세요.
한빛미디어(주)는 여러분의 소중한 경험과 지식을 기다리고 있습니다.

The Practitioner's Guide to Graph Data

실무자를 위한 그래프 데이터 활용법

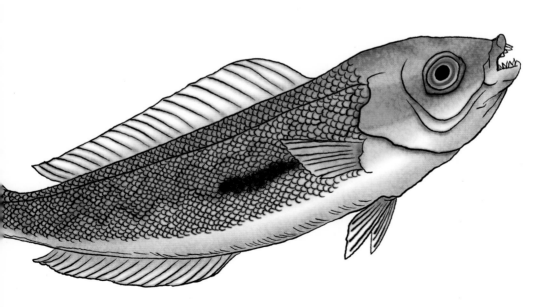

O'REILLY® **한빛미디어** Hanbit Media, Inc.

계산을 빠르게 하기 위해 시작된 컴퓨터의 역사는 대량의 데이터를 처리하기 위한 기술의 발전과 더불어 관계형 데이터베이스를 통해 오늘날에 이르렀다. 이후 인터넷의 확산과 개인 미디어 시대의 발전으로 데이터는 폭발적으로 증가했고 NoSQL 시대가 열렸다. 스마트폰으로 대변되는 모바일 환경의 대중화는 소셜 미디어로 대표되는 새로운 서비스들을 대거 등장시켰고 이로 인해 그래프 형태의 데이터가 각광받는 시대로 진입하였으나 아직까지 일부 글로벌 서비스 기업을 제외하고 이전 시대의 전유물에 머무르고 있는 것이 사실이다. 이 책은 그래프 씽킹이란 개념을 도입해 데이터의 관계를 그래프로 표현하고 숨은 가지(연결)를 찾는 과정을 통해 새로운 시대로 안내한다. 또한 더 나아가 실무적인 예제를 살펴보며 개념을 내재화하도록 도우며 직접 현장에 적용할 수 있도록 가이드한다. 우리의 사고방식을 전환해 시대에 발맞춰 앞으로 나아갈 수 있도록 하는 데 이 책이 도움이 될 것이다.

김용회, (주)씨에스피아이

필자는 관계형, NoSQL에 대해서 어느 정도 배경지식을 가지고 있었다. 그래프 데이터베이스에 대해서도 어느 정도 개념적으로 알고 있었지만 실제 개발을 하기 위해 예제 코드를 찾는 데 어려움이 많았다. 하지만 이 책에서 모든 고민을 해결할 수 있었다. 이론과 실무 관점에서 잘 쓰였고, 그래프 알고리즘(이웃 탐색, 최단 경로, 트리 사용 등)을 탐색하고 그래프 솔루션에 적합한 좋은 비즈니스 사례를 배울 수 있었다. 그래프 씽킹을 배워보고 싶은 분들에게 추천한다.

이석곤, (주)아이알컴퍼니 빅데이터 팀

최근 SNS를 통한 플랫폼이 점점 더 우리 생활에 파고드는 것을 느낀다. SNS는 이웃 간의 관계를 관리하는 데이터베이스의 활용이 매우 중요한 서비스다. 이 분야에 그래프 알고리즘을 통한 데이터베이스가 사용되고 메타(구 페이스북)는 아파치 카산드라를 사용하는 것으로 알려져 있다. 이 책 역시 아파치 카산드라를 통한 그래프 알고리즘과 데이터베이스 사용법을 소개한다. SNS 서버 구축에 입문하거나 참고서로 활용하고 싶다면 이 책을 펼쳐보자.

이승표, 게임 서버 프로그래머

단단하고 꼼꼼하게 그래프 데이터베이스에 입문할 수 있는 책. 그래프 데이터베이스에 대한 개념이 약한 초보자를 위해 관계형 데이터베이스와 꼼꼼하게 비교해주는 점이 좋았다. 심지어 예제까지 관계형으로 먼저 만든 뒤 그래프 형태로 다시 바꿔보는 접근 방식 덕분에 개념을 더 쉽게 이해할 수 있었다.

이요셉, 지나가던 IT인

RDBMS, NoSQL 다음은 그래프 데이터베이스 차례라고 생각한다. 온톨로지와 지식 그래프는 그래프 데이터베이스와 관련이 깊다. 이 분야는 2000년대에 와서 활발히 발전하고 있고, 최근에 관련된 오픈 소스 또는 이를 솔루션으로 내세우는 기업들도 볼 수 있다. 트렌드에 맞춰 그래프 데이터베이스에 대한 기초 이론과 오픈 소스 도구를 익혀보고 싶다면 이 책이 큰 도움이 될 것이다.

장대혁, 휴넷 인공지능교육연구소

최근 네트워크 마케팅, 사기 탐지, 위협 행위 탐지, 질병 탐색 등 많은 분야에서 유용한 결과를 도출하기 위해 그래프를 다방면으로 사용한다. 그래프 데이터베이스를 이용한 유명 사례로 파나마 페이퍼스 사건이 있다. 그래프 씽킹은 기존 데이터 처리 방식과 다른 접근 방법으로 데이터 내에 연결된 관계를 사고하는 방식이며, 그 가능성이 한계를 뛰어넘고 있다. 그래프 씽킹 기반으로 그래프 데이터베이스를 시작하려는 개발자나 실무자라면 반드시 읽어야 하는 유익한 책이다.

전종희, 엔코아 데이터 서비스 센터 그래프 데이터베이스 팀 선임

구글의 페이지랭크 알고리즘은 찾고 싶은 정보와 가장 관련이 깊은 결과를 제공하기 위해 문서와 문서 사이의 그래프를 만들고, 이를 분석해 중요한 문서를 판별하는 방식으로 구현된다. 이처럼 이 책에서는 그래프 씽킹으로 사고방식을 전환하면 데이터에서 가장 중요한 가치를 얻을 수 있고, 2020년 이후는 그래프 데이터베이스의 시대가 될 것이라고 확언한다. 특히 이 책에서는 세상을 그래프로 모델링하는 방법과 노하우를 공유한다. 이제 정점과 정점을 연결해주는 간선, 그리고 이 그래프를 통해 세상을 이해해보자.

조현석, 사람 사이의 더 나은 연결을 꿈꾸는 컨스택츠 개발자

딱딱한 이론 위주의 책이라 생각하고 읽었다. 하지만 이론을 뒷받침하는 풍부한 그림과 실습 예제를 보면서 생각은 달라졌다. 다른 책들과 달리 실습에서 오류 케이스를 보여주며 잘못된 부분을 상세하게 설명해준 덕분에 그래프 데이터를 학습하는 데 큰 도움이 되었다. 또한 실무에서 직접 사용되는 사례를 예제로 살펴볼 수 있어 매우 유용했다. 이 책은 알고리즘을 공부하는 학생이나 기존 데이터베이스를 그래프 데이터베이스로 이전하는 분들에게 길잡이가 될 것이다.

황시연, 소프트웨어 개발자

지은이 데니즈 고즈넬 Denise Gosnell

데이터스택스Datastax의 최고 데이터 책임자(CDO). 2017년 데이터스택스에 합류해 세계에서 가장 큰 분산 그래프 애플리케이션을 개발하는 Global Graph Practice 팀을 만들고 이끌었다. 미국 국립과학재단 펠로로 테네시 대학교University of Tennessee에서 컴퓨터 공학 박사 학위를 취득했다. 그래프 알고리즘을 활용해 소셜 미디어 상호작용 기반으로 사용자 신원을 예측하는 '소셜 지문social fingerprinting' 개념을 만들고 연구했다.

주요 경력은 그래프 데이터 애플리케이션을 조사하고, 적용하고, 지지하는 것과 관련된다. 그래프 이론, 그래프 알고리즘, 그래프 데이터베이스와 관련한 특허를 출원하고 출판했으며, 이와 연계된 다양한 주제의 연사로도 활동한다. 데이터스택스에서 일하기 전에는 의료 산업에 근무하면서 허가형 블록체인, 그래프 분석과 데이터 과학에 적용하는 머신러닝 등의 소프트웨어 솔루션을 개발했다.

지은이 마티아스 브뢰헬러 Matthias Broecheler

데이터스택스의 최고 기술 책임자(CTO)이며 수많은 연구 개발 경험을 보유한 기업가다. 혁신적인 소프트웨어 기술과 복잡한 시스템 이해를 집중적으로 연구한다. 그래프 데이터베이스, 관계형 머신러닝, 일반적인 빅데이터 분석 분야의 전문가로 유명하다. 린 방법론과 꾸준한 실험을 통해 지속적인 향상을 추구한다. 타이탄Titan 그래프 데이터베이스를 만들었고 아우렐리우스Aurelius를 설립했다.

옮긴이 소개

옮긴이 우정은 realplord@gmail.com

인하대학교 컴퓨터공학과를 졸업하고 LG전자, 썬 마이크로시스템즈, 오라클 등에서 모바일 제품 관련 개발을 하다가 현재는 뉴질랜드 웰링턴에 있는 Xero에서 모바일 앱 개발자로 새로운 인생을 즐기고 있다. 2010년 아이폰의 매력에 빠져들면서 번역과 개발을 취미로 삼고 꾸준히 서적을 번역한다. 옮긴 책으로는 『무던한 개발자를 위한 모던한 자바스크립트』, 『디노 첫걸음』, 『플러터 인 액션』, 『처음 배우는 스위프트』, 『실전 자바 소프트웨어 개발』, 『모던 자바 인 액션』(이상 한빛미디어) 등이 있다.

옮긴이의 말

이 책은 그래프 기술, 그래프 씽킹이라는 흥미로운 개념을 소개한다. 대학교에서 컴퓨터 공학을 전공하면서 그래프를 배운 이후로 실전에서 그래프를 사용했던 경험은 거의 없다. 실제 업무에서는 관계형 데이터베이스 또는 NoSQL을 사용하는 상황이 대부분이었다. 그런 점에서 그래프를 실전 문제에 적용하는 방법을 설명하는 이 책이 아주 흥미로웠다.

이 책에서는 여러 데이터베이스 기술을 설명하고 관계형 데이터베이스와 그래프 기술의 차이를 설명한다. 물론 이 책은 그래프 기술을 설명하는 책이므로 복잡한 문제를 그래프 기술로 해결하는 법을 설명하지만, 그 과정에서 항상 그래프 기술을 사용하는 것이 최선의 방법이 아닐 수도 있는 이유도 제시한다. 이를 통해 여러분이 균형 잡힌 견해를 유지하도록 돕는다.

실전에 그래프 기술을 잘 적용할 수 있도록 처음에는 개발 모드로 프로그램을 개발하고 이후로 최적화를 적용한다. 이 방식은 실전에서도 아주 유용한 접근 방법이다. 이 책에서 그래프 탐색 개념을 많이 사용하는데, 개념은 기존의 그래프 이론과 동일하다. 다만 이러한 그래프 탐색을 구현할 수 있도록 데이터를 모델링하고 그렘린 언어로 구현하는 과정은 정말 흥미롭다. 이 책을 통해 그래프 기술의 무한한 가능성을 확인할 수 있으며, 이는 관련 업계에 있는 사람뿐 아니라 그래프 기술과 직접 관련이 없는 모바일 앱 개발자인 역자에게도 아주 흥미로운 내용이었다.

완성도 높은 번역서가 출판될 수 있도록 항상 노력해주시는 정지수 편집자님께 감사드린다. 바쁜 일상에서도 늘 역자를 지지해주는 아내 서윤정 양에게 감사한다.

우정은

이 책에 대하여

소셜 미디어 플랫폼에서 누군가를 검색하는 화면을 떠올려보자. 결과 페이지에 어떤 내용이 나타날까? 아마 여러분은 결과 페이지에 나타난 이름 목록을 하나씩 살펴볼 것이다. 그중에서도 '공통 인맥(함께 아는 친구)shared friends'가 얼마나 되는지에 먼저 관심이 간다.

이렇게 소셜 미디어에서 공통 인맥을 먼저 살펴보는 사람의 본능에 대한 관찰이 이 책을 집필하도록 만들었다. 하지만 이 책을 집필하는 데에는 서로 다른 두 가지 이유가 있었다.

첫째, 여러분은 앱이 '공통 인맥' 섹션을 어떻게 만드는지 생각해본 적이 있는가? 결과 페이지에 '공통 인맥' 기능을 제공하려면 다양한 도구와 데이터를 통합해 극도로 복잡한 분산 문제를 해결해야 한다. 필자들은 '공통 인맥' 섹션을 구축하고 이를 구현하는 도구를 만든 경험이 있다. 지금까지의 경험을 토대로 습득한 지식을 다른 사람들과 공유하기 위해 이 책을 집필했다.

둘째, 소셜 미디어를 사용해본 사람이라면 직관적으로 '공통 인맥' 섹션에서 개인적인 인맥 관계를 도출할 수 있다. 데이터의 관계를 추론하고 사고하는 과정을 **그래프 씽킹**graph thinking이라 부르며, 이는 연결된 데이터를 사람이 이해하는 방식으로 표현한 것이다.

필자들도 이 모든 기술을 한꺼번에 모두 터득한 것은 아니다. 사람, 장소 또는 사물 간의 관계를 어떻게 처리할 것인지 고민하는 과정을 거치면서 기술을 익혀왔다. 실생활에서든 데이터에서든 관계 속에서 맥락을 쉽게 파악하는 인간의 능력으로 인해 그래프 씽킹에 주목하게 되었다.

그래프 씽킹을 이해할 때, 대부분의 사람들은 두 가지 진영으로 나뉜다. 막대그래프처럼 그래프를 단순하게 취급하는 진영과 그래프가 너무 복잡해서 이해할 수 없다는 진영이다. 그러나 두 진영 모두 그래프로 생각하는 과정에서는 데이터와 기술에 대한 기존의 접근 방식이 그대로 적용된다. 하지만 이제 가능성의 한계가 바뀌었고, 도구가 개선되었으며, 배워야 할 새로운 교훈들이 많아졌다.

필자들은 그래프는 매우 강력하며 실용적이라 믿는다. 그래프 기술을 이용해 여러분의 생산성을 끌어올릴 수 있으며, 이미 다른 팀들과 협업하며 이 사실을 확인했다.

이 책은 두 가지 사고방식을 모두 유지한다.

그래프 씽킹은 사람이 보고 듣고 행동하는 방식과 데이터를 이용해 현명하게 판단하는 방식 사이의 격차를 줄인다. 세상을 행과 열로 이루어진 스프레드시트상의 데이터로 표현하고 이를 이용해 결정을 내린다고 상상해보자. 대부분의 사람이 어색하게 느낄뿐더러 생산성과도 거리가 멀다. 행과 열 데이터로 이루어진 세계는 컴퓨터에 친숙한 환경일 뿐이다. 실생활에서 사람들은 관계를 통해 삶을 탐색하고 추론한다.

그래프 씽킹은 '관계'를 중심으로 복잡한 문제를 해결한다. 그래프 기술은 '관계'와 최신 컴퓨터 기반 구조의 선형 메모리 구조의 간극을 좁힌다. 점점 더 많은 사람들이 그래프 씽킹을 적용해 그래프 기술 사용법을 깨닫게 된다면 앞으로 어떤 혁신의 물결이 일어날지 상상해보자.

대상 독자

이 책에서는 다음 두 가지를 배울 수 있다. 첫째, 데이터와 관련된 질문과 추론 과정을 통해 그래프 씽킹, 그래프 사고방식mindset을 배운다. 둘째, 가장 흔히 발생하는 복잡한 그래프 문제를 해결하는 방법을 터득한다.

이 책에서 등장하는 새로운 개념은 다른 엔지니어링 기능에서 일반적으로 수행하는 몇 가지 작업을 활용하고 응용한 개념이다.

데이터 엔지니어와 아키텍트는 아이디어를 개발해 제품으로 변환하는 과정에서 가장 핵심적인 역할을 담당한다. 이 책에서는 개발에서 제품으로 이동할 때 흔히 발생할 수 있는 문제를 그래프 데이터와 도구로 해결하는 방법을 설명한다. 데이터 엔지니어와 아키텍트는 그래프 씽킹을 이해함으로써 새로운 가능성의 세계를 만날 것이다. 그래프 데이터로 해결할 수 있는 문제를 잘 조합하면 애플리케이션에서 사용할 수 있는 새로운 패턴을 발견하게 될 수도 있다.

데이터 과학자와 데이터 분석가가 그래프 데이터를 이용하면, 흥미로운 질문에 답하는 추론 과정에서 가장 큰 효과를 볼 수 있다. 이 책에서 제공하는 모든 예제는 그래프 데이터에 질의 우선query-first 접근 방식을 적용한다. 또한 데이터 과학자와 분석가는 제품용 애플리케이션에 분산 그래프 데이터를 적용하는 일이 얼마나 복잡한지도 알게 될 것이다. 책 전반에 걸쳐 개발 과정에서 흔히 발생하는 함정과 해결하는 과정을 보여주므로 여러분은 이를 응용해 새로운 형식의 문제를 해결하는 능력을 갖출 수 있다.

컴퓨터 과학자는 함수형 프로그래밍과 분산 시스템에서 그래프 데이터를 질의하고 추론하는 방법을 배울 수 있다. 그래프 도구를 활용해 그래프 데이터를 순서대로 탐색하는 방법을 학습하고 이 과정에서 분산 기술도 배운다.

이 책은 그래프 데이터와 분산 시스템의 복잡한 문제를 종합적으로 다룬다. 어떠한 기술자든 배우고 싶어 할 만한 엔지니어링 주제가 흥미롭게 엮여 있다.

목표

이 책의 첫 번째 목표는 다양한 영역에 걸쳐 있는 지식으로 새로운 기반을 만드는 것이다. 이 책에서는 그래프 이론, 데이터베이스 스키마, 분산 시스템, 데이터 분석 등 다양한 분야의 개념을 활용한다. 이런 다양한 개념들의 교집합에서 **그래프 씽킹** 개념이 형성된다. 새로운 응용 영역을 정의하려면 새로운 용어, 예제, 기법 들이 필요하다. 이 책은 새롭게 등장하는 영역을 이해할 수 있는 기초를 제공하고자 한다.

지난 십여 년 동안 그래프 기술이 발전하면서, 실제 애플리케이션에 그래프 데이터를 적용하는 공통적인 패턴이 형성되었다. 이 패턴을 설명하는 것이 이 책의 두 번째 목표다. 복잡한 문제를 그래프 기술로 해결하는 가장 일반적인 방법을 정의하고 설명한 다음, 이를 구축하고 구현해본다. 이 책을 읽고 나면 흔히 발생하는 문제를 해결하는 데 사용할 수 있는 '그래프 기술로 구축한 일련의 템플릿'을 갖게 된다.

세 번째 목표는 여러분의 사고방식을 변화시키는 것이다. 여러분의 문제에 그래프 데이터를 이해하고 적용하려면 사고 과정부터 바꿔야 한다. 다양한 예제를 살펴보며 애플리케이션에서 그래프 데이터를 사고하고 추론하는 여러 방법을 안내한다. 또한 기술 결정 과정에 그래프 씽킹을 적용할 때 필요한 모든 것을 소개한다.

구성

이 책의 구성은 다음과 같다.

- 1장에서는 그래프 씽킹 개념을 정의하고 복잡한 문제에 이를 적용하는 과정을 소개한다.
- 2장, 3장에서는 이 책에서 사용할 기초적인 그래프 개념을 소개한다.
- 4장, 5장에서는 그래프 씽킹과 분산 그래프 기술을 적용해 오늘날 가장 유명한 그래프 데이터 사용 사례인 세일즈포스닷컴salesforce.com의 Customer 360 은행 애플리케이션을 개발한다.
- 6장, 7장에서는 가상의 전기 회사인 에지 에너지Edge Energy 사례를 살펴보며 계층 데이터, 중첩된 그래프 데이터를 소개한다. 6장에서는 흔히 발생하는 오류를 설명하고 7장에서 이를 해결한다.
- 8장, 9장에서는 소셜 거래 네트워크에서 경로를 이용해 신뢰를 수량화하는 방법을 안내하며 그래프 데이터에서 경로를 찾는 법을 자세히 살펴본다.
- 10장, 12장에서는 그래프 데이터의 협업 필터링collaborative filtering을 이용해 넷플릭스와 비슷한 영화 추천 시스템을 설계해본다.
- 11장은 보너스 장으로 여러 데이터셋을 한 개의 큰 그래프로 만들어 분석하고 개체 해석entity resolution을 적용하는 법을 설명한다.

이 책은 두 장씩(4장과 5장, 6장과 7장, 8장과 9장, 10장과 12장) 쌍으로 구성된다. 각 쌍의 첫 번째 장은 새로운 개념과 사용 사례를 개발 환경 측면에서 소개한다. 두 번째 장에서는 실제 배포할 제품에서 발생할 수 있는 성능과 확장성 문제를 해결하는 방법을 자세히 살펴본다.

예제 코드

이 책에서 사용하는 예제 코드와 연습 문제는 `https://github.com/datastax/graph-book`에서 내려받을 수 있다.

감사의 말

이 책을 읽고 교정하고 조언하는 데 소중한 시간과 전문 지식을 아낌없이 나눠준 여러 사람에게 감사를 전한다.

Jeff Bleiel이 이끄는 세계적인 수준의 편집 팀과 작업하는 영광을 얻었다. Alexey Ott, Lorina Poland, Daniel Kuppitz로 구성된 기술 편집 팀은 그들의 소중한 경험을 활용해 그래프 기술을 만들고, 개발하고, 집필하는 데 도움을 주었다. 이들의 도움 덕분에 책의 품질을 한층 더 끌어올릴 수 있었다. 글의 품질과 정확성을 개선하기 위한 끊임없는 노력에 감사를 전한다.

이 책을 만드는 데 협력하도록 팀을 격려하고 지원해준 데이터스택스에도 감사한다. 데이터스택스 그래프 엔지니어링 팀인 Eduard Tudenhoefner, Dan LaRocque, Justin Chu, Rocco Varela, Ulises Cerviño Beresi, Stephen Mallette, Jeremiah Jordan의 지원과 검토 그리고 제품화 과정의 변경 등은 아주 큰 도움이 되었다. 이 책의 아이디어를 조직하고 구현하는 데 많은 시간을 할애한 Bryn Cooke에게 특히 감사한다.

데이터스택스와 마찬가지로 많은 사람들이 정해진 것보다 많은 시간을 할애해 필자들을 지원했다. 집필 작업에 전문성을 기여하고 지지해준 Dave Bechberger, Jonathan Lacefield, Jonathan Ellis에 감사한다. 책을 집필하면서 Daniel Farrell, Jeremy Hanna, Kiyu Gabriel, Jeff Carpenter, Patrick McFadin, Peyton Casper, Matt Atwater, Paras Mehra, Kelly Mondor, Jim Hatcher와 나눈 대화는 생각보다 더 큰 영향을 미쳤다. 정말 감사한다.

이 책의 모든 내용과 예제는 전 세계의 동료들과 협력하고 경험하면서 영감을 얻은 결과물이다. 마지막으로 우리와 대화를 나누고 책의 전체적인 방향을 설정하는 데 도움을 준 Matt Aldridge, Christine Antonsen, David Boggess, Sean Brandt, Vamsi Duvvuri, Ilia Epifanov, Amy Hodler, Adam Judelson, Joe Koessler, Eric Koester, Alec Macrae, Patrick Planchamp, Gary Richardson, Kristin Stone, Samantha Tracht, Laurent Weichberger, Brent Woosley에 감사한다. 여러분 개개인과 나눈 대화, 그리고 여러분이

공유한 정보를 이 책에서 나눌 수 있는 것은 큰 특권이었다. 여러분의 목소리, 경험, 아이디어를 공유해줘서 고맙다.

이 여행에서 데니즈에게 조언해준 Teresa Haynes, Debra Knisley에게 데니즈의 개인적인 감사를 전한다. 여러분은 그래프 이론 열정에 기름을 부었고, 나아갈 힘을 제공했다. 여러분이 없었다면 이 여행을 시작하지도 못했을 것이다. Mike Berry는 감사하게도 작업을 완료하는 방법과 아이디어를 키우는 방법을 알려줬다. Ted Tanner는 열정을 가지고 만들어 훌륭하게 전달하는 방법(타이밍과 실천이 핵심임)을 직접 보여주었다. Mike Canzoneri가 알고 있을지 모르겠지만, 그는 감사하게도 이 책을 집필하는 데 결정적 역할을 했다. 그리고 무엇보다도 집필하는 동안 꾸준히 도움을 준 Ty는 비공식적인 '제3의 저자'라고 할 수 있다. 무한한 긍정을 보내준 그에게 고마움을 전한다.

CONTENTS

추천사 ·· 4

지은이 소개 ··· 7

옮긴이 소개 ··· 8

옮긴이의 말 ··· 9

이 책에 대하여 ·· 10

감사의 말 ·· 14

CHAPTER **1** **그래프 씽킹**

1.1 떠오르는 그래프 기술 ··· 28

    1.1.1 1960~1980년대: 계층 데이터 ··· 29

    1.1.2 1980~2000년대: 개체–관계 ·· 30

    1.1.3 2000~2020년대: NoSQL ·· 31

    1.1.4 2020년대 이후: 그래프 ··· 33

1.2 그래프 씽킹이란 ··· 35

    1.2.1 복잡한 문제와 복잡한 시스템 ·· 36

    1.2.2 비즈니스의 복잡한 문제 ·· 36

1.3 복잡한 문제를 해결하는 기술 선택하기 ·································· 38

    1.3.1 그래프 데이터가 있다면, 다음 단계는? ······························· 42

    1.3.2 더 큰 그림 ·· 46

1.4 그래프 씽킹 여정 시작하기 ·· 47

2.1 2장 미리 보기: 관계형 개념을 그래프 용어로 변환하기 ·················· **49**

2.2 관계형과 그래프의 차이 ·················· **50**

   2.2.1 예제에 사용할 데이터 ·················· **51**

2.3 관계형 데이터 모델링 ·················· **53**

   2.3.1 개체와 속성 ·················· **54**

   2.3.2 ERD 구축 ·················· **55**

2.4 그래프 데이터의 개념 ·················· **56**

   2.4.1 그래프의 기본 요소 ·················· **56**

   2.4.2 인접 ·················· **57**

   2.4.3 이웃 ·················· **57**

   2.4.4 거리 ·················· **58**

   2.4.5 차수 ·················· **59**

2.5 그래프 스키마 언어 ·················· **60**

   2.5.1 정점 레이블과 간선 레이블 ·················· **61**

   2.5.2 프로퍼티 ·················· **62**

   2.5.3 간선 방향 ·················· **63**

   2.5.4 자기 참조 간선 레이블 ·················· **66**

   2.5.5 그래프의 다중성 ·················· **66**

   2.5.6 전체적인 그래프 모델 예제 ·················· **70**

2.6 관계형 vs 그래프: 결정 고려 사항 ·················· **71**

   2.6.1 데이터 모델링 ·················· **71**

   2.6.2 그래프 데이터 이해하기 ·················· **72**

   2.6.3 데이터베이스 설계와 애플리케이션 목표 혼합하기 ·················· **72**

2.7 마치며 ·················· **73**

CONTENTS

CHAPTER **3 간단한 Customer 360**

3.1 3장 미리 보기: 관계형 vs 그래프 ···················· **76**

3.2 그래프 데이터 기본 사용 사례: Customer 360(C360) ············· **76**

  3.2.1 C360에 관심을 가져야 하는 이유 ················· **78**

3.3 관계형 시스템으로 C360 애플리케이션 구현하기 ·········· **79**

  3.3.1 데이터 모델 ························· **80**

  3.3.2 관계형 구현 ························· **82**

  3.3.3 C360 질의 예제 ······················ **88**

3.4 그래프 시스템으로 C360 애플리케이션 구현하기 ·········· **91**

  3.4.1 데이터 모델 ························· **92**

  3.4.2 그래프 구현 ························· **93**

  3.4.3 C360 질의 예제 ······················ **102**

3.5 관계형 vs 그래프: 선택의 기로에 서 있다면 ············ **107**

  3.5.1 데이터 모델링 ······················· **107**

  3.5.2 관계 표현 ························· **108**

  3.5.3 질의 언어 ························· **109**

  3.5.4 핵심 사항 ························· **110**

3.6 마치며 ···························· **110**

  3.6.1 관계형을 이용하지 않는 이유 ················· **111**

  3.6.2 여러분의 C360 애플리케이션에 적합한 기술 선택하기 ········ **112**

CHAPTER **4 이웃 탐색 개발**

4.1 4장 미리 보기: 더 현실적인 C360 만들기 ············· **115**

4.2 그래프 데이터 모델링 101 ···················· **116**

  4.2.1 정점과 간선 구분하기 ···················· **117**

4.2.2 길을 잃었다면, 방향을 따라가자 ···················· **120**

4.2.3 그래프에 이름이 없음 ···················· **124**

4.2.4 전체 그래프 모델 개발 ···················· **126**

4.2.5 구현을 시작하기 전 ···················· **129**

4.2.6 데이터, 질의, 최종 사용자의 중요성 ···················· **129**

4.3 이웃 탐색 개발 세부 구현 ···················· **130**

4.3.1 확장된 예제에 사용할 데이터 추가 생성하기 ···················· **132**

4.4 기본적인 그렘린 탐색 ···················· **133**

4.5 고급 그렘린: 질의 결과 다듬기 ···················· **142**

4.5.1 project(), fold(), unfold()로 질의 결과 다듬기 ···················· **143**

4.5.2 where(neq()) 패턴으로 결과에서 데이터 제거하기 ···················· **147**

4.5.3 coalesce()로 탄탄한 결과 페이로드 계획하기 ···················· **149**

4.6 개발 단계에서 제품 단계로 이동하기 ···················· **153**

CHAPTER 5 이웃 탐색 제품화

5.1 5장 미리 보기: 아파치 카산드라의 분산 그래프 데이터 이해하기 ···················· **157**

5.2 아파치 카산드라에서 그래프 데이터 사용하기 ···················· **158**

5.2.1 데이터 모델링을 이해하는 데 가장 중요한 기본 키 ···················· **158**

5.2.2 분산 환경에서의 파티션 키와 데이터 지역성 ···················· **160**

5.2.3 간선 이해 1부: 인접 리스트의 간선 ···················· **165**

5.2.4 간선 이해 2부: 클러스터링 열 ···················· **167**

5.2.5 간선 이해 3부: 탐색을 위한 구체화 뷰 ···················· **171**

5.3 그래프 데이터 모델링 201 ···················· **175**

5.3.1 지능형 인덱스 추천 시스템으로 인덱스 찾기 ···················· **179**

5.4 최종 제품 구현 ···················· **181**

5.4.1 간선에 구체화 뷰, 시간 추가하기 ···················· **181**

CONTENTS

5.4.2 최종 C360 제품 스키마 ·· **183**

5.4.3 그래프 데이터 벌크 로딩 ·· **185**

5.4.4 간선의 시간을 사용하도록 그렘린 질의 갱신하기 ·························· **188**

5.5 더 복잡한, 분산 그래프 문제 ·· **192**

5.5.1 개발 모드에서 제품 모드로 이동할 때 유용한 10가지 팁 ·················· **192**

CHAPTER 6 **트리 사용 개발**

6.1 6장 미리 보기: 트리 탐색, 계층 데이터, 순환 ······························ **195**

6.2 세 가지 예제로 살펴보는 계층, 중첩 데이터 ································· **196**

6.2.1 BOM의 계층 데이터 ··· **196**

6.2.2 버전 관리 시스템의 계층 데이터 ·· **197**

6.2.3 자체 구성 네트워크의 계층 데이터 ·· **198**

6.2.4 계층 데이터에 그래프 기술을 사용하는 이유 ···························· **199**

6.3 용어의 숲에서 길 찾기 ·· **199**

6.3.1 트리, 루트, 리프 ·· **200**

6.3.2 보행, 경로, 순환의 깊이 ·· **201**

6.4 센서 데이터로 계층 구조 이해하기 ··· **203**

6.4.1 데이터 이해 ·· **203**

6.4.2 그래프 스키마 언어 표기법을 이용한 개념적 모델 ······················ **210**

6.4.3 스키마 구현 ·· **211**

6.4.4 질의를 만들기 전 ·· **215**

6.5 개발 모드: 리프에서 루트로 질의하기 ·· **215**

6.5.1 어느 센서의 정보를 전달하는가? ·· **216**

6.5.2 이 센서는 어떤 경로로 정보를 타워에 전달하는가? ····················· **220**

6.5.3 상향식에서 하향식으로 ·· **226**

6.6 개발 모드: 루트에서 리프로 질의하기 ·· **227**

6.6.1 설정 질의: 센서가 가장 많이 연결된 타워 찾기 ································· **227**

6.6.2 Georgetown과 직접 연결된 센서 찾기 ······································· **229**

6.6.3 Georgetown과 연결된 모든 센서 찾기 ······································· **230**

6.6.4 재귀에서 깊이 제한하기 ·· **233**

6.7 시간 정보 확인 ·· **234**

CHAPTER 7 **트리 사용 제품화**

7.1 7장 미리 보기: 분기 계수, 깊이, 간선의 시간 이해 ····················· **235**

7.2 센서 데이터의 시간 이해 ·· **236**

7.2.1 그래프의 시계열 데이터 최종 요약 ··· **245**

7.3 분기 계수 이해 ·· **246**

7.3.1 분기 계수 개념 ··· **246**

7.3.2 분기 계수 문제 해결법 ·· **248**

7.4 센서 데이터 제품 스키마 ·· **249**

7.5 제품 모드: 리프에서 루트로 질의하기 ·· **251**

7.5.1 이 센서는 데이터를 언제, 어디로 전송했는가? ····························· **251**

7.5.2 한 센서에서 시작해 시간순으로 트리를 올라가는 모든 경로 찾기 ········· **252**

7.5.3 이 센서에서 시작하는 유효 트리 찾기 ······································· **255**

7.5.4 고급 그렘린: where().by() 패턴 이해하기 ·································· **258**

7.6 제품 모드: 루트에서 리프로 질의하기 ·· **260**

7.6.1 어떤 센서가 Georgetown에 시간별로 직접 연결되어 있는가? ············ **260**

7.6.2 Georgetown에서 센서로 내려가는 유효 경로는? ·························· **262**

7.7 타워 장애 시나리오에 질의 적용하기 ·· **266**

7.7.1 복잡한 문제에 최종 결과 적용하기 ··· **271**

7.8 나무를 위해 숲 보기 ·· **272**

CONTENTS

CHAPTER **8 경로 찾기 개발**

8.1 8장 미리 보기: 네트워크의 신뢰 수량화하기 ·· **274**

8.2 세 가지 예제로 살펴보는 신뢰 ·· **274**

8.2.1 누군가의 초대를 얼마나 신뢰할 수 있을까? ·· **274**

8.2.2 수사관의 이야기에 어떻게 적용할 수 있을까? ·· **276**

8.2.3 물류 회사가 택배 배송을 모델링하는 방법 ·· **277**

8.3 경로 기초 개념 ·· **278**

8.3.1 최단 경로 ·· **278**

8.3.2 깊이 우선 탐색과 너비 우선 탐색 ·· **280**

8.3.3 애플리케이션 기능을 다른 경로 문제로 바라보는 법 배우기 ······················· **282**

8.4 신뢰 네트워크에서 경로 찾기 ·· **283**

8.4.1 소스 데이터 ·· **283**

8.4.2 비트코인 용어 간단 설명 ··· **284**

8.4.3 개발 스키마 만들기 ··· **285**

8.4.4 데이터 로딩 ·· **286**

8.4.5 신뢰 커뮤니티 탐험 ··· **287**

8.5 비트코인 신뢰 네트워크로 탐색 이해하기 ·· **289**

8.5.1 일차 이웃 주소 찾기 ··· **289**

8.5.2 이차 이웃 주소 찾기 ··· **290**

8.5.3 일차 이웃을 제외한 이차 이웃의 주소 찾기 ·· **292**

8.5.4 그렘린 질의 언어의 평가 기법 ·· **294**

8.5.5 예제에 사용할 임의의 주소 선택하기 ·· **295**

8.6 최단 경로 질의 ··· **296**

8.6.1 고정 길이 경로 찾기 ··· **296**

8.6.2 다양한 길이 경로 찾기 ·· **300**

8.6.3 경로에 신뢰 점수 추가하기 ·· **303**

8.6.4 이 사람을 신뢰합니까? ·· **310**

CHAPTER **9 경로 찾기 제품화**

9.1 9장 미리 보기: 가중치, 거리, 가지치기 이해하기 ················· **314**
9.2 가중치 경로와 검색 알고리즘 ································· **314**
　9.2.1 최단 가중치 경로 문제 정의 ·························· **315**
　9.2.2 최단 가중치 경로 탐색 최적화 ······················· **316**
9.3 최단 경로 문제에 알맞게 간선 가중치 정규화하기 ············· **319**
　9.3.1 간선 가중치 정규화 ······························· **319**
　9.3.2 그래프 갱신하기 ································· **324**
　9.3.3 정규화된 간선 가중치 살펴보기 ······················ **325**
　9.3.4 최단 가중치 경로 질의를 살펴보기 전에 생각해볼 문제 ········· **330**
9.4 최단 가중치 경로 질의 ································· **330**
　9.4.1 최단 가중치 경로 질의 제품 구현하기 ·················· **331**
9.5 제품의 가중치 경로와 신뢰 ···························· **341**

CHAPTER **10 추천 개발**

10.1 10장 미리 보기: 영화 추천 협업 필터링 ··················· **344**
10.2 추천 시스템 예 ···································· **344**
　10.2.1 의료 산업 추천 방식 ···························· **344**
　10.2.2 소셜 미디어의 추천 경험 ·························· **345**
　10.2.3 깊숙이 연결된 데이터를 이용해 전자 상거래에서 추천하는 방법 ····· **347**
10.3 협업 필터링 소개 ··································· **347**
　10.3.1 문제와 도메인 이해 ····························· **348**
　10.3.2 그래프 데이터의 협업 필터링 ······················· **349**
　10.3.3 항목 기반 협업 필터링으로 추천하기 ·················· **350**
　10.3.4 세 가지 순위 추천 모델 ·························· **351**

CONTENTS

10.4 영화 데이터: 스키마, 로딩, 질의 검토 ································· **355**

    10.4.1 영화 추천 데이터 모델 ································· **356**

    10.4.2 영화 추천 스키마 코드 ································· **357**

    10.4.3 영화 데이터 로딩 ································· **359**

    10.4.4 영화 데이터 이웃 질의 ································· **364**

    10.4.5 영화 데이터 트리 질의 ································· **368**

    10.4.6 영화 데이터 경로 질의 ································· **370**

10.5 그렘린의 항목 기반 협업 필터링 ································· **372**

    10.5.1 모델 1: 추천 집합의 경로 계산하기 ································· **372**

    10.5.2 모델 2: NPS 기반 ································· **374**

    10.5.3 모델 3: 정규화된 NPS ································· **377**

    10.5.4 다음 여정 선택하기 ································· **379**

CHAPTER 11 그래프의 간단한 개체 해석

11.1 11장 미리 보기: 여러 데이터셋을 하나의 그래프로 병합하기 ················· **382**

11.2 다른 복잡한 문제 정의: 개체 해석 ································· **382**

    11.2.1 복잡한 문제 보기 ································· **384**

11.3 두 영화 데이터셋 분석하기 ································· **385**

    11.3.1 무비렌즈 데이터셋 ································· **386**

    11.3.2 캐글 데이터셋 ································· **393**

    11.3.3 개발 스키마 ································· **396**

11.4 영화 데이터 매칭, 병합 ································· **397**

    11.4.1 매칭 과정 ································· **398**

11.5 거짓 긍정 해결 ································· **400**

    11.5.1 무비렌즈 데이터셋에서 찾은 거짓 긍정 ················· **401**

    11.5.2 개체 해석 과정에서 발견된 추가 오류 ················· **402**

11.5.3 병합 과정 최종 분석 ·· **403**

11.5.4 영화 데이터 병합 시 그래프 구조의 역할 ·················· **404**

CHAPTER **12 추천 제품화**

12.1 12장 미리 보기: 지름길 간선, 사전 계산, 고급 가지치기 기술 이해하기 ···················· **408**

12.2 실시간 추천용 지름길 간선 ·· **408**

12.2.1 개발 과정의 확장성 문제 ·· **409**

12.2.2 확장성 문제 해결법: 지름길 간선 ································· **410**

12.2.3 제품에 적용할 설계 확인하기 ······································ **411**

12.2.4 가지치기: 다양한 방법으로 지름길 간선 미리 계산하기 ········· **412**

12.2.5 추천 업데이트 고려 사항 ·· **414**

12.3 영화 데이터의 지름길 간선 계산하기 ································ **415**

12.3.1 지름길 간선을 미리 계산하는 복잡한 문제 쪼개기 ··········· **415**

12.3.2 방 안의 코끼리 문제: 일괄 계산 ··································· **420**

12.4 영화 추천 제품 스키마와 데이터 로딩 ····························· **422**

12.4.1 영화 추천 제품 스키마 ··· **422**

12.4.2 영화 추천 제품 데이터 로딩 ·· **424**

12.5 지름길 간선을 이용한 추천 질의 ······································ **425**

12.5.1 간선을 올바르게 로딩했는지 확인하기 ························· **426**

12.5.2 사용자를 위한 추천 제품화 ··· **427**

12.5.3 간선 파티션 개수와 제품 응답 시간과의 관계 ··············· **432**

12.5.4 분산 그래프 질의 성능에 대한 마지막 고찰 ·················· **435**

CONTENTS

CHAPTER **13 마치며**

13.1 이제 어디로 가야 할까 ·· **438**

13.1.1 그래프 알고리즘 ·· **439**

13.1.2 분산 그래프 ·· **439**

13.1.3 그래프 이론 ·· **440**

13.1.4 네트워크 이론 ·· **441**

13.2 연락 주고받기 ·· **442**

찾아보기 ··· **443**

CHAPTER 1

그래프 씽킹

그래프를 처음 배웠던 시절을 떠올려보자. 팀장, 아키텍트, 과학자, 엔지니어가 화이트보드 주변에 모여 데이터 문제를 의논하는 모습이 떠오른다. 누군가 보드 앞으로 나가 데이터와 다른 데이터를 여러 개의 선으로 연결한다. 한 발짝 물러서 화이트보드를 다시 확인해보니 데이터를 연결한 선들이 그래프를 만들었음을 알게 된다.

이렇게 여러분의 팀은 처음 그래프를 접했다. 여러분은 비즈니스에 필요한 새롭고 강력한 통찰력을 얻기 위해 데이터의 관계를 살펴본다. 개인이나 작은 그룹이 그래프 형태의 데이터를 저장하고, 분석하고, 획득하는 데 사용할 다양한 기법과 도구를 평가한다.

그래프를 이용하면 데이터를 쉽게 설명할 수 있다는 중요한 사실을 발견하게 된다. 하지만 데이터를 그래프로 표현하기란 쉽지 않다.

여러분도 이와 비슷한 일을 겪은 적이 있는가?

이런 화이트보드 사례처럼, 초창기 팀들은 데이터의 '관계'를 발견했고 이를 오늘날 사용하는 주요한 애플리케이션으로 만들게 되었다. 넷플릭스Netflix, 링크드인LinkedIn, 깃허브GitHub 같은 애플리케이션을 생각해보자. 이런 제품들은 연결된 데이터를 전 세계 수많은 사람들이 사용하는 핵심적인 자산으로 변화시켰다. 이 책에서는 그들이 그래프를 활용한 방법을 파헤쳐본다.

필자들은 화이트보드에서 펼쳐지는 회의를 도구 개발자는 물론 사용자 입장에서도 많이 경험했다. 그동안의 경험을 토대로 그래프 기술에 필요한 주요 선택 사항과 그래프 여행을 도와줄 관련 기술을 결정하는 법을 안내한다. 이 책은 데이터를 그래프로 이해하고, 나아가 데이터를 사용하는 법을 알려주는 충실한 가이드 역할을 할 것이다.

1.1 떠오르는 그래프 기술

그래프는 이미 수세기 전부터 존재했다. 그렇다면 이제 와서 그래프를 눈여겨봐야 하는 이유는 뭘까?

이번 절을 생략하기보다 필자들이 들려주는 이야기에 귀 기울여보자. 이번 절에서는 그래프 기술의 역사를 설명한다. 긴 역사가 아닌, 그래프와 관련된 역사만 간추렸다. 역사의 흥망성쇠를 살펴보며 그래프 기술이 다시 주목받는 이유를 알아보자.

최근 수십 년간 기술 산업의 중심이 바뀌면서 그래프가 중요해졌다. 기존에는 기술과 데이터베이스로 데이터를 **가장 효율적으로 저장**하는 방법에 집중했다. 관계형 기술은 이를 효율적으로 수행하는 선두 주자였다. 하지만 이제는 데이터에서 **가장 중요한 가치**를 얻는 것이 중요해졌다. 데이터가 연결되었을 때 진정한 가치를 발한다는 사실을 깨달은 것이다.

데이터베이스 기술 변화의 관점에서 역사를 살펴보면 우리의 현 상황을 더 잘 파악할 수 있으며 이 책이 필요한 이유도 납득하게 된다. 데이터베이스 기술의 역사는 계층형, 관계형, NoSQL의 세 가지 시대로 분류한다. 세 시대를 간단하게 살펴보면서 각 시대가 이 책과 어떤 관계가 있는지 알아보자.

> **NOTE_** 이어지는 절에서 그래프 기술의 변화를 간단하게 설명한다. 산업에 일어난 큰 변화 중에서 가장 관련이 깊은 부분만 엄선했다. 적어도 여러분의 귀중한 시간을 위키백과 링크로 가득 찬 토끼 굴에서 낭비하지 않도록 할 것이다. 다만 아이러니하게도 직접 정보를 찾아 헤매는 과정이 오늘날의 지식 그래프 접근 방법을 가장 잘 보여준다.

1960년대부터 오늘날까지의 역사를 간단히 살펴보자. 이 역사 여행은 현재 문턱까지 다가온 네 번째 시대인 '그래프 씽킹'에 이르러 정점에 이른다(그림 1-1). 필자들과 역사를 되돌아보며 그래프 기술을 여러 산업에 폭넓게 적용하는 관점을 터득해보자.

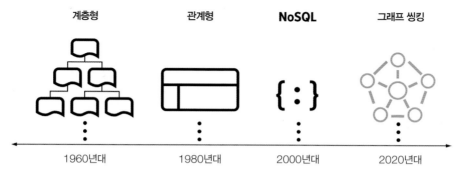

그림 1-1 그래프 씽킹의 등장 과정을 보여주는 역사적 관점의 데이터베이스 기술 변화 개요

1.1.1 1960~1980년대: 계층 데이터

1960년대에서 1980년대까지의 데이터베이스 기술은 '계층형hierarchical' 또는 '탐색형navigational'이라는 단어로 요약된다. 하지만 이 단어의 의미와 달리 당시에는 트리tree 형태의 자료구조로 데이터를 정리하는 것이 목표였다.

이 시대에 데이터베이스 기술은 서로 연결된 레코드 형태로 데이터를 저장했다. 이 시스템의 아키텍트는 트리 형태의 자료구조를 이용해 키, 시스템 스캔, 트리의 링크 탐색 등의 방법으로 모든 레코드를 접근하는 방법을 시도했다.

1960년대 초반에 코다실CODASYL 산하 데이터베이스 연구회Data Base Task Group(DBTG)를 만들어 업계 첫 표준을 제정했다. 데이터베이스 연구회는 트리 자료구조에서 레코드를 추출하는 표준을 만들었다. 초기 표준을 '코다실 접근법CODASYL approach'이라 부르며 데이터베이스 관리 시스템에서 레코드를 추출할 때 세 가지 목표를 다음과 같이 설정했다.[1]

1 기본 키primary key 사용
2 순차적으로 모든 레코드 스캔
3 한 레코드에서 다른 레코드로 탐색할 수 있는 연결 링크

> **NOTE_** 코다실은 1959년에 설립된 연합체로 코볼COBOL을 만들고 표준화하는 일을 담당하던 그룹이다.

---

1 『The CODASYL Approach to Data Base Management』(Wiley, 1978)

역사적 교훈과는 별개로 아이러니한 상황을 발견할 수 있다. 이 접근법을 사용하기 시작했을 때 코다실 기술자들은 키, 스캔, 링크로 데이터를 추출할 수 있을 거라 생각했다. 세 가지 표준 중 키와 스캔, 두 표준은 여전히 사용하고 있으며 큰 혁신을 이루었다.

그렇다면 코다실의 세 번째 데이터 획득 표준, 즉 한 레코드에서 다른 레코드로 탐색하는 링크는 어떻게 되었을까? 레코드 간의 링크를 이용해 레코드를 저장, 탐색, 가져오는 일이 바로 오늘날의 그래프 기술이다. 앞서 설명했듯이 그래프는 새로운 기술이 아니며 기술자들은 이 기술을 이미 수년 전부터 사용해왔다.

이 시기의 코다실 링크 탐색 기법은 '너무 어렵고 느렸다'라고 요약할 수 있다. 그 시대에서는 B 트리B-tree나 자가 균형 트리 자료구조self-balancing tree data structure와 같은 가장 혁신적 기법을 이용해 구조적 최적화로 성능 문제를 해결했다. 이런 관점에서 B 트리는 연결된 레코드 사이의 대안 접근 경로를 제공함으로써 레코드 추출 속도를 높였다.[2]

궁극적으로 구현 비용, 하드웨어 성숙도, 실질적인 가치 등의 불균형으로 인해 이들 시스템은 관계형 시스템이라는 더 빠른 경쟁자에 자리를 양보하게 되었다. 코다실 위원회 일부는 여전히 작업을 수행하고 있지만 코다실 자체는 더 이상 존재하지 않는다.

1.1.2 1980~2000년대: 개체-관계

데이터 구조와 데이터 추출 시스템을 분리하자는 에드거 F. 커드Edgar F. Codd의 아이디어는 데이터 관리 기술의 세대교체 바람을 일으켰다.[3] 커드의 작업 덕분에 데이터베이스의 개체-관계entity-relationship 시대의 기초가 세워졌다.

개체-관계 시대는 1960년대에 설정한 목표 중 하나인 '키로 데이터를 가져오는 방식'의 영역을 점점 넓힌 시기였다. 업계는 테이블로 자료를 저장, 관리, 검색하는 상당히 효율적인 방식을 개발했으며, 이는 그 당시뿐 아니라 지금까지도 유효한 기법이다. 이 시대에 개발된 기술은 충분히 검증되고, 문서화되어 있으며, 널리 알려져 있어 오늘날에도 사용된다.

이 시대의 시스템은 데이터를 사고하는 구체적인 방식을 소개하고 대중화했다. 무엇보다도 탄

---

2   『Software Pioneers』(Springer, 2002)의 「Organization and Maintenance of Large Ordered Indexes」 참고(245-262)

3   『Communications of the ACM Vol. 13, No. 6』(Association for Computing Machinery, 1970)의 「A Relational Model of Data for Large Shared Data Banks」 참고(377-387)

탄한 수학적 이론인 관계대수relational algebra 기반으로 관계형 시스템을 개발했다. 특히 관계형 시스템은 데이터를 집합set으로 조직한다. 이들 집합은 사람, 장소, 물건 등 현실 개체를 저장하고 가져오는 일에 초점을 맞춘다. 사람과 비슷한 개체는 테이블에서 그룹으로 묶이며 이 테이블에서 각 행이 레코드가 된다. 기본 키로 테이블의 레코드에 접근한다.

관계형 시스템에서는 개체를 서로 연결할 수 있다. 개체 간에 링크를 만들려면 테이블을 더 많이 만들어야 한다. 연결 테이블은 각 개체의 기본 키를 모아 연결 테이블의 새 행으로 저장한다. 이 시대의 혁신가들은 테이블 형식tabular-shaped의 데이터를 처리하는 기법을 만들었는데 아직까지도 이 기법이 사용된다.

관계형 시스템을 주제로 한 책과 자료는 많다. 다만 이 책은 관계형 시스템을 설명하는 책이 아니므로 오늘날까지 전해진 사고 과정과 설계 원칙에 초점을 맞춰 설명한다.

좋든 나쁘든 간에 이 시대는 모든 데이터를 테이블로 취급하는 사고방식을 소개하고 발전시켰다. 테이블로 데이터를 조직하고 가져오는 상황에서는 여전히 관계형 기술을 선호한다. 하지만 관계형 기술의 장점은 분명히 있지만 그렇다고 해서 만능 해결사는 아니다.

1990년대 후반에는 웹의 대중화를 통해 정보화 시대가 성큼 다가오면서 기존에 계획하거나 사용하지 않았던 형태의 데이터가 대거 등장했다. 이 시기에는 다양한 형태의 어마어마한 데이터가 애플리케이션에 쏟아졌다. 따라서 데이터의 용도를 사전에 정의할 수 없는 기존의 관계형 모델로는 모든 문제를 해결할 수 없음을 인지하기 시작했다. 업계에 상세한 저장 모델은 있었지만 데이터를 분석하거나 지능적으로 적용할 수는 없었다.

이에 따라 데이터베이스의 세 번째 혁신이자 가장 최근에 발생한 물결이 등장했다.

1.1.3 2000~2020년대: NoSQL

2000년대에서 2020년대 사이의 데이터베이스 기술 발전은 주로 NoSQL(non-SQL 또는 Not only SQL) 운동의 출현과 연관된다. 이 시대의 목표는 모든 형태의 데이터를 저장, 관리, 질의하는 확장성을 갖춘 기술을 개발하는 것이었다.

NoSQL 시대의 데이터베이스 혁신은 마치 미국에 일어난 수제 맥주 열풍과 비슷했다. 그 당시에 맥주 발효법은 바뀌지 않았지만 재료의 품질과 신선도 그리고 풍미가 향상되었다. 수제 맥주 전문가인 브루마스터와 소비자 간의 소통이 원활해지면서 제품 방향에 영향을 미치는 피드백 루프도 빠르게 진행되었고, 그 결과 슈퍼마켓은 30가지가 넘는 맥주 브랜드로 가득 채워졌다.

데이터베이스 업계에서는 새로운 발효 조합을 찾기보다 데이터를 관리하는 기술들이 폭발적으로 늘어났고 선택의 폭이 기하급수적으로 넓어졌다. 아키텍트는 다양한 형태, 많은 양, 빠르게 발전하는 애플리케이션의 요구 사항을 동시에 충족하는 확장성 있는 기술이 필요했다. 이 시기에는 키-값key-value, 와이드 컬럼wide-column, 문서, 스트림, 그래프 형태의 데이터가 인기를 끌었다.

NoSQL 시대의 메시지는 명확하다. 모든 사람이 라이트 필스너[4]를 좋아하는 것은 아니듯이 테이블에 데이터를 저장, 관리, 질의하는 것만으로는 모든 문제를 해결할 수 없다.

NoSQL 운동을 이끌었던 몇 가지 동기를 살펴보자. 그래프 기술 시장의 하이프 사이클hype cycle[5]에서 우리가 어디쯤 위치해 있는지를 이해하려면 동기를 먼저 파악해야 한다. 지금부터 세 가지 동기인 데이터 직렬화 표준, 특화된 도구, 수평 확장성을 살펴보자.

웹 기반 애플리케이션이 유행하면서 애플리케이션 간에 데이터 이동이 활발해졌다. 혁신가들은 XML, JSON, YAML 등의 **데이터 직렬화 표준**을 정의했다.

직렬화 표준은 자연스럽게 **특화된 도구**를 필요로 했다. 웹에서 주고받는 데이터는 본질적으로 테이블 형식이 아니었기에 키-값, 문서, 그래프, 기타 특화된 데이터베이스 등이 인기를 끌었다.

마지막으로 이러한 새로운 종류의 애플리케이션은 수많은 데이터를 가져왔고, 기존에는 보지 못했던 시스템 확장성을 요구했다. 무어의 법칙Moore's law으로 하드웨어 비용을 예측했을 때 데이터 저장 비용은 지속적으로 감소하는 상황이었다. 무어의 법칙 효과 덕분에 데이터 중복, 특화된 시스템, 전반적인 컴퓨팅 성능을 더 저렴하게 구현할 수 있게 되었다.[6]

NoSQL 시대의 혁신과 새로운 요구 사항은 기존 스케일 업scale-up 시스템을 스케일 아웃scale-out 시스템으로 바꿀 수 있도록 길을 열어주었다. 스케일 업 시스템은 CPU나 메모리 같이 시스템 자원을 물리 또는 가상 머신에 추가해서 성능을 높이는 반면 스케일 아웃 시스템은 시스템의 전반적인 계산 능력을 개선하는 방법이다. 사용자 입장에서는 스케일 아웃 시스템이 하나의 플

---

4 옮긴이_ 맥주의 한 종류다.
5 옮긴이_ 하이프 사이클은 기술의 성숙도를 표현하는 시각적 도구다.
6 『Chips and Change』(MIT Press, 2011).

랫폼으로 보이기 때문에 '클러스터cluster'라 부르기도 한다. 실제로 사용자는 현재 서비스가 여러 개의 서버로 운용된다는 사실을 알 수 없다. 반면 스케일 업 시스템은 더 강력한 머신을 기반으로 확장하는 방법이다. 공간이 꽉 차면 더 큰 상자(더 비싼 장비)를 사용한다.

> **NOTE_** 스케일 아웃은 자원(장비)을 추가해 병렬로 작업을 분산한다. 스케일 업은 더 많은 작업을 처리할 수 있도록 자원을 더 크고 빠르게 만드는 것이다.

세 가지 동기가 기반이 되어 테이블 형식이 아닌 데이터를 처리하고 확장성 있는 데이터 아키텍처를 구축하기 위한 다재다능한 도구 집합은 NoSQL 시대의 가장 중요한 결과물로 진화했다. 오늘날 개발 팀은 애플리케이션에 필요한 데이터베이스 기술을 선택할 수 있다. 데이터의 다양한 형태, 속도, 확장 요구 사항에 따라 알맞은 기술을 선택하면 된다. 다양한 크기의 키-값, 와이드 컬럼, 그래프 데이터를 관리, 저장, 검색하고 읽기를 수행하는 도구가 생겼고, 이 도구를 이용해 기존에는 불가능했던 다양한 형태의 데이터 작업을 처리할 수 있게 되었다.

이렇게 고유한 도구와 데이터를 이용하면 훨씬 복잡한 문제를 더 빠르고 더 큰 규모로 처리할 수 있다.

1.1.4 2020년대 이후: 그래프

앞서 데이터베이스 기술 역사는 필요한 부분만 간략하게 살펴볼 거라고 약속했다. 이번 절에서는 지금까지 살펴본 중요한 순간들을 연결하며 그 속에서 발견할 수 있는 의미를 확인해본다. 이번에는 지금까지 배운 내용을 기억하면서 데이터베이스의 네 번째 혁신인 그래프 시대를 살펴보자.

네 번째 혁신은 저장 시스템의 효율성이 아니라 저장 시스템에 들어 있는 데이터의 가치를 추출하는 쪽으로 초점을 이동한다.

왜 2020년대인가?

그래프 시대를 마주하기 전, 그래프 씽킹의 시작이 왜 2020년대부터인지 궁금한 독자가 있을 것이다. 그래프 시장에 대한 필자들의 입장은 다음과 같다.

2020년은 두 가지 생각이 교차하는 지점이었고 이는 자연스레 기준이 되었다. 이 교차점에서 지금까지 세 번의 데이터베이스 혁신에서 관찰된 제프리 무어의 유명한 캐즘 이론[7]을 만나게 된다.

> NOTE_ 코다실도 마찬가지지만 기술 수용 주기는 보통 1950년대에 만들어진 무어의 법칙에 부합한다. 1962년에 발간된 에버렛 로저스Everett Rogers의 『Diffusion of Innovations』[8]를 참고하자.

특히 초기 기술 수용 이후, 해당 기술이 광범위하게 적용되기까지는 어느 정도 시간이 걸린다는 사실이 증명되었으며 주변에서도 이를 쉽게 확인할 수 있다. 앞서 1970년대의 관계형 데이터베이스를 살펴보면서 이 시간 지연을 확인했다. 관계형 기술의 첫 번째 논문이 나온 지 10년이 지나서야 쓸 만한 기술이 구현되기 시작했다. 다른 시대에서도 동일하게 시간 지연 현상을 관측할 수 있다.

그래프 시대 이전 시기의 역사를 살펴보면 광범위한 적용이 발생하기까지 시간이 어느 정도 걸리는 틈새 기간niche period이 계속 관측되었다. 마찬가지로 2020년대에도 그래프 시장에 같은 일이 일어날 것임을 예상할 수 있다. 또한 새로운 시대(그래프)가 도래했다고 기존 도구가 사라지지 않는다는 것도 역사를 통해 확인했다.

하지만 마치 주식시장처럼 언제 무슨 일이 일어날지 예측할 수 없다. 우리의 궁극적인 목표는 값을 취급하는 관점의 변화로 인한 새 기술 시대의 도래를 설명하는 것이다. 즉, 관점과 가치가 효율성을 넘어 고도로 연결된 데이터 자산으로 이동한 것이다. 이러한 변화가 일어나는 데는 시간이 걸리지만 그렇다고 정해진 일정대로 움직이는 것도 아니다.

점 연결하기

1960년대에 코다실 위원회가 제시한 세 가지 추출 패턴을 떠올려보자(키, 스캔, 링크로 데이터 접근하기). 다양한 형태의 데이터를 키로 추출하는 작업은 가장 효과적이다. 개체−관계 시대에 충분히 효율적인 방법임을 입증했고 아직까지도 활용된다.

코다실 위원회의 두 번째 목표인 스캔으로 데이터 접근하기 방식으로는 NoSQL이 등장했다.

---

7 『제프리 무어의 캐즘 마케팅』(세종서적, 2021)
8 옮긴이_ 번역서는 『개혁의 확산』(커뮤니케이션 북스, 2005)이다.

NoSQL 시대에 대규모 데이터를 스캔하는 기술이 개발되었다. 이제는 아주 거대한 데이터셋에서 값을 추출하는 소프트웨어와 하드웨어가 갖춰진 상태다. 따라서 코다실 위원회의 첫 번째, 두 번째 목표는 달성되었다고 말할 수 있다.

마지막 목표인 링크 탐색으로 데이터 접근하기가 남았다. 현재 업계는 이를 완벽하게 지원한다.

효율적인 데이터 관리보다 데이터에서 가치를 추출하는 것으로 초점이 이동하면서 업계의 관심은 그래프 기술로 자연스럽게 이동했다. 그렇다고 효율적인 데이터 관리가 더 이상 중요하지 않다는 의미는 아니다. 오히려 이미 한 가지 문제를 잘 해결했으니 기다리고 있는 더 어려운 다음 문제를 해결하는 관점으로 생각해야 한다. 요즘 업계는 속도와 비용을 고려한 값의 가치를 강조한다.

정보의 조각들을 서로 연결하고 새로운 통찰을 만들었을 때 데이터에서 가치를 추출할 수 있다. 데이터에서 유의미한 가치를 추출하기 전, 먼저 데이터 안의 복잡한 관계부터 이해해야 한다. 즉, 데이터 관계에서 발생하는 복잡한 문제와 시스템을 이해한다는 의미다.

업계의 목표와 동일하게, 이 책의 목표 또한 데이터에서 가치를 발견하는 기술을 개발하고 배포하는 것이다. 관계형 시대에도 그랬듯이 새로운 기술을 이해, 배포, 적용하려면 새로운 방식으로 생각해야 한다.

여기서 이야기하려는 가치를 발견하기 위해서는 사고방식을 바꿔야 한다. 즉 테이블에 저장된 데이터의 관계를 우선시하는 사고방식으로 변화해야 한다. 이게 바로 이 책에서 다루는 그래프 씽킹이다.

1.2 그래프 씽킹이란

그래프 씽킹이 무엇인지 명시적으로 정의하지 않았지만 화이트보드 장면을 설명하면서 그래프 씽킹을 잠깐 언급했다.

데이터의 관계가 그래프로 표현될 때 그래프 씽킹의 힘은 강력해진다. 그래프 씽킹은 데이터 간의 관계에 숨은 가치를 찾는 과정에서 여러분의 경험과 인지 방식을 확장하도록 돕는다.

NOTE_ 그래프 씽킹은 도메인 문제를 연결된 그래프로 표현하고 그래프 기술을 사용해 도메인 역학 관계를 설명함으로써 문제를 해결한다.

데이터를 그래프로 표현한다는 것은 도메인에 포함된 복잡한 네트워크를 이해하고 있다는 말과 같다. 복잡한 네트워크 안에서 해결하기 가장 어려운 문제를 찾을 수 있다. 일반적으로 가치가 가장 높은 비즈니스 문제와 기회는 이런 복잡한 문제에 가려져 있다.

따라서 데이터 기술 혁신의 다음 단계가 그래프 기술을 적용해 데이터의 효율성을 넘어 가치를 찾는 것 중심으로 전환되었다.

1.2.1 복잡한 문제와 복잡한 시스템

복잡한 문제complex problem라는 용어를 여러 번 사용했지만 아직 이 용어의 의미를 정확하게 설명한 적은 없다. 복잡한 문제란 복잡한 시스템에 존재하는 네트워크를 가리킨다.

- **복잡한 문제**: 복잡한 시스템 안에서 관측되고 측정할 수 있는 각각의 문제다.
- **복잡한 시스템**: 단순히 개별 컴포넌트의 동작이 모인 것을 넘어 개별 컴포넌트들이 조합된 상태로, 전체 시스템의 동작이 다양한 방식으로 연결된 시스템을 가리킨다('창발적 행위emergent behavior'라 부름).

복잡한 시스템은 실세계에 존재하는 개별 컴포넌트 간의 관계, 영향, 의존성, 상호작용을 설명한다. 간단히 말해 복잡한 시스템은 상호작용하는 여러 컴포넌트를 나타낸다. 예를 들어 사람의 지식, 공급망, 운송 및 통신 시스템, 사회 조직, 전 지구적 기후, 전 우주 등이 복잡한 시스템이다.

일반적으로 가치가 높은 비즈니스 문제는 복잡한 문제이며 그래프 씽킹을 적용해 해결할 수 있다. 이 책은 이웃, 계층, 경로, 추천 등 네 가지 주요 패턴을 설명한다. 이 네 가지 패턴을 이용해 전 세계의 복잡한 비즈니스 문제를 그래프 기술로 해결할 수 있다.

1.2.2 비즈니스의 복잡한 문제

데이터는 더 이상 비즈니스의 부산물이 아니다. 데이터는 경제의 전략적인 자산으로 중요도가 높아지고 있다. 기존에는 데이터 관리가 가능한 한 편리해야 했고, 비즈니스 운영에 필요한 최소한의 비용만 투자하는 것이 원칙이었다. 하지만 이제 데이터는 결과물을 얻을 수 있는 투자 대상이 되었다. 따라서 데이터를 처리하고 작업하는 방식을 다시 생각해봐야 한다.

예를 들어 NoSQL 시대가 끝나갈 무렵 마이크로소프트는 링크드인과 깃허브를 인수했다. 이는 복잡한 문제를 해결하는 데이터의 가치가 얼마나 큰지 보여준다. 특히 마이크로소프트는 예상 수익이 10억 달러인 링크드인을 260억 달러에 인수했다. 깃허브의 예상 수익은 3억 달러로 추정되었으며 마이크로소프트는 이를 78억 달러에 인수했다.

링크드인과 깃허브는 각자 네트워크 그래프를 보유한 회사다. 링크드인은 직업적인 네트워크, 깃허브는 개발자 네트워크를 갖고 있다. 결과적으로 도메인의 복잡한 시스템을 구성하는 데이터의 가치에 26을 곱한 것이다. 두 회사의 인수는 도메인의 그래프를 모델링하는 데이터의 전략적 가치를 잘 보여준다. 도메인의 그래프를 획득하면 회사의 가치가 크게 올라간다.

하지만 이 통계만으로 이 책이 말하려고 하는 바를 오해하지 않길 바란다. 급성장하는 많은 스타트업은 보통 수입 대비 높은 가치를 보이기 때문이다. 이 책에서 링크드인과 깃허브 두 회사를 소개한 이유는 이들 모두 데이터를 이용해 수익을 거둔 대표적인 회사기 때문이다. 두 회사는 크기와 성장 속도가 비슷한 다른 스타트업에 비해 가치가 높게 평가되는데 이는 보유 데이터 자산 때문이다.

링크드인과 깃허브는 그래프 씽킹을 적용함으로써 자신의 도메인에 존재하는 대부분의 복잡한 문제를 보여주고, 접근하고, 이해할 수 있게 되었다. 즉 가장 크고 어려운 복잡한 시스템의 해결책을 만든 것이다.

데이터 전략을 재조정한 회사들은 도메인의 가장 복잡한 문제를 모델링하는 기술을 만들었다. 그렇다면 구글, 아마존, 페덱스Fedex, 버라이즌Verizon, 넷플릭스, 메타(구 페이스북)의 공통점이 뭘까? 이들은 오늘날 가장 가치 있는 회사라는 점 외에도 각자 도메인의 가장 크고 복잡한 문제를 모델링하는 데이터를 보유한다는 공통점을 갖는다. 각 회사는 자신의 도메인 그래프를 구성하는 데이터를 보유한다.

구글은 모든 인류의 지식 그래프를 갖는다. 아마존과 페덱스는 글로벌 공급망과 운송 경제 그래프를 갖는다. 버라이즌의 데이터는 세계에서 가장 큰 통신 그래프를 만든다. 메타는 전 세계의 소셜 네트워크 그래프를 갖는다. 넷플릭스는 [그림 1-2]와 같은 엔터테인먼트 그래프를 보유하며 이 책의 마지막 장에서 이를 구현한다.

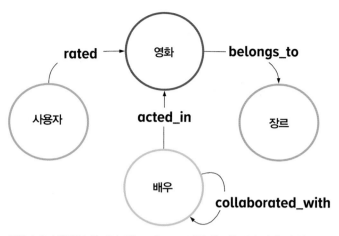

그림 1-2 넷플릭스의 데이터를 그래프로 모델링하는 한 가지 방법: 이 책에서 구현할 마지막 예제인 확장 가능한 협업 필터링

앞으로도 자신이 보유한 도메인의 복잡한 시스템을 모델링하는 데이터 아키텍처에 투자한 회사들이 거대 기업으로 성장할 것이다. 복잡한 시스템을 모델링하는 기술에 투자하는 것은 데이터로부터 가치를 추출하는 것만큼 중요하다.

데이터에서 가치를 얻으려면 이들의 상호 연결 관계를 살펴야 한다. 즉 데이터가 묘사하는 복잡한 시스템을 파악해야 한다. 그 후에 이런 연결을 저장, 관리, 추출하는 적절한 기술을 선택해야 한다.

1.3 복잡한 문제를 해결하는 기술 선택하기

이전에 언급한 기업들에서 근무하지 않더라도 여러분의 도메인에 속한 데이터에 그래프 씽킹을 적용하는 방법을 배울 수 있다. 그렇다면 어떤 것부터 시작해야 할까?

그래프 씽킹을 배우고 적용할 때 가장 먼저 만나게 될 장애물은 관계가 여러분의 데이터에 가치를 더하는지 그렇지 않은지를 식별하는 일이다. 이번 절에서는 두 가지 이미지를 활용해 앞으로 닥칠 문제를 살펴본다. [그림 1-3]은 여러분의 데이터에 던져야 할 핵심 질문이다. 첫 번째 질문에 답하려면 여러분은 애플리케이션에 필요한 데이터 형식을 알아야 한다. 이 질문은 매우 중요하지만 일상에서 종종 간과되곤 한다.

전에는 [그림 1-3] 과정을 간과한 팀이 상당히 많았다. 새로운 기술을 사용하면서 기존의 검증된 과정을 따라야 한다는 생각을 못 했기 때문이다. 새로운 기술과 검증된 기술 사이의 압박감 때문에 초창기 팀은 애플리케이션 목표를 평가하는 중요한 과정을 너무 빨리 끝냈다. 많은 그래프 프로젝트가 이런 이유로 실패하고 중지되었다.

그래프 기술을 일찍 도입했던 초창기 팀들이 범했던 실수를 반복하지 않도록 [그림 1-3]의 의미를 자세히 살펴보자.

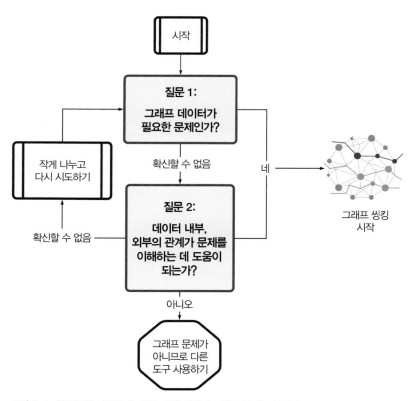

그림 1-3 첫 번째로 내려야 할 결정: 모든 문제가 그래프 문제는 아니다.

질문 1: 그래프 데이터가 필요한 문제인가?

데이터는 다양한 관점으로 접근할 수 있다. 의사결정 트리의 첫 번째 질문은 애플리케이션에 필요한 데이터의 형태를 이해하는 것부터 시작한다. 예를 들어 링크드인의 공통 1촌(커넥션) 섹션은 [그림 1-3]의 첫 번째 질문에 '네'라고 답할 수 있는 좋은 예다. 링크드인은 연락처 사이의 관계를 사용하므로 여러분의 전문적 네트워크를 탐색하고 공유된 연결을 이해할 수 있다. 공통 1촌 섹션을 최종 사용자에게 보여주는 방식은 그래프 형태의 데이터에서 자주 사용하며 트위터, 메타 등 다양한 소셜 네트워크 애플리케이션에서도 이 방식을 사용한다.

여기서 '데이터의 형태shape of data'를 이야기할 때는 데이터에서 얻고자 하는 가치 있는 정보의 구조를 가리킨다. 예를 들어 누군가의 이름과 나이를 알고 싶어 하는 사용자에게 답하기 위해서는 데이터를 테이블의 행 구조로 만들어야 한다. 그래프에 정점(꼭짓점)vertex을 추가하는 방법이 이 책 어디에서 등장하는지 설명하기 위해서는 관련된 정보를 문서나 계층 등으로 중첩된 데이터로 저장해야 한다. 여러분이 어떤 친구를 통해 일론 머스크Elon Musk와 연결될 수 있는지를 확인하고 싶다면 관계 목록을 보여줄 수 있는 그래프가 가장 적합하다.

하향식top-down 방식을 이용해 데이터의 형태 기반으로 여러분의 데이터와 기술 옵션을 결정하기를 권장한다. [표 1-1]은 최신 애플리케이션에서 자주 사용하는 데이터 형식이다.

표 1-1 일반적인 데이터 형식, 데이터 형태와 권장하는 데이터베이스

데이터 설명	데이터 형태	용도	권장 데이터베이스
스프레드시트나 테이블	관계형	기본 키로 획득	관계형 데이터베이스(RDBMS)
파일이나 문서 모음	계층형 또는 중첩형	ID로 루트 식별	문서 데이터베이스
관계나 링크	그래프	패턴으로 질의	그래프 데이터베이스

오늘날 가장 흥미로운 데이터 문제를 해결하려면 여러분의 데이터에 세 가지 사고방식을 모두 적용할 수 있어야 한다. 여러분의 각 데이터 문제와 하위 문제에 유연하게 이들을 적용해야 한다. 여러분이 가진 각각의 문제에서 애플리케이션으로 들어오고, 내부에 소속되며, 떠나가는 데이터 형태를 이해해야 한다. 각 지점에서 그리고 데이터가 이동할 때마다 애플리케이션에서 선택할 기술의 요구 사항이 결정된다.

여러분의 문제를 해결하는 데 필요한 데이터의 형태를 잘 모르겠다면 [그림 1-3]의 두 번째 질문을 살펴보자. 두 번째 질문에서는 데이터 간의 관계의 중요성을 생각해본다.

질문 2: 데이터 간의 관계가 문제를 이해하는 데 도움이 되는가?

데이터 간의 관계가 비즈니스 문제를 해결하는 데 가치를 제공하는지 여부는 더 중요한 질문이다. 그래프 기술을 성공적으로 사용하려면 의사결정 트리에서 두 번째 질문을 통과해야 한다. 이 질문에 대한 답으로는 '네, 아니오, 확신할 수 없음' 중 하나를 선택할 수 있다.

'네, 아니오'를 자신 있게 답할 수 있다면 경로가 명확해진다. 예를 들어 링크드인의 공통 1촌 섹션은 그래프 형태의 데이터이므로 이 질문에 '네'라고 답하겠지만, 링크드인 검색 기능은 '아니오'라고 답할 것이다. 비즈니스 문제를 해결하는 데 필요한 데이터의 형태를 이해하고 있기 때문에 이 질문에 확실히 답변할 수 있는 것이다.

데이터 간의 관계가 비즈니스 문제를 해결하는 데 도움 된다면 애플리케이션에 그래프 기술을 적용해야 한다. 하지만 그렇지 않다면 그래프 이외의 다른 도구를 찾아봐야 한다. [표 1-1]에서 언급한 도구가 해결책이 될 수 있다.

데이터 간의 관계가 비즈니스 문제를 해결하는 데 중요한지 확신할 수 없다면 문제가 어려워진다. [그림 1-3]의 두 번째 질문에서 '확신할 수 없음'을 선택하는 상황이 이에 해당한다. 필자들의 경험상 고민 끝에 이 경로를 선택했다면 아마도 여러분이 너무 큰 문제를 해결하려는 상황일 수 있다. 이럴 때는 문제를 잘게 나눈 다음 [그림 1-3]의 꼭대기로 되돌아간다. **개체 해석**entity resolution이나 데이터에서 누가 누구인지 파악하면서 문제를 작게 나누도록 권장한다. 11장에서 그래프 구조를 이용해 개체를 분석하는 예를 살펴본다.

데이터를 이해할 때 자주 발생하는 실수

때로는 데이터의 형태를 그래프로 보는 것이 중첩, 테이블 형식의 데이터 형태보다 중요하다는 편견을 갖게 된다. 사람들은 이런 실수를 자주 범하곤 한다.

여러분의 문제는 복잡한 문제이므로 그래프 씽킹을 적용하는 것이 합리적으로 보일 수 있지만 그렇다고 모든 데이터 컴포넌트에 그래프 기술을 적용해야 하는 것은 아니다. 일부 컴포넌트나 문제를 테이블이나 중첩된 문서로 투영하는 편이 더 유용할 수도 있다.

항상 파일이나 테이블로 문제를 투영해보는 것이 좋다. [그림 1-3]의 사고방식 과정은 '데이터를 어떻게 생각하는 것이 가장 좋은 방법인가?'라는 질문보다 중요한 가치를 제공한다. 이 활동은 복잡한 문제를 작은 컴포넌트로 나누는 애자일agile 사고 과정이다. 즉 데이터를 이용해 **현재 직면한 문제**를 해결하는 가장 좋은 방법이 무엇인지 생각하도록 권장한다.

[그림 1-3]은 '당면한 문제에 가장 적합한 도구를 사용하라'로 요약할 수 있다. 여기서 '도구'는 보편적인 의미를 갖는다. 예를 들어 도구란 어떤 데이터베이스를 선택함을 의미하는 것보다 데이터 표현 선택의 범위를 폭넓게 생각한다는 의미다.

1.3.1 그래프 데이터가 있다면, 다음 단계는?

[그림 1-3]의 첫 번째 질문은 질의 주도query-driven 설계를 데이터 표현 결정에 반영하도록 유도한다. 복잡한 문제의 일부분은 테이블이나 중첩 문서로 표현하는 것이 가장 적합할 수 있으며 현실에서 자주 일어나는 일이기도 하다.

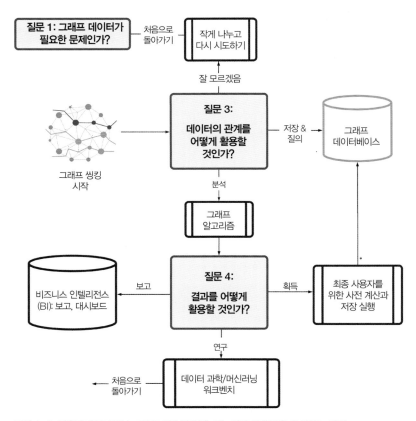

그림 1-4 애플리케이션에서 그래프 기술의 적용 가능성과 사용법을 탐색하는 방법

그래프 데이터가 있다면 이를 어떻게 사용해야 할까? 그래프 씽킹 과정의 두 번째 부분을 [그림 1-4]를 통해 살펴볼 차례다.

지금부터는 여러분의 애플리케이션이 데이터를 이해하고, 모델링하고, 관계를 사용하면서 이득을 얻을 수 있다고 가정한다.

질문 3: 데이터의 관계를 어떻게 활용할 것인가?

그래프 기술 세계에서는 그래프 데이터를 분석하고 질의하는 두 가지 작업을 주로 수행한다. 예를 들어 링크드인의 공통 1촌 섹션은 그래프 데이터를 질의하고 뷰로 로딩한 예다. 링크드인 연구 팀은 두 사람 사이의 평균 연결 수를 추적할 수 있는데 바로 이것이 그래프 데이터 **분석**analyze을 활용한 예다.

세 번째 질문에 대한 답은 그래프 기술 결정을 데이터 분석, 데이터 관리 중 하나로 나눈다. [그림 1-4]의 중심에 세 번째 질문이 등장하며 답변에 따른 흐름을 확인할 수 있다.

> NOTE_ 여기서 **분석**을 언급할 때는 데이터를 조사할 필요가 있음을 가리킨다. 일반적으로 팀은 어떤 관계가 중요한지 발견하기 위해 데이터의 관계를 조사하는 데 시간을 소비한다. 이 과정은 그래프 데이터 **질의**와는 다르며 시스템에서 데이터를 가져오는 행위를 **질의**라 표현한다. 이때는 물어볼 질문과 질문에 답하기 위해 필요한 관계를 이미 알고 있어야 한다.

먼저 오른쪽 선택지 즉, 최종 애플리케이션이 데이터 내의 관계를 저장하고 질의해야 하는 상황을 살펴보자. 다만 오늘날 그래프 산업의 단계와 성숙도를 고려하면 자주 발생하는 상황은 아니다. 보통 이 경우에는 애플리케이션에서 그래프 데이터베이스로 바로 이동해 사용하는 것이 중요하다.

필자들이 협업하는 과정에서 그래프 데이터를 관리할 때 데이터베이스가 필요한 공통적인 사례를 발견할 수 있었다. 이어질 장들에서 이런 사례 위주로 살펴볼 예정이므로 지금은 자세히 다루지 않는다.

대부분의 팀은 문제를 그래프 형태의 데이터로 해결할 수 있다는 사실은 알고 있지만 지금까지 살펴본 질문에 어떻게 답해야 하는지 정확하게 알지 못하거나 어떤 관계가 중요한지 모를 때가 많다. 즉, 그래프 데이터 분석이 필요한 시점임을 의미한다.

지금부터는 여러분과 여러분의 팀이 목표를 향해 한 걸음 더 나아갈 수 있도록 독려할 것이다. 그래프 데이터를 분석함으로써 얻을 수 있는 결과를 생각해보자. 그래프를 분석하고 구조와 목표를 만들면 여러분이 필요한 인프라 구조와 도구를 현명하게 선택할 수 있다. 그럼 자연스럽게 [그림 1-4]의 마지막 질문으로 이어진다.

질문 4: 결과를 어떻게 활용할 것인가?

그래프 데이터 분석의 주제는 관계의 분포를 이해하는 것부터 시작해 전체 구조에 알고리즘을 적용하는 것에 이르기까지 다양하다. 연결된 컴포넌트connected component, 클릭 탐지clique detection, 삼각형 계수triangle counting, 그래프의 차수 분포degree distribution 계산, 페이지랭크PageRank, 추론자reasoner, 협업 필터링collaborative filtering 등 수많은 알고리즘을 적용할 수 있다. 이 용어들의 정의는 이어지는 장에서 살펴보자.

그래프 알고리즘의 최종 목표는 보고report, 연구research, 획득retrieval 세 가지로 귀결되는 경우가 많다. 각 목표가 의미하는 바를 자세히 살펴보자.

> **NOTE_** 지금부터는 오늘날 그래프로 가장 많이 활용하는 세 가지 목표인 보고, 연구, 획득을 자세히 알아본다. 이후에 등장하는 예제와 토론은 그래프 데이터베이스가 필요하다고 결정한 상황을 가정한다.

우선 보고부터 살펴보자. 비즈니스 데이터로부터 지능과 통찰력이 필요한 경우 **보고**라는 단어를 사용한다. 보통 이를 비즈니스 인텔리전스business intelligence(BI)라 부른다. 올바른 적용 사례가 아니라는 논란도 있지만, 초장기 많은 그래프 프로젝트의 목표가 경영진이 비즈니스 인텔리전스 파이프라인을 만들 수 있도록 메트릭metric이나 입력을 제공하는 것이었다. 그래프 데이터를 이용해 비즈니스 인텔리전스 과정을 정립하거나 개선할 때 필요한 도구와 인프라 구조를 설명하는 데만 한 권의 책이 쓰일 정도다. 따라서 이 책에서는 비즈니스 인텔리전스 문제의 아키텍처나 접근 방법을 집중적으로 살펴보진 않는다.

데이터 과학, 머신러닝 영역의 일반적인 연구, 개발 과정에서 그래프 알고리즘이 자주 사용된다. 기업은 그래프 형태의 데이터에 내재된 가치를 찾기 위해 연구, 개발에 투자한다. 그래프 구조 데이터를 조사하는 데 필요한 도구와 인프라 구조를 안내하는 책은 많지만 이 책은 그런 책과는 다르다.

그럼 이제 '획득'이라는 문구가 적힌 최종 경로를 살펴보자. [그림 1-4]는 최종 사용자에게 서비스를 제공하는 애플리케이션임을 가정한다. 즉 이 애플리케이션은 고객에게 서비스를 제공하는 데이터 주도data-driven 제품이다. 이런 제품은 어느 정도의 지연latency, 가용성availability, 개인화personalization 등을 허용하며, 내부 고객용 메트릭을 만드는 애플리케이션과는 아키텍처 요구 사항이 다르다. 이 책은 최종 사용자에게 서비스를 제공하는 애플리케이션과 관련된 주제와 사용 사례를 다룬다.

링크드인 예를 다시 한번 살펴보자. 링크드인을 사용해본 적이 있는 독자라면 [그림 1-4]의 '획득' 경로와 완벽하게 일치하는 예를 이미 경험했다. 링크드인은 네트워크에서 여러분이 다른 사람과 어떻게 연결되는지 보여주는 기능을 제공한다. 다른 사람의 프로필을 확인하면 그 사람이 나와 몇 촌(1촌, 2촌, 3촌 등)인지 보여준다. 이 관계의 길이는 여러분의 직업 네트워크와 관련된 유용한 정보를 알려주는 방식이기도 하다. 이러한 링크드인 기능은 [그림 1-4]의 획득 경로를 따르는 데이터 생산의 사례이며 그 결과 최종 사용자에게 상황과 관련된 그래프 메트릭을 제공한다.

이 세 가지 경로의 경계가 분명하지 않을 때도 있다. 데이터 주도 제품을 만들 것인지 혹은 데이터 통찰력을 이끌어낼 것인지에 따라 차이가 발생한다. 데이터 주도 제품은 고객에게 고유한 가치를 제공한다. 이들 제품에 다가올 다음 혁신의 물결은 그래프 데이터를 이용해 더 고객과 관련되고 의미 있는 경험을 전달하는 일이다. 이 책에서는 이와 관련된 흥미로운 문제와 아키텍처를 살펴본다.

작게 나누고 다시 시도하기

때로 [그림 1-3], [그림 1-4]의 결과가 '모르겠음'으로 귀결될 때가 있지만 괜찮다.

어찌되었건 여러분이 이 책을 읽고 있는 이유는 아마도 여러분의 비즈니스에 데이터와 복잡한 문제가 포함되어 있기 때문일 것이다. 이런 문제들은 광범위하고 서로 얽혀 있다. 문제를 가장 고수준에서 바라보며 [그림 1-3], [그림 1-4]의 과정을 따라간다면 여러분의 복잡한 문제는 제외되는 것처럼 보일 수 있다.

그러나 전 세계의 수많은 팀과 협력해온 필자들의 경험에 따르면, 문제를 작게 나누고 사고 과정을 다시 시도하기를 여전히 권장한다.

경영진과 산업의 요구 사항, 개발자의 기술 사이에서 균형을 유지하는 것은 아주 어렵다. 따라서 작은 것부터 시작해야 한다. 알고 있는 내용과 검증된 가치를 토대로 기초를 만들고, 복잡한 문제의 해결책에 한 걸음씩 다가가야 한다.

> NOTE_ 의사결정 과정을 무시하면 어떻게 될까? 훌륭한 아이디어가 연구, 개발 과정을 거쳤지만 제품으로 이어지지 못한 실패 사례가 상당히 많다(고전적 분석 마비[9]). 그래프 알고리즘을 실행하는 목적은 데이터 주도 애플리케이션에서 데이터의 관계가 어떤 가치를 가져올 수 있는지 결정하기 위함이다. 이 지점에서 시간과 자원을 어느 정도 투자할지에 대한 어려운 결정을 내려야 한다.

1.3.2 더 큰 그림

비즈니스 데이터의 전략적 중요성을 이해하는 과정은 그래프 기술이 여러분의 애플리케이션에 적합한지를 파악하는 과정과 같다. 여러분의 비즈니스에 그래프 데이터가 중요한지를 결정하기 위해, 다음처럼 여러분의 개발과 관련해 아주 중요한 네 가지 질문을 살펴보았다.

1 그래프 데이터가 필요한 문제인가?
2 데이터 간의 관계가 문제를 이해하는 데 도움을 주는가?
3 데이터의 관계를 어떻게 활용할 것인가?
4 그래프 알고리즘의 결과를 어떻게 활용할 것인가?

네 가지 질문을 하나의 도표로 정리하면 [그림 1-5]와 같다.

---

9 옮긴이_ https://en.wikipedia.org/wiki/Analysis_paralysis 참고

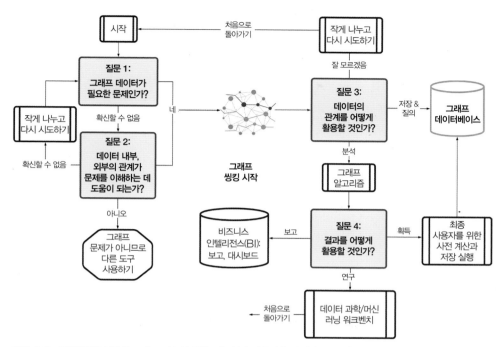

그림 1-5 애플리케이션에서 그래프 기술의 적용 가능성과 사용법을 탐색하는 방법(이 책을 집필하는 데 단초가 되어준 의사결정 과정)

의사결정 트리를 전체적으로 살펴본 이유는 두 가지다. 첫째, 의사결정 트리는 그래프 기술을 구축, 조언, 적용하는 데 필요한 사고 과정을 하나의 그림으로 확인 가능하다. 둘째, 의사결정 트리는 이 책의 목표가 그래프 씽킹의 어느 부분에 해당하는지를 잘 보여준다.

즉 이 책은 [그림 1-5]의 과정 중 그래프 데이터베이스가 필요한 경로에서 그래프 씽킹을 탐색하는 데 유용한 가이드를 제공한다.

1.4 그래프 씽킹 여정 시작하기

비즈니스 데이터를 잘 활용하면 전략적 자산이자 수익을 창출하는 투자가 될 수 있다. 네트워크 효과는 경쟁력 있는 이득을 가져다주는 강력한 힘이기에 그래프가 특히 중요하다. 또한 오늘날의 설계 사고방식은 아키텍트가 비즈니스 데이터를 최대한 편리하게, 하지만 비용은 최소

한으로 관리하는 것을 권장한다.

이러한 마음가짐은 데이터를 어떻게 처리하고 활용해야 하는지를 되돌아보게 만든다.

마음가짐을 바꾸는 것은 긴 여정이지만, 어떤 일이든 첫걸음부터 시작된다. 그 단계를 함께 나아가며 앞으로의 여정에 사용할 새로운 용어들을 배워보자.

CHAPTER 2

관계형에서 그래프 씽킹으로

필자들은 지난 몇 년 동안 수많은 팀에게 그래프 데이터와 기술을 어디서부터 어떻게 시작해야 하는지 조언해왔다. 많은 대화를 통해 그래프 씽킹과 그래프 데이터를 비즈니스에 도입하는 과정에 필요한 일반적인 질문과 충고를 추릴 수 있었다.

그래프 씽킹으로 향하는 여정을 다음 세 가지 질문에서부터 시작해보자. 이는 그래프 기술을 평가할 때 모든 팀이 접하게 될 질문이다.

1 관계형 기술보다 그래프 기술이 문제 해결에 더 적합한가?
2 데이터를 어떻게 그래프로 사고할 수 있는가?
3 그래프 스키마는 어떻게 모델링하는가?

프로젝트를 본격적으로 시작하기 전에 이 세 가지 질문을 이해하는 데 시간을 투자한 팀이라면 그래프 기술을 성공적으로 적용할 가능성이 높다. 반면 질문을 이해하지 않은 채 그래프 프로젝트를 시작한 프로젝트 중 일부는 초기 단계에서 보류된 경우가 많았다.

2.1 2장 미리 보기: 관계형 개념을 그래프 용어로 변환하기

앞서 소개한 세 가지 질문이 이 장에서 다루는 전체적인 내용을 요약한 문장이다.

이번 장에서는 관계형과 그래프 기술의 차이점과 관계형 데이터 모델링을 간단하게 살펴본다.

이 모델을 토대로 관계형 개념을 그래프 데이터 모델링 기술로 변환하고, 그래프 이론에 사용하는 몇 가지 기초 용어를 배워본다.

또한 시각적 그래프 스키마를 코드로 변환하도록 돕는 언어(또는 도구)인 그래프 스키마 언어Graph Schema Language(GSL)를 소개한다. 앞서 소개한 2번, 3번 질문에 답하는 데 도움이 되도록 그래프 스키마 언어를 만들었다. 이 책에서는 다이어그램을 스키마 문으로 변환하는 교육용 도구로 그래프 스키마 언어를 사용한다.

여러분의 작업 흐름에서 언제, 어디에 그래프 씽킹을 적용해야 하는지 선택하기란 매우 어렵다. 이번 장에서는 다양한 기술적 의견을 살펴보는 데 유용한 도구와 기술을 소개한다. 여기서 살펴본 내용은 여러분의 다음 애플리케이션에 그래프 기술이 적합한 선택인지 평가하는 데 도움이 될 것이다.

이번 장에서 소개한 개념과 기술 결정은 앞으로 등장할 예제의 기초를 구성한다. 따라서 2장에서는 앞으로 등장할 예제의 그래프 데이터베이스 스키마와 그래프 데이터를 설명하는 데 사용할 용어를 명확하게 설명하는 데 집중한다.

여러분의 애플리케이션에 그래프 데이터를 적용하는 것은 데이터에서 중요한 것이 무엇인지를 생각하게 만드는 새로운 패러다임의 도입과 같다. 이러한 원칙의 차이를 이해하려면 사고방식을 관계형에서 그래프 씽킹으로 변화시켜야 한다.

2.2 관계형과 그래프의 차이

지금까지 관계형과 그래프라는 두 가지 기술을 언급했다. 관계형 시스템이란 주로 사람, 장소, 사물 등의 현실의 개체를 저장하고 가져오는 기능에 중점을 둔 데이터 조직 방식이다. 반면 그래프 시스템은 데이터끼리 연결된 관계를 저장하고 가져오는 기능에 중점을 둔다. 관계란 사람이 다른 사람을 아는 것, 사람이 장소에 사는 것, 사람이 물건을 소유하는 것과 같이 현실 개체 간의 연결을 나타낸다.

두 시스템 모두 개체와 관계를 모두 표현할 수는 있지만 각 시스템은 특정 작업에 보다 최적화되어 있다.

여러분의 애플리케이션에 관계형 시스템, 그래프 시스템 중 어떤 것을 사용할지 단정 짓기란 매우 어렵다. 각 선택에는 서로 다른 장단점이 있다. 다만 한 가지 방식을 선택함에 따라 저장소 요구 사항, 확장성, 질의 속도, 사용 편의성, 유지 보수성 등이 달라진다. 이렇게 다양하게 달라지는 특징을 모두 살펴보는 일도 가치 있지만, 이 책에서는 조금 더 주관적인 기준인 사용 편의성과 유지 보수성을 중점으로 살펴본다.

> **NOTE_** 관계형relational과 관계relationship라는 단어는 상당히 비슷하지만 서로 다른 기술을 가리킨다. **관계형**이라는 단어는 오라클Oracle, MySQL, PostgreSQL, IBM Db2 등 데이터베이스 종류를 가리킨다. 이들 시스템은 이른바 관계대수라는 특정 수학 분야를 적용해 데이터를 조직하고 추론하도록 만들어졌다. 반면 **관계**라는 단어는 그래프 데이터와 그래프 기술에 한해 적용된다. 이러한 시스템은 그래프 이론이라는 특정 수학 분야를 적용해 데이터를 조직하고 추론하도록 만들어졌다.

관계형 기술과 그래프 기술 중 하나를 선택하는 것은 기능 동작 수준에서 서로를 비교할 수 없으므로 어렵다. 두 기술의 차이는 각각이 기반한 수학 이론, 즉 관계형 시스템의 기초인 관계대수와 그래프 시스템의 기초인 그래프로 확인할 수 있다. 즉 이들 이론을 얼마나 광범위하게 적용할 수 있는지, 여러분의 문제와 얼마나 관련이 있는지에 따라 적용 적합 여부가 판가름 난다.

다음 두 가지 이유로 관계형 기술과 그래프 기술의 차이를 더 자세히 살펴보려 한다. 우선 대부분의 사람들이 관계형 사고에 익숙하기 때문에 그래프 씽킹을 관계형 사고와 대조적인 방식으로 도입하려 한다. 둘째로 '그냥 RDBMS를 사용하면 안 될까?'라는 피할 수 없는 질문에 답변하기 위함이다. 특히 이미 관계형 시스템은 성숙되었고 널리 사용되므로 이 두 가지 이유는 그래프 기술을 이해하는 데 중요한 맥락이라고 할 수 있다.

이 책에서는 데이터를 이용해 개념, 예제, 새로운 용어를 설명한다. 이번 장에서는 관계형, 그래프 개념의 차이를 설명하는 데 사용할 데이터를 먼저 소개한다. 3장, 4장, 5장에서도 계속 이 데이터를 사용한다.

2.2.1 예제에 사용할 데이터

[표 2-1]의 데이터를 이용해 관계형 데이터 모델과 그래프 데이터 모델을 만든다.

이 데이터는 금융 서비스 업계에 있는 여러 고객의 자산을 묘사한다. 계좌와 대출은 다른 사람과 공유할 수 있지만 신용카드는 오직 해당 고객만 사용할 수 있다.

몇 개의 데이터 행을 살펴보자. [표 2-1]은 고객 다섯 명의 데이터다. 2장, 3장, 4장, 5장에서는 다섯 고객과 이들의 데이터를 이용해 데이터 모델을 만들고 새로운 개념을 설명한다.

표 2-1 이어지는 장에서 개념, 예제, 용어를 설명하는 데 사용할 예제 데이터

customer_id	name	acct_id	loan_id	cc_num
customer_0	Michael	acct_14	loan_32	cc_17
customer_1	Maria	acct_14	none	none
customer_2	Rashika	acct_5	none	cc_32
customer_3	Jamie	acct_0	loan_18	none
customer_4	Aaliyah	acct_0	[loan_18, loan_80]	none

[표 2-1]은 다섯 고객의 예제 데이터다. 일부 고객은 계좌나 대출을 공유하는데, 이는 금융 서비스 시스템에서 실제로 존재하는 다양한 사용자를 흉내 낸 것이다.

예를 들어 customer_0(Michael), customer_1(Maria)는 부모와 자녀 관계로 같은 계좌 acct_14를 이용한다. Michael이 부모이고 Maria가 자녀다. customer_2(Rashika)는 금융 서비스 단독 이용자다. 보통 대규모 애플리케이션에서는 이런 형식의 데이터가 많다. Rashika 같은 고객은 다른 사람과 공유하지 않는 자신만의 데이터를 갖는다. 마지막으로 customer_3(Jamie), customer_4(Aaliyah)는 계좌와 대출을 공유한다. 이는 금융 계좌를 합친 파트너 관계의 사용자 사이에서 흔히 볼 수 있다.

만약 이 표가 여러분이 근무하는 회사의 예제 데이터라면 여러분은 이 데이터 모델링에 대해 동료와 어떤 대화를 나눌까? 이 시나리오에서 여러분은 화이트보드나 다양한 설명 도구를 사용하고 있으며 데이터 안의 개체, 속성, 관계를 설계하기 위해 노력하고 있다고 가정한다. 관계형 시스템, 그래프 시스템 중 어떤 시스템을 사용하든 관계없이 [그림 2-1]에서 보여주는 것과 비슷한 개념적 모델을 만들며 토론을 이어갈 것이다.

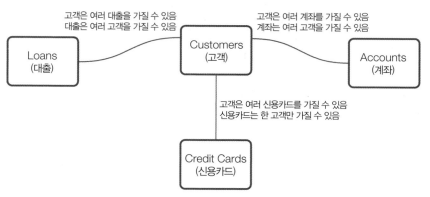

그림 2-1 [표 2-1] 데이터의 관계 설명

[표 2-1]에서 고객, 계좌, 대출, 신용카드 등의 주요 개체를 찾을 수 있다. 각 개체는 고객과 관계를 갖는다. 고객은 여러 계좌를 가질 수 있으며 이들 계좌는 한 명 이상의 고객을 가질 수 있다. 고객은 여러 대출을 가질 수 있으며 이들 대출 역시 한 명 이상의 고객을 가질 수 있다. 마지막으로 고객은 여러 신용카드를 가질 수 있지만 신용카드는 오직 고유한 한 고객에만 속한다.

2.3 관계형 데이터 모델링

관계형에서 그래프 씽킹으로의 전환은 데이터 모델링 영역에서부터 시작된다. 이들 두 시스템의 데이터 모델링을 이해하고 나면 그래프 기술이 더 적합한지를 판단할 수 있다.

데이터베이스를 실무에서 다뤄본 독자라면 관계형 시스템에서 데이터를 시각적으로 모델링하는 방법을 사용해봤을 것이다. 그중에서도 **통합 모델링 언어**Unified Modeling Language(UML)나 **개체-관계 다이어그램**entity-relationship diagram(이후 본문에서 ERD로 축약해 사용함)을 많이 사용한다.

이번 절에서는 [표 2-1]의 예제 데이터를 이용해 ERD로 관계형 데이터 모델링을 완성하는 방법을 간단하게 설명한다. 관계형에서 그래프 씽킹으로 첫발을 떼기 위한 충분한 예제 데이터만 사용한다. 즉 현실의 관계형 데이터 모델링에 사용하는 전체 데이터를 사용하지는 않는다. 관계형 데이터 모델링과 관련한 자세한 정보는 『Conceptual Database Design』(Addison-Wesley, 1991)을 참고하자. 제3정규형(3NF)을 잘 알고 있는 독자라면 다음 절을 생략하고 2.5절로 넘어가도 좋다.

2.3.1 개체와 속성

일반적으로 데이터 모델링은 데이터 내의 개체와 속성attribute을 설명함으로써 실제 세계 묘사를 돕는 기술이다. 다음은 각 개념의 설명이다.

- **개체**: 사람, 장소, 사물 등 데이터베이스에서 추적해야 하는 객체object를 가리킨다.
- **속성**: 이름, 날짜, 기능 설명 등 개체의 프로퍼티를 가리킨다.

관계형 데이터 모델링의 기존 접근 방식은 데이터에서 개체(사람, 장소, 사물)와 속성(이름, 식별자identifier, 설명)을 식별하는 것으로 시작된다. 고객, 계좌, 상품이 개체이며, 고객명, 계좌 번호 같은 개념이 속성이다.

이 데이터 모델링 예제에서는 [표 2-1]의 두 개체(고객, 은행 계좌)를 이용해 모델링을 시작한다. 관계형 시스템에서는 전통적으로 개체를 표로 표현한다(그림 2-2).

개체: 고객	
속성	customer_id
속성	first_name
속성	last_name
속성	birthdate

개체: 은행 계좌	
속성	acct_id
속성	created_date

그림 2-2 애플리케이션 내의 데이터를 모델링하는 기존 접근 방식: 개체와 개체의 속성 식별하기

[그림 2-2]에서 개체와 속성이라는 두 가지 개념이 관찰된다. 이 다이어그램에는 고객과 은행 계좌라는 두 가지 개체가 등장한다. 각 개체는 자신을 묘사하는 속성 목록을 포함한다. 고유 식별자, 이름, 생일 등으로 고객을 묘사할 수 있다. 계좌에는 고유 계좌 식별자, 계좌 생성일 등의 속성이 있다.

관계형 데이터베이스에서 각 개체는 테이블이 된다. 테이블의 행에는 해당 개체의 예제 데이터, 각 열에는 속성값이 포함된다.

2.3.2 ERD 구축

실생활에서 고객은 계좌를 갖는다. 다음 과정에서는 이 연결을 개념적으로 모델링하는 관계형 데이터베이스를 설계한다. 사람이 갖는 은행 계좌를 묘사하는 방법을 모델에 추가해야 한다. 일반적으로 고객과 계좌의 연결을 모델링하는 방법은 [그림 2-3]과 같다.

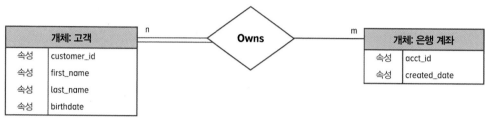

그림 2-3 고객과 은행 계좌의 ERD

[그림 2-3]에서는 고객과 은행 계좌 개체를 연결하는 다이아몬드가 중간에 추가되었다. 다이아몬드는 데이터베이스의 고객과 계좌 사이에 연결이 있음을 암시한다. 즉 고객은 계좌를 보유한다는 뜻이다.

고객과 다이아몬드 사이를 잇는 이중선은 특별한 의미가 있음을 가리킨다. Owns의 왼쪽에는 n, 오른쪽에는 m이 적혀 있다. 이 표기법은 고객과 계좌 사이에 다대다 연결이 존재함을 가리킨다. 즉 한 사람이 여러 계좌를 가질 수 있으며 한 계좌를 여러 사람이 소유할 수 있다는 의미로 해석할 수 있다. ERD에 나타나는 연결은 테이블 또는 외래 키로 변환할 수 있다. 즉 관계형 시스템에서는 고객과 계좌의 연결을 테이블로 저장한다. 따라서 데이터베이스에서 Owns가 하나의 개체로 변환된다는 의미다.

> NOTE_ 테이블로 데이터 내의 연결을 개체로 표현하다 보면 데이터의 연결을 이해하기가 더 어려워진다. 자연적인 현상을 테이블적인 개념으로 바꿔서 생각하기란 쉽지 않다. 특히 데이터의 연결성을 이해하기는 더욱 어려워진다.

지난 수십 년간 이 방식을 사용했지만 사실 더 좋은 방법이 있다.

[표 2-1]의 데이터를 다시 살펴보자. 이번에는 그래프 데이터 개념을 이용해 데이터를 활용하고, 그래프 데이터베이스로 데이터를 모델링해본다.

2.4 그래프 데이터의 개념

이번 절에서는 그래프 이론 커뮤니티에서 가져온 유용한 용어들을 소개한다. 그래프 데이터 연결성을 설명할 때 이 용어를 사용한다. 예제 데이터의 처음 세 사람의 데이터를 그래프 데이터로 시각화해보자.

[그림 2-4]는 이번 절에서 설명할 기본 개념을 시각적으로 보여준다. 이 데이터는 Michael, Maria, Rashika 세 사람의 정보를 포함한다. Michael, Maria는 [그림 2-4]가 보여주는 것처럼 계좌를 공유하고 있지만, Rashika는 다른 두 고객과 데이터를 공유하지 않는다.

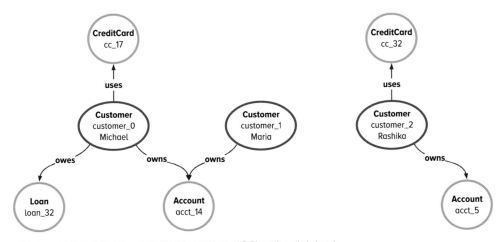

그림 2-4 이 장에서 새로운 그래프 용어를 소개할 때 사용할 그래프 데이터 모습

2.4.1 그래프의 기본 요소

먼저 그래프와 그래프 데이터의 기본 요소와 정의를 살펴보자. 다음은 그래프의 기본 요소이며 그래프 커뮤니티의 모든 사람이 이 용어를 사용한다.

- **그래프**: 정점vertex과 간선edge이라는 두 가지 요소로 데이터를 표현한다.
- **정점**: 데이터의 개념 또는 개체를 가리킨다.
- **간선**: 정점 간의 관계나 연결을 표현한다.

앞에서 이미 여러분은 기본 요소를 접했다. [그림 2-4]의 금융 데이터는 네 가지 개념적 개체인 고객, 계좌, 신용카드, 대출을 포함한다. 그래프에서는 이들 개체를 정점으로 표현한다.

TIP 이 책에서는 분산 그래프 중심으로 살펴보기 때문에 **노드**node라는 용어는 사용하지 않는다. 분산 시스템, 그래프 이론, 컴퓨터 과학에서는 노드를 다양한 의미로 사용하기 때문이다.

간선으로 정점을 연결한다. 간선은 데이터 조각 사이에 존재하는 관계를 묘사한다. 그래프 데이터에서 두 정점을 연결하는 간선이 존재한다면, 두 객체가 관계있음을 의미한다.

예제 데이터에서는 간선을 이용해 개인과 금융 데이터 사이의 관계를 나타낸다. 즉 고객은 계좌를 보유하며, 대출을 받고 있고, 신용카드를 사용한다고 데이터를 모델링한다. 그래프 데이터베이스의 간선은 owns(소유), owes(빚짐), uses(사용)라는 관계로 변환된다.

마침내 데이터의 모든 정점과 간선을 합치면 전체 그래프가 완성된다.

2.4.2 인접

그래프 이론에서 사용하는 다양한 필수 주제 중에서 **인접**adjacency을 먼저 살펴보자. 데이터가 어떻게 연결되었는지를 설명하는 그래프 이론에서 이 용어가 자주 사용된다. 기본적으로 인접은 정점이 서로 연결되어 있는지를 가리키는 수학 용어다. 공식적으로 다음과 같이 정의한다.

- **인접**: 간선으로 연결된 두 정점은 서로 인접한다.

[그림 2-4]에서 Maria는 acct_14와 인접한다. 또한 Michael과 Maria 모두 acct_14을 소유하고 있으므로 두 사람 모두 이 계좌와 인접한다. 기존의 관계형과 달리 그래프 데이터를 사용하면 서로 다른 개체 간의 관계를 쉽게 확인할 수 있다.

인접에 대한 개념은 이 책 전반에 걸쳐 데이터의 연결성에서부터 디스크에 저장된 다양한 저장 형식에 이르기까지 자주 사용할 예정이다. 일단 지금은 인접이 정점 간의 연결을 가리키는 중요한 용어라는 사실을 기억하자.

2.4.3 이웃

연결된 데이터는 커뮤니티를 형성한다. 그래프 이론에서 이러한 커뮤니티를 **이웃**neighborhood이라 부른다.

- **이웃**: 정점 v에 인접한 모든 정점은 v의 이웃이며 N(v)로 표시한다. 이웃에 포함되는 모든 정점은 v의 이웃이다.

[그림 2-5]에서 Michael(customer_0)부터 시작하는 **그래프 이웃**graph neighborhood 개념을 확인할 수 있다. 이 예제 데이터에서 cc_17, loan_32, acct_14 정점은 Michael과 직접 연결되거나 인접한다. 이들을 customer_0의 **일차 이웃**first neighborhood이라 부른다.

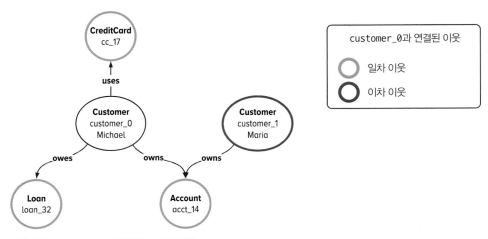

그림 2-5 customer_0과 연결된 그래프 이웃

한 정점을 시작으로 이 개념을 확장할 수 있다. Michael에서 간선 두 개로 이어진 정점은 **이차 이웃**second neighborhood이다. Maria는 Michael의 이차 이웃이지만, 반대로 Michael이 Maria의 이차 이웃이기도 하다. 한 정점을 중심으로 이와 같은 관계를 그래프 전체에 적용할 수 있다.

2.4.4 거리

이웃은 거리distance 개념으로 연결된다. 예제 데이터에서 정점의 연결성을 다른 방식으로도 표현할 수 있다. Michael의 첫 번째 이웃과 두 번째 이웃은 Michael로부터 1과 2의 거리에 있다고 표현할 수 있다.

- **거리**: 그래프 데이터에서는 한 정점에서 다른 정점에 도달하기까지 거쳐야 하는 간선의 수를 거리라 부른다.

[그림 2-5]에서는 Michael을 시작 정점으로 선택했다. cc_17, loan_32, acct_14 정점은 모두 Michael로부터 1의 거리에 있다.

수학 커뮤니티에서는 이 거리를 dist(Michael, cc_17) = 1과 같이 표현한다. 시작점에서 두 개의 간선만큼 떨어져 있는 이차 이웃은 dist(Michael, Maria) = 2처럼 표현한다.

2.4.5 차수

인접, 이웃, 거리는 연결된 두 데이터의 관계를 이해하는 데 도움이 된다. 많은 애플리케이션에서 한 데이터가 주변 이웃과 **얼마나 많은 관계**를 맺는지 이해할 때 특히 유용하다.

수학 커뮤니티에서는 데이터가 얼마나 많은 연결을 갖는지 따져볼 때 **차수**degree를 사용한다.

- **차수**: 한 정점에 연결된 간선의 개수를 가리킨다.

다시 말해서 정점에 접한 간선의 수가 정점의 차수다.

[그림 2-4]에는 Michael과 cc_17, loan_32, acct_14로 연결된 세 간선이 있었다. 이를 Michael의 차수로 표현하면 3, 혹은 deg(Michael) = 3이다.

이 데이터에는 차수가 2인 정점이 두 개 있다. acct_14는 Michael, Maria와 인접하므로 차수가 2다. 그림 오른쪽에 위치한 Rashika도 두 개의 간선을 갖는다. 따라서 Rashika의 차수도 2다.

예제 데이터에는 차수가 1인 정점이 다섯 개다(loan_32, cc_17, Maria, cc_32, acct_5).

> NOTE_ 그래프 이론에서 차수가 1인 정점을 **리프**leaf라 부른다.

간선이 특정 정점에서 시작하는지 혹은 끝나는지에 따라 정점의 차수를 다음 두 개의 하위 범주로 분류한다.

- **내차수**in-degree: 한 정점으로 들어오는 간선의 수를 가리킨다.
- **외차수**out-degree: 한 정점에서 나가는 간선의 수를 가리킨다.

지금까지 살펴본 예제에 이 용어를 적용해보자.

Michael의 세 간선은 Michael에서 시작해 다른 세 정점(cc_17, loan_32, acct_14)에서 끝

난다. 세 간선이 밖을 향하므로 Michael의 외차수는 3이다.

acct_14로 들어오는 간선은 두 개(Michael, Maria)이므로 acct_14의 내차수는 2다.
Rashika의 두 간선은 나가는 간선이므로 Rashika의 외차수는 2다.

cc_17로 들어오는 간선은 하나이므로 내차수는 1이며 loan_32, cc_32, acct_5의 내차수도 1
이다. Maria는 acct_14로 나가는 간선이 한 개이므로 외차수가 1이다.

정점 차수의 의미

데이터 과학과 그래프 이론에서는 그래프 데이터 내에서 발견된 연결의 방식을 이해하는 데 정
점의 차수를 사용한다. 예를 들어 차수를 이용해 여러분의 그래프에서 가장 많이 연결되는 정
점을 찾을 수 있다. 애플리케이션의 성격에 따라 달라질 수 있지만 보통 차수가 아주 높은 정점
을 허브^{hub} 또는 영향력이 아주 큰 개체로 간주할 수 있다.

그래프 데이터베이스에 저장하거나 질의할 때 연결이 많은 정점이 성능 저하를 일으킬 수 있으
므로 이런 정점을 파악하는 것이 유용할 때가 많다. 극단적으로 높은 차수(100,000개를 초과
하는 간선)를 갖는 정점을 슈퍼노드^{supernode}라 부른다.

다음 절에서는 애플리케이션에 그래프 구조를 적용하고 해석하는 방법을 설명한다. 차수가 높
은 정점의 성능과 관련된 내용은 9장에서 자세히 살펴본다. 9장에서는 슈퍼노드를 정의하고
슈퍼노드가 데이터베이스에 미치는 영향과 이를 해결하는 법을 알아본다.

이번 장의 처음 부분에서 세 가지 질문을 던졌다. 지금까지 세 가지 질문 중 처음 두 가지 질문
에 대한 답을 얻을 수 있었다. 이 장의 마지막 절에서는 시각적 다이어그램을 코드로 변환해 그
래프 스키마를 모델링하는 도구를 소개한다.

2.5 그래프 스키마 언어

그래프 실무자, 학자, 엔지니어는 대체적으로 통일된 용어와 방법으로 그래프 데이터를 표현한
다. 하지만 일부 용어는 기술 커뮤니티와 학술 커뮤니티 간에 혼동을 야기하기도 한다. 즉 그래
프 데이터베이스 실무자와 그래프 데이터 과학자가 다른 의미로 받아들이는 용어들이 존재한다.

커뮤니티 간에 발생하는 혼동을 최소화하고자 이 책에서는 그래프 스키마를 설명하는 공식 용어를 소개한다. 이 언어를 그래프 스키마 언어^{Graph Schema Language}(GSL)라 부른다. 그래프 스키마 언어는 그래프 데이터베이스 스키마를 만들기 위해 개념을 적용하는 시각적 언어다.

이 책에서는 예제 전반에서 사용할 수 있도록 그래프 스키마 언어를 교육 도구로 개발했다. 그래프 실무자 간에 개념적 그래프 모델, 그래프 스키마, 그래프 데이터베이스 설계를 공유하고 서로 소통할 수 있도록 만드는 것이 그래프 스키마 언어를 만들고, 소개하고, 사용하는 이유다. 이런 용어 집합과 시각화는 학계 커뮤니티에서 대중화된 그래프 언어와 그래프 커뮤니티 내의 표준화 계획을 상호 보완한다.

다음 절에서 설명할 시각적 신호와 용어는 책 전체에서 소개하는 개념적 그래프 모델에서 사용된다. 앞으로 소개할 다양한 예제를 통해 시각적 도식을 스키마 코드로 변환하는 연습을 충분히 해보기를 바란다.

2.5.1 정점 레이블과 간선 레이블

그래프 데이터의 필수 요소인 정점, 간선처럼 그래프 스키마 언어에서도 첫 번째 용어로 **정점 레이블**^{vertex label}과 **간선 레이블**^{edge label}이 등장한다. 관계형 모델은 [그림 2-3]의 데이터를 테이블로 모델링하지만, 그래프에서는 **정점 레이블**과 **간선 레이블**로 그래프 스키마를 묘사한다.

- **정점 레이블**: 의미가 같은 객체 집합이다. 즉 정점 레이블은 같은 관계와 속성을 공유하는 객체 집합을 가리킨다.
- **간선 레이블**: 데이터베이스 스키마에 있는 정점 레이블 간의 관계 유형을 가리킨다.

그래프 모델링에서 각 개체에 정점 레이블을 지정하고 간선 레이블을 사용해 개체 간의 관계를 설명한다. 보통 정점 레이블은 같은 종류의 속성과 같은 레이블의 관계를 공유하는 개체를 설명한다. 간선 레이블은 정점 레이블 간의 관계를 설명한다.

> NOTE_ **정점**과 **간선**이라는 용어는 데이터를 참조하는 데 사용한다. 데이터베이스의 스키마를 설명할 때는 **정점 레이블**과 **간선 레이블**을 사용한다.

이번에는 [표 2-1]의 데이터를 [그림 2-6]처럼 개념적 그래프 모델로 모델링한다. 이 개념적 그래프 모델은 [그림 2-3]의 ERD와 비슷하지만 그래프 스키마 언어의 두 용어를 사용해 변환한다는 점이 특징이다.

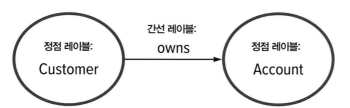

그림 2-6 고객과 은행 계좌 데이터의 정점과 간선 레이블을 보여주는 그래프 모델

그래프 스키마 언어에서는 레이블 이름이 표시된 원으로 정점 레이블을 표시한다. [그림 2-6]에 Customer와 Account 정점 레이블이 있다. 간선 레이블(owns)은 두 정점 레이블 사이에 위치한다. 이 그림을 통해 고객이 계좌와 관계가 있다는 사실을 유추할 수 있다(고객이 계좌를 보유). 간선의 방향은 2.5.3절에서 더 자세히 살펴본다.

2.5.2 프로퍼티

[그림 2-3]의 관계형 모델은 속성^{attribute}으로 데이터를 묘사했는데 그래프 모델링에서는 프로퍼티^{property}로 데이터를 묘사한다. 즉 그래프 모델에서는 기존 속성 대신 프로퍼티를 사용한다.

- **프로퍼티**: 정점 레이블이나 간선 레이블의 이름, 날짜, 기능 설명 등을 묘사한다.

[그림 2-7]에서 각 정점 레이블은 자신과 관련된 프로퍼티 목록을 갖는다. 이들 프로퍼티는 [그림 2-3]의 관계형 ERD의 속성과 동일하다. Customer 정점은 고유 식별자, 이름, 생일 등의 프로퍼티를 갖는다. 계좌도 기존과 마찬가지로 계좌 ID, 생성 날짜 프로퍼티를 갖는다. 이 데이터 모델에서 두 개체 사이의 관계를 설명하기 위해 간선 레이블 owns를 추가한다.

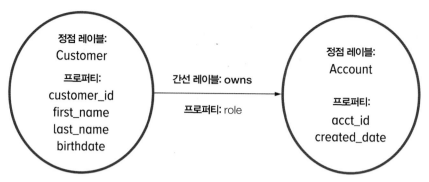

그림 2-7 고객과 은행 계좌의 그래프 모델

> **NOTE_ 프로퍼티**는 그래프 스키마와 그래프 데이터의 개념에 적용되는 용어다.

2.5.3 간선 방향

그래프 스키마 언어에서는 간선의 방향을 모델링 개념으로 사용한다. 데이터 모델에서 간선 레이블은 정점 레이블을 연결하며 이때 자연스러운 방식으로 데이터의 특징을 묘사한다. 즉 고객이 계좌를 보유한다고 말하는 것처럼, 데이터를 그래프로 자연스럽게 모델링한다. 각 간선에는 **방향**이 포함된다.

간선의 방향은 단방향 또는 양방향 중 하나로 설정한다.

- **단방향**directed : 한 정점 레이블에서 다른 정점 레이블로 한 방향으로만 향한다.
- **양방향**bidirectional : 두 정점 레이블 사이를 양방향으로 연결한다.

그래프 스키마 언어에서는 간선의 끝 부분에 화살표를 추가해서 방향을 설정한다. [그림 2-8]을 살펴보면 간선 레이블 오른쪽 아래 부분에 화살표가 있다.

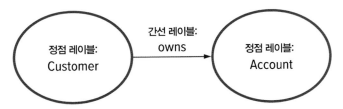

그림 2-8 화살표로 간선 레이블의 방향을 표현한다

[그림 2-8]은 고객에서 계좌로 향하는 단방향 간선 레이블이다. 이 간선 레이블은 단방향 간선을 이용해 고객이 계좌를 보유하고 있음을 설명한다.

상황에 따라서는 다른 방향으로 데이터를 모델링해야 할 때도 있다. 예를 들어 계좌에서 고객으로 향하는 두 번째 단방향 간선을 추가할 수 있다. 새로 추가한 간선은 계좌가 고객의 소유임을 가리킨다(그림 2-9). [그림 2-9]의 모든 간선은 한 방향으로 향하므로 **단방향**이라 부른다.

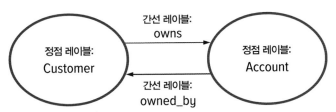

그림 2-9 두 개의 단방향 간선 레이블을 이용하면 고객과 계좌 사이를 양방향으로 이동할 수 있다

간선 레이블의 방향은 데이터와 어떻게 상호작용하는지에 따라 결정된다. 데이터를 묘사할 때 주어, 술어(예를 들어 동사), 그리고 도메인과 상호작용할 목적어를 사용한다. 지금까지 이번 장에서 살펴본 예제 데이터를 어떻게 설명할 수 있는지 생각해보자. 아마도 여러분은 '고객customer이 계좌account를 소유owns한다', '계좌account는 고객customer에 의해 소유된다owned by'라고 표현할 것이다. 첫 번째 문장에서 주제는 '고객'이고, 술어는 '소유한다'이며 목적어는 '계좌'다. 이를 토대로 Customer를 정점 레이블의 시작점으로 Account를 도착점으로 설정한다. '소유한다'라는 술어는 고객에서 계좌로 향하는 간선 레이블로 변환한다. 마찬가지로 두 번째 문장에서는 Account에서 Customer로 향하는 간선 레이블을 'owned_by'로 설정한다.

즉 주어, 술어, 목적어를 이용해 간선 레이블의 방향을 결정할 수 있다. 주어는 간선 레이블이 시작되는 첫 번째 정점 레이블이다. 그래프 스키마 언어에서는 이를 **도메인**domain이라 부른다.

그리고 술어는 간선 레이블로 변환한다. 마지막으로 목적어는 간선 레이블의 도착지 또는 **범위**range가 된다.

- **도메인**: 간선 레이블이 시작되는 정점 레이블이다.
- **범위**: 간선 레이블의 화살표가 도착하거나 끝나는 정점 레이블이다.

이번 절에서 설명할 마지막 개념은 양방향 간선이다. 지금까지 살펴본 예제 데이터에서는 양방향으로 연결된 간선 레이블이 존재하지 않는다. 고객은 계좌를 소유하지만 반대로 계좌가 고객을 소유하지는 않기 때문이다. 따라서 '계좌가 고객에 의해 소유된다'라고 간선 레이블을 바꿔야 한다.

기존 예제에 고객 간의 관계를 추가해 양방향 간선 레이블을 살펴보자. 고객과 연결된 가족 멤버를 추가하면 [그림 2-10]처럼 두 정점 레이블 사이에 양방향 간선 레이블이 생긴다.

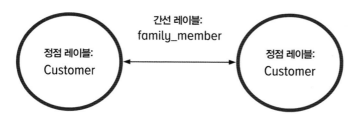

그림 2-10 한 선의 양 끝에 화살표를 추가해 양방향 간선 레이블을 만든다

여기서 고객은 다른 고객의 가족 멤버가 될 수 있음을 의미한다. 그리고 이 관계는 상호적 관계다. 즉 A가 B의 가족 멤버라면 B 역시 A의 가족 멤버다. 그래프 스키마 언어에서는 선에 양쪽 화살표를 추가해 이를 표현하며 이를 양방향 간선 레이블이라 부른다.

> **NOTE_** 그래프 이론에서 양방향 간선은 **무방향**undirected 간선과 같다. 즉 모델링에서 양방향 관계를 갖는다는 것은 방향이 없다는 것과 같다. 하지만 이 책의 맥락에서는 애플리케이션에 가치를 제공할 수 있는 데이터의 관계가 필요하므로 간선의 방향에 항상 의미를 부여해야 한다.

처음 방향을 접했을 때는 조금 혼란스러울 수 있다. 방향을 결정하는 좋은 방법으로는 데이터를 입 밖으로 직접 설명해보는 것이다. 어떻게 설명하는지를 잘 관찰하면 간선의 방향을 결정할 수 있다. 여러분의 데이터 설명서를 만들고 그 안에서 데이터의 관계를 식별하기를 권장한다. 이런 방식으로 데이터 관계의 개념적 이해를 간선 레이블의 방향으로 바꿀 수 있다.

2.5.4 자기 참조 간선 레이블

[그림 2-10]에는 아직 설명하지 않은 새로운 개념이 있다. 간선이 한 정점 레이블에서 시작해 동일 정점에서 끝난다면 이를 **자기 참조**self-reference 간선 레이블이라 부른다.

- **자기 참조 간선 레이블**: 간선 레이블의 도메인과 범위가 동일한 정점 레이블인 상황을 가리킨다.

그래프 스키마 언어로 이 개념을 표현하면 [그림 2-11]과 같다.

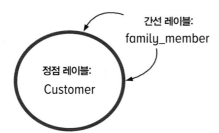

그림 2-11 그래프 스키마 언어로 양방향, 자기 참조 간선 레이블을 표현한 모습

[그림 2-11]은 간선 레이블의 시작과 끝이 한 정점 레이블인 상황을 표현하는 방법을 보여준다. 이를 자기 참조 간선 레이블이라 부른다. [그림 2-11]의 간선 레이블은 자기 참조이면서 동시에 양방향 간선 레이블이다. 하지만 모든 자기 참조 간선 레이블이 양방향 간선 레이블인 것은 아니다.

> **NOTE_** 단방향 자기 참조 간선 레이블은 다음 장에서 설명한다. A가 B에 포함되어 있는 상황이나 부모-자식 관계를 갖는 경우처럼 재귀적 관계를 모델링할 때 단방향 자기 참조를 사용한다.

2.5.5 그래프의 다중성

그래프로 데이터 모델링을 진행하다 보면 그래프의 두 정점 레이블 사이에 얼마나 많은 관계가 존재할 수 있는지 나타내야 할 때가 있다.

그래프 모델에서는 관계의 개수 지정 옵션이 단 하나뿐이다. 대부분의 그래프에서는 '많다many' 한 가지로 관계 개수를 묘사한다.

데이터스택스 그래프^{DataStax Graph}를 포함한 대다수의 그래프 데이터베이스에서는 모든 간선 레이블을 다대다 관계로 표현한다. 즉 모든 정점은 특정 간선 레이블을 사용해 다른 많은 정점과 연결될 수 있다. ERD에서는 이를 다대다^{many-to-many}라 부르며 UML에서는 0..* to 0..*라 표현한다. 관계형 커뮤니티에서는 이를 m:n 관계라 부르기도 한다.

이 개념을 설명하기 위해 **다중성**^{multiplicity}이란 용어를 사용한다.

• **다중성**: 그룹이 가질 수 있는 최대 허용 크기의 범위를 가리킨다. 다시 말해 다중성은 인접한 정점 그룹이 한 정점 그룹과 맺을 수 있는 최대 간선 레이블의 수를 가리킨다.[1]

> **NOTE_** 집합이나 컬렉션의 유한한 실제 크기를 **카디널리티**^{cardinality}라 부른다.[2]

정확성과 명확성을 더하기 위해 그래프 스키마에서 간선 레이블 모델링을 얘기할 때는 **다중성**이라는 용어를 사용한다. 그래프 모델에서 다중성을 정의할 때 사용할 만한 두 가지 옵션을 더 자세히 살펴보자.

그래프 스키마 언어로 다중성 모델링하기

그래프 스키마에 다중성을 적용하려면 인접한 정점 그룹의 종류를 이해해야 한다. 사실 그룹의 종류에는 집합^{set} 또는 컬렉션^{collection} 두 가지뿐이다.

• **집합**: 고윳값을 저장하는 추상 데이터 형식이다.
• **컬렉션**: 고유하지 않은 값을 저장하는 추상 데이터 형식이다.

인접한 정점 집합에서 정점의 인스턴스는 한 개뿐이지만, 인접한 정점 컬렉션에서는 정점 인스턴스가 많이 존재할 수 있다. 두 개념의 차이를 [그림 2-12]를 통해 확인해보자.

----

1 『The Unified Modeling Language Reference Manual』(Addison-Wesley, 1998)
2 옮긴이_ https://ko.wikipedia.org/wiki/집합의_크기 참고

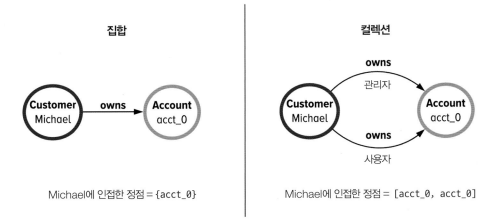

집합 | 컬렉션

Michael에 인접한 정점 = {acct_0} | Michael에 인접한 정점 = [acct_0, acct_0]

그림 2-12 특정 간선 레이블과 인접한 정점 그룹에 다중성을 적용하는 두 가지 옵션

[그림 2-12]의 왼쪽 그래프는 Michael에 인접한 정점 그룹이 집합 {acct_0}임을 보여준다. 이는 데이터베이스의 고객과 계좌 사이에 간선이 최대 한 개라는 사실을 의미한다. [그림 2-12]의 오른쪽 그래프는 Michael에 인접한 정점 그룹이 컬렉션 [acct_0, acct_0]임을 가리킨다. 이는 데이터베이스의 고객과 계좌 사이에 많은 간선이 존재할 수 있음을 의미한다. 예를 들면 고객이 계좌의 관리자이면서 사용자인 상황과 같다.

TIP 보통 간선을 모델링할 때 다중성 형식을 결정해야 한다. 데이터베이스에서 가장 최근 간선이 필요한 상황이라면 간선을 집합으로 설정할 수 있다. 반대로 시간이 흐르면서 누적된 모든 간선이 필요하다면 간선을 컬렉션으로 이용할 수 있다. 7장, 9장, 12장에서 간선에 대해 더 자세히 설명한다.

[그림 2-12]의 두 그래프의 차이를 그래프 스키마 언어로 어떻게 모델링하는지 살펴보자. [그림 2-13]은 그래프 스키마 언어에서 한 개의 선으로 두 정점 간에 최대 한 개 간선을 가질 수 있음을 보여준다.

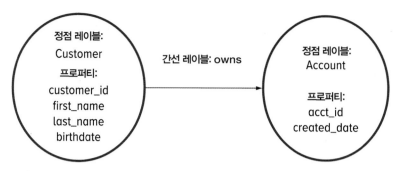

그림 2-13 그래프 스키마 언어에서는 한 개의 선으로 인접한 정점 그룹이 집합이어야 함을 가리킨다

두 정점 간에 많은 간선이 존재할 수 있는 상황을 모델링하려면 하나의 간선이 다른 간선과 다르다는 사실을 표현해야 한다. [그림 2-12]에서는 간선에 role 프로퍼티를 추가해 각 간선을 다르게 만들었다. [그림 2-14]는 이중선과 프로퍼티를 이용해 두 정점 사이에 많은 간선을 가질 수 있음을 그래프 스키마 언어로 표현했다.

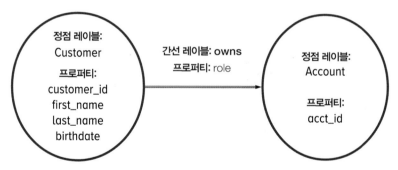

그림 2-14 그래프 스키마 언어서는 이중선을 이용해 인접한 정점 그룹이 컬렉션임을 가리킨다

데이터를 이해해야 다중성을 이해할 수 있다. 두 정점 사이에 여러 간선이 필요하다면(정점에 연결된 그룹은 집합이 아니라 컬렉션이어야 하므로) 각 간선을 고유하게 만들어줄 프로퍼티를 정의해야 한다.

2.5.6 전체적인 그래프 모델 예제

그래프 스키마 언어를 이용해 [표 2-1]의 데이터를 [그림 2-15]처럼 **개념적 그래프 모델**conceptual graph model로 변환할 수 있다.

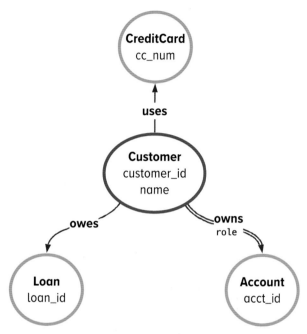

그림 2-15 첫 번째 예제의 시작: 금융 서비스의 고객 데이터 기본 모델

앞서 [그림 2-15]를 개념적 그래프 모델이라 표현했다. 이 모델은 그래프 데이터베이스 스키마를 만든다. 개념적 그래프 모델에는 고객, 그리고 이와 연관된 세 조각의 데이터가 있다. Customer, Account, Loan, CreditCard라는 네 가지 개체는 각각 별도의 정점 레이블로 변환된다.

네 조각의 데이터는 세 가지 방식으로 연관된다. 고객은 계좌를 소유하며, 신용카드를 사용하고, 대출을 받는다. 이 세 가지 관련성은 개념적 그래프 모델에서 방향성을 가진 세 개의 간선 레이블(owns, uses, owes)을 만든다. 이 예제에 양방향 간선 레이블은 없다. uses, owes 간선 레이블은 두 정점 사이에 최대 한 개의 간선을 가지는 반면 owns는 많은 간선을 가질 수 있다.

[그림 2-15]에서 살펴볼 마지막 부분은 각 정점 레이블의 프로퍼티다. 이들 프로퍼티는 [표

2-1]에서도 확인할 수 있다. 고객은 `customer_id`, `name`이라는 두 개의 프로퍼티를 갖는다. `Account`, `CreditCard`, `Loan` 간선 레이블은 각각 `acct_id`, `cc_num`과 `loan_id`의 프로퍼티를 하나씩 갖는다. 이들 프로퍼티는 데이터의 고유 식별자다.

[그림 2-15]와 [그림 2-4]의 인스턴스 데이터를 구별할 수 있어야 한다. [그림 2-15]는 그래프 스키마 언어로 나타낸 데이터베이스 스키마의 개념적 그래프 모델이다. [그림 2-4]는 그래프 데이터베이스에서 데이터가 어떻게 생겼는지를 보여준다.

2.6 관계형 vs 그래프: 결정 고려 사항

관계형에 비해 그래프 기술에서 가장 어려운 평가 부분은 데이터 분석에 기반한 데이터베이스 모델링 기법을 적절하게 선택하는 것이다. 조금 더 효율적으로 평가 절차를 진행할 수 있도록 도움을 주는 몇 가지 주제를 마지막으로 살펴본다.

2.6.1 데이터 모델링

그래프 데이터 모델링은 관계형 데이터 모델링과 아주 비슷하다. 특히 그래프에서는 두 개체의 관계를 다른 관점으로 바라본다. 그래프 기술은 데이터베이스에 저장된 개체의 관계에 직접 접근할 수 있도록 관계 데이터를 우선적으로 조직하는 데 최적화되었다. 따라서 개체의 관계가 데이터에서 가장 중요한 기능 중 하나라면 그래프 기술을 선택하는 편이 유용하다.

관계형 기술과 달리 그래프 기술은 개념적 모델에서 데이터 저장소에 저장하거나 저장고에서 가져오는 변환 작업을 최소화하기 위해 만들어졌다. 그래프 기술에서는 개념적 데이터 모델이 실제 물리적 데이터 모델이다. 즉 그래프 기술에서는 그래프 데이터베이스가 논리 모델을 기반으로 저장소와 물리적 레이아웃을 최적화하므로 물리적 데이터 모델링이 필요가 없다. 정점과 연관된 간선으로 직접 접근성을 제공하는 구조체에 정점의 간선을 저장해 이를 구현한다.

필자들의 경험상 개념적 모델에서 데이터 저장소로 쉽게 변환할 수 있다는 장점 덕분에 상당히 많은 아키텍트들이 관계형에서 그래프 기술로 전환하는 듯했다. 그래프 기술을 이용하면 하나의 이미지에 데이터의 개념적 이해와 물리적 구성을 포함할 수 있다. 개념적 이해를 물리적인 데이터 구성으로 쉽게 변환할 수 있다는 점은 데이터 내의 관계를 파악해 의논하고, 적용하도록 돕는다. 그래프 씽킹과 기술 없이는 이런 작업이 불가능하다.

2.6.2 그래프 데이터 이해하기

그래프 이론을 적용하면 애플리케이션에서 그래프 기술을 사용할 때 더욱 강력해진다. 그래프 기술은 데이터가 연결되었는지 그리고 연결되었다면 얼마나 잘 연결되었는지 이해하도록 돕는다. 특히 이웃, 차수 등의 개념 덕분에 기존 관계형 기술과는 완전히 다른 방식으로 데이터를 이해할 수 있다.

그래프 스키마와 그래프 데이터 세상의 사소한 차이점을 이해하는 것은 아주 중요하다. 여러분의 팀에 그래프 기술을 도입하게 되면 새로운 용어, 개념, 응용 방법을 배워야 한다. 어떤 개념을 데이터 모델링에 적용하는지 이해하고 어떤 개념을 애플리케이션 수준의 데이터 분석에 적용하는지를 이해해야 그래프 기술을 가장 효율적으로 사용하고 지속적으로 적용할 수 있다.

2.6.3 데이터베이스 설계와 애플리케이션 목표 혼합하기

경험상 많은 팀들이 그래프 데이터 분석과 그래프 스키마 개념을 종종 혼동한다는 사실을 알게 되었다. 그래프 스키마와 그래프 데이터 용어는 원그래프pie chart, 외래 키foreign key 제약 조건 같은 개념처럼 혼동을 일으킨다. 이를 자세히 살펴보자.

관계형 기술은 원그래프처럼 데이터를 요약하고 보고서를 만드는 데이터베이스를 구축할 때 유용하다. 원그래프 등은 데이터를 시각적으로 나타낸다. 애플리케이션(원그래프)은 관계형 스키마 디자인과 관련이 없으며 개념이 완전히 다르다. 이는 마치 테이블 간에 외래 키 제약 조건을 선택하는 것과 같다.

관계형 데이터베이스의 애플리케이션은 원그래프를 만드는 것이며, 데이터베이스 스키마는 이 일이 가능하도록 외래 키로 설계해야 한다.

그래프 기술에도 같은 원리가 적용된다. 그래프 데이터베이스를 구축한 다음에는 이를 활용해 데이터의 연결성을 이해한다. 특히 그래프의 두 정점 사이의 거리를 찾을 수 있다. 이는 애플리케이션 수준에서 일어나는 일이며, 데이터를 이용해 데이터 내의 연결성을 이해한다. 정점 레이블, 간선 레이블, 프로퍼티로 그래프 데이터베이스 스키마를 만들어 이를 달성한다.

그래프 데이터베이스의 애플리케이션은 정점 간의 거리를 계산하는 것이며 데이터베이스의 스키마는 이것이 가능하도록 간선 레이블과 정점 레이블을 사용해 설계해야 한다.

중요한 핵심은 데이터베이스 스키마와 그래프 데이터 분석의 차이를 이해하는 것이다.

지금까지 그래프 씽킹이 발전하면서 다양한 용어와 복잡성의 물결을 불러왔다. 이번 장을 통해 그래프 데이터를 분석하는 몇 가지 기술뿐 아니라 데이터베이스 모델을 만드는 기법을 명확하게 파악했기를 바란다.

2.7 마치며

이번 장에서 여러 커뮤니티에서 사용하는 개념과 용어를 설명했다. 다음 세 가지 질문에 답변하는 것이 이 장의 목표였다.

1 관계형 기술보다 그래프 기술이 문제 해결에 더 적합한가?
2 데이터를 어떻게 그래프로 사고할 수 있는가?
3 그래프 스키마는 어떻게 모델링하는가?

경험에 따르면 애플리케이션 스택에 그래프 기술을 평가하는 개발 팀 대부분이 이 세 가지 질문을 가장 많이 고민했다.

이번 장에서는 세 가지 질문에 답변할 수 있을 만큼 최소한의 주제만 엄선했다. 이 장에서 설명한 용어와 주제는 데이터 모델링, 그래프 데이터를 이해하고 관계형 또는 그래프 시스템 애플리케이션을 설계하는 데 필요한 여정을 시작하도록 돕는다. 그래프 스키마 언어를 포함해 이 장에서 살펴본 주요 개념은 그래프 기술 여정을 시작할 때 먼저 이해해야 하는 개념이다. 이제 여러분은 첫 번째 애플리케이션 설계와 평가를 시작하는 데 필요한 용어와 개념을 배웠다.

사실 첫 번째 질문에는 충분한 답변을 제공하지 못했다. 아직 여러분에게 직접적으로 답변을 제공할 수 없기 때문이다. 여러분의 팀에 그래프 기술이 필요한지 여부는 이 장 전체에서 제공한 개념과 용어를 적용할 수 있느냐에 따라 달라진다. 요약하자면 데이터의 관계가 중요하다면 그래프 기술이 탁월한 선택일 수 있다. 여러분의 데이터에 무엇이 필요한지는 오직 여러분만이 결정할 수 있다.

반면 이 책은 특정 사용 사례에 사용되는 관계형 또는 그래프 기술을 탐색하는 데 도움을 준다. 다음 장에서는 관계형이냐 그래프 기술이냐를 놓고 고민하는 팀에게 유용한 사용 사례를 살펴본다. 거두절미하고 이제 여러분의 비즈니스에 그래프 데이터를 사용할 수 있도록 만든 고객의 '단일 뷰single view' 프로그램을 살펴보자.

CHAPTER 3

간단한 Customer 360

상당히 많은 대규모 비즈니스들이 다양한 데이터 소스에서 가치를 추출하려고 할 때 문제에 직면하곤 한다. 이런 경우 그래프 씽킹을 이해한 후 데이터 문제를 논의하는 방식으로 문제를 유연하게 헤쳐나가는 상황을 자주 목격할 수 있었다. 화이트보드 앞에서 문제를 직접 그려보면 필연적으로 무수한 선을 가진 그래프가 탄생한다.

이와 같은 시나리오를 생각해보자. 여러분은 화이트보드에 그림을 그리며 시스템의 데이터가 회사 시스템의 다양한 저장소에 분산되어 있는지 토론 중이다. 고객과 고객의 데이터에 직접 접근하는 것이 필요하다는 사실에는 모두가 동의한다. 여러분의 동료는 십중팔구 화이트보드에 가운데에 고객을 그린 다음 관련 데이터를 고객과 연결할 것이다. 한 걸음 물러나서 화이트보드를 확인하니 결국 여러분의 동료가 그린 것은 그래프라는 사실을 알게 된다.

화이트보드 활용 사례는 데이터 관리 솔루션을 만드는 데 그래프 씽킹이 얼마나 유용한지 보여준다. 그래프를 적용하려면 데이터 관리부터 시작해야 한다. 개념적으로나 물리적으로나 기존 기술은 그래프 데이터를 테이블 형식의 솔루션으로 바꾸도록 강요했기 때문이다. 하지만 문제는 테이블 형식의 데이터가 오늘날 애플리케이션을 위한 만능 설계가 아니라는 것이다.

이 점은 사용자에게 맞춤형 정보를 제공해야 하는 애플리케이션에서 더욱 명확해진다. 맞춤형 정보를 제공하려면 **데이터 가용성과 연관성**이 중요하다. 따라서 조직은 사용자에게 디지털 경험을 제공할 수 있도록 분산된 데이터를 통합해야 한다.

맞춤 정보를 제공하도록 기존 시스템을 재설계하기 위해 화이트보드에 그림을 그리는 과정에서 새로운 문제를 만나게 된다. 한 개의 시스템이 어떻게 실시간으로 데이터와 기능을 통합하고, 최종 사용자에게 관련 데이터를 제공할 수 있을까? 더군다나 기존 관계형 도구는 행, 열 형식으로 구성된 데이터를 처리하는 데 최적화되어 있다. 그러나 관계형 도구는 특정 형태의 데이터, 특히 깊숙이 연결된 데이터를 전달하는 데는 그다지 성능을 발휘하지 못한다.

화이트보드 회의를 이어가는 도중 솔루션을 식별하고 비교해야 하는 중요한 토론 주제에 도달한다. 솔루션 설계 과정에서는 종종 다양한 기술이 거론된다. 여기서부터는 기술 선택에 대한 끝없는 논쟁과 토론이 이어진다.

3.1 3장 미리 보기: 관계형 vs 그래프

이번 장에서는 여러분이 문제를 해결할 수 있도록 다음 주제를 살펴본다.

> 1 그래프 데이터 애플리케이션을 시작하는 공통 과정 정의 및 표준화
> 2 관계형, 그래프 기술을 이용한 예제 애플리케이션 아키텍처 구축
> 3 시스템 요구 사항에 맞는 올바른 선택을 위한 가이드 제공

이 장의 나머지 부분에서는 화이트보드 이야기에서 설명했던 사용 사례를 소개한다. 그다음 이러한 유형의 애플리케이션을 관계형 시스템으로 구현해본다. 그리고 동일한 방식을 그래프 시스템에 적용한다. 여러분의 애플리케이션에 가장 적합한 기술이 무엇인지 논의하면서 이 장을 끝마친다. 이 내용을 잘 정리한다면 네버엔딩 스토리처럼 영원히 끝날 것 같지 않은 논쟁, 즉 언제, 어디서, 어떻게 그래프 기술을 사용해 데이터 관리 문제를 해결할 수 있는지와 관련한 근본을 찾을 수 있다.

3.2 그래프 데이터 기본 사용 사례: Customer 360(C360)

화이트보드 이야기에서 설명했듯이 전 세계의 기술 팀은 데이터 관리 문제를 해결하는 방법으로 그래프 데이터의 유용성을 깨닫고 있다. 이러한 유형의 문제에서 기존 솔루션과 현재 솔루션의 차이점은 데이터 내의 관계를 모델링, 저장, 검색하는 유용성에 있다.

데이터의 관계에 중점을 두는 애플리케이션은 초기에 관계형 시스템에 저장된 데이터를 변환, 통합하는 데 문제를 겪는다. 기존에 개체를 정리했던 방식을 이제는 관계를 정리하는 방식으로 사고와 과정을 바꿔야 한다. 기존 화이트보드 예제와 유사하게 관계에 따라 데이터를 구성하는 새로운 접근 방식은 일반적으로 [그림 3-1]과 아주 비슷할 것이다.

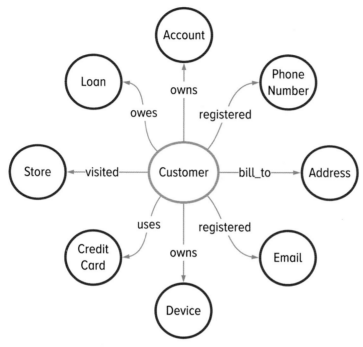

그림 3-1 그래프 씽킹으로 개념적 그래프 모델 만들기

다양한 그래프 기술을 한데 적용한 이런 유형의 앱을 **Customer 360**, 줄여서 C360 애플리케이션이라 부른다. C360 프로젝트의 목표는 [그림 3-1]이 보여주는 것처럼 비즈니스의 주요 개체 간의 관계를 중심으로 애플리케이션을 엔지니어링하는 것이다.

C360 애플리케이션의 목표를 다음처럼 정리할 수 있다. 고객이 중심 객체이며 고객은 다른 데이터 조각과 관계를 맺는다. 이러한 데이터 조각은 여러분의 비즈니스 도메인과 가장 관련이 깊다. 일반적으로 팀은 고객의 가족, 지불 방법 또는 중요한 식별 사항부터 시작한다. 금융 서비스를 제공하는 이 애플리케이션은 고객과 관련된 다음 질문에 답할 수 있도록 설계된다.

1 고객은 어떤 신용카드를 사용하는가?

2 고객은 어느 계좌를 소유하는가?

3 고객은 어떤 대출을 받았는가?

4 고객의 어떤 정보를 알고 있는가?

소비자 데이터를 하나의 애플리케이션으로 통합하자는 발상은 어제오늘의 일이 아니다. 데이터 웨어하우스data warehouse나 데이터 레이크data lake 같은 기존 솔루션은 이미 소비자 데이터를 저장하는 단일 시스템을 제공한다. 하지만 이제는 비즈니스 데이터를 어떻게 통합하는지가 아니라 접근성이 문제가 되었다. 그래프 씽킹 시대가 도래하면서 데이터의 가용성을 높이고 개별 사용자 경험을 제공하는 방법을 찾는 것으로 관심이 이동했다.

이렇게 한번 생각해보자. 낚시로 하루를 보낼 것인가 아니면 바로 저녁 메뉴를 주문해 식사를 즐길 것인가? 낚시를 할 것인지 혹은 저녁을 주문할 것인지 선택하는 일은 데이터 레이크에 데이터를 저장할지 혹은 데이터를 빨리 찾을 수 있도록 데이터를 정리할 것인지 선택하는 것과 같다. 최신 디지털 애플리케이션은 데이터를 빨리 획득하기를 요구한다. 아키텍트는 그래프 기술을 이용해 깊이 연결된 검색 시스템을 구축해 데이터 레이크에서 걸리는 긴 검색 탐험을 보완할 수 있다.

3.2.1 C360에 관심을 가져야 하는 이유

소비자는 회사의 서비스를 옴니채널omnichannel로 활용한다. 즉 소비자는 모바일과 웹을 통해 끊임없이 소셜 미디어 피드와 물리적 상점을 오간다. 이렇게 다양한 채널을 통해 고객은 브랜드의 서비스를 통합적으로 경험한다. 통합된 디지털 경험을 만들어 제공하는 회사는 최대 10%의 매출 증가를 보이고 있다. 이 같은 매출 상승 속도는 고객의 디지털 경험을 통합하지 못한 기업보다 2~3배 빠른 것으로 파악됐다.[1]

이렇게 더 높은 수익을 거둘 수 있었던 이유는 모든 고객 데이터를 통합한 애플리케이션 덕분이다. 고객의 모든 데이터를 애플리케이션으로 가져오게 되면 브랜드에 대한 고객의 브랜드 경험과 직결된다. 즉, 이게 바로 C360 애플리케이션이다.

---

1 2017년 5월 8일 BCG 기고문 참고 「Profiting from Personalization」(https://www.bcg.com/publications/2017/retail-marketing-sales-profiting-personalization.aspx)

초기 혁신자들은 창의적이고 흥미로운 C360 애플리케이션을 많이 만들었다. 독특한 예로 바이두Baidu (중국의 구글)와 KFC를 살펴보자. 바이두는 통합된 데이터 플랫폼을 통해 KFC와 협력해 주문 추천 기능을 만들었다. 이 협업 솔루션은 고객을 식별하고 기존 데이터(주문 내역)에 접근해 메뉴를 추천한다. 두 회사의 데이터 통합은 C360 기술을 이용해 고유한 이득을 창출할 수 있음을 보여준다.

C360 애플리케이션은 비즈니스에 그래프 씽킹을 구현할 수 있도록 도와준다. C360 예제를 통해 여러분의 시스템 아키텍처에 그래프 씽킹을 올바르게 적용할 수 있도록 튼튼한 기반을 세우는 법을 안내한다. 아키텍처와 시스템 설계자가 가장 많이 저지르는 실수 중 하나는 그래프 기술의 개념적 모델에서 세부 구현 단계로 너무 빨리 진행한다는 사실이다. 따라서 지금부터는 필자들의 경험을 통해 여러분이 직접 평가하는 법을 배울 수 있도록 안내한다.

3.3 관계형 시스템으로 C360 애플리케이션 구현하기

이번 절에서는 C360 데이터를 저장하기 위해 관계형 시스템을 구축하는 방법을 간단히 설명한다. 다만 여기서 관계형 시스템 아키텍처 전체를 소개하진 않는다. 우리의 목표는 C360 애플리케이션에 관계형 시스템을 사용하는 것이 얼마나 복잡한지를 이해하는 것이며, 그 과정에서 필요한 최소한의 내용만 소개한다.

[표 2-1]의 예제 데이터를 이용해 데이터를 모델링하고 질의하는 과정을 설명한다. 편의상 [표 2-1]의 데이터를 [표 3-1]로 다시 가지고 왔다. 표와 관련한 설명은 2.2.1절을 참고하자.

표 3-1 이번 장의 기술 선택 과정을 설명하는 데 사용할 예제 데이터

customer_id	name	acct_id	loan_id	cc_num
customer_0	Michael	acct_14	loan_32	cc_17
customer_1	Maria	acct_14	none	none
customer_2	Rashika	acct_5	none	cc_32
customer_3	Jamie	acct_0	loan_18	none
customer_4	Aaliyah	acct_0	[loan_18, loan_80]	none

SQL, Postgres 두 기술을 사용해 관계형 구현 방법을 설명한다. SQL은 'Structured Query Language(구조화된 질의 언어를 의미)'의 약자로 관계형 데이터베이스와 통신할 때 사용하는 언어다. 예제에서는 오픈 소스 RDBMS 중에서 인기가 많고, 광범위한 적용성이 장점인 Postgres RDBMS를 사용한다.

3.3.1 데이터 모델

[그림 2-1]과 같은 개념적 모델에 동의했다면 관계형 데이터베이스 설계를 시작할 수 있다. 보통 **개체-관계 다이어그램(ERD)**을 만든다. ERD는 데이터 모델을 논리적으로 표현한 것이며 관계형 데이터베이스 설계는 보통 ERD로 시작한다.

[그림 3-2]에서 사각형은 개체를 의미하며 관계형 데이터베이스는 테이블로 구현된다. 각 사각형 안에 개체의 **속성** 또는 설명 프로퍼티를 나열한다. 데이터에서 이미 살펴본 것처럼 각 개체는 고유 식별자를 갖는다. 고객은 `customer_id`로 계좌는 `acct_id` 등으로 식별한다. 여기서 고객은 이름을 갖지만, 대규모 애플리케이션에서는 더 많은 속성을 갖는다.

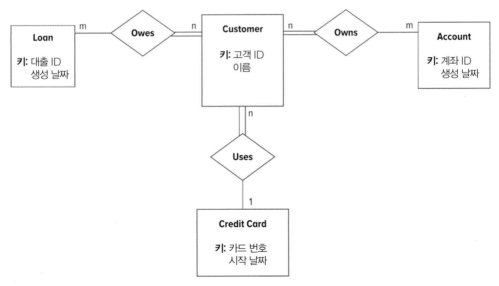

그림 3-2 C360 관계형 구현에 사용할 ERD

[그림 3-2]에서 개체 사이의 다이아몬드 모양은 개체 간의 관계를 의미한다. 다이아몬드 모양의 왼쪽, 오른쪽 또는 위, 아래에 연결 **카디널리티**를 표시한다. 이 데이터에서는 일대다 그리고 다대다 두 가지 유형의 관계를 확인할 수 있다.

고객과 신용카드 사이의 **일대다** 연결부터 확인하자. 이 예제에서 고객은 여러 신용카드를 가질 수 있지만 신용카드는 오직 한 고객만 갖는다. 일대다 연결은 고객과 신용카드 사이의 **카디널리티**를 설명하며 [그림 3-2]는 고객과 신용카드 사이가 n 대 1 연결 관계임을 보여준다.

이번에는 데이터에 존재하는 다른 유형인 **다대다** 연결을 확인해보자. 이 데이터에는 두 개의 다대다 데이터(고객과 계좌, 고객과 대출)가 있다. 고객은 여러 계좌를 가질 수 있고 계좌도 여러 고객을 가질 수 있다. 대출도 마찬가지다. 고객과 대출은 다대다 관계를 갖는다고 표현하며 [그림 3-2]는 이를 n 대 m 관계로 표시한다.

테이블을 만들어 데이터를 삽입하기 전에 논리적 데이터 모델을 물리적 데이터 모델로 바꿔야한다. 즉 [그림 3-2]에서 등장한 ERD의 개체와 연결을 기본 키와 외래 키가 있는 테이블로 변환해야 한다.

기본 키와 외래 키 두 종류의 키를 구현해야 한다. **기본 키**는 고객 ID나 신용카드 번호처럼 테이블의 데이터를 고유하게 식별하는 정보다. **외래 키**는 고객의 신용카드 정보와 함께 고객의 ID를 저장하는 것과 같이 다른 테이블의 정보에 접근하는 데 고유하게 식별되는 데이터 정보다. 예제에서는 고객의 ID와 신용카드 정보를 함께 저장해 다른 테이블(고객 테이블이라 부름)에서 조회할 수 있도록 한다.

[그림 3-2]의 키와 데이터를 물리적 데이터 모델로 매핑하는 방법을 [그림 3-3]에서 살펴보자.

Customers		
PK	customer_id	TEXT
	name	TEXT
	birthdate	DATE

Owns		
FK	customer_id	TEXT
FK	acct_id	TEXT
	created_date	DATE

Owes		
FK	customer_id	TEXT
FK	loan_id	TEXT
	created_date	DATE

Account		
PK	acct_id	TEXT
	created_date	DATE

Loan		
PK	loan_id	TEXT
	created_date	DATE

CreditCard		
PK	cc_num	TEXT
FK	customer_id	TEXT
	created_date	DATE

그림 3-3 C360 애플리케이션의 관계형 구현에 사용할 물리적 데이터 모델

[그림 3-3]에는 적어도 네 개의 테이블(각 개체 고객, 계좌, 대출, 신용카드 하나씩)이 있어야 한다. 각 테이블은 개체를 묘사하는 속성을 포함한다. 이들 개체에서 가장 중요한 속성은 기본 키다. PK 행으로 기본 키를 표시하며 테이블마다 customer_id, acct_id, loan_id, cc_num 을 기본 키로 갖는다. 기본 키는 고유한 식별자로 테이블에서 특정 행의 정보를 찾는 데 사용한다.

[그림 3-3]의 다른 두 테이블을 살펴보기 전에 먼저 CreditCard 테이블을 살펴보자. 이 테이블은 기본 키(PK)와 외래 키(FK)를 모두 갖는다. 이 테이블의 외래 키를 사용해 ERD에서 만든 일대다 관계를 추적한다. 외래 키 customer_id를 이용해 고유 사용자에게 관련 신용카드 정보를 제공한다. 이처럼 외래 키를 추가해 다른 개체 테이블과 연결시킴으로써 일대다 관계를 물리적 데이터 모델에 추가할 수 있다.

마지막으로 Owns와 Owes 테이블을 살펴보자. 이들 테이블은 데이터의 다대다 관계를 물리적 으로 저장할 수 있는 **조인 테이블**join table이다. Owns 테이블은 고객과 보유한 계좌 사이의 연결을 저장한다. Owes 테이블은 고객과 그들이 받은 대출 사이의 연결을 저장한다. 각 고객은 특정 계좌를 한 번만 소유할 수 있고 특정 대출은 한 번만 받을 수 있으므로 이들 조인 테이블의 기본 키는 두 테이블의 외래 키를 합한 결과다.

예를 들어 Owns 테이블은 각 행에 적어도 두 개의 정보(고객의 고유 식별자와 계좌 고유 식별자)를 저장한다. 테이블의 각 행에서 고객 테이블로 연결되는 고객의 고유 식별자와 계좌 테이블로 연결되는 계좌 고유 식별자를 얻을 수 있다. 보통 관계형 시스템에서는 이렇게 조인 테이블로 다대다 연결을 표현한다.

3.3.2 관계형 구현

지금까지 살펴본 물리적 데이터 모델을 이용해 테이블을 만들고 [표 3-1]의 예제 데이터를 테이블에 삽입해보자.

우선 고객 테이블을 만든다. [그림 3-4]는 최종 데이터 모델 모습이다.

Customers		
PK	customer_id	TEXT
	name	TEXT

그림 3-4 관계형 구현을 위한 고객 테이블

다음 SQL 문으로 고객 테이블을 만든다.

```
CREATE TABLE Customers ( customer_id TEXT,
                         name TEXT,
                         PRIMARY KEY (customer_id));
```

예제 데이터의 고객 다섯 명을 고객 테이블에 삽입한다.

```
INSERT INTO Customers (customer_id, name) VALUES
  ('customer_0', 'Michael'),
  ('customer_1', 'Maria'),
  ('customer_2', 'Rashika'),
  ('customer_3', 'Jamie'),
  ('customer_4', 'Aaliyah');
```

[그림 3-5]에서 보여주는 것처럼 관계형 데이터베이스의 고객 테이블은 항목 다섯 개를 갖는다.

Customers	
customer_0	Michael
customer_1	Maria
customer_2	Rashika
customer_3	Jamie
customer_4	Aaliyah

그림 3-5 관계형 데이터베이스에 저장된 고객 데이터

이제 `Accounts`, `Loans`, `CreditCards` 개체 테이블을 추가한다. 최종 데이터 모델은 [그림 3-6]과 같다.

Account		
PK	acct_id	TEXT
	created_date	DATE

Loan		
PK	loan_id	TEXT
	created_date	DATE

CreditCard		
PK	cc_num	TEXT
FK	customer_id	TEXT
	created_date	DATE

그림 3-6 관계형 구현을 위한 계좌, 대출, 신용카드 테이블

먼저 Accounts, Loans 테이블을 만든다.

```
CREATE TABLE Accounts ( acct_id TEXT,
                        created_date DATE DEFAULT CURRENT_DATE,
                        PRIMARY KEY (acct_id));
CREATE TABLE Loans ( loan_id TEXT,
                     created_date DATE DEFAULT CURRENT_DATE,
                     PRIMARY KEY (loan_id));
```

Accounts, Loans에 데이터를 삽입한다.

```
INSERT INTO Accounts (acct_id) VALUES
   ('acct_0'),
   ('acct_5'),
   ('acct_14');
INSERT INTO Loans (loan_id) VALUES
   ('loan_18'),
   ('loan_32'),
   ('loan_80');
```

이제 마지막 개체 테이블(CreditCards)을 관계형 데이터베이스에 추가한다. 신용카드는 고객과 일대다 관계를 맺고 있으므로 고객의 ID를 외래 키로 삽입해야 한다. 다음처럼 테이블을 만든다.

```
CREATE TABLE CreditCards
    ( cc_num TEXT,
      customer_id TEXT NOT NULL,
      created_date DATE DEFAULT CURRENT_DATE,
      PRIMARY KEY (cc_num),
      FOREIGN KEY (customer_id) REFERENCES Customers(customer_id));
```

[표 3-1]의 데이터에서 신용카드와 카드 소유 고객을 확인한다. 이 정보를 이용해 관계형 데이터베이스에 데이터를 삽입하는 다음 구문을 만든다.

```
INSERT INTO CreditCards (cc_num, customer_id) VALUES
  ('cc_17', 'customer_0'),
  ('cc_32', 'customer_2');
```

이제 [그림 3-7]과 같이 데이터를 포함하는 네 개의 테이블을 관계형 데이터베이스로 만들었다.

Customers	
customer_0	Michael
customer_1	Maria
customer_2	Rashika
customer_3	Jamie
customer_4	Aaliyah

Accounts	
acct_0	2020-01-01
acct_5	2020-01-01
acct_14	2020-01-01

CreditCards		
cc_17	customer_0	2020-01-01
cc_32	customer_2	2020-01-01

Loans	
loan_18	2020-01-01
loan_32	2020-01-01
loan_80	2020-01-01

그림 3-7 관계형 데이터베이스의 네 개의 개체 테이블에 포함된 데이터

마지막으로 Customers와 Account, Loans 사이의 다대다 관계를 표현하는 두 테이블(Owns, Owes)을 만든다. 우선 [그림 3-8]에서 보여주는 것처럼 Customers와 Accounts를 조인하는 테이블을 만든다.

Owns		
FK	customer_id	TEXT
FK	acct_id	TEXT
	created_date	DATE

그림 3-8 Customers로부터 Accounts로 연결하는 조인 테이블

다음 SQL 구문으로 테이블을 만든다.

```
CREATE TABLE Owns ( customer_id TEXT NOT NULL,
                    acct_id TEXT NOT NULL,
                    created_date DATE DEFAULT CURRENT_DATE,
                    PRIMARY KEY (customer_id, acct_id),
                    FOREIGN KEY (customer_id) REFERENCES Customers(customer_id),
                    FOREIGN KEY (acct_id) REFERENCES Accounts(acct_id));
```

Owns 테이블에 [표 3-1]에서 확인한 다음 데이터를 추가한다.

```
INSERT INTO Owns (customer_id, acct_id) VALUES
    ('customer_0', 'acct_14'),
    ('customer_1', 'acct_14'),
    ('customer_2', 'acct_5'),
    ('customer_3', 'acct_0'),
    ('customer_4', 'acct_0');
```

Owns 테이블에 데이터를 추가했으므로(그림 3-9) 이번에는 고객과 계좌 데이터를 연결하는 방법을 살펴보자.

Customers	
customer_0	Michael
customer_1	Maria
customer_2	Rashika
customer_3	Jamie
customer_4	Aaliyah

Owns	
customer_0	acct_14
customer_1	acct_14
customer_2	acct_5
customer_3	acct_0
customer_4	acct_0

Accounts	
acct_0	2020-01-01
acct_5	2020-01-01
acct_14	2020-01-01

그림 3-9 고객, 계좌, 조인 테이블의 데이터

관계형 데이터베이스 구현의 마지막 단계로 고객과 대출을 서로 연결할 Owes 테이블을 만든다. [그림 3-10]은 이 조인 테이블의 최종 데이터 모델이다.

Owes		
FK	customer_id	TEXT
FK	loan_id	TEXT
	created_date	DATE

그림 3-10 Customers에서 Loans로 연결하는 조인 테이블

다음 SQL 구문으로 테이블을 만든다.

```
CREATE TABLE Owes ( customer_id TEXT NOT NULL,
                    loan_id TEXT NOT NULL,
                    created_date DATE DEFAULT CURRENT_DATE,
                    PRIMARY KEY (customer_id, loan_id),
                    FOREIGN KEY (customer_id) REFERENCES Customers(customer_id),
                    FOREIGN KEY (loan_id) REFERENCES Loans(loan_id));
```

마지막으로 [표 3-1]의 데이터를 참고해 모든 고객과 대출 정보를 Owes 테이블로 추가한다.

```
INSERT INTO Owes (customer_id, loan_id) VALUES
    ('customer_0', 'loan_32'),
    ('customer_3', 'loan_18'),
    ('customer_4', 'loan_18'),
    ('customer_4', 'loan_80');
```

[그림 3-11]은 관계형 데이터베이스에 추가한 전체 데이터의 모습이다.

Customers

customer_0	Michael
customer_1	Maria
customer_2	Rashika
customer_3	Jamie
customer_4	Aaliyah

Owns

customer_0	acct_14
customer_1	acct_14
customer_2	acct_5
customer_3	acct_0
customer_4	acct_0

Accounts

acct_0	2020-01-01
acct_5	2020-01-01
acct_14	2020-01-01

Loans

loan18	2020-01-01
loan32	2020-01-01
loan80	2020-01-01

Owes

customer_0	loan32
customer_3	loan18
customer_4	loan18
customer_4	loan80

CreditCards

cc_17	customer_0	2020-01-01
cc_32	customer_2	2020-01-01

그림 3-11 데이터를 관계형 데이터베이스로 매핑한 모습

3.3.3 C360 질의 예제

관계형 데이터베이스에 데이터를 준비했으므로 다음의 네 가지 중요 질의를 시작해보자.

- 1 고객은 어떤 신용카드를 사용하는가?
- 2 고객은 어느 계좌를 소유하는가?
- 3 고객은 어떤 대출을 받았는가?
- 4 고객의 어떤 정보를 알고 있는가?

관계형 시스템에서 네 가지 질문의 순서를 위와 같이 정한 이유는 두 가지다. 첫째, 데이터베이스에 저장된 정보 중 단순한 정보에서부터 시작해 점점 구체화된 정보를 얻고자 했다. 둘째, 각 구문으로 만든 기술 구현을 최종 SQL 구문에서 사용할 수 있도록 질문 순서를 배열했다.

질의 1: 고객은 어떤 신용카드를 사용하는가?

먼저 관계형 데이터베이스를 이용해 고객 customer_0가 소유하는 신용카드를 확인하자. 질의에서 얻은 데이터는 CreditCards 테이블에서 직접 사용할 수 있다. 다음 SQL 질의로 신용카드 정보를 얻을 수 있다.

```sql
SELECT * from CreditCards WHERE customer_id = 'customer_0';
```

질의 결과는 다음과 같다.

cc_num	customer_id	created_date
cc_17	customer_0	2020-01-01

만약 신용카드 정보뿐 아니라 고객의 데이터도 함께 필요하다면 어떻게 해야 할까? 그러려면 Customers와 CreditCards 테이블을 조인해야 한다. 다음 SQL 구문으로 이를 실행한다.

```sql
SELECT Customers.customer_id,
       Customers.name,
       CreditCards.cc_num,
       CreditCards.created_date
FROM Customers
LEFT JOIN CreditCards ON (Customers.customer_id = CreditCards.customer_id)
WHERE Customers.customer_id = 'customer_0';
```

다음은 질의 결과 데이터다.

Customers.customer_id	Customers.name	CreditCards.cc_num	CreditCards.created_date
customer_0	Michael	cc_17	2020-01-01

고객과 신용카드 사이는 일대다 관계이므로 조인 구문 하나로 고객과 신용카드 정보를 얻을 수 있다. 고객과 계좌 정보를 얻어야 할 때는 문제가 조금 더 복잡해진다.

질의 2: 고객은 어느 계좌를 소유하는가?

이번에는 'customer_0는 어느 계좌를 소유하는가'를 구현해보자. 이번엔 Owns를 고객, 계좌 테이블과 함께 조인해야 한다. 다음은 이를 구현한 SQL 구문이다.

```
SELECT Customers.customer_id,
       Customers.name,
       Accounts.acct_id,
       Accounts.created_date
FROM Customers
LEFT JOIN Owns ON (Customers.customer_id = Owns.customer_id)
LEFT JOIN Accounts ON (Accounts.acct_id = Owns.acct_id)
WHERE Customers.customer_id = 'customer_0';
```

먼저 고객 테이블에서 customer_0 데이터에 접근한다. 그리고 customer_id와 일치하는 모든 외래 키 쌍을 Owns 테이블에서 찾는다. Owns 테이블에는 customer_0가 소유한 계좌가 한 개 뿐이므로 한 개의 항목만 일치한다. 이제 계좌 외래 키를 이용해 Accounts 테이블에서 계좌 정보를 추출한다. 질의 결과 데이터는 다음과 같다.

Customers.customer_id	Customers.name	Accounts.acct_id	Accounts.created_date
customer_0	Michael	acct_14	2020-01-01

질의 3: 고객은 어떤 대출을 받았는가?

이번 질문에서는 Accounts 대신 Loans를 사용할 뿐 이전 질문과 구조는 비슷하다. 여기서는 Owes 조인 테이블을 사용한다. 다음은 customer_4를 이용해 만든 SQL 구문이다.

```
SELECT Customers.customer_id,
       Customers.name,
       Loans.loan_id,
       Loans.created_date
FROM Customers
LEFT JOIN Owes ON (Customers.customer_id = Owes.customer_id)
LEFT JOIN Loans ON (Loans.loan_id = Owes.loan_id)
WHERE Customers.customer_id = 'customer_4';
```

다음은 결과 데이터다.

Customers.customer_id	Customers.name	Loans.loan_id	Loans.loan_id
customer_4	Aaliyah	loan_18	2020-01-01
customer_4	Aaliyah	loan_80	2020-01-01

질의 4: 고객의 어떤 정보를 알고 있는가?

앞서 살펴본 질의 구현 과정을 합치면 특정 고객의 모든 정보 제공을 요청하는 C360 애플리케이션의 주요 질의를 구현할 수 있다. 즉 기존의 세 질의를 한 구문으로 만든다. 다음 SQL 문은 관계형 데이터베이스에 있는 모든 여섯 테이블을 사용해 특정 고객과 관련된 모든 정보를 찾는다. 마지막 예제에서는 **customer_0**를 사용한다.

```
SELECT Customers.customer_id,
       Customers.name,
       Accounts.acct_id,
       Accounts.created_date,
       Loans.loan_id,
       Loans.created_date,
       CreditCards.cc_num,
       CreditCards.created_date
FROM Customers
LEFT JOIN Owns ON (Customers.customer_id = Owns.customer_id)
LEFT JOIN Accounts ON (Accounts.acct_id = Owns.acct_id)
LEFT JOIN Owes ON (Customers.customer_id = Owes.customer_id)
LEFT JOIN Loans ON (Loans.loan_id = Owes.loan_id)
LEFT JOIN CreditCards ON (Customers.customer_id = CreditCards.customer_id)
WHERE Customers.customer_id = 'customer_0';
```

이 질의를 실행하면 데이터베이스에 저장된 `customer_0`의 모든 정보를 찾아 다음 결과를 반환한다.

customer_id	name	acct_id	created_date	loan_id	created_date	cc_num	created_date
customer_0	Michael	acct_14	2020-01-01	loan_32	2020-01-01	cc_17	2020-01-01

이번 절에서 살펴본 네 개의 질문을 구현하는 질의는 SQL 질의어의 일부만 사용한다. 그리고 **SELECT-FROM-WHERE**와 기본 조인 문 등 기초적인 SQL만 사용했다. 질문은 간단했지만 질의는 점점 복잡해지는 걸 확인했다. 또한 데이터가 어떤 고객과 연결되었는지 이해하기란 더 힘들었다.

3.4 그래프 시스템으로 C360 애플리케이션 구현하기

지금까지 관계형 구현을 살펴봤으니 이번엔 예제 데이터를 그래프 데이터베이스로 구현하는 방법을 살펴보자. 구현을 시작하기 전에 [그림 3-12]를 살펴보며 개념적 모델을 다시 한번 확인하자.

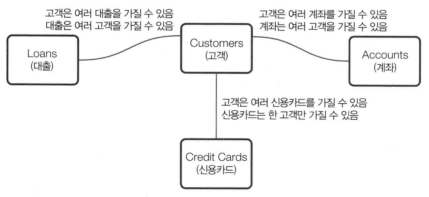

그림 3-12 [표 3-1] 데이터에서 발견한 데이터 관계에 대한 개념적 설명

이 예제에서는 그래프 질의 언어 중 가장 널리 구현된 그렘린Gremlin 질의 언어와 데이터스택스 그래프DataStax Graph 스키마 API를 사용한다. 그렘린은 그래프 데이터베이스 커뮤니티에서 가장

널리 채택되고 있으며 오픈 소스를 기반으로 한다. 이 책의 주요 목표는 분산, 파티셔닝된 환경에서 그래프를 구현하는 것이다. 이 목표를 위해 데이터스택스 그래프 스키마 API를 이용해 분산 그래프를 만든다.

3.4.1 데이터 모델

개념적 모델을 그래프 데이터 모델로 바꿀 때는 관계형 모델에 비해 큰 변화가 필요하지 않다. 이는 평소 데이터를 표현하는 자연적인 방식과 비슷한 그래프 데이터베이스 구현의 장점이다.

[그림 3-13]은 예제 데이터의 프로퍼티 그래프 모델(2.5절의 그래프 스키마 언어 이용)이다. 주목해야 할 첫 번째 이점은 개념적 데이터(그림 3-12)를 그래프 구현을 위한 논리적 데이터 모델로 쉽게 바꿀 수 있음을 확인할 수 있다.

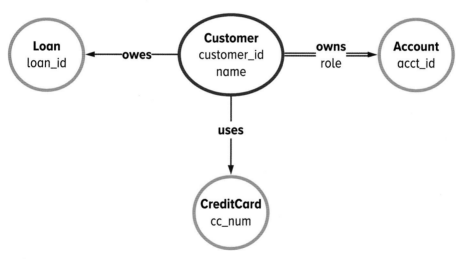

그림 3-13 C360 애플리케이션의 그래프 구현에 사용할 데이터 모델

[그림 3-13]은 네 개의 정점 레이블(Customer, Account, CreditCard, Loan)을 포함한다. 데이터 모델 개체에서 정점 레이블은 굵은 글씨로 표시한다. [그림 3-13]에는 세 개의 간선 레이블(owes, owns, uses)이 있다. 데이터 모델에서 관계를 나타내는 간선 레이블도 굵은 글씨로 표시한다.

마지막으로 [그림 3-13]에서 프로퍼티를 살펴보자. Customer 정점은 customer_id, name 두 개의 프로퍼티를 갖는다. 프로퍼티는 정점 레이블 아래에 목록으로 나열된다. 또한 owns 간선 레이블은 role을 포함한다.

3.4.2 그래프 구현

그래프 데이터베이스에서는 먼저 그래프의 스키마를 추가할 수 있도록 그래프를 만들어야 한다. 스키마를 설정하고 나면 데이터베이스에 데이터를 삽입할 수 있다.

다음은 그래프를 만드는 코드다.

```
system.graph("simple_c360").create()
```

여기서 그래프 설치와 설정 과정은 책과 함께 제공되는 자료로 대신한다. 그래프 설치, 설정 과정을 더 자세히 알고 싶은 독자는 데이터스택스 문서[2]를 참고하자. 이 책에서는 그래프 설치, 설정은 다루지 않는다.[3]

이번에는 그래프 스키마를 만든다. 원한다면 이 장의 예제로 제공되는 **Ch3_SimpleC360**를 데이터스택스 스튜디오 노트북DataStax Studio Notebook[4]으로 확인할 수 있다. 데이터스택스 스튜디오[5]는 데이터스택스 제품을 개발하는 데 필요한 노트북 환경을 제공하며 이 책의 예제를 구현하는 가장 좋은 도구다. 노트북은 이 책의 깃허브 저장소[6]에서 얻을 수 있다.

그래프 스키마 만들기

우선 고객 정점 레이블을 만든다. 고객 데이터는 고유 ID와 이름을 포함한다.

---

2 https://docs.datastax.com/en/landing_page/doc/landing_page/installProducts.html

3 옮긴이_ 데이터스택스 설치법은 https://docs.datastax.com/en/install/6.8/install/dseBasicInstall.html을 참고하자.

4 https://docs.datastax.com/en/studio/6.0/studio/reference/aboutNotebooks.html

5 https://www.datastax.com/dev/datastax-studio

6 https://oreil.ly/graph-book

```
schema.vertexLabel("Customer").
        ifNotExists().
        partitionBy("customer_id", Text).
        property("name", Text).
        create();
```

다음으로 계좌, 대출, 신용카드 정점 레이블도 추가한다.

```
schema.vertexLabel("Account").
        ifNotExists().
        partitionBy("acct_id", Text).
        create();
schema.vertexLabel("Loan").
        ifNotExists().
        partitionBy("loan_id", Text).
        create();
schema.vertexLabel("CreditCard").
        ifNotExists().
        partitionBy("cc_num", Text).
        create();
```

여기까지 데이터베이스에 정점 레이블당 하나씩, 총 네 개의 테이블을 만들었다. 마지막으로 데이터 모델의 각 개체에 고객과의 관계를 추가한다.

이 예제에서는 고객 정점에서 다른 형식의 정점으로 향하는 방식의 간선을 선택했다. 고객에서 나온 간선은 Accounts, Loans, CreditCards로 향한다. 간선 레이블을 만들 때 간선의 방향을 고려해야 한다. 다음은 고객과 고객의 대출 사이를 연결하는 owes를 만드는 코드다.

```
schema.edgeLabel("owes").
        ifNotExists().
        from("Customer").
        to("Loan").
        create();
```

from, to를 이용해 간선 레이블의 방향을 설정한다. 이 간선 레이블은 Customer 정점 레이블에서 Loan 정점 레이블로 향한다.

고객에서 신용카드로 향하는 간선 레이블과 고객에서 계좌로 향하는 간선 레이블 두 개를 더 만들어야 한다. owns 간선은 간선에 저장된 role 프로퍼티도 갖는다.

```
schema.edgeLabel("uses").
       ifNotExists().
       from("Customer").
       to("CreditCard").
       create();
schema.edgeLabel("owns").
       ifNotExists().
       from("Customer").
       to("Account").
       property("role", Text).
       create();
```

'owns 간선은 고객**에서**(from) 계좌**로**(to) 향하며 role이라는 프로퍼티를 갖는다'라고 해석할 수 있다.

그래프 데이터 삽입하기

그래프 스키마를 준비했으니 예제 데이터를 그래프 데이터베이스에 추가한다. 먼저 Michael 정점 데이터부터 추가하자.

```
michael = g.addV("Customer").
             property("customer_id", "customer_0").
             property("name", "Michael").
             next();
```

정점을 그래프에 추가할 때 addV를 사용하는데 이때 완전한 기본 키를 제공해야 한다. 그렇지 않으면 [그림 3-14]과 같은 오류가 발생한다.

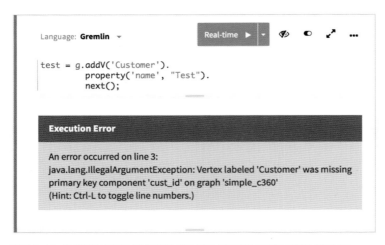

```
Language: Gremlin  ▾                    Real-time ▶  ▾     ⌀  ◑  ⤢  ⋯

test = g.addV('Customer').
            property('name', "Test").
            next();
```

```
Execution Error

An error occurred on line 3:
java.lang.IllegalArgumentException: Vertex labeled 'Customer' was missing
primary key component 'cust_id' on graph 'simple_c360'
(Hint: Ctrl-L to toggle line numbers.)
```

그림 3-14 새 정점을 삽입할 때 완전한 기본 키를 제공하지 않으면 오류가 발생한다

Michael의 계좌, 대출, 신용카드 정점도 다음과 같이 추가한다.

```
acct_14 = g.addV("Account").
            property("acct_id", "acct_14").
            next();
loan_32 = g.addV("Loan").
            property("loan_id", "loan_32").
            next();
cc_17   = g.addV("CreditCard").
            property("cc_num", "cc_17").
            next();
```

그렘린에서 next()는 마지막 단계다. next()는 탐색의 끝에서 첫 번째 결과를 반환한다. 이 예제에서는 방금 그래프에 추가한 정점 객체를 반환하며 이를 인메모리in-memory 변수에 저장한다.

이제 그래프 데이터베이스에 서로 연결되지 않은 네 조각의 데이터가 있다. 기존에 했던 것처럼 각 정점 객체를 나중에 사용할 수 있도록 cc_17, loan_32, acct_14라는 변수에 저장한다. [그림 3-15]가 보여주는 것처럼 데이터베이스에는 간선이 없는 네 정점이 존재한다.

그림 3-15 그래프 데이터베이스의 현재 데이터 상태

이제 데이터 간에 연결을 추가하자. customer_0와 다른 정점 간에 연결될 세 개의 간선이 필요하다. 기존에 만든 변수를 이용해 Michael 정점에서 계좌, 대출, 신용카드 정점으로 향하는 간선을 추가한다.

```
g.addE("owns").
  from(michael).
  to(acct_14).
  property("role", "primary").
  next();
g.addE("owes").
  from(michael).
  to(loan_32).
  next();
g.addE("uses").
  from(michael).
  to(cc_17).
  next();
```

데이터베이스에 간선을 추가할 때 먼저 간선을 시작할 정점이 누구인지 확인해야 한다. 이전 예제에서 모든 간선은 **Michael**에서 시작해 다른 데이터로 향했다. 이 그래프 데이터베이스에서 세 간선은 [그림 3-16]과 같이 데이터를 연결한다.

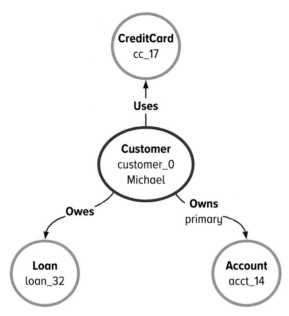

그림 3-16 그래프 데이터베이스에서 데이터가 연결된 모습

기존 예제에서 **Maria**는 **Michael**과 계좌를 공유한다는 사실을 확인했다. **Maria** 정점을 추가한 다음 기존에 만든 계좌 정점과 연결한다(그림 3-17).

```
maria = g.addV("Customer").
        property("customer_id", "customer_1").
        property("name", "Maria").
        next();
g.addE("owns").
  from(maria).
  to(acct_14).
  property("role", "limited").
  next();
```

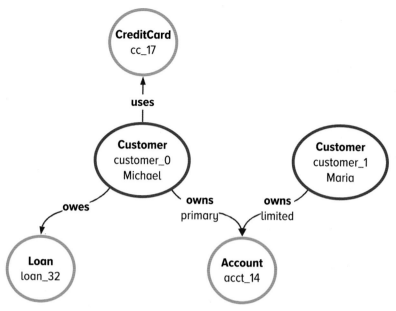

그림 3-17 Michael과 Maria의 데이터가 그래프 데이터베이스에서 연결된 모습

나머지 세 고객과 관련된 정점과 간선을 추가해 예제를 완성해보자.

```
// Rashika 데이터 삽입
rashika = g.addV("Customer").
            property("customer_id", "customer_2").
            property("name", "Rashika").
            next();
acct_5 = g.addV("Account").
            property("acct_id", "acct_5").
            next();
cc_32 = g.addV("CreditCard").
            property("cc_num", "cc_32").
            next();
g.addE("owns").
  from(rashika).
  to(acct_5).
  property("role", "primary").
  next();
g.addE("uses").
  from(rashika).
  to(cc_32).
```

```
  next();

// Jamie 데이터 삽입
jamie = g.addV("Customer").
          property("customer_id", "customer_3").
          property("name", "Jamie").
          next();
acct_0 = g.addV("Account").
           property("acct_id", "acct_0").
           next();
loan_18 = g.addV("Loan").
            property("loan_id", "loan_18").
            next();
g.addE("owns").
  from(jamie).
  to(acct_0).
  property("role", "primary").
  next();
g.addE("owes").
  from(jamie).
  to(loan_18).
  next();

// Aaliyah 데이터 삽입
aaliyah = g.addV("Customer").
            property("customer_id", "customer_4").
            property("name", "Aaliyah").
            next();
loan_80 = g.addV("Loan").
            property("loan_id", "loan_80").
            next();
g.addE("owns").
  from(aaliyah).
  to(acct_0).
  property("role", "primary").
  next();
g.addE("owes").
  from(aaliyah).
  to(loan_80).
  next();
g.addE("owes").
  from(aaliyah).
  to(loan_18).
  next();
```

이렇게 해서 모든 예제 데이터를 그래프 데이터베이스에 삽입했다. [그림 3-18]은 데이터베이스의 최종 데이터 모습이다.

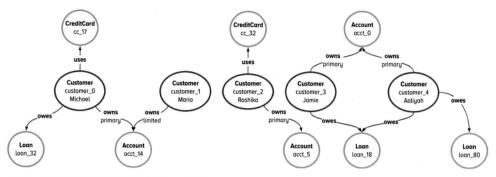

그림 3-18 그래프 데이터베이스의 최종 데이터 모습

그래프 탐색하기

이번 절에서는 그렘린 구문으로 데이터베이스 질의를 수행한다. 그래프 데이터 질의를 **그래프 탐색(순회)**graph traversal이라고 부르기도 한다.

- **그래프 탐색:** 그래프의 정점과 간선을 체계적인 순서대로 방문하는 과정이다.

그렘린을 사용하면 탐색 소스traversal source에서부터 탐색을 시작한다.

- **탐색 소스:** 탐색하려는 그래프 데이터와 탐색 전략(예를 들어 인덱스 없이 데이터 탐색) 두 가지 개념을 합친 개념이다. 이 책에서는 탐색 소스 예제로 dev(개발용)와 g(제품용)를 사용한다.

3.4.3절의 질의에서는 g 탐색 소스를 사용한다. 그리고 제품화를 다루는 장(5, 7, 9, 12장)에서 g 탐색 소스를 다시 살펴본다.

3.4.3절을 제외한 3장의 나머지 부분에서는 dev 탐색 소스를 사용한다. 그리고 개발을 다루는 장(4, 6, 8, 10장)과 그래프 탐색을 개발할 때는 항상 dev 탐색 소스를 사용한다. dev 탐색 소스를 사용하면 데이터에 대한 인덱스 없이 그래프 데이터를 탐색할 수 있다.

이제 기존에 살펴본 질의를 그래프 데이터로 구현해보자.

3.4.3 C360 질의 예제

그래프 데이터베이스 질의는 전체적으로 SQL 질의와 반대라고 생각할 수 있다. 관계형 질의에서는 **SELECT-FROM-WHERE** 사고방식을 사용한다. 그래프에서는 관계형 사고방식의 역방향과 비슷한 **WHERE-JOIN-SELECT**를 따른다.

그렘린 질의에서 첫 **WHERE**를 그래프 데이터의 시작점으로 생각할 수 있다. 그리고 시작 지점에서 관계를 이용해 다른 데이터 조각을 함께 **JOIN**하라고 데이터베이스에 지시한다. 마지막으로 데이터베이스가 어떤 데이터를 **SELECT**하고 반환할지 설정한다. C360 애플리케이션에서 질의는 전반적으로 **WHERE-JOIN-SELECT** 패턴을 따르며 이는 그래프 데이터베이스 질의 기술을 배울 수 있는 좋은 출발점이다.

이를 기억하면서 C360 애플리케이션 질의를 다시 살펴본 다음, 각 질문에 그렘린 질의 언어와 그래프 데이터베이스로 답해보자.

1 고객은 어떤 신용카드를 사용하는가?
2 고객은 어느 계좌를 소유하는가?
3 고객은 어떤 대출을 받았는가?
4 이 고객의 어떤 정보를 알고 있는가?

질의 1: 고객은 어떤 신용카드를 사용하는가?

먼저 customer_0가 소유한 신용카드를 확인하는 질의를 그래프 데이터베이스로 만든다. 신용카드를 바로 질의할 수는 없다. 먼저 customer_0 정점에 접근한 다음 인접한(연결된) 신용카드로 이동해야 한다. 그렘린으로는 다음처럼 구현한다.

```
dev.V().has("Customer", "customer_id", "customer_0"). // WHERE
        out("uses").                                  // JOIN
        values("cc_num")                              // SELECT
```

> **NOTE_** 각 행 오른쪽에 위치한 //로 시작하는 부분은 왼쪽 코드에서 어떤 일이 일어나는지를 설명하는 인라인 주석이다.

질의는 다음 데이터를 반환한다.

```
"cc_17"
```

그렘린 질의를 WHERE-JOIN-SELECT 패턴으로 분류해보자. 우선 dev.V().has("Customer", "customer_id", "customer_0") 코드는 그래프 탐색을 **어디**^{where}부터 시작할지 찾는 과정이다. Customer 정점에서 검색을 시작해 customer_id가 customer_0인 지점을 찾는다. out("uses") 코드는 탐색의 두 번째 단계이며 고객과 신용카드 데이터를 조인^{join}한다. 마지막 단계는 values("cc_num")으로 반환할 데이터를 선택한다. 이 부분에서 그렘린 탐색은 선택^{select}할 데이터를 특정하고 사용자에게 끝을 반환한다.

탐색(순회)이라는 단어를 이동이라는 개념으로 생각할 수 있다. 그래프 탐색이란 그래프 데이터 사이를 이동하는 것과 같다. 따라서 그래프 탐색이란 그래프 데이터 조각을 여기서 저기로 이동하는 것과 같다.

이 이동한다는 개념을 가지고 방금 살펴본 그래프 질의를 다시 살펴보자. 질의의 첫 번째 부분에서 시작 정점(customer_0)을 찾았다. 이때 고객에서 외부로 향하는 간선 레이블(uses)을 통해 이동해야 한다. 그렘린에서는 out()을 이용해 신용카드 정점으로 이동했다. 신용카드 정점으로 이동한 다음에 그 정점의 프로퍼티인 Michael의 신용카드 번호 cc_17을 확인할 수 있다.

> NOTE_ 최적의 성능을 원한다면 완전한 기본 키를 갖춘 정점에서 이동을 시작하기를 권장한다. 아파치 카산드라^{Apache Cassandra} 사용자라면 이는 CQL 질의에 전체 기본 키를 제공하는 것과 동일하다.

첫 번째 그래프 탐색을 연습하는 동안 [그림 3-13]을 따로 출력해 참고하면 좋다. 그림을 바로 옆에 두고 보면서 어디서 시작해서 끝나는지 확인하면 편리하다. 마치 지도를 보면서 여행하는 것과 비슷한 원리다. 그래프 데이터에서는 그래프 모델을 이용해 시작 지점, 끝 지점을 찾을 수 있으며 그렘린 구문으로 이동 과정을 구현할 수 있다. 충분한 연습을 거친다면, 점차 머릿속으로 이 과정을 해결할 수 있게 될 것이다.

질의 2: 고객은 어느 계좌를 소유하는가?

이번에는 고객이 어느 계좌를 소유하는지 C360 애플리케이션으로 질의해보자. 앞서 살펴본 패턴과 비슷하다. 즉, customer_0 정점에 접근한 다음 계좌 정점으로 이동한다. 계좌 정점에서 계좌의 고유 ID를 확인할 수 있다.

```
dev.V().has("Customer", "customer_id", "customer_0").// WHERE
        out("owns").                                  // JOIN
        values("acct_id")                             // SELECT
```

이번에도 WHERE-JOIN-SELECT 패턴을 따른다. 그렘린 질의의 첫 번째 부분 dev.V().has("Customer", "customer_id", "customer_0")는 앞서 살펴본 where 구문과 비슷하다. 즉, **어디**where에서부터 그래프 탐색을 시작할 것인지 결정한다.

두 번째 탐색 과정 out("owns")은 **조인**join 문과 같다. 이 과정에서는 고객에서 나오는 owns 관계를 이동하면서 고객과 데이터를 조인한다. 마지막 과정 values("acct_id")에서는 특정 계좌와 일치하는 데이터를 **선택**select해 최종 사용자에게 반환한다. 질의의 결과는 다음과 같다.

```
"acct_14"
```

기존 질의를 이용해 이번에는 계좌 ID와 고객 이름을 함께 표시해보자. 그러려면 그래프를 이동하면서 방문한 데이터를 기억해야 한다. 그러려면 as(), select()라는 새로운 그렘린 기능이 필요하다. as()는 미로를 탐색하면서 지나온 길을 빵 부스러기로 표시하는 것처럼 그래프에서 이동한 데이터에 레이블을 남긴다.

이 과정이 끝나면 select()로 방문한 데이터를 다시 확인할 수 있다. 질의에서 데이터를 반환받을 때 select()를 사용한다.

```
dev.V().has("Customer", "customer_id", "customer_0"). // WHERE
        as("customer").                               // LABEL
        out("owns").                                  // JOIN
        as("account").                                // LABEL
        select("customer", "account").                // SELECT
        by(values("name")).                           // SELECT BY (고객 데이터)
        by(values("acct_id"))                         // SELECT BY (계좌 데이터)
```

이 질의도 WHERE-JOIN-SELECT 패턴을 따르며 기존 질의에 두 가지 기능이 추가된 상태다. 즉, 질의에서 특정 시점의 데이터를 SAVE, SELECT하는 기능이다.

이 질의를 단계별로 살펴보자.

이번에도 dev.V().has("Customer", "customer_id", "customer_0")로 그래프 데이터의 **어디**에서 시작할지 결정한다. 이 데이터를 나중에 사용해야 하므로 as("customer")로 데이터를 저장한다. 기존과 동일한 패턴으로 owns 간선을 이동하면서 고객과 고객의 계좌 데이터를 **조인**한다. 이제 계좌 정점에 도착한 상태다. 이전처럼 as()를 이용해 이 정점을 저장한다. 마지막으로 select("customer", "account")로 여러 데이터 조각을 **선택**한다.

by를 사용하는 중요한 나머지 두 과정을 살펴보자. 이 과정은 질의 결과의 모양을 만드는 데 도움을 준다. 앞서 select("customer", "account")를 실행하면 고객과 계좌 두 정점을 얻는다. 하지만 우리의 목표는 고객의 이름과 계좌 ID를 표시하는 것이다. by를 이용해 이를 구현할 수 있다. 고객은 이름으로, 계좌는 ID로 표시해야 한다. 정점 객체에 by 단계가 순서대로 적용된다.

다음은 질의 결과로 반환되는 JSON이다.

```
{
  "customer": "Michael",
  "account": "acct_14"
}
```

질의 3: 고객은 어떤 대출을 받았는가?

지금까지 세 번 그래프를 탐색했고, 그래프에서 데이터를 선택하는 두 가지 방법을 확인했다. 이번에는 C360 애플리케이션에 대한 세 번째 질의를 살펴보자. 이 질의는 고객과 연관된 대출을 접근하려 한다. 이 예제에서는 여러 대출을 갖고 있는 customer_4를 사용한다. 이 질의의 목표는 대출 ID를 확인하는 것이다.

```
dev.V().has("Customer", "customer_id", "customer_4"). // WHERE
        out("owes").                                  // JOIN
        values("loan_id")                             // SELECT
```

이번에도 기존 예제처럼 WHERE-JOIN-SELECT 패턴을 따른다. 질의 결과로 다음 데이터가 반환된다.

```
    "loan_18",
    "loan_80"
```

질의 4: 고객의 어떤 정보를 알고 있는가?

마지막 C360 애플리케이션 질의로 특정 고객의 모든 관련 데이터를 접근한다. customer_0에서부터 customer_0과 연결된 모든 간선을 탐색한다. 그리고 customer_0과 일차 이웃한 모든 정점의 데이터를 반환한다. 이 질의는 customer_0와 관련한 모든 데이터를 반환한다.

```
dev.V().has("Customer", "customer_id", "customer_0"). // WHERE
    out().                                             // JOIN
    elementMap()                                       // SELECT *
```

이 질의의 반환 데이터는 [예제 3-1]과 같다.

예제 3-1

```
{
  "id": "dseg:/CreditCard/cc_17",
  "label": "CreditCard",
  "cc_num": "cc_17"
},
{
  "id": "dseg:/Loan/loan_32",
  "label": "Loan",
  "loan_id": "loan_32"
},
{
  "id": "dseg:/Account/acct_14",
  "label": "Account",
  "acct_id": "acct_14"
}
```

[예제 3-1]은 데이터스택스 그래프가 저장한 모든 정점 정보(내부 ID, 정점의 레이블, 모든 프로퍼티)를 보여준다. Michael의 신용카드 정보를 묘사하는 JSON을 확인해보면 첫 번째로 "id": "dseg:/CreditCard/cc_17" 데이터가 있다. 이는 데이터스택스 그래프에서 해

당 데이터 조각을 묘사하는 데 사용하는 내부 식별자다. 데이터스택스 그래프의 내부 식별자는 통합 자원 식별자^{Uniform Resource Identifier}(URI)로 표현한다. 다음으로 정점의 레이블 이름인 "label": "CreditCard"를 볼 수 있다. 마지막으로 그래프에 저장된 신용카드 정보 "cc_num": "cc_17"의 프로퍼티를 확인할 수 있다. 이 방법으로 대출, 계좌 정점에 대한 JSON을 해석할 수 있다.

C360 애플리케이션에서 데이터를 추출하는 데 필요한 탐색을 살펴봤다. 그래프 탐색을 처음 시작할 때는 데이터 모델 출력본을 곁에 두고 확인하기를 권장한다. 기본 과정을 이해한 다음에는 데이터 모델 이미지를 이용해 시작점에서 도착점까지 이동해볼 수 있다. 어느 정도 연습하고 나면 머릿속에서 자연스럽게 그래프 데이터를 탐색할 수 있게 될 것이다.

그래프 애플리케이션으로 데이터를 쉽게 얻을 수 있음을 보여주기 위해 이 예제를 살펴봤다. 이번 절에서 살펴본 것처럼 그래프는 질의를 구현하는 단계가 훨씬 간단하고 이해하기 쉽다. 관계형에서 그래프 질의 언어로 이동하려면 데이터를 탐색하는 여러분의 사고방식을 바꿔야 한다. 그래프 학습곡선은 가파른 편이다(쉽다고 거짓말하지 않겠다). 하지만 여러분의 그래프 데이터를 직접 탐색할 수 있는 수준에 다다르면 새로운 도구 집합을 배우는 것만큼이나 쉽게 그래프 질의를 구현할 수 있게 될 거라 장담한다.

3.5 관계형 vs 그래프: 선택의 기로에 서 있다면

C360 애플리케이션을 통해 관계형 데이터베이스와 그래프 데이터베이스 구현의 장단점을 비교해보자. 네 가지 측면에서 두 기술을 비교한다. 우선 데이터 모델링, 관계 표현, 질의 언어를 기준으로 각 기술의 접근 방법을 살펴보자.

3.5.1 데이터 모델링

관계형 데이터베이스와 그래프 데이터베이스의 데이터 모델링을 비교할 때 양적 차이와 주관적 차이가 존재한다. 데이터 모델 설계의 양적 측면에서는 풍부한 자원과 관계형 시스템의 활용 사례면에서 관계형 시스템이 압도적인 승자다. 관계형 시스템의 기술, 기교, 최적화에 대한 방법은 모두 문서화가 잘되어 있어 개발 팀의 모든 멤버가 활용할 수 있다.

좀 더 주관적인 측면에서 말하자면 그래프 기술을 통한 데이터 모델링이 더 직관적이다. 특히 그래프 기술을 사용하면 사람에서 컴퓨터로 데이터를 쉽게 변환할 수 있다. 여러분이 데이터를 대하는 방식은 컴퓨터에서 디지털로 데이터를 표현하는 방식과 크게 다르지 않다. 이렇게 사람의 직관을 기계의 표현으로 표현할 수 있으므로 데이터 관계에 대한 깊은 통찰력을 얻을 수 있다. 바로 이 때문에 시스템을 설계할 때 관계형 데이터베이스보다 그래프 기술이 더 사용하기 쉽다.

3.5.2 관계 표현

데이터베이스에 관계를 모델링하고 저장하려는 수요는 꾸준히 증가하고 있다. 이는 관계형 시스템에 좋은 소식과 나쁜 소식을 가져오게 되었다. 좋은 소식은 앞서 설명했듯이 관계형 기술에 관계를 모델링하는 기술, 기교와 팁을 적용하는 방법이 잘 문서화되어 있다는 점이다. 기존 관계형 데이터베이스에 관계를 추가하는 것이 조인 테이블을 추가하거나 외래 키 제약 조건을 추가하는 것만큼 간단할 수 있다. 새로운 조인 테이블이나 외래 키로 관계를 질의하고 확인할 수 있다. 시스템에서 이런 데이터를 얻는 방법이 잘 문서화되어 있어 개발자가 비교적 쉽게 작업할 수 있다.

반면 나쁜 소식으로는 관계형 시스템에서 의미 있는 관계를 추출하기란 훨씬 어려워진다는 것이다. 사람의 생각과 기계적 구현의 차이가 매우 큰 관계형 시스템에서는 저장된 관계를 추론하기가 정말 어렵다. 그래프 기술에 비해 관계형에서는 모델링을 토대로 관계를 추론하는 과정이 부자연스럽다. 사람이 이해하는 데이터를 관계형 모델로 매핑하고 테이블에 저장하려면 정신적 변환이 필요하기 때문이다. 관계형 데이터베이스에 저장된 데이터의 관계를 따라가서 추론하려면 상당한 정신적 해석 과정을 거쳐야 한다.

그래프 기술은 이런 틈을 메우기 위해 만들어졌다. 데이터의 관계를 모델링하고 추론해야 하는 상황에서 그래프 기술은 사람이 이해하는 데이터와 기계가 표현하는 데이터 사이의 변환에 따른 부담을 상당히 줄여준다. 여기서는 데이터 내에 관계가 존재하는지 아닌지가 중요하며 이는 데이터를 더 깊이 분석하고 추론하는 데 유용한 요소다. 데이터 내의 관계를 모델링하고 추론해야 하는 상황에서는 그래프 기술을 이용하는 것이 적합하다.

3.5.3 질의 언어

두 시스템의 질의 언어를 비교할 때는 언어의 복잡성, 질의 성능, 표현력 세 가지 면을 살펴봐야 한다.

언어의 복잡성이 무엇을 의미하는지부터 살펴보자. 관계를 시스템으로 설계한 다음 질의 언어를 사용하는 과정에서 복잡성이 커진다. 구현 과정에서 결정된 복잡성이나 단순성이 질의 언어를 사용하는 단계에서 모두 드러난다. 필요한 데이터를 모두 추출하려면 질의가 심화되고 길어지는데 이때 복잡성이 커진다.

많은 팀들이 개발 시간, 유지 보수성, 지식 전달 편의성을 기준으로 질의 언어의 복잡성을 평가한다. SQL과 그렘린을 비교하자면 이들 언어는 채택 성숙도와 개인의 선호도에 따라 결정된다. SQL은 언어 성숙도에서 확실한 승자다. 하지만 조인이 많이 필요한 깊이 중첩된 질의에서는 그렘린이 우수하다.

다음으로 질의 언어 측정 기준 중 하나인 질의 성능을 살펴보자. 질의 성능은 인덱싱, 파티셔닝, 로드 밸런싱을 포함해 다양한 최적화의 다면적이고 복잡한 의존성을 평가한다.

C360 애플리케이션을 작은 배포라는 측면에서 본다면 적절하게 인덱싱된 관계형 시스템이 그래프 데이터베이스의 질의에 비해 꾸준히 더 좋은 성능을 보일 것이다. 간단한 C360 애플리케이션은 매우 얕은 그래프 질의(고객의 일차 이웃 내의 질의)만 처리하기 때문이다. 다음 장에서 살펴보겠지만 그래프 질의가 깊어질수록 그래프 기술과 관계형 기술의 비교는 그래프 기술 쪽으로 승리가 기울 것이다.

마지막으로 질의 언어의 표현력을 살펴보자. 경험상 질의 언어의 표현력은 애플리케이션에서 그래프 데이터의 힘을 더 잘 활용할 수 있도록 돕는다. 두 시스템 간의 질의 복잡도 차이는 그렘린처럼 표현력이 좋은 언어가 시스템의 관계를 더 잘 질의할 수 있게 만든다는 사실을 보여준다. 그래프 데이터베이스를 지원하는 그래프 질의 언어는 데이터에 접근하고 관계를 추출하는 데 필요한 코드의 양을 크게 줄인다. 시간이 흐르면서 그래프 기술도 관계형 표준만큼 성숙해질 것이다.

3.5.4 핵심 사항

[표 3-2]는 각 옵션의 특징을 간략하게 요약한다.

표 3-2 C360을 위한 관계형, 그래프 데이터베이스를 선택할 때 고려해야 할 사항

	관계형 데이터베이스	그래프 데이터베이스
데이터 모델링	문서화가 **훌륭함**	사람의 해석과 디지털 표현이 유사함
데이터에서 관계 표현	한계와 복잡성이 있는 것으로 알려짐	표현이 조금 더 직관적임
질의	문서화가 **훌륭함**	학습곡선이 가파름
	많은 관계를 한꺼번에 질의하기 어려움	질의 언어의 표현력이 좋음

두 기술 중 어느 영역을 비교하든 결국 장단점은 성숙도로 귀결된다. 채택, 문서화, 커뮤니티는 그래프 기술보다 관계형 기술이 더 완성도가 높다. 이러한 성숙도는 기존 애플리케이션을 적은 위험으로 빠르게 실행할 수 있음을 의미한다. 오늘날 그래프 기술은 성숙도와 새로운 애플리케이션 개발에 걸리는 시간적인 부분에서 관계형에 비해 경쟁력이 떨어진다.

하지만 관계형 기술은 데이터 내의 관계에 가치 있는 통찰력을 제공하는 데 한계가 있다. 데이터 내에서는 필수적으로 관계가 만들어지며 이 관계는 비즈니스에 더 뛰어난 통찰력을 제공하는 핵심 요소이므로 관계를 파악하는 일은 아주 중요한 문제다. 이런 측면에서 볼 때 비즈니스 결정을 내리는 데 필요한 관계를 수집할 때는 그래프 기술이 좋은 선택이다. 데이터 내의 관계를 전달하고 추론할 때(관계형 데이터베이스로는 깊이와 확장성을 달성할 수 없음)는 그래프 기술을 선택하는 것이 최선이다.

3.6 마치며

C360 애플리케이션을 그래프로 구현하면서 조직 여기저기에 있는 데이터를 접근해야 하는 비즈니스의 요구를 만족시킬 힘과 전망이 그래프 기술에 있다는 것을 확인했다. 그 의미를 더 자세히 살펴보자.

지난 수십 년 동안 필자들은 데이터 저장소를 만들 때 필요한 기술을 선택해야 하는 많은 기업에 도움을 주었다. 이들 데이터 저장소는 비즈니스 핵심 개체(예를 들어 고객)와 관련 데이터

를 분리했다. 하지만 최근에는 중요 데이터를 하나의 거대 시스템(예를 들어 데이터 레이크)으로 통합하는 추세다. 이때 회사의 데이터를 통합하는 것보다는 어떻게 데이터에 접근할 것인가가 문제로 떠올랐다.

가치 있는 데이터를 반환하도록 설계된 시스템을 사용하지 않고 데이터 레이크에서 직접 귀중한 데이터를 찾느라 시간과 자원을 소비하고 싶은 사람이 누가 있을까?

여러 기업이 그래프 씽킹을 도입하면서 데이터 아키텍처를 다음 세대로 발전시켰다. 이들 기업의 목표는 데이터를 이용할 수 있게 만들면서 고객의 경험을 대표할 수 있는 기술을 개발하는 것이었다. 가용성과 대표성은 그래프 기술을 발전시키는 원동력으로 자리 잡았다.

그래프 기술은 기업 데이터 아키텍처를 다음 세대로 발전시킬 수 있는 길을 열었다. 이번 장에서 그래프 데이터 관리 방법 중 하나를 자세히 살펴봤다. C360 애플리케이션과 그 세부 구현을 살펴봤고 고객 중심으로 그래프 기술을 사용하는 방법을 설명했다. 하지만 그래프 기술을 이용한 데이터 중심 애플리케이션을 만드는 이 템플릿은 고객을 대면하지 않는 다른 애플리케이션에도 적용할 수 있다.

필자들은 자신들이 상호작용하는 비즈니스를 둘러싼 비슷한 시스템(Business 360 같은)을 개발하는 회사들을 목격했다. 이렇게 비즈니스 내의 중요한 상호작용을 조직하고 모든 정보를 전달하는 애플리케이션이 있으면 부서 간의 의사소통 부담이 크게 줄어든다. 예를 들어 여러분의 회사와 다른 벤더 간의 가장 최근 상호작용을 찾기 위해 다양한 부서가 협력하는 상황이라 가정하자. 금융, 마케팅, 영업, 고객 관계 등 다양한 부서를 통해야 원하는 정보를 얻을 수 있다. 이런 B2B 문제를 해결하려면 이번 장에서 살펴본 것과 유사한 템플릿이 필요하다.

이런 유형의 애플리케이션의 유망한 미래를 생각할 때 이번에는 구현에 필요한 시간과 비용을 평가해볼 차례다. 그러려면 C360 애플리케이션을 관계형이나 그래프 기술로 비교해본 것처럼 여러 벤더와 도구를 비교해야 한다.

3.6.1 관계형을 이용하지 않는 이유

'RDBMS로 C360 애플리케이션을 구현할 수 있는데 이미 알고 있는 기술을 사용하면 안 되나요?'라는 질문을 자주 받는다.

짧게 답변하자면, 관계형은 테이블 데이터에 유용하지만 복잡한 데이터에는 그래프가 더 좋다. 이 점을 제외하면 둘은 거의 비슷하다. 결론적으로 여러분의 데이터가 얼마나 복잡하며 데이터에서 어떤 가치를 원하는지에 따라 결정이 달라진다.

조금 더 길게 답변하자면, 여러분의 비즈니스가 시간(맞춤형 솔루션을 만드는 데 소비하는 시간과 질의 결과를 기다리는 시간)을 어떻게 평가하느냐에 달렸다. 특히 여러분의 비즈니스가 더 심층적이고 계획되지 않은 질의가 필요할 때는 답변이 명확하다. 관계형 시스템은 아키텍처를 바꿔야 하며, 테이블을 추가하고, 질의 언어를 직접 만들어야 한다. 그래프 시스템에서는 여러분의 스키마를 손보고 데이터를 추가로 삽입할 뿐이다.

그래프 기술은 복잡한 데이터를 쉽게 처리할 수 있지만 관계형 기술은 단순한 데이터(테이블)를 처리한다. 여러분의 프로젝트에 어떤 깊이와 복잡성이 필요한지에 따라 선택이 명확해진다.

3.6.2 여러분의 C360 애플리케이션에 적합한 기술 선택하기

관계형, 그래프 기술 중 하나를 선택하는 일은 결국 여러분의 애플리케이션 전체 영역을 살펴본 다음 결정할 수 있다. 필자들의 경험상 분산된 데이터 소스를 통합하는 것이 여러분의 목표라면 관계형 시스템을 적절히 튜닝함으로써 최적의 결과를 얻을 수 있다. 애플리케이션의 한 기능에 집중하기 때문에 개발 리소스를 절약할 수 있고 제품 시스템을 더 빠르게 전달할 수 있다.

반면 데이터 관리 솔루션 또는 C360 애플리케이션이 데이터 아키텍처의 시작점이라면 그래프 데이터베이스의 가파른 학습곡선이 장기적으로 더 많은 혜택을 가져다줄 수 있다. 그래프 기술은 데이터 내에 존재하는 관계를 더 직관적으로 추론할 수 있게 만든다. 관계에서 통찰력을 요하는 비즈니스 목표를 달성하려면 그래프 기술이 적합하다.

여기서 요점을 정리해보자. 이번 장에서는 아주 기초적인 예제를 살펴봤다. 하지만 조금 더 현실적이고 정교한 예제를 사용하면 RDBMS에 부담을 주기 시작한다. 현실 데이터는 그 안에 정교한 관계를 포함한다. 여러분의 비즈니스가 이런 관계를 필요로 한다면 그래프 기술을 사용해야 한다.

NOTE_ 단지 단순한 C360 시스템을 만드는 것이 목표라면 관계형 기술을 사용하자. 여러분의 데이터를 이해하고 연결성을 확인하려면 그래프 기술이 적합하다. 각 선택에는 장단점이 있지만 이 장에서 설정한 시나리오에서는 그래프 기술이 승자다.

만약 여러분의 팀이 그래프 기술로 전환하는 단계에서 기초를 다지고 **확장해야** 하는 상황이라면 주의하자. C360 애플리케이션을 기초로 삼고 여기서부터 개발을 시작해야 그래프 기술을 여러분의 아키텍처에 성공적으로 통합할 수 있다. 여러분의 비즈니스는 C360 애플리케이션을 기초로 삼아 그래프를 더 깊이 탐색해 여러분의 데이터에 내재된 더 가치 있는 통찰력을 얻을 수 있다. 다음 장에서는 단순한 C360 애플리케이션을 더 완벽한 시나리오로 확장해본다. 이 과정에서 사용 편의성과 출시 속도 측면에서 그래프 기술과 RDBMS를 비교한다.

CHAPTER 4

이웃 탐색 개발

이번 장에서는 3장에서 개발한 간단한 Customer 360(C360) 앱의 기능을 확장하며 그래프 애플리케이션 개발 방법을 학습한다. 여기서는 더 많은 레이어와 이웃을 추가하며 그래프 씽킹의 다음 단계를 설명한다.

기존 예제에 데이터를 추가해 데이터 모델링, 질의의 복잡성을 현실적인 수준으로 끌어올려 고객 중심의 금융 데이터에 그래프 씽킹을 적용한다.

이번 장에서는 3장의 기본 예제를 조금 더 복잡하게 만든다. 3장은 수영장에서 처음 스쿠버 다이빙을 배우는 것과 같았다. 얕은 물에서 연습할 때는 요점을 파악하기 어렵지만 환경에 적응하는 데 도움을 준다. 이번 장에서는 조금 더 깊은 수영장에서 스쿠버 다이빙을 연습해보자. 그리고 5장에서 조금 더 심화된 내용을 배워본다.

4.1 4장 미리 보기: 더 현실적인 C360 만들기

이번 장은 세 가지 주요 부분으로 구성된다.

첫 번째 부분인 4.2절에서는 그래프 데이터 모델링의 모범 사례를 살펴볼 수 있도록 그래프 씽킹을 탐색하고 설명한다. 기존 C360 예제에 더 많은 이웃 데이터를 추가함으로써 다음 질문에 답해본다.

1 Michael 계좌에서 발생한 가장 최근 20건의 거래 내역은?

2 12월에 Michael은 어느 상점에서 얼마나 자주 쇼핑했는가?

3 Jamie와 Aaliyah의 가장 중요한 거래 내역(계좌에서 모기지 론을 지불함)을 찾아 갱신하자(이 질문은 개인화의 예제다).

첫 번째 부분에서는 질의 주도 설계로 프로퍼티 그래프 데이터 모델을 만드는 일반적인 모범 사례를 보여준다. 데이터를 정점이나 간선으로 매핑하는 법, 시간 모델링, 흔히 일어나는 실수 등을 살펴본다.

두 번째 주요 부분인 4.4절에서는 그렘린 질의를 조금 더 깊이 있게 사용한다. 즉 데이터의 삼차, 사차, 오차 이웃을 탐색하는 질의를 만든다. 또한 프로퍼티로 그래프 데이터를 분할, 정렬, 범위 설정 등을 수행하는 방법도 소개한다. 예제로 보여줄 수 있는 모든 종류의 데이터, 기술적 개념, 데이터 모델링을 모두 소개하며 두 번째 부분을 마친다.

마지막 주요 부분인 4.5절에서는 기본 질의를 다시 살펴보며 고급 질의 기술을 소개한다. 일반적으로 질의 결과를 사용자 친화적인 구조로 바꿀 때 고급 질의 기술을 사용한다.

4장을 학습하고 나면 예제로 제품 수준의 최종 스키마를 설정할 수 있으며 이는 5장에서 설명한다.

4.2 그래프 데이터 모델링 101

아파치 카산드라로 구동되는 그래프 데이터베이스를 이용했던 초창기 시절, 필자들의 팀은 스타트업 회사의 거실 소파에 모여 앉아 있었다. 이 당시 그래프 데이터베이스에 의료 산업 데이터를 저장하기 위해 화이트보드에 그래프 데이터 모델을 그리며 토론하고 있었다.

여기서 의사, 환자, 병원 세 가지가 중요한 핵심 개체이며, 정점이 되어야 한다고 빠르게 의견을 모았다. 정점, 간선, 프로퍼티, 이름 등을 결정할 때마다 서로 다른 의견이 등장했다. 그중에서도 양극화와 관련한 불일치가 가장 기억에 남는다. 의사와 환자 사이의 간선의 이름을 뭐라 불러야 할까? 이 모든 개체는 어딘가에서 살고 있거나 일한다. 주소는 어떻게 모델링할까? 국가는 정점이나 프로퍼티로 만들어야 할까 아니면 모델에서 제외해야 할까?

쉽지 않은 토론이었다. 결국 설계 토론은 예상보다 훨씬 길어졌으며 아무도 이를 편하게 받아

들일 수 없었다.

이 설계 토론 이후로 전 세계의 그래프 팀에 조언할 때마다 이와 비슷한 긴장감과 의견 합의가 관찰되었다. 이 긴장은 실재하며, 매번 관찰된다.

이번 절은 여러분의 그래프 데이터 모델에 대해 토론할 때 조금 더 건설적인 방향으로 나아갈 수 있도록 돕는다. 좋은 그래프 데이터 모델을 만드는 데 필요한 세 가지 쟁점을 살펴보자.

1 이것은 정점인가 간선인가?
2 길을 잃었다면, 방향을 따라가자.
3 그래프에 이름이 없다는 건 이름 지정 시 흔히 저지르는 실수다.

위와 같은 세 가지 주제를 선택한 이유는 두 가지다. 첫째, 세 가지 주제는 모델링 과정에서 여러분이 겪게 될 열띤 논쟁과 관련된다. 둘째, 실행하려는 예제를 개발하는 데 도움이 된다. 때가 되면 더 깊이 있는 고급 모델링 정보를 자세히 설명할 것이다.

4.2.1 정점과 간선 구분하기

프로퍼티 그래프 모델링과 관련해 가장 뜨거운 논쟁이 일어나는 주제다. 달궈진 논쟁의 한가운데에서 그래프 데이터 모델을 만드는 데 유용한 몇 가지 팁을 준비했다.

먼저 시작과 관련된 팁을 살펴보자. 보통 우리는 그래프 탐색을 어디에서부터 시작할 것인지 결정해야 한다.

TIP 경험 법칙 Rule of Thumb **#1**

- 어떤 데이터에서 탐색을 시작해야 한다면 이 데이터를 정점으로 만든다.

3장의 질의 질문을 다시 살펴보면서 첫 번째 팁을 살펴보자.

- 고객은 어느 계좌를 소유하는가?

이 질문에 답하려면 고객, 계좌, 고객이 소유한 계좌 연결 이렇게 세 가지 데이터가 필요하다. 이 데이터를 이용해 'Michael이 소유한 모든 계좌를 검색'하는 방법을 생각해보자. 'Michael이 계좌를 소유함' 또는 'Michael에 의해 소유된 계좌' 두 가지 방법으로 데이터베이스 질의를 만들 수 있다.

Michael에서 시작해 보유한 계좌를 탐색하는 첫 번째 옵션을 살펴보자. 이는 Michael이라는 특정 데이터에서 탐색을 시작함을 의미한다. 질의의 시작점을 찾았다면 이 데이터를 그래프 모델의 정점으로 변환한다. 여기서 그래프 모델의 첫 번째 정점 레이블로 고객이 만들어진다.

이번에는 모든 계좌를 찾은 다음 Michael이 소유한 계좌를 추적하는 두 번째 옵션을 살펴보자. 이 경우에는 계좌 데이터가 시작점이다. 이제 그래프 모델에 계좌라는 두 번째 정점 레이블이 생긴다.

정점을 준비했으니 이번에는 데이터에서 간선을 찾는 다음 팁을 살펴보자.

TIP **경험 법칙 #2**
- 개념을 연결할 때 특정 데이터가 필요하다면 이 데이터를 간선으로 만든다.

현재 질의에서 Michael 그리고 Michael이 소유한 계좌는 정점 레이블임을 파악했다. 이때 '소유'라는 개념이 생기며, 여러분이 이미 예상했다시피 소유라는 개념은 간선이 된다. 소유라는 개념은 고객과 계좌를 연결한다.

데이터를 검토하면서 모델의 간선을 찾을 수 있다. 개념을 **서로 연결하고** 접근할 수 있는 정보 내에서 간선을 찾는다.

그래프 데이터로 작업할 때 간선은 그래프 모델의 가장 중요한 부분이다. 사실 그래프 기술을 사용하는 이유가 간선 때문이라 해도 과언이 아니다.

이 두 가지를 합치면 레이블이 지정된 프로퍼티 그래프 모델에 적용할 다음 규칙을 도출할 수 있다.

TIP **경험 법칙 #3**
- 질의에서는 정점–간선–정점 구조를 일반 문장이나 문구로 표현할 수 있어야 한다.

요점은 '고객이 소유한 계좌'처럼 짧은 문구로 데이터 질의를 구현해야 한다는 점이다. 이렇게 질의와 문구를 식별한다면 프로퍼티 그래프 데이터베이스에서 데이터를 그래프 객체로 어떻게 매핑해야 하는지 쉽게 파악할 수 있다(그림 4-1).

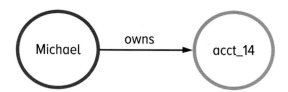

그림 4-1 Michael, acct_14라는 이름을 갖는 두 정점은 owns라는 레이블을 갖는 간선으로 연결된다. 이는 'Michael owns account 14(마이클이 14번 계좌를 소유한다)'라는 짧은 명사–동사–명사 구문을 프로퍼티 그래프 모델로 변환하는 예다.

보통 그래프 질의는 동사를 간선으로 명사를 정점으로 변환한다.

> **NOTE_** 예전부터 그래프 커뮤니티는 자연어 문구와 그래프 데이터 구조를 비슷하게 유지해왔다. 시맨틱^{se-}
> ^{mantic} 커뮤니티에서 온 독자라면 '이거 본 적이 있어요'라고 말할 것이다.[1]

경험 법칙 #2, #3을 모으면 그래프 객체를 만드는 규칙을 도출할 수 있다.

TIP 경험 법칙 #4

- 명사와 개념은 정점 레이블로 변환한다. 동사는 간선 레이블로 변환한다.

생각의 관점에 따라 경험 법칙 #3, #4를 적용하기 애매한 상황이 발생할 수 있다. 사람들이 데이터를 바라보고 생각하는 다양한 관점을 확인할 수 있도록 몇 가지 의미를 자세히 살펴보자.

특히 'Michael owns an account(마이클이 계좌를 소유한다)'라고 생각한다면 'owns'는 간선 레이블이다. 이는 Michael과 보유 계좌 관계를 적극적으로 확인한 결과다. 이 상황에서 owns 는 두 데이터 조각을 연결하는 동사다. 따라서 'owns'를 간선 레이블로 변환한다.

하지만 같은 시나리오를 다른 관점에서 볼 수 있다. 'Michael과 계좌 사이의 소유 개념을 표현해야 한다'라는 관점으로 이 문제를 생각한다면 소유라는 개념이 정점 레이블이 된다. 소유를 명사로 간주했으므로 소유가 개체다. 이 상황에서는 소유를 식별할 수 있어야 한다. 그리고 '누가 이 소유를 만들었는가?' 또는 '핵심 당사자가 사망하면 소유는 누구에게 전달되는가?' 등 소유를 다른 개체와 연결하려 노력할 것이다.

이렇게 같은 문제라도 시각에 따라 복잡해질 수 있다. 실제로 여러분은 이런 복잡한 상황을 겪

---

1 'Resource Description Framework (RDF) Model and Syntax Specification'(https://oreil.ly/zWcn0)

게 될 것이다. 하지만 이 책에서 제공하는 가이드를 잘 숙지한다면 문제를 해결하는 데 도움이 될 것이다.

지금까지 그래프 데이터에서 정점과 간선을 식별하는 네 가지 주요 팁을 살펴봤다. 이제 간선 레이블의 방향을 결정하는 방법을 살펴보자.

4.2.2 길을 잃었다면, 방향을 따라가자

이번 장의 질문과 질의는 모델에 더 많은 데이터를 추가한다. 특히 다음과 같은 질문에 답할 수 있도록 거래 내역을 추가해야 한다.

- Michael 계좌에서 발생한 가장 최근 20건의 거래 내역은?

이 질의에 답하려면 데이터 모델에 거래 내역을 추가해야 한다. 거래 내역을 추가하려면 각 거래 내역이 계좌, 대출, 신용카드 사이에 어떻게 돈을 입금, 인출하는지를 모델링하고 추론해야 한다.

그래프 질의를 처음 구현하고 데이터 모델에 반복 적용하다 보면 어느새 이곳저곳으로 헤매기 쉽다. 간선 레이블의 방향은 추론하기 쉽지 않다. 따라서 다음 법칙을 권장한다.

> **TIP** **경험 법칙 #5**
>
> - 개발 과정에서 여러분이 도메인의 데이터를 생각하는 방식을 반영해 간선 방향을 결정한다.

경험 법칙 #5는 기존 네 개의 팁을 모두 적용하면서 간선 레이블의 방향을 추론한다고 가정한다. 이 시점에서는 정점-간선-정점 패턴을 주어-동사-목적어 문장으로 읽을 수 있는 상태여야 한다.

따라서 간선 레이블의 방향은 자연스럽게 주어에서 목적어로 향한다.

거래 내역 간에 발생하는 간선 레이블 문제는 앞서 논의했던 문제와 비슷하다. 그래프에서 거래와 같은 대상을 어떻게 추론하고 모델링하는지 자세히 살펴보자.

그래프에서 거래 모델링하기

여러분의 그래프 모델에 첫 거래를 어떻게 추가할지 고민해보자. 한 계좌가 다른 계좌와 어떻게 거래하는지를 고민하다 보면 [그림 4-2] 같은 결과를 얻을 수 있다.

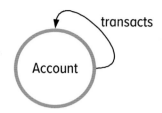

그림 4-2 대부분의 사람들은 'this account transacts with that account(이 계좌는 해당 계좌로 거래됨)' 같은 문구를 만들며 거래를 동사로 생각한다.

거래 내역을 묻는 질문에서는 거래를 명사로 사용했는데 [그림 4-2] 모델은 거래를 동사로 사용했으므로 이 방법은 사용할 수 없다. 계좌의 가장 최근 거래와 대출 지불 내역을 알고 싶다. 이를 고려하면 거래를 명사로 생각해야 한다.

따라서 이 예제에서는 거래를 정점 레이블로 변환해야 한다.

이번에는 간선 방향을 생각해보자. 많은 사람은 [그림 4-3]처럼 돈의 흐름에 따라 간선 방향을 모델링한다.

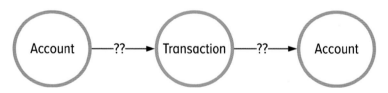

그림 4-3 돈의 흐름에 따른 간선 방향 모델링

[그림 4-3]과 같은 모델에서는 질문에 쉽게 답할 수 있는 직관적인 간선 이름을 정하기 어렵다. [그림 4-3] 모델은 돈의 흐름에 따라 간선 방향을 결정했는데 이는 질문에서 거래를 활용하는 방법과 일치하지 않는다. "This account had money withdrawn from it via this transaction(이 계좌에는 이 거래에 의해 돈이 인출되었다)"라고 말하고 싶은 사람이 있는가? 아마도 없을 것이다.

따라서 [그림 4-3]의 모델도 예제에 사용할 수 없다.

질문을 다시 확인하면서 질의에서 거래를 어떻게 활용하는지 추론해보자. 다음은 예제에서 거래를 사용하는 사례를 주어-동사-목적어 문장으로 표현한 것이다(영문 기준).

1 Transactions withdraw from accounts(계좌에서 인출하는 거래).
2 Transactions deposit to accounts(계좌로 입금하는 거래).

이 두 구절을 데이터에 어떻게 적용할 수 있는지 살펴보자. [그림 4-4]에서 보여주는 것처럼 거래, 계좌와의 상호작용을 모델링할 수 있다.

그림 4-4 질의의 데이터 활용 방법에 따른 간선 방향 모델링

[그림 4-4]를 이용하면 쉽게 질문에 답할 수 있다. 두 간선 레이블은 Transaction에서 Account로 흐른다. 스키마는 [그림 4-5]와 같다.

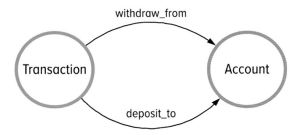

그림 4-5 데이터를 취급하는 관점에 따른 간선 방향 모델링

질의를 짧게 나누면 주어-동사-목적어 구조를 만들 수 있으며 덕분에 구문을 그대로 그래프 모델의 정점이나 간선 레이블로 변환할 수 있다. 간선 레이블의 방향은 주어에서 목적어로 향한다.

이제 방향을 틀어서 그래프 스키마의 최종 핵심 요소인 프로퍼티를 살펴보자.

프로퍼티는 언제 사용하는가?

거래 정점을 사용할 첫 질의를 다시 살펴보자.

- Michael 계좌에서 발생한 가장 최근 20건의 거래 내역은?

이 질문을 해결하기 위해 다음과 같은 짧은 구문으로 변환한다.

1. Michael owns account(미카엘은 계좌를 소유)
2. Transactions withdraw from his account(거래는 그의 계좌에서 돈을 인출)
3. Select the most recent 20 transactions(가장 최근 20건의 거래 선택)

그래프 내의 고객, 계좌, 거래를 탐색하는 방법은 이미 알고 있다. 이제 계좌에서 최근 20건의 거래를 선택하는 방법을 생각해보자. 이는 전체 거래 내역에서 최근 내역만 선택해야 함을 의미한다.

따라서 시간으로 거래를 걸러야 한다. 데이터 모델링을 결정할 때 필요한 마지막 팁을 소개할 차례다.

> **TIP 경험 법칙 #6**
>
> - 그룹의 일부 데이터를 선택해야 한다면 데이터를 프로퍼티로 만든다.

시간으로 거래를 정렬하려면 그래프 모델에 시간값(프로퍼티)을 저장해야 한다. 거래 정점에 프로퍼티를 추가함으로써 정점을 필터링하는 좋은 예다. [그림 4-6]은 예제에 시간을 추가하는 방법이다.

그림 4-6 최근 거래를 선택하는 질의에서 사용할 수 있도록 거래 정점에 시간 프로퍼티 추가

지금까지 살펴본 6개의 경험 법칙 팁을 활용하면 그래프 데이터 모델의 정점, 간선, 프로퍼티를 결정하는 데 도움이 된다. 본격적으로 기능을 구현하기 전에 데이터 모델링의 마지막 모범 사례를 살펴보자.

4.2.3 그래프에 이름이 없음

이번 절에서는 흔히 저지르는 실수를 살펴본다. 각 실수를 소개한 다음 나쁜, 더 좋은, 최상의 권장 사항을 설명한다.

코드베이스에서 무엇에 이름을 붙이고 유지 보수해야 하는지 합의하는 일은 생각보다 어렵다. 많은 팀이 그래프 데이터 모델에서 명명 규칙^{naming convention}을 결정하느라 귀중한 시간을 낭비하는 상황이 자주 발생한다. 이와 관련된 세 가지 주제를 살펴보자.

> **WARNING_ 명명 규칙의 함정 #1**
> 간선 레이블의 이름으로 has라는 단어를 사용한다.

[그림 4-7]의 왼쪽 그림은 has라는 이름을 갖는 간선에서 흔히 저지르는 실수를 보여준다. 왼쪽 그림의 has는 간선의 목적이나 방향과 관련해 아무 정보를 제공하지 않으므로 잘못된 결정이다.

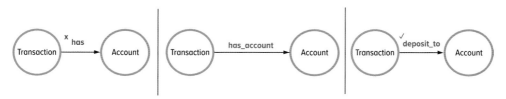

그림 4-7 간선 이름과 관련해 왼쪽은 나쁜 방법, 가운데는 더 좋은 방법, 오른쪽은 권장하는 방법이다

여러분의 그래프 모델에서 간선 레이블에 has를 사용한 상황이라면 다음 두 가지 권장 사항을 살펴보자. [그림 4-7]의 가운데에서 보여주는 것처럼 has_{정점_레이블} 형식으로 간선 레이블을 바꾸는 것이 조금 더 좋은 방식이다. 이런 식으로 이름을 정하면 코드를 쉽게 유지 보수할 수 있도록 조금 더 의미 있는 이름을 제공하며 그래프 질의의 의미도 명확하게 만든다.

이름과 관련해 가장 권장하는 방법은 [그림 4-7]의 가장 오른쪽 그림이다. 이런 능동태 구문을 이용하면 의미, 방향을 전달하고 데이터를 구체화하는 데 도움이 된다. 예제에서는 `deposit_to`와 `withdraw_from`이라는 간선 이름을 거래와 계좌 사이에 사용한다.

간선 레이블의 이름을 잘 선택하는 방법을 살펴봤다. 이번에는 프로퍼티 이름을 선택하는 방법과 관련된 함정을 살펴보자. 프로퍼티 이름을 제대로 정하지 않으면 데이터를 고유하게 식별하기 어려워진다.

데이터의 어느 정보로 개체를 고유하게 식별할지에 관한 문제는 신중하게 고려해야 한다. id라는 이름의 프로퍼티 키를 사용하는 것은 좋지 않은 선택이다. 이는 프로퍼티를 설명하지도 않으며 무엇을 가리키는지도 알려주지 않기 때문이다. 게다가 id는 아파치 카산드라의 내부 이름 규칙과 충돌하며 데이터스택스 그래프에서는 이를 지원하지 않는다.

[그림 4-8]의 가운데 그림처럼 프로퍼티를 고유 식별할 수 있도록 {vertex_label}_id와 같이 이름으로 짓는 것이 더 좋다. 우리는 만들어진 예제를 사용하므로 이 방식을 자주 사용하며 특히 UUID(범용 고유 식별자)와 같이 무작위로 만들어진 식별자를 사용할 때 안성맞춤이다. 하지만 오픈 소스 데이터를 사용할 때는 조금 더 설명적인 식별자를 사용한다. 이들 식별자는 그들의 도메인(주민등록번호, 공개 키, 도메인 전용 범용 단일 식별자 등)에 국한된 고유 식별 개체를 가리킨다.

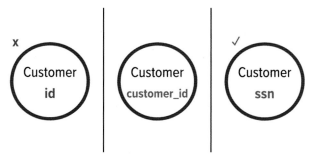

그림 4-8 데이터를 고유 식별하는 프로퍼티 이름과 관련해 왼쪽은 나쁜 방법, 가운데는 더 좋은 방법, 오른쪽은 권장하는 방법이다

이제 애플리케이션 코드베이스 전반에서 발생하는 가장 중요한 실수를 마지막으로 살펴보자.

대소문자 규칙은 현재 여러분이 사용하는 언어 규칙을 따르는 것이 가장 좋다. 일부 언어는 캐멀 케이스^{camelCase}를 사용하는 반면 스네이크 케이스^{snake_case}를 사용하는 언어도 있다. 이 책의 예제에서는 다음 규칙을 사용한다.

1 정점 레이블에는 캐멀 케이스의 대문자를 사용한다.
2 간선 레이블, 프로퍼티 키, 예제 데이터에는 스네이크 케이스의 소문자를 사용한다.

마지막 팁은 그래프 책에서 소개하기에는 너무 자잘한 것처럼 보일 수 있다. 때로는 일관성 있는 대소문자 규칙을 사용하지 않아, 그래프 기술을 제품으로 출시하는 마지막 단계에서 값비싼 비용을 치러야 할 수도 있다. 사소한 것처럼 보이는 팁일지라도 이를 기억하고 적용하고 있는지 항상 확인하는 것이 좋다.

4.2.4 전체 그래프 모델 개발

지금까지 3장의 예제를 응용하면서 첫 번째 질의를 잘게 나누는 방법을 설명했다. 이번 절에서는 이번 장의 예제에서 제시한 모든 질문에 답변할 수 있도록 데이터 모델의 남은 요소를 완성해본다.

이번 장에서는 애플리케이션이 다음 세 가지 질문에 답변할 수 있도록 스키마와 데이터를 추가했다.

1 Michael 계좌에서 발생한 가장 최근 20건의 거래 내역은?
2 12월에 Michael은 어느 상점에서 얼마나 자주 쇼핑했는가?
3 Jamie와 Aaliyah의 가장 중요한 거래 내역(계좌에서 모기지 론을 지불함)을 찾아 갱신하자.

첫 번째 질문의 모델링 방법은 이미 살펴봤다. 이를 조금 더 자세히 확인하자.

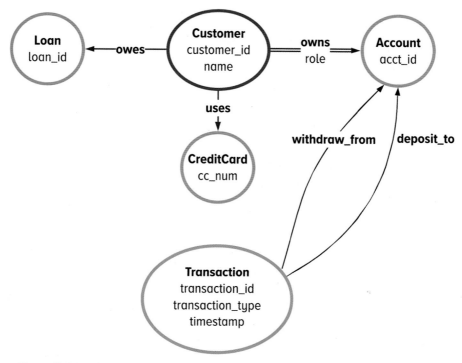

그림 4-9 확장된 예제의 첫 번째 질의에 답변할 수 있도록 3장의 그래프 스키마를 발전시킨 모습

[그림 4-9]의 그래프 스키마는 첫 번째 질문에 답할 수 있도록 개선한 그래프 데이터 모델이다. Transaction이라는 정점 레이블을 추가했으며 이 정점은 withdraw_from, deposit_to라는 두 간선 레이블과 연결된다. Transaction 정점에 타임스탬프timestamp를 이용해 그래프에 시간을 추가했다.

이제 남은 두 질문을 모델링하는 방법을 살펴보자.

> 1 12월에 Michael은 어느 상점에서 얼마나 자주 쇼핑했는가?
> 2 Jamie와 Aaliyah의 가장 중요한 거래 내역(계좌에서 모기지 론을 지불함)을 찾아 갱신하자.

4.2절에서 소개한 사고 과정을 적용해 이들 문제에 답할 수 있는 데이터 모델을 만들어보자. 다음과 같이 거래와 관련된 세 가지 문장을 만들 수 있다.

1 Transactions charge credit cards(거래는 신용카드로 비용을 청구한다).

2 Transactions pay vendors(거래는 판매자에게 비용을 지불한다).

3 Transactions pay loans(거래는 대출을 지불한다).

이들 문장을 통해 남은 스키마 요소를 찾을 수 있다. 우선 고객이 쇼핑할 수 있는 Vendor라는 새 정점 레이블이 필요하다. 다음으로 Loan, Vendor 정점 레이블과 거래(pay)할 수 있는 간선 레이블이 필요하다. 마지막으로 신용카드에 비용을 청구하는 거래(charge)를 가리키는 간선 레이블도 필요하다.

지금까지 발견한 사실로 [그림 4-10]의 스키마를 만든다.

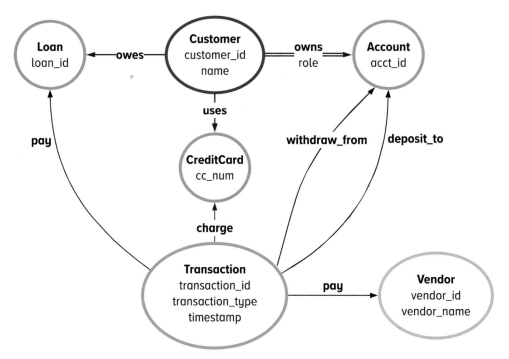

그림 4-10 모든 질의에 답할 수 있도록 스키마를 완성한 모습

4.2.5 구현을 시작하기 전

지금까지는 그래프 데이터 모델링의 전체 영역 중 현재 예제와 관련된 부분만 살펴봤다. 실제로 여러분의 데이터를 활용하다 보면 지금까지 살펴본 핵심 원칙으로는 처리할 수 없는 상황이 발생한다. 이 책에서는 여러분의 데이터를 그래프로 모델링하는 데 필요한 사고 과정과 원칙을 선별해 소개하기 때문이다.

> **NOTE_** 그래프 데이터 모델링에 대한 하나의 개념을 이해했다면 데이터를 모델링하는 작업이 공학 기술을 이용한 작품 활동과 비슷하다는 점을 깨닫게 된다. 데이터 모델링 작품을 만들려면 여러분의 데이터에 대한 관점을 만들고 발전시켜야 한다. 특히 관계 중심의 데이터 모델링으로 인식 체계를 바꿔야 한다.

이 책이나 업무에서 새로운 모델링 사례를 발견했다면 모델링 대상과 관련한 다음 질문을 던져보자. 이는 자신의 추론을 개발하는 데 도움이 되는 활동이다.

1 이 개념은 애플리케이션의 최종 사용자에게 어떤 의미가 있는가?
2 애플리케이션은 이 데이터를 어떻게 읽는가?

애플리케이션에 그래프 씽킹을 적용하려면 가장 먼저 데이터 모델을 정의해야 한다. 여러분이 통합하려는 데이터, 필요한 질의, 최종 사용자에게 제공하는 가치에 중점을 둬야 한다. 이 세 개념을 통합하면 그래프 모델과 애플리케이션에서 그래프 데이터를 어떻게 사용할 것인지가 명확해진다.

4.2.6 데이터, 질의, 최종 사용자의 중요성

필자들의 관점을 배우고 적용하면서 여러분의 그래프 모델을 만들 수 있도록 데이터, 질의, 최종 사용자의 중요성을 확인해보자.

첫째, 여러분이 가진 데이터에 집중하라고 조언하고 싶다. 여러분이 속하는 업계 전체의 그래프 문제를 모델링하려고 시도하는 일을 피하자! 애플리케이션이 사용할 데이터에 집중하며 제품 출시에 집중한다면 여러분의 그래프 모델은 발전할 것이다.

둘째, 질의 주도 설계 관행을 적용한다. 미리 정의된 그래프 질의 집합을 처리하는 것을 목표로 데이터 모델을 만들자. 가끔 그래프에서 발견할 수 있는 모든 데이터를 탐색하는 것이 목표인 애플리케이션에서 문제가 발견된다. 개발 과정에서는 탐색, 발견 능력도 중요하다. 하지만 출시된 제품에서는 이러한 개방된 탐색 목표로 인해 수많은 문제가 일어날 수 있다.

보안, 성능, 유지 보수 등을 고려해 경계가 없는 무제한의 탐색을 지원하는 제품 플랫폼은 만들지 않기를 강력히 권고한다. 그래프 애플리케이션의 구체성이 부족하다면 이를 경고 신호로 봐야 한다. 처음 그래프 데이터를 탐색할 때는 이를 적용하기가 매우 어렵다. 따라서 개발 시 목표와 분산 제품 애플리케이션에 출시하는 제품의 목표는 서로 다르다는 점을 명확히 인지해야 한다.

마지막 가장 중요한 점은 데이터가 여러분의 최종 사용자에게 어떤 의미인지 고려하라는 것이다. 명명 규칙에서부터 그래프의 객체에 이르기까지 모든 일을 누군가(여러분의 동료 또는 애플리케이션 사용자)가 해석해야 한다. 명명 규칙과 그래프 객체는 여러분의 팀 구성원이 해석하고 유지 보수해야 하므로 신중히 선택해야 한다.

궁극적으로 그래프 데이터는 애플리케이션을 통해 최종 사용자에게 전달된다. 데이터 아키텍처, 모델, 질의는 고객에게 정보를 보여주는 가장 중요한 사항이므로 신중히 설계해야 한다.

지금까지 소개한 세 가지 개념을 합치면 그래프 모델과 애플리케이션에서 그래프 데이터를 어떻게 사용하는지가 명확해진다. 이 세 가지 개념은 여러분의 데이터를 질의 주도 설계에 따라 최종 사용자에게 적합한 설계를 만들도록 돕는다. 이들 설계 원칙을 따른다면 데이터 모델링에서 발생하는 난해한 토론이나 지금까지 업계에서 보지 못했던 최고의 그래프 데이터 활용 애플리케이션을 만드는 데 도움이 될 것이다.

4.3 이웃 탐색 개발 세부 구현

[그림 4-10] 스키마에서는 두 개의 새로운 정점 레이블(Transaction, Vendor)이 등장한다. 스키마를 코드로 변환하는 방법을 지금까지 여러 번 살펴봤다. [예제 4-1]은 [그림 4-10] 스키마를 코드로 변환한 결과다.

```
schema.vertexLabel("Transaction").
    ifNotExists().
    partitionBy("transaction_id", Int).
    property("transaction_type", Text).
    property("timestamp", Text).
    create();
schema.vertexLabel("Vendor").
    ifNotExists().
    partitionBy("vendor_id", Int).
    property("vendor_name", Text).
    create();
```

TIP 참고로 예제에서는 타임스탬프를 Text 데이터 형식으로 사용했는데 그래야 다음 예제를 쉽게 설명할 수 있기 때문이다. ISO 8601 표준 형식의 텍스트로 타임스탬프를 저장한다.

이들 정점 레이블 외에 **Transaction** 정점과 다른 정점 레이블 간의 관계도 추가해야 한다. **Transaction**과 **Account** 간선 레이블 사이의 새로운 간선 레이블부터 살펴보자. [예제 4-2]는 새로운 간선 레이블의 스키마 코드다.

예제 4-2

```
schema.edgeLabel("withdraw_from").
    ifNotExists().
    from("Transaction").
    to("Account").
    create();
schema.edgeLabel("deposit_to").
    ifNotExists().
    from("Transaction").
    to("Account").
    create();
```

두 간선은 은행 계좌에서 돈이 어떻게 인출되고 입금되는지를 모델링한다. [예제 4-3]에서 나머지 간선을 추가한다.

```
schema.edgeLabel("pay").
      ifNotExists().
      from("Transaction").
      to("Loan").
      create();
schema.edgeLabel("charge").
      ifNotExists().
      from("Transaction").
      to("CreditCard").
      create();
schema.edgeLabel("pay").
      ifNotExists().
      from("Transaction").
      to("Vendor").
      create();
```

나머지 세 간선으로 예제의 다른 정점과의 거래를 모두 구현했다.

4.3.1 확장된 예제에 사용할 데이터 추가 생성하기

예제가 복잡해지면서 데이터도 늘어난다. 3장의 데이터를 확장해 [그림 4-10]의 데이터 모델을 포함할 수 있도록 작은 데이터 생성기를 구현했다. 이번 장의 데이터 생성 과정은 두 가지 방법 중 하나로 확인할 수 있다.

첫째, 배시bash 스크립트로 다음 예제에서 보여주는 것과 똑같은 데이터를 다시 로드하는 방법이다. 이 도구를 사용하는 방법은 5장에서 설명한다. 궁금한 독자는 깃허브 저장소[2]에서 로딩 스크립트를 미리 확인할 수 있다. 이 책에서 보여주는 것과 같은 결과를 여러분의 컴퓨터로 실행해보고 싶다면 이 스크립트 사용을 권장한다.

둘째, 데이터 생성 코드를 직접 실행하는 방법이다. 관련 코드를 별도의 스튜디오 노트북의 **Ch4_DataGeneration**[3]에 저장해놓았다. 그렘린을 이용해 가상 데이터를 만드는 방법이 궁금한 독자는 이 방법을 활용하자.

---

2   https://github.com/datastax/graph-book
3   https://oreil.ly/Nesez

지금까지 많은 작업을 완료했다. 첫 번째 데이터 모델링 팁들을 살펴봤고, 개발 모델을 만들었으며, 스키마 코드를 확인했고 데이터를 삽입했다.

마지막으로 그렘린 질의 언어로 모델을 탐색하면서 데이터 관련 질문에 답변하는 작업을 수행해보자.

4.4 기본적인 그렘린 탐색

이번 장의 주요 목표는 그래프 데이터의 여러 이웃을 탐색하는 실제 그래프 스키마를 보여주는 것이다.

TIP 이 책에서는 **이동, 탐색, 순회**라는 단어를 번갈아 사용하는데 이는 모두 탐색이라는 의미이며 그래프 질의와 관련이 있음을 알려준다.

지금까지 4장에서 살펴본 모든 내용은 다음 세 질문을 답변할 수 있도록 준비하는 과정이었다.

1 Michael 계좌에서 발생한 가장 최근 20건의 거래 내역은?
2 12월에 Michael은 어느 상점에서 얼마나 자주 쇼핑했는가?
3 Jamie와 Aaliyah의 가장 중요한 거래 내역(계좌에서 모기지 론을 지불함)을 찾아 갱신하자.

지금부터 질의와 결과를 확인해보자. 그리고 4.5절 '고급 그렘린'에서는 결과 페이로드payload의 형태를 다듬는 방법을 자세히 살펴본다.

지금부터 질의를 연습하면서 [그림 4-10]을 쉽게 참조할 수 있도록 준비하길 바란다. 스키마를 지도처럼 활용하면 여러분의 현재 위치를 쉽게 파악하고, 목적지까지 올바른 방향으로 이동할 수 있다.

질의 1: Michael 계좌에서 발생한 가장 최근 20건의 거래 내역은?

[예제 4-4]의 의사코드를 보면서 어떤 방식으로 데이터를 탐색해 첫 질문에 답변할 수 있는지 생각해보자.

예제 4-4

```
질문: Michael 계좌에서 발생한 가장 최근 20건의 거래 내역은?
과정:
    Michael의 고객 정점에서 시작
    고객의 계좌 탐색
    모든 거래 내역 탐색
    시간 내림차순으로 정렬
    위에서부터 20건의 거래 id 반환
```

[예제 4-5]는 [예제 4-4]에서 설명한 과정을 그렘린 질의로 구현한 코드다.

예제 4-5

```
1 dev.V().has("Customer", "customer_id", "customer_0"). // 고객
2       out("owns").                                    // 고객 계좌 탐색
3       in("withdraw_from", "deposit_to").              // 모든 거래 탐색
4       order().                      // 정점 정렬
5         by("timestamp", desc).      // 타임스탬프 내림차순으로 정렬
6       limit(20).                    // 상위 20개만 고름
7       values("transaction_id")      // transaction_id 반환
```

다음은 코드를 실행한 결과다.

```
"184", "244", "268", ...
```

질의 과정을 한 단계씩 살펴보자.

1행에서 dev.V().has("Customer", "customer_id", "customer_0")는 고유 식별자로 정점을 검색한다. 2행에서 out("owns")로 고객에서 나가는 owns 간선을 통해 Account 정점을 탐색한다. 예제에서 Michael은 한 개의 계좌를 보유한다.

이제 모든 거래 내역에 접근해야 한다. 3행에서 in("withdraw_from", "deposit_to")는 계

좌로 들어오는 모든 간선 레이블을 탐색한다. 4행에서는 거래 정점으로 이동한 상태다.

4행의 order()는 거래 정점을 정렬한다. 5행에서 by("timestamp", desc)를 이용해 정렬 기준을 설정한다. 이 코드는 모든 Transaction 정점을 타임스탬프순으로 접근, 병합, 정렬한다. 그리고 limit(20)으로 가장 최근 정점 20개를 선택한다. 마지막으로 7행에서 values("transaction_id")로 transaction_id에 접근한다.

이 질의는 고객의 모든 계좌에서 추출한 최근 20건의 거래에서 transaction_id를 포함하는 값 목록을 반환한다.

이는 최종 사용자에게 필요한 데이터를 표시하는 강력한 기능이다. 덕분에 사용자는 여러 화면을 이동하면서 데이터를 머릿속으로 연결할 필요 없이 바로 편리하게 관련 데이터를 확인할 수 있다. 특히 이는 고객이 가장 중요하게 여기는 데이터를 개인화해서 보여주는 애플리케이션에서 가장 필요한 질의 유형이다.

질의 2: 12월에 Michael은 어느 상점에서 얼마나 자주 쇼핑했는가?

[예제 4-6]은 두 번째 질문에 답하기 위해 데이터를 탐색하는 과정이다.

예제 4-6

```
질문: 12월에 Michael은 어느 상점에서 얼마나 자주 쇼핑했는가?
과정:
    Michael의 고객 정점에서 시작
    고객의 신용카드 탐색
    모든 거래 탐색
    2020년 12월의 거래만 고려
    모든 거래와 관련된 판매자 탐색
    판매자 이름으로 그룹을 만들고 횟수 확인
```

[예제 4-7]은 [예제 4-6]에서 설명한 내용을 구현한 코드이며 [예제 4-8]은 최종 완성 코드

다. 이 질의에서는 쉽게 날짜 범위를 설정할 수 있도록 ISO 8601 타임스탬프 표준을 사용한다. ISO 8601 표준에서는 보통 `YYYY-MM-DD'T'hh:mm:ss'Z'` 표준을 사용한다. 예를 들어 `2020-12-01T00:00:00Z`는 2020년 12월의 시작을 가리킨다.

예제 4-7

```
1 dev.V().has("Customer", "customer_id", "customer_0"). // 고객
2     out("uses").                                       // 고객의 신용카드 탐색
3     in("charge").                                      // 모든 거래 탐색
4     has("timestamp",
5         between("2020-12-01T00:00:00Z",                // 2020년 12월 거래만 고려
6                 "2021-01-01T00:00:00Z")).
7     out("pay").              // 판매자 탐색
8     groupCount().           // 그룹으로 만들고 횟수 확인
9       by("vendor_name")     // 이름 기준
```

다음은 질의 실행 결과다.

```
{
  "Nike": "2",
  "Amazon": "1",
  "Target": "3"
}
```

> **WARNING_** 질의 2번의 결과는 매번 달라질 수 있다. 기존 데이터를 로드하지 않고 데이터 생성 과정을 사용한다면 여러분의 그래프 구조가 책과 달라지므로 질의 2번의 결과도 달라진다.

[예제 4-7]은 기존과 비슷한 패턴(고객에서 시작해 이웃 정점 탐색)을 사용한다. `customer_0`에서 시작해 신용카드를 탐색한 다음, 거래를 탐색한다. 여기서 특정 범위의 타임스탬프로 모든 정점을 거른다. `has("timestamp", between("2020-12-01T00:00:00Z",` `"2021-01-01T00:00:00Z"))`는 2020년 12월에 해당하는 타임스탬프를 포함하는 모든 거래를 정렬하고 반환한다.

7행에서는 스키마에 따라 `out("pay")`로 판매자를 탐색한다. 마지막으로 `groupCount().by("vendor_name")`으로 판매자의 이름, 판매자와 이뤄진 거래 횟수를 반환한다.

[표 4-1]은 범위의 값을 선택할 때 자주 사용하는 프레디케이트(찬반형)predicate 목록이다. 프레디케이트 전체 표는 켈빈 로런스Kelvin Lawrence의 책을 참고하자.[4]

표 4-1 값의 범위를 정할 때 자주 사용하는 프레디케이트

프레디케이트	용도
eq	같다
neq	다르다
gt	초과
gte	이상
lt	미만
lte	이하
between	두 값의 사이(상한은 포함하지 않음)

[예제 4-7]의 결과를 정렬하려면 어떻게 해야 할까?

[예제 4-8]의 10, 11행처럼 order().by() 패턴을 이용해 결과를 내림차순으로 반환할 수 있다.

예제 4-8

```
 1 dev.V().has("Customer", "customer_id", "customer_0").
 2        out("uses").
 3        in("charge").
 4        has("timestamp",
 5            between("2020-12-01T00:00:00Z",
 6                    "2021-01-01T00:00:00Z")).
 7        out("pay").
 8        groupCount().
 9          by("vendor_name").
10        order(local).        // 맵 객체 정렬
11          by(values, desc)    // groupCount 맵의 값에 따라
```

다음은 질의 결과다.

---

4 『Practical Gremlin: An Apache TinkerPop Tutorial』(https://kelvinlawrence.net/book/Gremlin-Graph-Guide.html)

```
{
  "Target": "3",
  "Nike": "2",
  "Amazon": "1"
}
```

10행의 order(local)로 탐색 영역^{scope}을 지정했다.

- **영역**: 특정 동작을 현재 객체(local)에 적용할지 또는 객체 전체 스트림(global)에 적용할지 지정할 수 있다.

[그림 4-11]은 탐색 영역의 개념을 시각적으로 나타냈다.

탐색 파이프라인: global 영역

탐색 파이프라인: local 영역

탐색 객체 탐색 객체 탐색 객체

탐색 객체 탐색 객체 탐색 객체

global 영역:
기본값. 파이프라인의 모든 객체에 적용
예) 프로퍼티로 모든 맵 정렬하기

local 영역:
현재 탐색 객체에 적용
예) 키로 객체의 맵을 정렬하기

그림 4-11 그렘린 탐색에서 global, local 영역의 차이

9행 이후에 파이프라인의 객체(맵)를 정렬해야 한다. 10행의 local은 맵 객체 내의 항목을 정렬하도록 지시한다. 즉 local로 영역을 지정해 맵 내의 항목을 정렬한다.

스튜디오 노트북으로 다양한 질의를 실행해 결과가 어떻게 달라지는지 살펴보면 탐색 영역이 어떻게 동작하는지 잘 이해할 수 있다. 데이터스택스 그래프 문서 페이지[5]에서 제공하는 훌륭한 시각적 다이어그램을 통해 데이터 흐름과 객체 종류를 확인할 수 있다.

TIP 그렘린 탐색을 개발하는 중에 객체 형식이 궁금할 때는 .next().getClass()를 이용해 현재 탐색 중인 위치의 객체를 검사해 클래스를 확인할 수 있다.

---

5 https://oreil.ly/vFjwh

질의 3: Jamie와 Aaliyah의 가장 중요한 거래 내역(계좌에서 모기지 론을 지불함)을 찾아 갱신하자.

데이터의 여러 이웃을 탐색(세 번째 질의로 이를 수행할 예정)할 때 그래프 데이터베이스의 진정한 힘이 나타난다. 이번 예제에서는 그래프에서 데이터의 다섯 이웃에 접근하고 데이터를 갱신한다. 이 질의를 접근, 갱신, 검증 세 가지 단계로 구분한다.

먼저 질의의 영역을 줄이는 작업부터 시작하자. Jamie, Aaliyah는 acct_0 계좌를 공유한다. 따라서 Aaliyah 한 사람을 이용해 탐색하도록 질의를 단순화할 수 있다. 이를 이용해 다음과 같이 짧아진 질의(첫 시도)를 만들 수 있다.

질의 3a: Aaliyah의 대출 지불 거래를 찾기

중요한 거래를 갱신하려면 먼저 거래부터 찾아야 한다. 즉 Aaliyah의 공동 계좌에서 Jamie, Aaliyah의 모기지 론으로 지불된 대출 거래를 찾아야 한다. [예제 4-9]는 이 질문을 어떻게 해결할 수 있는지 보여주는 의사코드다.

예제 4-9

```
질문: Aaliyah의 대출 지불 거래를 찾는 과정
과정:
    Aaliyah의 고객 정점에서 시작
    고객의 계좌로 이동
    계좌에서 출금 거래로 이동
    대출 정점으로 이동
    대출 정점을 그룹화하고 개수 세기
```

[예제 4-10]은 [예제 4-9]를 이용해 만든 그렘린 질의 코드다.

예제 4-10

```
1 dev.V().has("Customer", "customer_id", "customer_4").  // Aaliyah의 정점 접근
2         out("owns").                                    // 계좌 탐색
3         in("withdraw_from").                            // 출금만 고려
4         out("pay").                                     // 대출 또는 판매자 탐색
5         hasLabel("Loan").                               // 대출 정점만 고려
6         groupCount().                                   // 대출 정점 groupCount
7           by("loan_id")                                 // loan_id를 이용
```

다음은 질의 결과다.

```
{
  "loan80": "24",
  "loan18": "24"
}
```

[예제 4-10]의 모든 과정을 자세히 살펴보자. 1행에서 한 고객을 선택한다. 2행에서는 Aaliyah의 계좌로 이동한다. 스키마를 떠올리며 3행에서는 들어오는 간선 `withdraw_from`을 이용해 인출 계좌에 접근한다.

4행에서 `pay` 간선 레이블을 탐색해 Loan이나 Vendor 정점을 탐색한다. 5행에서는 hasLabel("Loan")로 대출 정점만 남긴다. 따라서 이제 계좌에서 **지불된 비용 중에 대출인 항목만** 찾으면 된다. 6행에서는 이를 그룹화하고 7행에서 고유 식별자로 대출 정점의 개수를 확인한다.

시스템 내에 24건의 대출 지불 거래가 해당 계좌에서 발생했음을 질의 결과로 알 수 있다. 이번에는 한 걸음 더 나아가 어떤 거래가 모기지 론 지불 내역인지 알 수 있도록 데이터를 갱신한다.

질의 3b: Jamie와 Aaliyah의 계좌에서 모기지 론 지불 내역(loan_18)을 찾아 갱신하기

이번에는 **갱신 탐색(순회)**^{mutating traversal} 질의를 만든다. 갱신 탐색이란 탐색 과정에서 그래프의 데이터를 갱신한다는 의미다. [예제 4-11]은 계좌에서 출발해 loan_18(Jamie와 Aaliyah의 모기지 론)로 향하는 거래의 프로퍼티를 기록하는 탐색 구현 코드다.

예제 4-11

```
1 dev.V().has("Customer", "customer_id", "customer_4"). // Aaliyah의 정점 접근
2        out("owns").                                    // 계좌 탐색
3        in("withdraw_from").                            // 인출만 고려
4        filter(
5            out("pay").                                 // 대출이나 판매자 탐색
6            has("Loan", "loan_id", "loan_18")).         // loan_18만 남김
7        property("transaction_type",  // 갱신 단계: "transaction_type"을
8                "mortgage_payment"). // "mortgage_payment"로 설정
9        values("transaction_id", "transaction_type")  // 거래와 거래 형식 반환
```

질의 결과는 다음과 같다.

```
"144", "mortgage_payment",
"153", "mortgage_payment",
"132", "mortgage_payment",
...
```

[예제 4-11]의 시작은 기존 질의와 같다. 이 질의의 4행에서 6행까지의 filter(out("pay"). has("Loan", "loan_id", "loan_18")) 코드가 기존 부분과 다르다. 이 코드는 loan_18 정점과 연결된 거래만 선택한다. Jamie와 Aaliyah의 모기지 론이 loan_18이기 때문이다. 7행에서는 거래 정점의 "transaction_type"을 "mortgage_payment"로 바꾼다. 마지막 9행에서 transaction_id와 새 프로퍼티 transaction_type을 반환한다.

질의 3c: 모든 거래를 갱신하지 않았는지 확인하기

이 시점에서 Aaliyah의 모든 mortgage_payment 거래를 갱신하지 않았는지 확인하는 것이좋다. [예제 4-12]처럼 간단하게 확인할 수 있다.

예제 4-12

```
// 모든 거래를 갱신하지 않았는지 확인
1 dev.V().has("Customer", "customer_id", "customer_4"). // 고객 정점에서
2        out("owns").                    // 계좌 정점에서
3        in("withdraw_from").            // 모든 인출에서
4        groupCount().                   // 정점을 그룹화하고 개수 확인
5          by("transaction_type")        // transaction_type에 따라
```

다음은 스튜디오 노트북으로 확인한 결과다. 결과에서 알 수 있듯이 데이터 로딩 과정에서 알수 없는 값은 unknown으로 설정했다.

```
{
  "mortgage_payment": "24",
  "unknown": "47"
}
```

이 질의는 데이터를 적절하게 갱신했는지 간단히 검증한다. 1행부터 3행에서는 Aaliyah의 모

든 은행 계좌 거래를 처리한다. 4행에서는 groupCount()로 transaction_type 프로퍼티의 값에 따라 모든 정점을 그룹화하고 개수를 센다. 이 시점에서 loan_18로 지불된 24개의 대출 거래만 갱신했음을 확인할 수 있다. 이 코드를 이용해 그래프 구조에서 갱신 질의가 적절하게 프로퍼티를 갱신했음을 확인할 수 있다.

지금까지 살펴본 세 가지 예제에서는 이번 절 초반에 나열한 세 가지 질문에 답하기 위해 그렘린 질의 언어를 사용했다.

어떻게 시작해야 할지 알 수 있도록 기본 질의를 단계별로 살펴봤다. 그렘린 질의 언어의 유연하고 표현력 있는 기능을 전부 살펴보기 전에 그래프로 탐색 기초를 숙지하자. 개발 모드에서는 그렘린 단계를 하나씩 확인하면서 질의를 완성하는 기본 탐색 과정을 반복하기를 권장한다. 즉, 그렘린 질의 1행을 실행하고 결과를 확인한다. 다음에는 1행과 2행을 확인하고 결과를 확인하는 식이다.

기본 탐색 과정을 확인했다면 조금 더 고급 그렘린 기법을 시도할 차례다. 일반적으로 개발의 이 시점에서 엔드포인트로 전달할 구체적인 페이로드 구조를 만드는 방법을 찾기 마련이다.

다음 절에서는 그렘린으로 JSON을 만드는 아주 유명한 기법을 살펴본다.

4.5 고급 그렘린: 질의 결과 다듬기

이번 절에서는 다음과 같은 새로운 질문에 답변할 수 있도록 조금 더 고급 버전의 그렘린 질의를 만드는 방법을 살펴본다.

- Michael과 계좌, 대출, 신용카드를 공유하는 사람이 있는가?

비교적 작은 이웃을 갖는 데이터에 새 질문을 추가해 고급 그렘린 개념을 설명한다. 이 질문에 고급 그렘린 개념을 적용하는 방법을 이해했다면 이 장에 제공되는 노트북[6]을 이용해 4.4절에서 소개한 다른 질의의 개념도 구현해보자.

다음과 같은 과정을 거쳐 새 질의의 결과를 다듬는다.

---

6 https://github.com/datastax/graph-book/tree/master/notebooks

1 project(), fold(), unfold() 과정으로 질의 결과 다듬기

2 where(neq()) 패턴으로 결과에서 데이터 제거하기

3 coalesce() 과정으로 탄탄한 결과 페이로드 계획하기

TIP 그렘린 질의의 세계를 더 깊숙이 탐험해보고 싶은 독자에게 켈빈 로런스가 집필한 『Practical Gremlin: An Apache TinkerPop Tutorial』을 추천한다.[7]

4.5.1 project(), fold(), unfold()로 질의 결과 다듬기

새 질의를 구현할 때는 천천히 한 조각씩 질의를 완성한다. project()는 그렘린에서 가장 유용한 단계 중 하나다. 이를 이용해 질의로부터 데이터 맵을 만들 수 있다.

```
1 dev.V().has("Customer", "customer_id", "customer_0").
2     project("CreditCardUsers", "AccountOwners", "LoanOwners").
3         by(constant("name or no owner for credit cards")).
4         by(constant("name or no owner for accounts")).
5         by(constant("name or no owner for loans"))
```

이는 앞으로 만들 구현의 기본적인 질의 구조다. 이 예는 특정 인물(Michael)에서부터 시작한다. 그리고 세 가지 키(CreditCardUsers, AccountOwners, LoanOwners)를 갖는 자료구조를 만든다. 2행에서 project()로 이 맵을 만들고 인수를 이용해 project()에 세 가지 키를 추가한다. project() 단계의 각 키에 by() 단계를 포함시킨다. 각 by() 단계는 해당 키와 관련된 값을 생성한다.

1 3행의 by()는 CreditCardUsers 키의 값을 생성한다.

2 4행의 by()는 AccountOwners 키의 값을 생성한다.

3 5행의 by()는 LoanOwners 키의 값을 생성한다.

다음은 질의 실행 결과다.

```
{
  "CreditCardUsers": "name or no owner for credit cards",
  "AccountOwners": "name or no owner for accounts",
```

---

7 https://kelvinlawrence.net/book/Gremlin-Graph-Guide.html

```
    "LoanOwners": "name or no owner for loans"
}
```

작업을 시작하기 좋은 결과를 얻었다. 이제 그래프 구조를 탐색하면서 맵에 채울 값을 추출한
다. 첫 번째 키 즉, Michael과 신용카드를 공유하는 사람을 찾는 것부터 시작하자.

스키마에 의하면 uses 간선을 탐색해 신용카드에 접근할 수 있다. 다시 uses 간선을 이용해 신
용카드에서 사람으로 돌아올 수 있다. 3, 4, 5행의 그렘린 코드로 이를 구현한다.

```
1 dev.V().has("Customer", "customer_id", "customer_0").
2      project("CreditCardUsers", "AccountOwners", "LoanOwners").
3      by(out("uses").
4          in("uses").
5          values("name")).
6      by(constant("name or no owner for accounts")).
7      by(constant("name or no owner for loans"))
```

uses 간선으로 Michael에서 신용카드로 이동하는 단계만 추가되었다. 4행에서는 해당 신용카
드를 사용하는 모든 사람으로 다시 이동한다. 결과 페이로드는 다음과 같다.

```
{
  "CreditCardUsers": "Michael",
  "AccountOwners": "name or no owner for accounts",
  "LoanOwners": "name or no owner for loans"
}
```

결과를 통해 Michael은 다른 사람과 신용카드를 공유하지 않는다는 사실을 확인할 수 있다.
결과에서 Michael의 이름을 확인할 수 있고 이는 여러분의 예측과 부합한다.

맵의 다음 키(AccountOwners)에도 같은 동작을 수행한다. 다음은 owns 간선을 통해 계좌 정
점으로 이동했다가 고객 정점으로 돌아오는 코드다.

```
1 dev.V().has("Customer", "customer_id", "customer_0").
2      project("CreditCardUsers", "AccountOwners", "LoanOwners").
3      by(out("uses").
4          in("uses").
5          values("name")).
```

```
6          by(out("owns").
7             in("owns").
8             values("name")).
9          by(constant("name or no owner for loans"))
```

다음은 결과 페이로드다.

```
{
  "CreditCardUsers": "Michael",
  "AccountOwners": "Michael",
  "LoanOwners": "name or no owner for loans"
}
```

AccountOwners의 결괏값으로 Maria를 기대했지만 예상과 다른 결과가 나왔다. 이는 그렘린이 게으르게 동작하기 때문이다. 그렘린은 모든 결과가 아니라 첫 결과만 반환한다. 모든 결과를 얻고 반환하려면 이를 명시적으로 구현해야 한다.

fold()를 이용해 이 문제를 해결한다. fold()는 모든 데이터를 찾을 때까지 기다린 후에 결과를 목록으로 반환한다. 애플리케이션에 사용할 수 있는 구체적 데이터 형식까지 얻을 수 있는 장점이 있다. 다음처럼 질의를 바꾼다.

```
1 dev.V().has("Customer", "customer_id", "customer_0").
2          project("CreditCardUsers", "AccountOwners", "LoanOwners").
3          by(out("uses").
4             in("uses").
5             values("name").
6             fold()).
7          by(out("owns").
8             in("owns").
9             values("name").
10            fold()).
11         by(constant("name or no owner for loans"))
```

이제 기대했던 결과 페이로드가 나타난다.

```
{
  "CreditCardUsers": [
    "Michael"
```

```
    ],
  "AccountOwners": [
    "Michael",
    "Maria"
  ],
  "LoanOwners": "name or no owner for loans"
}
```

마지막 by() 단계에 몇 가지 구문을 추가해 맵을 완성하자. 마지막으로 추가하는 구문은
Michael에서 대출까지 탐색했다가 돌아오는 기능을 수행한다. 다음은 질의 코드와 그 실행 결
과다.

```
1 dev.V().has("Customer", "customer_id", "customer_0").
2        project("CreditCardUsers", "AccountOwners", "LoanOwners").
3        by(out("uses").
4            in("uses").
5            values("name").
6            fold()).
7        by(out("owns").
8            in("owns").
9            values("name").
10           fold()).
11       by(out("owes").
12           in("owes").
13           values("name").
14           fold())
```

```
{
  "CreditCardUsers": [
    "Michael"
  ],
  "AccountOwners": [
    "Michael",
    "Maria"
  ],
  "LoanOwners": [
    "Michael"
  ]
}
```

```
1 dev.V().has("Customer", "customer_id", "customer_0").
2     project("CreditCardUsers", "AccountOwners", "LoanOwners").
3     by(out("uses").
4        in("uses").
5        values("name").
6        fold()).
7     by(out("owns").
8        in("owns").
9        values("name").
10       fold()).
11    by(out("owes").
12       in("owes").
13       values("name").
14       fold())
```

```
{
  "CreditCardUsers": [
    "Michael"
  ],
  "AccountOwners": [
    "Michael",
    "Maria"
  ],
  "LoanOwners": [
    "Michael"
  ]
}
```

이제 예상했던 결과를 모두 얻었다. Michael은 Maria와 계좌를 공유한다는 사실을 알 수 있다. Michael은 신용카드나 대출을 다른 누구와도 공유하지 않는다는 사실도 알 수 있다.

대부분의 애플리케이션에서 Michael이 신용카드를 자기 자신과 공유한다는 사실은 보통 쓸모가 없다. 결과 페이로드에서 Michael을 제거하는 방법을 살펴보자.

4.5.2 where(neq()) 패턴으로 결과에서 데이터 제거하기

결과 집합에서 Michael을 제거하면 결과가 더 깔끔해진다. as()로 Michael의 정점을 저장한 다음 결과 집합에서 이를 제거할 수 있다. 파이프라인에서는 where(neq ("some_stored_value"))를 이용해 정점을 제거한다.

[예제 4-13]은 이를 적용한 질의 코드다.

예제 4-13

```
 1 dev.V().has("Customer", "customer_id", "customer_0").as("michael").
 2       project("CreditCardUsers", "AccountOwners", "LoanOwners").
 3       by(out("uses").
 4          in("uses").
 5            where(neq("michael")).
 6          values("name").
 7          fold()).
 8       by(out("owns").
 9          in("owns").
10            where(neq("michael")).
11          values("name").
12          fold()).
13       by(out("owes").
14          in("owes").
15            where(neq("michael")).
16          values("name").
17          fold())
```

다음은 [예제 4-13] 실행 결과다.

```
{
  "CreditCardUsers": [],
  "AccountOwners": [
    "Maria"
  ],
  "LoanOwners": []
}
```

기존 질의에서 1, 5, 10, 15행이 추가되었다. 1행에서는 as("michael")로 Michael 정점을 저장한다. 5행의 where(neq("michael"))에서 어떤 일이 일어나는지 자세히 살펴보자. 10, 15행에서도 동일한 일이 일어난다.

5행에서 일어나는 일을 이해하려면 현재 그래프의 어느 위치에 있는지 기억해야 한다. 4행을 실행하면 Customer 정점으로 이동한다. 여기서 Michael과 계좌를 공유하는 고객을 처리한다. 이때 where(neq("michael"))이 필요하다. 파이프라인의 모든 정점에 참/거짓 필터를 적용하려 한다. 참/거짓 필터는 정점이 Michael인지 여부를 판가름한다. 정점이 Michael이면 5행은 탐색에서 정점을 제거한다. 정점이 Michael이 아니면 이 정점은 필터를 통과해 파이프라인에 남는다.

4.5.3 coalesce()로 탄탄한 결과 페이로드 계획하기

팀의 자료구조 규칙에 따라 달라질 수 있지만 보통 페이로드의 데이터 값이 빈 목록인지 확인하는 일은 그리 달가운 작업이 아니다. 여기서는 이 문제를 개선할 수 있는 설계를 살펴본다.

질의가 빈 목록을 반환하지 않도록 try/catch 로직을 이용한다. 맵의 첫 키(CreditCardUsers)로 이를 확인한다. 이 과정을 이해한 후, 나머지 두 by() 단계에 전체 질의를 추가한다.

CreditCardUsers와 관련된 JSON 페이로드를 만드는 코드로 돌아가보자. 다음 코드에서부터 시작한다.

```
1 dev.V().has("Customer", "customer_id", "customer_0").as("michael").
2     project("CreditCardUsers", "AccountOwners", "LoanOwners").
3     by(out("uses").
4         in("uses").
5             where(neq("michael")).
6         values("name").
7         fold()).
8     by(constant("name or no owner for accounts")).
9     by(constant("name or no owner for loans"))
```

```
{
  "CreditCardUsers": [],
  "AccountOwners": "name or no owner for accounts",
  "LoanOwners": "name or no owner for loans"
}
```

그렘린에서는 coalesce() 단계로 try/catch 로직을 구현할 수 있다. "CreditCardUsers": ["NoOtherUsers"]처럼 각 키의 목록이 항상 값을 포함하도록 결과를 만들고 싶다. coalesce()를 어떻게 질의에 사용하는지 살펴보자.

```
 1 dev.V().has("Customer", "customer_id", "customer_0").as("michael").
 2      project("CreditCardUsers", "AccountOwners", "LoanOwners").
 3      by(out("uses").
 4        in("uses").
 5          where(neq("michael")).
 6          values("name").
 7          fold().
 8          coalesce(constant("tryBlockLogic"),    // try 블록
 9                   constant("catchBlockLogic"))).// catch 블록
10      by(constant("name or no owner for accounts")).
11      by(constant("name or no owner for loans"))
```

결과 페이로드는 다음과 같다.

```
{
  "CreditCardUsers": "tryBlockLogic",
  "AccountOwners": "name or no owner for accounts",
  "LoanOwners": "name or no owner for loans"
}
```

8행에서 coalesce() 단계를 사용할 때 두 인수를 제공한다. 8행의 첫 번째 인수는 try 블록 로직이다. 9행의 두 번째 인수는 catch 블록 로직이다.

try 블록 로직이 성공적으로 끝나면 결과 데이터가 파이프라인으로 전달된다. 예제에서는 항상 성공하도록 constant()를 사용했으며 이 코드는 결과에서 확인할 수 있듯이 문자열 "tryBlockLogic"을 반환한다. constant()는 다양한 용도로 활용할 수 있는데 이 예제에서는 복잡한 질의를 만드는 동안 플레이스홀더placeholder 역할을 수행한다.

coalesce()의 첫 번째 인수가 실패하면 9행의 두 번째 인수를 실행한다. 이를 이용해 데이터 페이로드에 원하는 데이터를 담는 방법을 살펴보자.

```
1 dev.V().has("Customer", "customer_id", "customer_0").as("michael").
2        project("CreditCardUsers", "AccountOwners", "LoanOwners").
3        by(out("uses").
4          in("uses").
5            where(neq("michael")).
6          values("name").
7          fold().
8          coalesce(unfold(),                      // try 블록
9                   constant("NoOtherUsers"))). // catch 블록
10       by(constant("name or no owner for accounts")).
11       by(constant("name or no owner for loans"))
```

```
{
  "CreditCardUsers": "NoOtherUsers",
  "AccountOwners": "name or no owner for accounts",
  "LoanOwners": "name or no owner for loans"
}
```

8행에서 unfold()라는 로직을 try 블록으로 추가했다. 즉, 기존의 결과를 펼치려고 시도한다.
하지만 파이프라인에서 이 시점의 결과는 빈 목록([])이다. 그렘린에서는 빈 목록을 펼칠 수
없으므로 예외가 발생하고, 9행의 catch 블록 constant("NoOtherUsers")가 실행된다. 따
라서 결과 페이로드는 "CreditCardUsers": "NoOtherUsers"가 표시된다.

하지만 안타깝게도 기존 목록 구조가 사라졌다. coalesce() 뒤에 fold()를 추가해서 기존 구
조를 되살릴 수 있다.

```
1 dev.V().has("Customer", "customer_id", "customer_0").as("michael").
2        project("CreditCardUsers", "AccountOwners", "LoanOwners").
3        by(out("uses").
4          in("uses").
5            where(neq("michael")).
6          values("name").
7          fold().
8          coalesce(unfold(),
9                   constant("NoOtherUsers")).fold()).
10       by(constant("name or no owner for accounts")).
11       by(constant("name or no owner for loans"))
```

```json
{
  "CreditCardUsers": [
    "NoOtherUsers"
  ],
  "AccountOwners": "name or no owner for accounts",
  "LoanOwners": "name or no owner for loans"
}
```

5행~9행에 추가한 코드는 애플리케이션에서 사용할 자료구조를 만든다. 이는 다른 애플리케이션에서도 이해할 수 있는 JSON 형식이다.

다음으로 try/catch 로직을 각 by() 단계에 추가해야 한다. 각 by() 단계에 다음의 로직 패턴을 적용한다.

```
coalesce(unfold(),                   // 이름을 펼침
         constant("NoOtherUsers")).  // 이름이 없으면 이 문자열 사용
fold()                               // 결과를 목록 구조로 만듦
```

이 그렘린 패턴을 적용하면 결과 페이로드에 빈 목록이 나타나지 않는다. 다음은 전체 질의 코드와 그 결과다.

```
1 dev.V().has("Customer", "customer_id", "customer_0").as("michael").
2        project("CreditCardUsers", "AccountOwners", "LoanOwners").
3        by(out("uses").
4          in("uses").
5            where(neq("michael")).
6          values("name").
7          fold().
8          coalesce(unfold(),
9                   constant("NoOtherUsers")).fold()).
10       by(out("owns").
11         in("owns").
12           where(neq("michael")).
13         values("name").
14         fold().
15         coalesce(unfold(),
16                  constant("NoOtherUsers")).fold()).
17       by(out("owes").
18         in("owes").
```

```
19            where(neq("michael")).
20          values("name").
21          fold().
22          coalesce(unfold(),
23                  constant("NoOtherUsers")).fold())
```

```
{
  "CreditCardUsers": [
    "NoOtherUsers"
  ],
  "AccountOwners": [
    "Maria"
  ],
  "LoanOwners": [
    "NoOtherUsers"
  ]
}
```

반복적으로 그렘린 단계를 만들어가는 것이 질의 언어를 활용하는 가장 좋은 방법임을 확인했다. 이 책은 그렘린을 이용해 사고 과정을 설명한다. 그래프 질의 구현 방법은 정해져 있지 않다. 따라서 같은 데이터라도 다른 방식으로 구현할 수 있으므로 스튜디오 노트북을 활용해 직접 새로운 단계를 살펴봐도 좋다.

4.6 개발 단계에서 제품 단계로 이동하기

이번 장을 시작하면서 학습 과정을 스쿠버 다이빙에 비유했었다. 이제 수영장에서 연습하는 시간은 끝났다. 이 장의 예제를 통해 수영장에서 부력을 제어하는 방법과 깊은 물에서 발생하는 문제에 대처하는 방법을 배웠다. 제어된 환경에서 배울 수 있는 내용은 모두 배웠다는 뜻이다.

지금까지 닦은 기초를 이용해 기존 개발 환경을 넘어 제품으로 출시할 수 있는 그래프 데이터베이스를 만들어볼 시간이다. 수영장을 벗어났다고 해서 그래프 데이터의 모든 것을 배운 것은 아니다. 여전히 탐험해야 할 다양한 주제가 많다.

이제 수영장을 벗어나 분산 시스템에서 그래프 데이터를 사용하는 방법을 더 깊이 살펴볼 차례다. 아파치 카산드라를 통해 그래프 자료구조의 물리 계층을 이해할 수 있도록 예제를 준비했다. 앞으로 이어지는 장에서는 분산 애플리케이션의 그래프 구조를 최적화하는 방법을 설명한다.

이번 장에서 그래프 데이터 사고 방법을 설명하면서 의도적으로 몇 가지 함정을 예제에 숨겨두었다. 다음 장에서는 어떤 함정이 숨어 있었으며 어떻게 해결하는지 설명한다. 그럼 다음 장으로 넘어가 제품 수준의 그래프 스키마를 만들면서 C360 예제를 완성해보자.

CHAPTER 5

이웃 탐색 제품화

데이터스택스 그래프를 사용할 때는 아파치 카산드라의 그래프 데이터를 이용한다. 앞서 3, 4장에서 예제를 직접 구현하고 실행해본 독자라면 이미 이를 사용해온 것이다.

기존 데이터베이스에서 아파치 카산드라로 인식 체계를 전환하려면 데이터를 읽는 방식에 따라 기록 방식도 바뀌어야 한다.

지금까지 3장, 4장의 예제에서는 아파치 카산드라의 그래프 데이터를 사용했지만, 핵심 원리는 설명하지 않았다. 간선 방향, 파티션 키partition key 설계 등은 제품 수준의 확장성 있는 분산 그래프 데이터 모델을 만들 때 반드시 필요한 기능이다.

이번 장에서는 여러분의 제품 스택 내에서 분산 그래프 기술을 성공적으로 사용하기 위해 필요한 분산 데이터 관련 주제를 자세히 살펴본다. 4장의 끝부분에서 의도적으로 예제에 함정을 남겨두었다고 설명했다. [그림 5-1]은 기존에 만든 스키마를 보여주며 이를 이용해 [예제 5-1]과 같은 질의를 만드는 것이 목표였다.

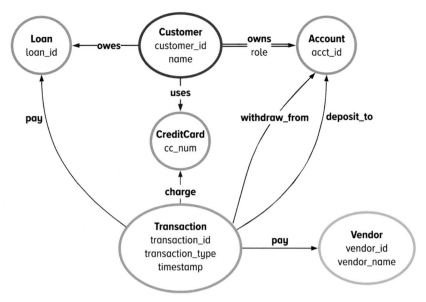

그림 5-1 4장에서 그래프 기반 C360 애플리케이션을 구현하는 데 사용한 개발 데이터 모델

전체적인 그림을 파악하려면 두 가지 개념을 연결해야 한다. 첫째, 모든 질의는 개발 탐색 소스 dev.V()를 사용했다. 데이터스택스 그래프에서 개발 탐색 소스를 이용하면 인덱싱 기법을 걱정할 필요 없이 데이터를 탐색할 수 있다. 둘째, 계좌 정점에서 거래로 이동하도록 질의를 만들었다. [예제 5-1]의 질의는 제품 탐색 소스 g.V()를 사용한다. 데이터스택스 스튜디오로 [예제 5-1] 질의를 실행하면 [표 5-1]과 같은 실행 오류가 발생한다.

예제 5-1

```
g.V().has("Customer", "customer_id", "customer_0"). // 고객
    out("owns").                                    // 계좌로 탐색
    in("withdraw_from", "deposit_to")               // 모든 거래에 접근
```

표 5-1 인덱스 없이 역방향으로 간선을 탐색하려고 시도할 때 발생하는 오류

실행 오류
com.datastax.bdp.graphv2.engine.UnsupportedTraversalException:

One or more indexes are required to execute the traversal

(탐색을 실행하려면 한 개 이상의 인덱스가 필요함)

이 오류는 디스크상의 그래프 자료구조 표현과 관련이 있다. 이번 장의 나머지 부분에서는 이런 일이 발생하는 이유와 어떻게 이를 적용해야 하는지 설명한다.

5.1 5장 미리 보기: 아파치 카산드라의 분산 그래프 데이터 이해하기

이번 장에서는 제품을 출시하기 전에 데이터 효율성을 고려한 모델링 설계와 운용 권장 사항을 소개한다. 이를 위해 4장의 예제를 토대로 아파치 카산드라에서 그래프 자료구조가 어떻게 작동하는지부터 자세히 살펴본다.

> **NOTE_** 이 장을 통해 새로운 문제에 적용할 수 있는 10가지 그래프 데이터 모델링 권장 사항을 얻을 수 있다. 이 책의 나머지 부분에서도 5장에서 설명한 팁을 종종 활용한다.

제품 수준의 분산 그래프 애플리케이션을 만드는 데 필요한 최소한의 개념을 설명하기 위해 주제를 선별했다. 책에서 제공하는 노트북과 기술 자료[1]와 보조를 맞출 수 있도록 이번 장을 크게 세 가지 부분으로 구성했다.

첫 번째 주요 부분에서는 4장에서 사용했지만 설명하지 않았던 주제를 살펴본다. 4장에서 질의를 모델링하는 데 사용한 분산 그래프 구조의 기초를 설명한다. 파티션 키, 클러스터링 열, 구체화 뷰materialized view 등을 배운다.

두 번째 부분에서는 분산 그래프 구조의 개념을 두 번째 데이터 모델링 권장 사항에 적용한다. 역정규화denormalization 주제와 간선 방향을 다시 살펴보고 로딩 기법도 확인한다. 이러한 팁은 제품 수준의 분산 그래프 스키마를 구성하는 데이터 모델링을 결정할 때 유용하다.

마지막 부분에서는 C360 예제를 마지막으로 검토한다. 구체화 뷰의 개념과 인덱싱 기법을 적용한 스키마 코드를 설명한다. 그리고 새로운 최적화를 적용한 그렘린 질의도 최종 검토한다.

이번 장을 마치고 나면 분산 그래프 데이터를 이용한 첫 번째 애플리케이션의 모델과 질의를 설계, 탐색, 완성할 수 있고, 이를 통해 전체적인 개발 생명주기도 확인할 수 있다.

---

1 https://github.com/datastax/graph-book

아파치 카산드라의 그래프 데이터가 어떻게 작동하는지 확인하기 위해 물리적 데이터 계층으로 내려가보자.

5.2 아파치 카산드라에서 그래프 데이터 사용하기

이번 절에서는 아파치 카산드라에서 그래프 자료구조를 사용하는 데 필요한 기초 개념인 기본 키, 파티션 키, 클러스터링 열, 구체화 뷰를 살펴본다.

그래프 사용자 관점에서 아파치 카산드라 데이터 모델링 주제를 살펴본다. 먼저 정점에서 살펴봐야 할 내용을 짚어보고, 간선으로 넘어간다. 정점에서는 기본 키와 파티션 키를 알아야 한다. 간선에서는 클러스터링 열과 구체화 뷰를 알아야 한다.

모든 것을 연결하는 개념인 기본 키부터 살펴보자.

5.2.1 데이터 모델링을 이해하는 데 가장 중요한 기본 키

기본 키로 데이터를 고유하게 식별하는 방법을 결정하는 문제는 분산 시스템에서 우수한 데이터 모델을 만드는 데 있어 가장 해결하기 어려운 고민거리 중 하나다.

이미 우리는 기본 키의 가장 단순한 형태인 **파티션 키**를 사용해봤다.

- **파티션 키**: 아파치 카산드라의 첫 번째 기본 키 요소다. 파티션 키는 기본 키의 일부이며 분산 환경에서 데이터 위치를 식별한다.

사용자 관점에서 시스템의 데이터에 접근하려면 전체 기본 키가 필요하다. 파티션 키는 기본 키의 일부일 뿐이다.

- **기본 키**: 시스템의 고유한 데이터 조각을 가리킨다. 데이터스택스 그래프에서 한 개 이상의 프로퍼티로 기본 키를 만들 수 있다.

기존에 기본 키와 파티션 키를 이미 활용했다. 데이터스택스 그래프에서 스키마 API에 필요한 기본 키를 지정한다. 이전 장에서 기본 키의 가장 단순한 버전인 파티션 키 하나를 이미 다음과 같이 사용했다.

```
schema.vertexLabel("Customer").
    ifNotExists().
    partitionBy("customer_id", Text). // 단순한 기본 키: 파티션 키
    property("name", Text).
    create();
```

partitionBy() 메서드로 레이블의 파티션 키를 지정한다. 예제에서는 customer_id라는 하나의 값을 사용한다. 즉 customer_id는 Customer 정점의 기본 키이며 파티션 키다.

개발자 입장에서 이는 애플리케이션에 세 가지 사항을 결정하는 요소다. 첫째, customer_id는 데이터를 고유하게 식별한다. 둘째, 애플리케이션이 고객 데이터를 읽으려면 customer_id가 필요하다. 셋째는 잠시 뒤에 살펴본다.

이 두 가지 사항은 데이터의 기본 키와 파티션 키 설계에 영향을 미친다. 기존에 그렘린으로 데이터를 찾을 때 기본 키를 사용했었다.

```
g.V().has("Customer", "customer_id", "customer_0").
    elementMap()
```

다음은 질의 실행 결과다.

```
{
  "id": "dseg:/Customer/customer_0",
  "label": "Customer",
  "name": "Michael",
  "customer_id": "customer_0"
}
```

데이터스택스 그래프에서는 전체 기본 키로 정점이나 간선을 검색하므로 가장 빨리 데이터를 읽을 수 있다. 따라서 데이터의 파티션 키와 기본 키를 잘 선택하는 것이 매우 중요하다.

이제 아파치 카산드라의 파티션 키가 미치는 세 번째 영향을 살펴보자. 정점 레이블의 파티션 키는 분산 환경 내에서 호스트에 그래프 데이터를 할당한다. 또한 그래프 데이터를 공유할 때 파티션 키를 활용할 수 있다. 다음 절에서 더 자세히 살펴보자.

5.2.2 분산 환경에서의 파티션 키와 데이터 지역성

이번 절에서는 아파치 카산드라, 그래프 커뮤니티에 알려진 여러 주제를 종합한다. 다양한 파티션 키로 그래프 데이터를 공유하는 방법을 검토하면서 몇 가지 그래프 파티셔닝(분할)graph partitioning 가설을 확인한다. 예제에 사용했던 파티션 기법으로 결론을 내리지만, 이 과정을 자세히 살펴보면 파티션 키 설계의 효과와 그래프 파티셔닝 문제를 더 잘 이해할 수 있다.

파티션partition이라는 단어는 두 그룹에서 뜻하는 바가 완전히 다르다. 아파치 카산드라 커뮤니티에서는 클러스터에서 데이터가 어디에 있는지 답변하기 위해 파티션을 사용한다. 반면 그래프 커뮤니티에서는 '불변을 최소화하려면 그래프 데이터를 어떻게 분할하면 좋을까?'에 답하기 위해 파티션을 사용한다.

이 책에서는 그래프 데이터의 파티셔닝을 아파치 카산드라 커뮤니티와 같은 의미로 사용한다. 이 책에서 파티션이라는 용어는 데이터 지역성data locality 또는 분산 시스템의 어떤 서버의 디스크에 데이터가 기록되었는지를 가리킨다. 파티셔닝 개념을 사용하는 방법을 설명하기 위해 앞서 살펴본 예제 데이터를 살펴보자(그림 5-2).

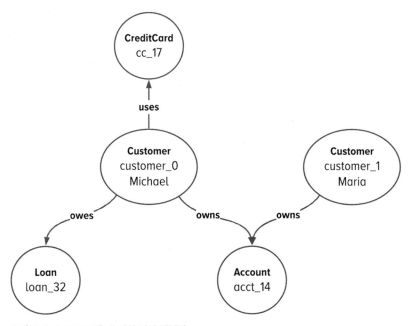

그림 5-2 C360 고객 세 명의 예제 데이터

아파치 카산드라의 데이터스택스 그래프를 구동하는 네 개의 서버 클러스터가 있다고 가정하고 데이터를 서버(인스턴스 또는 노드라고도 부름)에 할당하는 과정을 확인해보자. [그림 5-3]은 아파치 카산드라를 실행하는 네 개의 서버와 분산 클러스터를 원으로 표시했다. [그림 5-3]의 눈 아이콘은 아파치 카산드라의 데이터스택스 그래프를 나타낸다. 그리고 클러스터 근처 서버 옆에 그래프 데이터를 표시해 그래프 데이터가 어느 디스크에 기록되었는지 보여준다.

[그림 5-3]의 가장 큰 원은 네 서버의 클러스터를 의미한다. 아파치 카산드라의 눈 로고로 표시된 각 서버는 아파치 카산드라로 데이터스택스 그래프를 실행한다. [그림 5-2]에서는 각 데이터가 물리적으로 어느 서버에 저장되었는지 알 수 있다. 아파치 카산드라에서 데이터는 파티션 키에 따라 클러스터의 특정 서버로 매핑된다.

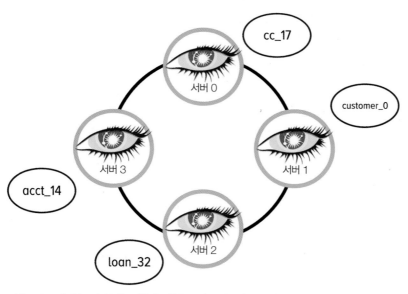

그림 5-3 4개의 눈 아이콘을 포함하는 원은 분산 클러스터를 가리키며 어떤 서버(노드)에 어떤 정점이 저장되었는지 보여준다.

customer_0의 데이터가 네 개의 다른 서버로 매핑되었음을 알 수 있다. 고객 정점은 서버 1, 대출 정점은 서버 2, 계좌 정점은 서버 3, 신용카드 정점은 서버 0에 저장된다.

즉, 같은 파티션 키를 갖는 데이터는 같은 기기에 저장되며 다른 파티션 키를 갖는 데이터는 다른 기기에 저장된다.

접근 패턴에 따른 그래프 데이터 파티셔닝

그래프 데이터에는 그래프 탐색 시 지연을 최소화할 수 있도록 다양한 파티션 키 설계 기법을 제공한다. 파티셔닝 기법에 따라 데이터 위치가 달라지므로 질의의 지연시간에 영향을 미친다.

그래프 데이터를 처리하는 동안 클러스터의 기기 간 이동을 최소화하려면 질의와 관련된 모든 데이터를 동일한 파티션 내에 저장하는 파티셔닝 기법이 필요하다. [그림 5-4]는 C360 애플리케이션에 최적화된 파티셔닝 기법이다. C360 질의는 보통 특정 고객 그리고 그 고객과 관련된 데이터를 탐색하므로 개별 고객과 데이터 접근이 용이하도록 파티션을 정의했다. 즉, 각 고객별로 파티션을 만든다.

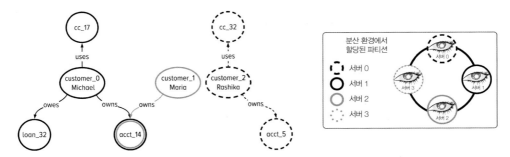

그림 5-4 접근 패턴에 따라 분산 시스템의 그래프 데이터 파티션 정의하기

> **NOTE_** 그래프 이론 배경지식이 있는 독자라면 [그림 5-4]에 묘사된 파티셔닝 기법이 연결된 컴포넌트에 따른 파티셔닝과 비슷함을 알 수 있다. 아파치 카산드라를 사용해본 적이 있는 독자라면 [그림 5-4]의 파티셔닝 기법이 접근 패턴에 따른 파티셔닝과 같은 관례를 따른다는 사실을 알 수 있다.

[그림 5-4]의 파티셔닝 기법을 구현하려면 모든 정점 레이블에 고객의 고유 식별자를 파티션 키로 추가해야 한다. 다음은 파티셔닝 기법을 구현한 스키마 코드다.

```
schema.vertexLabel("Account").
    ifNotExists().
    partitionBy("customer_id", Text).
    clusterBy("acct_id", Text).  // 다음 절에서 정의함
    property("name", Text).
    create();
```

이 코드는 질의의 지연을 최소화하는 유용한 파티셔닝 기법이다. 고객 중심의 질의와 관련된 모든 데이터는 여러분의 환경과 동일한 노드에 저장된다. 이는 데이터를 질의할 때 도움을 주는 물리적 데이터 계층에 적용할 수 있는 최적화다.

하지만 우리가 살펴보는 예제에서는 두 가지 이유로 이 파티션 기법을 사용하지 않는다. 그래프 질의를 시작하려면 완전한 기본 키가 필요하다고 했던 사실을 기억하자. [그림 5-4] 설계의 단점 중 하나는 계좌에서 그래프 탐색을 시작하려면 고객의 식별자를 알아야 한다는 점이다.

공유 계좌 acct_14에 이를 적용하면 이 파티션 기법의 또 다른 문제가 드러난다. 스키마 설계 상 acct_14와 인접한 사람이 두 명이므로 두 개의 정점이 만들어진다. 즉 acct_14에서 시작해 계좌를 소유한 모든 고객을 찾을 수 없다는 것이다. 이는 그래프 질의에 영향을 미친다.

[그림 5-4] 파티션 기법은 C360 질의 예제에 맞지 않는다. 하지만 다음 트리 예제에서는 질의 지연을 최소화할 수 있도록 데이터 모델을 최적화하는 것이 유용할 수 있다.

고유 키 파티셔닝

두 번째 기법을 확인하면서 애플리케이션의 접근 패턴에 따라 데이터를 함께 저장하는 기법과 비교해보자.

예제의 전체 스키마를 다시 확인해보자. 각 정점 레이블은 한 개의 고유 파티션 키를 포함한다. 이 고유 파티션 키는 그래프 데이터를 구분하는 가장 작은 단위의 식별자(데이터의 가장 고유한 값)다.

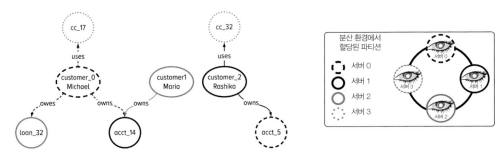

그림 5-5 정점 레이블의 파티션 키에 따른 그래프 데이터 파티셔닝 예제

[그림 5-5]의 그래프 데이터는 파티션 키 값에 따라 정점을 분산시킨다. 기본적으로 각 파티션 키는 고유하므로 각 정점을 다른 파티션으로 매핑한다.

정점을 고유 키로 파티셔닝하는 기법에서는 데이터를 탐색할 때 분산 환경의 기기 여기저기로 이동해야 한다는 것이 단점이다. 애플리케이션에서는 데이터의 연결과 관계를 활용하기 위해 그래프 데이터를 사용한다. 분산 환경에서 고유 식별자로 그래프 데이터의 구조를 만든다면 연결된 데이터를 접근할 때마다 서버를 바꿔가야 할 가능성이 크다.

마지막 파티셔닝 기법 고찰

분산 환경의 다양한 그래프 데이터 파티셔닝 기법에는 장단점이 존재한다. 접근 패턴에 따른 그래프 데이터 파티셔닝에서는 연결된 데이터 탐색에 제약이 생긴다. 하지만 이 기법은 커다란 데이터 컴포넌트를 같은 노드에 저장하므로 탐색 지연을 최소화한다.

일반적으로 데이터의 고유 식별자로 그래프 데이터를 파티셔닝하는 방법을 흔히 사용한다. 덕분에 질의의 유연성을 고려한 설계를 쉽게 만들 수 있지만 분산된 그래프의 특성으로 인해 질의에 지연이 발생한다. C360에서는 이 기법을 사용한다.

데이터와 질의에 어떤 영향을 미치는지를 계산하는 방법으로 각 파티션 기법의 영향을 파악할 수 있다. 그러려면 개발하려는 애플리케이션의 분산 데이터와 앞으로 개발할 미래 영역을 균형 있게 고려해야 한다.

파티셔닝을 살펴보면서 고유성과 지역성 이 두 핵심 개념을 기억하자. 데이터스택스 그래프에서 데이터의 고유 키는 데이터의 고유 식별자다. 전체 기본 키로 데이터 질의를 시작하면 최적의 성능을 얻을 수 있다.

또한 데이터의 파티션 키가 클러스터의 지역성을 결정한다는 사실도 기억하자. 파티션 키는 클러스터의 어느 기기에 데이터를 저장하며 어떤 데이터를 그 데이터와 함께 저장할지 결정한다.

파티션 키가 제공하는 고유성과 지역성을 기반으로 아파치 카산드라에서 간선을 표현하는 방법을 살펴보자.

5.2.3 간선 이해 1부: 인접 리스트의 간선

그래프 모델링의 세계를 탐험할수록 더 많은 용어, 개념, 사고 패턴이 등장한다. 지금까지 기본적인 내용을 살펴봤으니 이제 디스크나 메모리에서 간선 그래프 데이터를 어떻게 표현하는지 살펴보자.

다음 세 가지 주요 자료구조 중 하나로 간선을 표현한다.

- **간선 리스트**: 인접한 두 정점 쌍을 저장하는 리스트다. 쌍의 첫 번째 요소는 소스(from) 정점이고 두 번째 요소는 대상(to) 정점이다.
- **인접 리스트**adjacency list : 키와 값을 저장하는 객체다. 각 키는 정점이며 값은 키에 인접한 정점 리스트다.
- **인접 행렬**adjacency matrix : 인접 행렬은 전체 그래프를 테이블로 표현한다. 그래프의 각 정점을 가리키는 행과 열이 존재한다. 행렬의 항목은 행과 열에 해당하는 정점 사이에 간선 존재 여부를 가리킨다.

간단한 그래프 데이터를 각 구조로 매핑하면서 이들 자료구조를 살펴보자.

[그림 5–6]의 가장 윗부분에는 네 개의 간선으로 연결된 다섯 정점이 있다. 아래의 그래프 자료구조로 데이터를 매핑할 때는 방향이 중요하다.

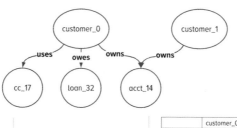

	customer_0	acct_14	loan_32	cc_17	customer_1
customer_0	0	owns	owes	uses	0
acct_14	0	0	0	0	0
loan_32	0	0	0	0	0
cc_17	0	0	0	0	0
customer_1	0	owns	0	0	0

[[customer_0, acct_14],
 [customer_0, cc_17],
 [customer_0, loan_32],
 [customer_1, acct_14]]

{ customer_0: [acct_14,
               cc_17,
               loan_32],
  customer_1: [acct_14] }

간선 리스트　　　　　　　**인접 리스트**　　　　　　　**인접 행렬**

그림 5-6 디스크에서 간선을 저장하는 세 가지 자료구조 예

각 자료구조를 살펴보자. [그림 5-6]의 왼쪽 아래에서는 예제 데이터를 간선 리스트로 저장한 모습이다. 간선 리스트는 네 항목을 포함하며, 예제 데이터에서는 간선당 한 항목이 존재한다. 중앙에는 데이터를 인접 리스트로 매핑한 모습이다. 인접 리스트는 키 두 개를 포함한다(외부로 나가는 간선을 갖는 각 정점당 한 개의 키). 각 키의 값은 간선이 가리키는 정점(들어오는)의 목록이다. 가장 오른쪽은 인접 행렬의 모습이다. 인접 행렬은 다섯 개의 행과 다섯 개의 열을 포함한다. 그래프의 정점당 한 개의 행 또는 열을 갖는다. 행렬의 항목은 행 정점과 열 정점 사이에 간선이 있는지를 알려준다.

각 자료구조마다 시간, 공간적 장단점이 다르다. 각 자료구조를 최적화하는 부분은 생략하고 기초 수준에서 복잡성을 확인해보자. 간선 리스트는 그래프를 가장 함축적으로 표현하지만 특정 정점의 모든 간선을 처리하려면 전체 자료구조를 스캔해야 한다. 인접 행렬은 데이터를 가장 빨리 탐색할 수 있다는 장점이 있지만 공간을 상당히 많이 차지한다는 단점이 있다. 인접 리스트는 인덱스로 정점을 접근하고 스캔을 개별 정점의 나가는 간선으로만 제한하므로 앞서 언급한 두 모델의 장점을 모두 제공한다.

데이터스택스 그래프에서는 아파치 카산드라를 분산 인접 리스트로 활용해 그래프 데이터를 저장하고 탐색한다. 그래프를 탐색하는 동안 간선을 정렬하면서 이득을 극대화할 수 있도록 최적화된 디스크 간선 저장 방법을 살펴보자.

5.2.4 간선 이해 2부: 클러스터링 열

4장에서 그래프에 간선 레이블을 추가하면서 **클러스터링 열**clustering column의 개념을 사용했다.

- **클러스터링 열**: 디스크에 저장된 테이블의 데이터 정렬 순서를 결정한다.

클러스터링 열은 아파치 카산드라에서 테이블 주요 키를 구성하는 마지막 부품이다. 클러스터링 열은 데이터베이스가 디스크에 어떤 정렬 순서로 열을 저장할 것인지 지정하며 이는 데이터 추출 시 효율성에 영향을 미친다.

클러스터링 열은 동시에 두 가지 개념을 설명한다. 첫째, 클러스터링 열은 이 장을 시작하면서 확인한 질의가 오류를 반환하는 이유를 자세히 그리고 기술적으로 설명한다. 둘째, 데이터에 빠르게 접근하기 위해 인접 리스트 구조를 이용해 디스크의 간선을 정렬하는 법을 보여준다.

[예제 5-2]는 클러스터링 열을 이용해 간선 레이블을 만드는 코드다.

예제 5-2

```
schema.edgeLabel("owns").
    ifNotExists().
    from("Customer").    // 간선 레이블의 파티션 키
    to("Account").       // 간선 레이블의 클러스터링 열
    property("role", Text).
    create()
```

[예제 5-2]의 예제처럼 간선 레이블에 사용할 파티션 키와 클러스터링 열을 선택할 수 있다.

1. from("Customer") 단계는 Customer 정점의 전체 기본 키(customer_id)가 간선 레이블 owns의 파티션 키가 될 것임을 가리킨다.
2. Account의 전체 기본 키(acct_id)는 owns 간선의 클러스터링 열이 된다.

이를 종합하면 [그림 5-7]처럼 그래프 스키마와 아파치 카산드라의 테이블 구조를 함께 확인할 수 있다.

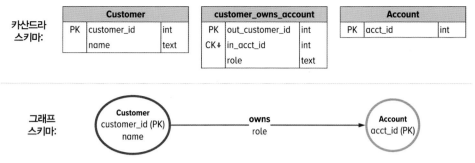

그림 5-7 두 정점의 간선을 아파치 카산드라에 저장한 기본 테이블 구조

[그림 5-7]은 아파치 카산드라 테이블 구조를 그래프 스키마 언어를 이용해 그래프 스키마로 매핑한 모습이다. Customer 정점은 파티션 키인 `customer_id`로 테이블을 만든다. owns 간선은 Customer에서 Account로 연결된다. owns 간선의 파티션 키는 `customer_id`다. owns 간선은 클러스터링 키(계좌 정점의 파티션 키 `in_acct_id`)도 갖는다. `customer_owns_account` 테이블의 세 번째 행에 role이 있다. role은 단순 프로퍼티이며 기본 키의 일부가 아니다. 결과적으로 고객과 계좌 간선의 가장 최근 기록값이 role에 할당된다.

[그림 5-8]은 [그림 5-7]의 스키마로 데이터가 흐르는 예를 보여준다.

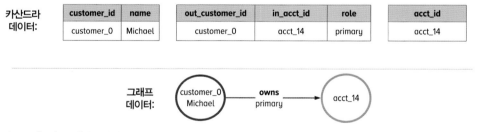

그림 5-8 [그림 5-7]의 스키마 데이터가 디스크에 조직되고 데이터스택스 그래프로 표현된 모습

다른 주제를 살펴보기 전에 데이터스택스 그래프의 클러스터링 키와 간선을 조합하는 방법을 확인하자. 2장에서 두 정점 사이에 많은 간선이 필요한 상황을 잠시 소개했다. 그래프 스키마 언어에서는 이를 이중선으로 표현한다. 아파치 카산드라에서는 클러스터링 키로 이 프로퍼티를 정의한다. [그림 5-9]는 인접한 정점을 컬렉션으로 모델링하는 그래프 스키마와 아파치 카산드라 스키마다.

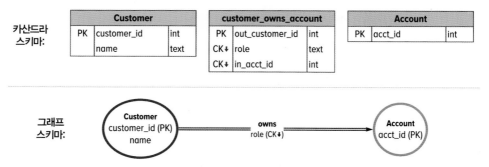

그림 5-9 아파치 카산드라에서 간선 모델링에 클러스터링 키를 사용한 경우의 테이블 구조

[그림 5-10]은 아파치 카산드라에서 정점 사이에 간선이 많은 그래프를 그래프 스키마 언어로 모델링한 경우의 테이블 구조다. 여기서 테이블의 owns 간선이 달라진 것을 확인할 수 있다. 이 간선의 새로운 클러스터링 키로 role(기존 클러스터링 키는 acct_id)이 생겼다. [그림 5-10]에서 보여주듯이 [그림 5-9]의 스키마는 정점 간의 여러 간선을 추가한다.

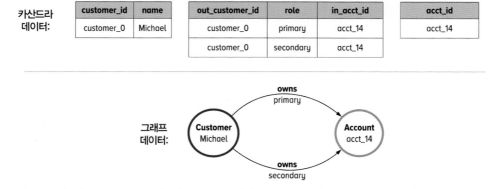

그림 5-10 데이터스택스 그래프에서 [그림 5-9]의 스키마가 디스크에 조직되고 표현된 모습

디스크에 저장되는 간선 구조를 이해했으니 이번에는 분산 환경에서 데이터가 어디에 저장되는지 살펴보자.

개념 조합: 분산 클러스터에서 간선 위치

파티션 키는 클러스터에서 데이터 저장 위치를 식별한다는 사실을 기억하자. 이는 정점에서 나가는 간선은 정점과 같은 기기에 저장된다는 의미다. [그림 5-5]에서 고객 정점과 간선이 같은 선 모양을 갖는다는 사실로 이를 이미 확인했다. [그림 5-11]에서 보여주는 클러스터의 간선 위치를 살펴보면서 이 의미를 생각해보자.

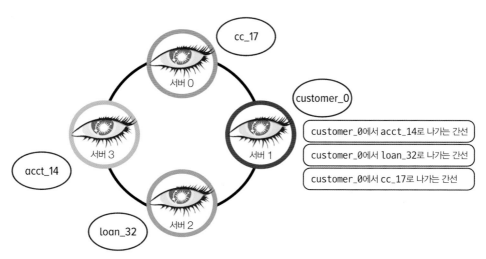

그림 5-11 예제 데이터의 간선 위치

[그림 5-11]의 그림은 분산 환경에서 `customer_0`의 간선이 어디에 저장되는지 보여준다. 각 간선은 같은 파티션 키를 가지므로 간선은 `customer_0`과 같은 기기에 저장된다.

다음으로 파티션 내에 간선이 정렬되는 방법을 살펴보자. 인접 정점 레이블의 전체 기본 키는 클러스터링 열(한 개 이상의 열)의 간선 레이블이 된다. 즉 [그림 5-12]에서 보여주는 것처럼 들어오는 정점의 기본 키에 따라 간선을 정렬한다.

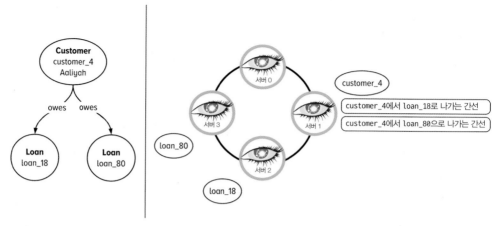

그림 5-12 왼쪽의 그래프 데이터를 오른쪽의 분산 클러스터 저장소 위치로 매핑하는 예

[그림 5-12]의 주요 개념은 오른쪽에 있다. 그림에서 customer_4(Aaliyah)의 정점이 클러스터의 서버 1 디스크에 저장됨을 알 수 있다. 또한 서버 1의 Aaliyah에서 나가는 간선은 그들이 들어가는 정점에 따라 정렬된다. Aaliyah는 owes 간선으로 연결되는 두 대출을 갖는다. 디스크에서 이들 간선은 들어오는 정점의 파티션 키에 따라 정렬된다. loan_18이 첫 번째 항목이고, loan_80은 두 번째 항목이다.

TIP [그림 5-12]에서 Michael, Maria, Rashika, Jamie의 고객 정점은 어디인가? 이들 정점의 파티션 키는 customer_id이며 이는 서버 중 하나로 해시되어 매핑된다. 총 다섯 고객의 데이터가 있으므로 적어도 한 서버는 두 고객의 정점을 포함한다. 수학에서는 이런 로직을 '비둘기집 원리pigeonhole principle'[2]라 부른다.

아파치 카산드라에서 데이터를 접근할 때 필요한 최소 요구 사항이 바로 파티션 키이기 때문에 이 사실을 인지하고 있어야 한다.

5.2.5 간선 이해 3부: 탐색을 위한 구체화 뷰

간선의 기본 키 설계는 간선 접근 방법에 영향을 준다. 간선을 사용하려면 파티션 키를 알아야 한다.

---

2 https://ko.wikipedia.org/wiki/비둘기집_원리

이런 제약 때문에 역방향으로는 간선을 탐색할 수 없다. 예제에서 들어오는 정점의 파티션 키로 시작하는 간선은 없기 때문이다.

[예제 5-1]의 질의를 다시 떠올려보자.

```
g.V().has("Customer", "customer_id", "customer_0"). // 고객
    out("owns").                                     // 고객의 계좌 탐색
    in("withdraw_from", "deposit_to")                // 모든 거래 탐색
```

이전 장에서 만든 스키마(Transaction에서 Account로 이어지는 deposit_to 간선)를 기억하자. 하지만 이 질의는 Account에서 Transaction으로, 즉 반대 방향으로 탐색을 시도한다.

데이터스택스 그래프의 간선에서 알게 된 내용을 적용한다면 디스크에 간선이 존재하지 않기 때문에 이런 오류가 발생함을 알 수 있다. 간선은 거래에서 계좌로 향하고 있으며 반대 방향으로 향하는 간선은 존재하지 않는다.

계좌에서 거래로 탐색하려면 다른 방향으로 향하는 간선을 따로 저장해야 한다. 데이터스택스 그래프에서는 성능상의 이유(이는 관계형 모델에서 모든 열을 인덱싱하지 않는 것과 비슷함)로 반대 방향 간선을 추가하지 않는다.

양방향으로 이동할 수 있도록 방향이 다른 두 개의 간선 또는 양방향 간선이 필요하다. 이 방법이 5장에서 설명하는 마지막 기술 주제다. 이어진 다음 절에서 이 방법을 자세히 살펴보자.

양방향 간선을 위한 구체화 뷰

엔지니어들이 아파치 카산드라를 좋아하는 주된 이유는 바로 아파치 카산드라가 데이터 중복을 허용함으로써 빠른 데이터 접근을 지원하기 때문이다. 이와 관련해 데이터스택스 그래프에 구체화 뷰가 등장한다. 구체화 뷰는 사용자의 관점에서 다음과 같이 생각할 수 있다.

- **구체화 뷰**: 다른 기본 키 구조로 별도의 테이블에 데이터 복사본을 만들고 관리한다. 따라서 애플리케이션이 직접 동일한 데이터를 중복 생성하고 접근하는 패턴을 구현할 필요가 없다.

내부적으로 데이터스택스 그래프는 구체화 뷰를 이용해 역방향 간선 탐색을 지원한다.

[예제 5-3]은 deposit_to라는 기존 간선 레이블에 구체화 뷰를 만드는 코드다.

예제 5-3

```
schema.edgeLabel("deposit_to").
       from("Transaction").
       to("Account").
       materializedView("Transaction_Account_inv").
       ifNotExists().
       inverse().
       create()
```

[예제 5-3]은 아파치 카산드라에 **"Transaction_Account_inv"**라는 테이블을 만든다. 이 테이블의 파티션 키는 acct_id이며 클러스터링 열은 transaction_id다.

[예제 5-3]에서 전체 기본 키는 (acct_id, transaction_id)다. 이 표기는 전체 기본 키가 acct_id, transaction_id 두 데이터 조각을 포함한다는 의미다. 첫 번째 값인 acct_id는 파티션 키고 두 번째 값 transaction_id는 클러스터링 열이다.

이 덕분에 사용자의 관점에서는 deposit_to 간선을 통해 계좌에서 거래로 탐색할 수 있다. 이를 증명하기 위해 디스크에 저장된 데이터를 통해 두 자료구조에 저장된 간선을 직접 확인해보자.

아파치 카산드라에서 내부 자료구조를 질의함으로써 디스크에 저장된 deposit_to 간선 레이블 데이터를 확인할 수 있다. 여기서는 테이블 두 개를 살펴봐야 한다. 먼저 Transaction_deposit_to_Account라는 원본 테이블이다. 데이터스택스 스튜디오에서 다음 질의로 테이블을 확인할 수 있다. 질의 결과는 [표 5-2]와 같다.

```
select * from "Transaction_deposit_to_Account";
```

표 5-2 Transaction_deposit_to_Account 테이블의 데이터 레이아웃

Transaction_transaction_id	Account_acct_id
220	acct_14
221	acct_14
222	acct_0
223	acct_5
224	acct_0

다음은 deposit_to 간선 레이블의 구체화 뷰를 저장하는 디스크의 모든 간선을 나열하는 질의다. 결과는 [표 5-3]과 같다.

```
select * from "Transaction_Account_inv";
```

표 5-3 Transaction_Account_inv 테이블의 데이터 레이아웃

Account_acct_id	Transaction_transaction_id
acct_0	222
acct_0	224
acct_5	223
acct_14	220
acct_14	221

[표 5-2]와 [표 5-3]의 차이를 자세히 살펴보자. 가장 먼저 acct_5와 관련된 거래가 눈에 들어온다. [표 5-2]에서 이 간선의 파티션 키는 out_transaction_id, 즉 223임을 알 수 있다. 클러스터링 열은 in_acct_id, 즉 acct_5다.

이 간선이 [표 5-2]의 구체화 뷰인 [표 5-3]에서 어떻게 저장되었는지 살펴보자. 간선의 키가 뒤바뀌어 있음을 알 수 있다. 이 간선의 파티션 키는 in_acct_id, 즉 acct_5이며 클러스터링 열은 out_transaction_id, 즉 223이다. 이제 예제에서 사용할 수 있는 양방향 간선을 얻었다.

얼마나 깊이 내려갈 것인가?

이 책에서 준비한 아파치 카산드라의 모든 기술적 주제를 살펴봤다. 지금까지 그래프 애플리케이션 엔지니어 관점에서 알아야 할 아파치 카산드라의 내부 동작을 이해하는 데 필요한 기본 수준의 기술 개념만 설명했다. 분산 시스템의 파티션 키, 클러스터링 열, 구체화 뷰 등 더 자세히 살펴봐야 할 내용이 훨씬 더 많다.

이 책에서는 더 이상 깊이 다루지 않으므로 이들 주제를 훨씬 자세히 다루는 책 두 권을 추천한다.

아파치 카산드라 내부를 더 자세히 이해하고 싶다면 『Cassandra: The Definitive Guide』

(O'Reilly, 2022)를 추천한다. 분산 시스템의 내부 구조를 완벽하게 살펴보고 싶다면 『데이터베이스 인터널스』(에이콘출판사, 2021)를 살펴보자.

다음 여정 안내

C360 예제의 마지막 과정으로 분산 그래프 데이터의 내부를 살펴본다. 이 장에서 살펴본 개념을 적용해 훌륭한 데이터 모델링 권장 사항, 스키마 최적화, 그렘린 질의를 구현하는 다양한 방법을 얻을 수 있다. 이제 지금까지 살펴본 개념을 C360에 적용할 차례다.

지금부터 아파치 카산드라의 키, 뷰와 관련해 배운 지식을 이용해 모범 사례 수준의 데이터스택스 그래프 데이터 모델링을 구현해보자.

5.3 그래프 데이터 모델링 201

데이터스택스 그래프의 정점과 간선 레이아웃의 구성 원리를 이해한다면 데이터 모델링을 더 효과적으로 최적화할 수 있다. 지금까지 살펴본 파티션 키, 클러스터링 열, 구체화 뷰를 실제로 적용하면서 새로운 데이터모델링 권장 사항을 살펴보자(4장에서 제공한 여섯 가지 경험 법칙을 확장함). [그림 5-13]은 기존에 완성한 그래프 스키마다.

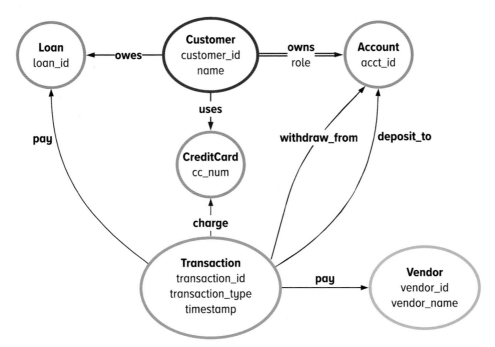

그림 5-13 4장에서 완성한 개발 스키마

이제 다음 데이터 모델링 경험 법칙이 등장한다.

• 프로퍼티는 간선이나 정점에 중복 저장될 수 있다. 역정규화를 이용해 질의에서 처리할 요소 수를 줄인다.

거래 내역이 수천 건인 계좌를 생각해보자. 가장 최근 20건의 거래를 찾으려면 시간으로 정점을 선택하기 전에 모든 거래를 탐색해 계좌 정점에 접근해야 한다. 모든 거래에 접근해 모든 간선을 탐색하고 거래 정점을 분류하는 일은 아주 비싼 작업이다.

처리해야 할 데이터를 줄여 조금 더 영리하게 작업할 수는 없을까?

당연히 방법은 있다. 거래 시간을 두 장소(거래 정점과 간선)에 저장하는 방법이다. 이 방법을 이용하면 가장 최근 20건의 간선을 찾는 데 필요한 탐색을 줄일 수 있다. [그림 5-14]는 간선 레이블에 시간을 중복으로 저장하는 모습이다.

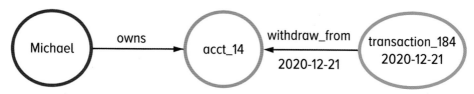

그림 5-14 간선과 정점이 타임스탬프를 포함하도록 역정규화를 적용해 읽기 성능을 최적화한다

책에서는 `withdraw_from` 간선에 타임스탬프를 추가한 [그림 5-14] 모습만 실었지만, `deposit_to`와 `charge` 간선 레이블에도 동일한 기법을 적용한다.

애플리케이션이 타임스탬프를 간선과 정점에 동시에 기록하는 기법을 **역정규화**denormalization라 부른다.

- **역정규화:** 다른 그룹을 갖는 데이터를 데이터베이스에 중복 추가함으로써 쓰기 성능을 희생하는 대신 읽기 성능을 개선하는 기법이다.

프로퍼티 복제(역정규화) 기법은 무한한 질의 유연성과 질의 성능 사이의 균형을 맞추기 위해 자주 사용하는 기법이다. 그래프 데이터베이스에 데이터를 모델링하므로 유연성을 얻고 데이터 소스를 쉽게 통합할 수 있다. 바로 이 유연성 덕분에 많은 팀이 그래프 기술을 선택하기 시작했다. 그래프 기술은 본질적으로 더 표현력이 좋은 모델링과 질의 언어를 제공한다.

반면 개발 과정에서 계획을 제대로 세우지 않았던 많은 팀이 제품 그래프 모델에 비현실적인 성능을 기대하기도 했다. 이들은 질의 성능을 희생하면서 데이터 모델 유연성을 추구했다. 역정규화 같은 모델링 기법을 활용하면 질의의 성능을 개선할 수 있다.

모든 간선에 프로퍼티와 구체화 뷰를 추가하기 전에 다음 경험 법칙을 살펴보자.

TIP 경험 법칙 #8

- 간선 레이블에서 탐색 방향이 그래프 스키마의 간선 레이블에 필요한 인덱스를 결정한다.

이 팁은 몇 가지 요청 사항을 전달한다. 4장에서 했던 것처럼 먼저 개발 모드로 그렘린 질의를 만들 것을 권장한다. 그리고 이 최종 질의를 적용해 필수 구체화 뷰를 결정할 수 있다. 모든 것에 인덱스가 필요한 건 아니다.

데이터스택스 그래프에서는 여러분이 직접 수행하거나 시스템이 이를 수행하도록 지시하는 두 가지 방법이 있다. 직접 인덱스를 파악하는 상황부터 살펴보자.

그렘린 질의를 그래프 스키마에 매핑해 인덱스가 언제 필요한지 파악할 수 있다. 질의를 스키마로 매핑하는 작업은 지금까지 여러 차례 머릿속으로 그려봤다(그림 5-15).

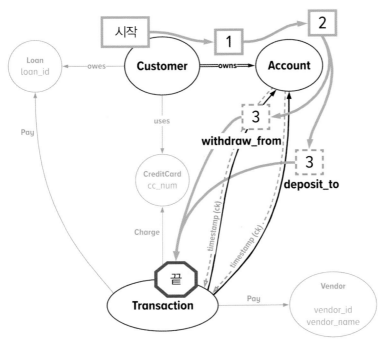

그림 5-15 질의를 스키마로 매핑하면서 어느 간선 레이블에 구체화 뷰가 필요한지 파악하기

예제 5-4

```
1 dev.V().has("Customer", "customer_id", "customer_0").  // 시작
2        out("owns").                    // 1 & 2
3        in("withdraw_from", "deposit_to"). // 3
4        order().                         // 3
5          by(values("timestamp"), desc). // 3
6        limit(20).                       // 3
7        values("transaction_id")         // 끝
```

[그림 5-15]의 과정을 [예제 5-4]와 함께 자세히 살펴보자. 우선 질의의 각 단계를 스키마로 매핑했다. 시작과 끝 상자는 스키마 요소를 지나는 화살표 경로를 포함하는데 이는 스키마 탐

색 질의 단계와 일치한다.

스키마를 탐색하는 과정은 다음과 같다. 먼저 질의와 스키마에서 시작 상자로 표시된 특정 고객에서부터 탐색을 시작한다(질의의 1행). 그리고 owns 간선으로 고객의 계좌에 접근한다(1, 2번 상자. 질의의 2행). 3번 상자는 간선 처리와 정렬을 매핑한다(질의의 3, 4, 5, 6행). 끝 레이블에서 탐색이 멈춘다(질의의 7행).

[그림 5-15]에서 3번 단계가 핵심 개념이다. 이 질의는 들어오는 withdraw_from과 deposit_to 간선 레이블 탐색해 Transaction 정점 레이블에 접근한다. 하지만 이는 스키마에 정의된 간선 레이블의 방향과 반대다. [그림 5-15]에서 점선으로 이를 표시했다.

간선 레이블과 반대 방향으로 탐색하는 상황이 바로 그래프에 구체화 뷰가 필요한 곳이다. 이는 [그림 5-15]와 [예제 5-4]를 분석하면서 얻을 수 있는 아주 중요한 개념이다. 아파치 카산드라의 그래프 데이터를 이해할 수 있는 가장 중요한 개념 중 하나이므로 여러분이 이 내용을 잘 이해했기를 바란다.

5.3.1 지능형 인덱스 추천 시스템으로 인덱스 찾기

기존에 살펴본 방식이 새롭거나 부자연스럽게 느껴지는 독자라면 데이터스택스 그래프에 이 작업을 부탁하는 방법을 시도해보자.

데이터스택스 그래프는 indexFor라는 지능형 인덱스 추천 시스템intelligent index recommendation system을 제공한다. [그림 5-15]에서 살펴본 질의에 schema.indexFor(<your_traversal>).analyze()를 실행하면 인덱스 분석기가 알아서 탐색에 필요한 인덱스를 찾는다.

```
schema.indexFor(g.V().has("Customer", "customer_id", "customer_0").
                out("owns").
                in("withdraw_from", "deposit_to").
                order().
                  by(values("timestamp"), desc).
                limit(20).
                values("transaction_id")).
        analyze()
```

이미 deposit_to에 구체화 뷰를 만들었으므로 이 명령을 실행하면 동일한 추천 결과가 출력되어야 한다. 다음은 코드 실행 결과다(편의상 읽기 쉽게 정렬함).

```
인덱스를 생성해야 탐색할 수 있음:
schema.edgeLabel("withdraw_from").
        from("Transaction").
        to("Account").
        materializedView("Transaction__withdraw_from__Account_by_Account_acct_id").
        ifNotExists().
        inverse().
        create()
```

[그림 5-15]와 indexFor(<your_traversal>).analyze()는 같은 작업을 수행한다. 이들은 탐색을 스키마로 매핑하면서 구체화 뷰가 필요한 곳을 알아낸다.

4장에서 했던 것처럼 모든 질의를 개발한 다음에 두 기법 중 하나를 이용해 제품 스키마에 인덱스가 필요한 위치를 파악한다. 수동 기법은 간선 레이블에 사용할 기본 방향을 결정하는 데 유용하다. indexFor(…).analyze() 기법에만 의존하면 일부 회전이 필요한 간선을 포함해 여러 인덱스가 생성되는 결과를 초래할 수 있다.

다음은 제품 데이터베이스를 처음 설정할 때 필요한 경험 법칙이다.

TIP **경험 법칙 #9**

- 데이터를 로드한 다음 인덱스를 적용한다.

인덱스를 적용하기 전에 데이터를 로드해야 데이터 로딩 속도가 매우 빨라진다. 이 규칙을 적용할지 여부는 팀의 배포 기법에 따라 달라진다.

제품 그래프 데이터베이스의 블루-그린 배포 패턴blue-green deployment pattern의 인기 덕분에 이 로딩 기법을 흔히 사용한다. 제품에 이 패턴을 사용한다면 데이터를 먼저 로드한 다음 인덱스를 적용하는 걸 권장한다. 블루-그린 배포 패턴처럼 시스템 다운타임downtime을 최소화하는 배포 기법과 관련한 정보는 『신뢰할 수 있는 소프트웨어 출시』(에이콘출판사, 2013)를 참고하자.

이제 마지막 규칙을 살펴보자.

TIP **경험 법칙 #10**

- 제품 질의에 필요한 간선과 인덱스만 유지한다.

개발에서 제품 단계로 넘어가면서 탐색에 필요 없는 간선 레이블이 발견된다. 이는 흔히 발생하는 일이다. 제품 스키마를 완성하면서 사용하지 않는 간선 레이블은 제거함으로써 디스크 공간과 데이터 저장 시간을 절약할 수 있다.

4장에서 구축한 개발 스키마에 새로 배운 데이터 모델링 규칙을 적용해보자. 6장부터는 다른 그래프 모델을 사용할 것이므로 기존 예제와 예제 데이터를 활용하는 것은 이번이 마지막이다.

5.4 최종 제품 구현

이번 절에서는 C360 예제의 최종 제품 버전을 구현하는 과정을 자세히 설명한다.

우선 C360 예제 스키마에 구체화 뷰를 추가하고 데이터스택스 벌크 로더로 데이터를 로드하는 방법을 설명한다. 마지막으로 최적화된 결과물을 활용하도록 그렘린 질의를 갱신한다.

5.4.1 간선에 구체화 뷰, 시간 추가하기

개발 스키마에서 몇 가지를 바꿔야 한다. 우선 간선에 시간을 추가해 질의에서 처리할 데이터 양을 줄인다. [그림 5-16]으로 두 번째 질의를 시각화해보자. [그림 5-16]은 그렘린 질의 실행 과정이다.

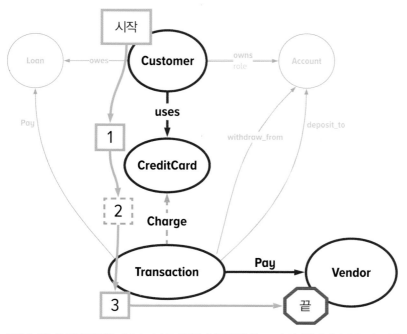

그림 5-16 두 번째 질의를 개발 스키마로 매핑하며 역정규화함으로써 처리할 데이터 양을 최소화할 수 있는 위치 확인

예제 5-5

```
dev.V().has("Customer", "customer_id", "customer_0").    // 시작
      out("uses").                                       // 1
      in("charge").                                      // 2
      has("timestamp",                                   // 2
          between("2020-12-01T00:00:00Z",                // 2
          "2021-01-01T00:00:00Z")).                      // 2
      out("Pay").                                        // 3
      groupCount().                                      // 끝
      by("vendor_name").                                 // 끝
      order(local).                                      // 끝
      by(values, decr)                                   // 끝
```

[그림 5-16]을 [예제 5-5]와 비교하면서 두 가지 제품 스키마 기법을 확인해보자. 먼저 역정
규화를 적용해 질의를 최적화할 수 있다. 현재는 Transaction 정점에만 시간을 저장한다. 타
임스탬프 프로퍼티를 역정규화해서 charge 간선에도 시간을 저장하면 탐색에 필요한 간선 수

를 줄일 수 있다. 이 기능은 [그림 5-16], [예제 5-5]에 2로 표시된 부분에서 진행된다.

[그림 5-16]에서 charge 간선의 반대 방향으로 탐색하는 질의를 살펴봤다. 이는 간선 레이블에 또 다른 구체화 뷰가 필요함을 가리킨다. 스키마 코드는 다음과 같다.

```
schema.edgeLabel("charge").
      from("Transaction").
      to("CreditCard").
      materializedView("Transaction_charge_CreditCard_inv").
      ifNotExists().
      inverse().
      create()
```

이 방식을 이용해 역정규화로 질의를 최적화할 수 있는 세 개의 간선 레이블을 찾을 수 있다. 이 최적화 방식을 적용하면 디스크의 간선이 정렬되므로 데이터 탐색 시간이 줄어든다. 특히 withdraw_from, deposit_to, charge 간선 레이블에 타임스탬프 프로퍼티를 추가함으로써 탐색에 필요한 데이터 양이 줄어든다.

5.4.2 최종 C360 제품 스키마

스키마, 질의, 데이터 통합을 살펴보면서 C360 예제를 소개하고 구축했다. 지금까지 배운 기술 개념과 내용을 적용해 C360 예제의 최종 제품 스키마를 만들어보자(그림 5-17).

여기에서는 역정규화를 적용하고, 탐색에 이용할 간선 레이블에 타임스탬프를 추가했다.

[예제 5-6]은 간선 레이블의 최종 스키마 코드다.

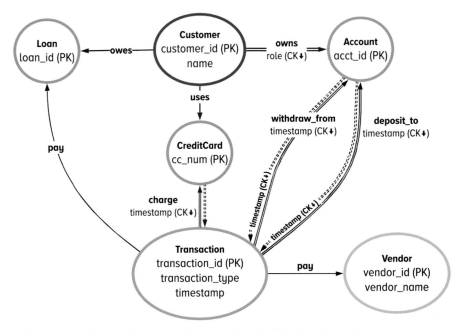

그림 5-17 이전 장부터 살펴본 그래프 기반 C360 애플리케이션의 시작 데이터 모델

예제 5-6

```
schema.edgeLabel("withdraw_from").
       ifNotExists().
       from("Transaction").
       to("Account").
       clusterBy("timestamp", Text). // 시간순으로 간선 정렬
       create();
schema.edgeLabel("deposit_to").
       ifNotExists().
       from("Transaction").
       to("Account").
       clusterBy("timestamp", Text). // 시간순으로 간선 정렬
       create();
schema.edgeLabel("charge").
       ifNotExists().
       from("Transaction").
       to("CreditCard").
       clusterBy("timestamp", Text). // 시간순으로 간선 정렬
       create();
```

최종적으로 개발 스키마에 다음을 적용해 제품 스키마를 만든다.

1 다섯 개의 간선 레이블에 프로퍼티 역정규화하기
2 역으로 탐색할 수 있도록 세 개의 간선에 구체화 뷰 추가하기

벌크 로딩bulk loading 도구를 이용해 그래프 데이터베이스에 데이터를 삽입하는 방법을 살펴보자.

5.4.3 그래프 데이터 벌크 로딩

CSV 파일의 데이터를 데이터스택스 그래프로 로딩하는 스크립트를 준비했다. 데이터스택스 벌크 로더를 이용하면 제품에 데이터를 빠르게 로드할 수 있다. 데이터 모델의 각 정점과 간선 레이블별로 CSV 파일을 제공한다. 정점을 로딩하는 과정을 살펴본 다음, 간선도 같은 방법으로 로딩한다.

데이터스택스 벌크 로더로 정점 로딩하기

[표 5-4]에서 모든 정점 데이터 파일과 관련 설명을 살펴보자.

표 5-4 이 장의 예제에서 사용하는 정점 데이터를 저장한 전체 CSV 파일 목록

정점 파일	설명
Accounts.csv	계좌 ID, 한 행에 한 개
CreditCards.csv	신용카드 ID, 한 행에 한 개
Customers.csv	고객 정보, 한 행에 한 개
Loans.csv	대출 ID, 한 행에 한 개
Transactions.csv	거래 정보, 한 행에 한 개
Vendors.csv	판매자 정보, 한 행에 한 개

Transactions.csv의 정점 데이터를 데이터스택스 벌크 로더로 로딩하는 방법을 살펴보자.

우선 [표 5-5]는 Transactions.csv의 첫 다섯 행의 데이터다. 각 행은 거래와 관련된 세 가지 정보(스키마에 매핑됨)를 포함한다. [표 5-5]에서 모든 거래는 unknown 형식으로 로딩되는데, 나중에 탐색 시 이 프로퍼티를 그래프 구조에 따라 바꾸기 때문이다.

표 5-5 Transactions.csv 파일에서 첫 다섯 행의 데이터

transaction_id	timestamp	transaction_type
219	2020-11-10T01:00:00Z	unknown
23	2020-12-02T01:00:00Z	unknown
114	2019-06-16T01:00:00Z	unknown
53	2020-06-05T01:00:00Z	unknown

[표 5-5]에서 가장 중요한 행은 헤더다. 책에서 제공하는 로딩 스크립트에서 헤더는 파일과 데이터베이스 간의 매핑 설정 용도로도 쓰인다. 데이터스택스 그래프에서는 헤더와 프로퍼티 이름이 반드시 일치해야 한다.

[예제 5-7]에서 보여주는 것처럼 명령줄 벌크 로딩 도구로 CSV 파일을 로드할 수 있다.

예제 5-7

```
1  dsbulk load -url /path/to/Transactions.csv
2              -g neighborhoods_prod
3              -v Transaction
4              -header true
```

[예제 5-7]은 로컬 호스트에서 정점 데이터를 로드하는 가장 기본적인 방법이다. 첫 행의 첫 번째 부분 dsbulk load는 명령줄에서 로딩 도구를 호출한다. 다음 네 개의 매개변수(-url, -g, -v, -header)의 순서는 중요하지 않다.

1 -url 매개변수는 CSV 저장 위치를 나타낸다.

2 -g는 그래프의 이름이다.

3 -v는 정점 레이블이다.

4 -header는 파일의 헤더에 따라 데이터가 매핑되어야 함을 지정한다.

TIP 데이터스택스 벌크 로더 문서[3]에는 분산 클러스터로 로드하는 법, 설정 파일 등 다양한 로드 옵션이 설명되어 있다.

이번에는 간선 데이터 로딩 과정을 살펴보자.

데이터스택스 벌크 로더로 간선 로딩하기

모든 간선 데이터 파일과 설명은 [표 5-6]에서 확인할 수 있다.

표 5-6 이 장의 예제에서 사용하는 간선 데이터의 전체 CSV 파일 목록

간선 파일	설명
charge.csv	Transaction에서 CreditCard로 향하는 charge 간선
deposit_to.csv	Transaction에서 Account로 향하는 deposit_to 간선
owes.csv	Customer에서 Loan으로 향하는 owes 간선
owns.csv	Customer에서 Account로 향하는 owns 간선
pay_loan.csv	Transaction에서 Loan으로 향하는 pay 간선
pay_vendor.csv	Transaction에서 Vendor로 향하는 pay 간선
uses.csv	Customer에서 CreditCard로 향하는 uses 간선
withdraw_from.csv	Transaction에서 Account로 향하는 withdraw_from 간선

deposit_to.csv 파일을 통해 데이터스택스 벌크 로더로 간선 데이터를 로딩하는 방법을 살펴보자. [표 5-7]은 이 파일의 첫 다섯 행의 데이터다. 각 행은 입금과 관련된 세 가지 정보(스키마로 매핑되는 transaction_id, acct_id, timestamp)를 포함한다.

표 5-7 deposit_to.csv 파일에서 첫 다섯 행의 데이터

Transaction_transaction_id	Account_acct_id	timestamp
185	acct_5	2020-01-19T01:00:00Z
251	acct_5	2020-07-25T01:00:00Z
247	acct_5	2020-03-06T01:00:00Z
214	acct_14	2020-06-11T01:00:00Z

---

3 https://docs.datastax.com/en/dsbulk/doc/dsbulk/getStartedDsbulk.html

[표 5-7]에서도 가장 중요한 행은 헤더다. 헤더는 데이터스택스 그래프의 테이블 스키마와 일치해야 한다. 데이터스택스 그래프는 테이블의 기본 키의 일부인 간선 프로퍼티의 다양한 열이름을 자동으로 생성한다. 자동 생성된 이름은 간선 레이블을 프로퍼티명 앞에 추가한다. 예를 들어 transaction_id 앞에 Transaction_를 추가하거나 acct_id 앞에 Account_를 추가한다.

[예제 5-8]은 명령줄 벌크 로딩 도구로 간선 CSV 파일을 로드한다.

예제 5-8

```
1  dsbulk load -url /path/to/Transactions.csv
2             -g neighborhoods_prod
3             -e deposit_to
4             -from Transaction
5             -to Account
6             -header true
```

[예제 5-8]은 간선 데이터를 로컬 호스트로 로딩하는 가장 기본적인 방법이다. 1행의 첫 번째 부분 dsbulk load는 이전 예제와 마찬가지로 명령줄로 로딩 도구를 호출한다. 다음으로 여섯 개의 매개변수(-url, -g, -e, -to, -from, -header)의 순서는 중요하지 않다. -url 매개변수는 CSV 저장 위치, -g는 그래프 이름, -e는 간선 레이블, -from은 나가는 정점 레이블, -to는 들어오는 정점 레이블, -header는 파일의 헤더에 따라 데이터를 매핑하도록 지시한다.

책에서 제공하는 스크립트는 모든 정점과 간선 레이블을 로드하는 방법과 전체 예제를 포함한다. 이 책에서 제공하는 깃허브 저장소[4]에서 각 장의 데이터와 로딩 스크립트를 확인할 수 있다.

이 책의 나머지 장에서도 데이터스택스 그래프로 데이터를 벌크 로딩하는 예제가 계속 등장한다. 지금부터는 그렘린으로 그래프 질의를 구현하는 방법을 살펴보자.

5.4.4 간선의 시간을 사용하도록 그렘린 질의 갱신하기

지금까지 간선 레이블과 인덱스를 갱신했다. 이번에는 각 질의와 결과를 다시 살펴보자. 이들 질의는 이미 4장에서 살펴봤지만 두 가지가 바뀌었다. 첫째, 이번에는 제품 탐색 소스 g를 사

---

4 https://oreil.ly/GtEI5

용한다. 이번 장에서는 개발 모드에서 벗어나 제품에 사용할 질의를 구현한다. 둘째, 새로운 제품 스키마를 이용해 각 질의를 갱신한다. 구체화 뷰와 간선에 추가한 시간을 사용한다.

질의 1부터 다시 확인해보자.

질의 1: Michael 계좌에서 발생한 가장 최근 20건의 거래 내역은?

지금까지 살펴본 내용을 스키마와 그래프 데이터에 적용하면 첫 번째 질문을 해결하는 질의를 [예제 5-9]와 같이 간단하게 구현할 수 있다.

예제 5-9

```
g.V().has("Customer", "customer_id", "customer_0").
    out("owns").
    inE("withdraw_from", "deposit_to"). // deposit_to에 구체화 뷰를 사용해
    order().                            // 간선을 정렬
    by("timestamp",desc).               // 시간순으로
    limit(20).                          // 가장 최근 20개 간선 탐색
    outV().                             // 거래 정점 탐색
    values("transaction_id")            // transaction_id 얻기
```

간선을 정렬함으로써 더 적은 데이터를 처리했지만, 결과는 동일하다.

```
"184", "244", "268", ...
```

4장과 비교해 가장 크게 바뀐 부분은 E라는 문자를 추가한 점이다. in()이 inE()로 바뀌었다. E를 추가해 구체화 뷰를 사용하면서 간선의 순서를 정렬한다.

개발 모드에서 이 데이터를 어떻게 탐색했는지 다시 한번 떠올려보자. 4장에서 in() 단계는 간선의 방향을 무시한 채 간선, 정점을 탐색하고 정점 객체를 정렬했다. 이렇게 단순한 기능으로 그래프 데이터를 충분히 탐색할 수 있었다.

제품 환경에서는 필요한 데이터만 질의로 처리하는 것이 좋다. [예제 5-9]에서 inE()를 사용해 모든 간선을 시간순으로 정렬하고 가장 최근 20개의 간선만 탐색함으로써 질의를 최적화한다.

모든 간선을 정렬하려면 스키마에서 세 가지 개념이 필요하다. 첫째, deposit_to와 withdraw_from 간선 레이블의 구체화 뷰를 사용한다. 둘째, 디스크에 간선을 시간순으로 정

렬했으므로 deposit_to의 클러스터링 키를 사용해야 한다. 마지막으로 withdraw_from 간선
레이블도 디스크에 시간순으로 정렬되어 있으므로 클러스터링 키를 사용한다.

즉 in()에서 inE()로 조금 바꿨을 뿐이지만 상당한 최적화가 이루어진다. 다음 질의에 새로운
스키마를 활용하려면 무엇이 필요한지 확인해보자.

질의 2: 12월에 Michael은 어느 상점에서 얼마나 자주 쇼핑했는가?

이번 질의에도 같은 패턴으로 최적화를 적용한다. charge 간선에 시간 역정규화를 적용해 처
리할 데이터의 양을 최소화한다. [예제 5-10]은 그렘린으로 구현한 코드다.

예제 5-10

```
g.V().has("Customer", "customer_id", "customer_0").
    out("uses").
    inE("charge").                              // 간선 접근
        has("timestamp",                        // 간선 정렬
            between("2020-12-01T00:00:00Z",      // 2020년 12월의 시작
            "2021-01-01T00:00:00Z")).            // 2020년 12월의 끝
    outV().                                      // 거래로 탐색
    out("pay").hasLabel("Vendor").               // 판매자로 탐색
    groupCount().
      by("vendor_name").
    order(local).
      by(values, desc)
```

결과는 기존과 동일하다.

```
{
  "Target": "3",
  "Nike": "2",
  "Amazon": "1"
}
```

[예제 5-9]에 적용했던 것과 같은 패턴의 최적화를 [예제 5-10]에 적용했다. 이번에는 들어오
는 간선만 접근하도록 inE()를 사용했다. 간선에 범위 함수를 적용할 수 있도록 클러스터링 키
timestamp를 사용했다. 특정 범위의 모든 간선을 찾았다면 4장에서 했던 것처럼 거래 정점으로

이동해 탐색을 계속 진행한다.

이제 4장의 마지막 질의를 살펴보자.

질의 3: Jamie와 Aaliyah의 가장 중요한 거래 내역(계좌에서 모기지 론을 지불함)을 찾아 갱신하자.

최종 질의를 확인하기 전에 이 질의가 처리하는 데이터를 살펴보자. 이 질의에서는 Aliyah에서 시작해 그녀의 계좌에서 모든 출금 내역을 찾는다. 이 질의는 제한이나 시간 요구 사항 없이 모두를 찾는다. 즉, 간선의 시간 범위를 사용하지 않는다.

게다가 이 질의의 모든 단계는 밖으로 향하는 간선 레이블을 활용한다. 따라서 이 질의에서는 구체화 뷰가 필요 없으며 기존 간선을 이용해 그래프를 탐색할 수 있다. 즉, 제품 탐색 소스로 바꾸기만 하면 질의가 완성된다(예제 5-11).

예제 5-11

```
g.V().has("Customer", "customer_id", "customer_4").    // Aaliyah의 정점 접근
    out("owns").                                        // 계좌로 탐색
    in("withdraw_from").                                // 출금만 고려
    filter(
        out("pay").                                     // 대출이나 판매자로 탐색
        has("Loan", "loan_id", "loan_18")).             // loan_18만 유지
    property("transaction_type",      // 변환 단계: "transaction_type"을
            "mortgage_payment").  // "mortgage_payment"로 설정
    values("transaction_id", "transaction_type")        // id와 type 반환
```

4장과 동일한 결과를 얻는다.

```
"144", "mortgage_payment",
"153", "mortgage_payment",
"132", "mortgage_payment",
...
```

[예제 5-11]을 끝으로 개발 스키마와 질의를 제품 스키마와 질의로 변환했다. 4.5절의 결과에 직접 질의 결과 모양을 만드는 사고 과정을 적용함으로써 여러분의 애플리케이션 내에서 사용할 더 튼튼한 페이로드와 자료구조를 만들어보기를 권장한다.

5.5 더 복잡한, 분산 그래프 문제

4장에서 시작한 여정을 5장에서 제품으로 최적화해보았다. 이번 장의 마지막 종착지에서 아파치 카산드라에서 그래프 데이터를 어떻게 활용하는지 배운다. 이 과정에서 몇 가지 제약이 있음을 확인했으며 이를 어떻게 해결하는지도 살펴봤다. 이와 비슷한 내용을 간단하게 더 살펴보자.

5.5.1 개발 모드에서 제품 모드로 이동할 때 유용한 10가지 팁

4장에서 데이터를 분산 그래프 데이터베이스에 매핑하는 데 필요한 모델링 팁(경험 법칙)을 소개했다. 이번 장에서는 제품 그래프 데이터베이스를 최적화하는 팁을 추가했다. 기존의 10가지 팁을 다시 한번 살펴보면서 개발에서 제품 단계로 이동하는 데 필요한 내용을 되새겨보자(표 5-8).

이 10가지 팁은 새로운 데이터셋과 사용 사례로 시작할 때 중요한 기반이 된다. 앞으로도 이들 규칙을 반복적으로 적용한다. 분산 그래프 애플리케이션에 자주 사용하는 다양한 구조를 확인하면서 권장 사항을 계속 이 목록에 추가할 예정이다.

표 5-8 10가지 그래프 데이터 모델링 팁

번호	팁
1	어떤 데이터에서 탐색을 시작해야 한다면 이 데이터를 정점으로 만든다.
2	개념을 연결할 때 특정 데이터가 필요하다면 이 데이터를 간선으로 만든다.
3	질의에서는 정점–간선–정점 구조를 일반 문장이나 문구로 표현할 수 있어야 한다.
4	명사와 개념은 정점 레이블로 변환한다. 동사는 간선 레이블로 변환한다.
5	개발 과정에서 여러분이 도메인의 데이터를 생각하는 방식을 반영해 간선 방향을 결정한다.
6	그룹의 일부 데이터를 선택해야 한다면 데이터를 프로퍼티로 만든다.
7	프로퍼티는 간선이나 정점에 중복 저장될 수 있다. 역정규화를 이용해 질의에서 처리할 요소 수를 줄인다.
8	간선 레이블에서 탐색 방향이 그래프 스키마의 간선 레이블에 필요한 인덱스를 결정한다.
9	데이터를 로드한 다음 인덱스를 적용한다.
10	제품 질의에 필요한 간선과 인덱스만 유지한다.

이제부터 여러분은 경로, 재귀 탐색, 협업 필터링 등 더 깊고 복잡한 문제를 해결할 준비를 마쳤다.

다양한 시행착오를 겪으며 배우려는 의지가 있는 사람만이 고급 그래프 사용자가 될 수 있다. 필자들이 겪은 경험을 기반으로 이 책에서 살펴볼 사용 사례를 설정했다.

지금까지 살펴봤듯이 새로운 기술과 사고방식을 사용하는 여정은 시간이 많이 걸린다. 지금까지 중요한 이정표를 살펴봤다. 이제 복잡한 문제를 해결하는 제품 애플리케이션에 그래프 씽킹을 함께 적용할 준비를 마쳤다.

6장에서는 그래프 씽킹을 데이터로 확장하는 가장 인기 있는 방법을 살펴본다. 스스로 조직하는 센서들의 통신 네트워크에서 간선 계산과 계층 그래프 데이터가 교차하는 지점에서 발생하는 복잡한 문제를 해결해본다.

트리 사용 개발

이웃을 탐색하는 C360 애플리케이션은 현재 분산 그래프 기술에서 가장 흔히 사용하는 기법이다. C360 예제는 분산 시스템, 그래프 이론, 함수형 질의 언어 등 수많은 개념을 효과적으로 소개한다.

그렇다면 이제 뭘 살펴봐야 할까? 6, 7장에서는 이웃 데이터 이해를 넘어 계층 데이터에 그래프 씽킹을 적용하는 단계로 나아간다.

- **계층 데이터**: 의존성dependency을 중첩 구조로 조직한 데이터를 가리킨다.

이 장을 집필하는 현재, 분산 그래프 애플리케이션에서는 계층 구조 데이터를 두 번째로 많이 사용하고 있다.

6.1 6장 미리 보기: 트리 탐색, 계층 데이터, 순환

6장은 크게 다섯 가지 주요 부분으로 구성된다.

첫 번째 부분에서는 실생활 시나리오에서 찾을 수 있는 다양한 계층 데이터 예를 살펴본다. 계층 데이터라는 새로운 유형의 데이터를 확인하면서 새로운 용어도 접하게 된다. 두 번째 부분에서는 다양한 예제를 통해 새로운 용어를 소개한다. 세 번째 부분에서는 예제에서 사용할 문제와 데이터, 스키마를 소개한다. 계층 데이터에서는 크게 두 가지 유형의 질의를 사용한다.

네 번째 부분에서는 계층의 바닥에서부터 시작해 꼭대기 방향으로 탐색하는 첫 번째 질의 패턴을 소개한다. 그다음에는 계층의 꼭대기에서부터 바닥으로 탐색하는 두 번째 질의 패턴을 소개한다.

마지막 절의 최종 질의 패턴은 제품 애플리케이션에서 깊게 중첩된 데이터를 탐색할 때 발생하는 가장 어려운 면을 보여준다. 6장에서는 무엇이 잘못될 수 있는지 보여주며 이어지는 7장에서 문제 발생 이유와 제품화 단계에서 문제를 해결하는 방법을 설명한다.

6.2 세 가지 예제로 살펴보는 계층, 중첩 데이터

공공연하게 우리는 일상에서 그래프를 사용하고 있다. 제품 구조, 버전 관리 시스템, 심지어 사람 데이터에서 계층 구조가 자주 발견된다. 이 세 가지 예제를 하나씩 살펴보면서 그래프로 중첩 데이터를 추론하는 방법을 확인해보자.

6.2.1 BOM의 계층 데이터

가장 먼저 BOM (자재 명세서)bill of materials 애플리케이션에서 흔히 나타나는 계층 데이터를 살펴보자. BOM 애플리케이션은 파이프라인에서 제품을 만드는 데 필요한 원자재, 조립품, 부품의 수량을 중첩 의존성으로 연결해 제품 구조를 설명한다. [그림 6-1]을 통해 보잉 737 비행기 제조 공정의 의존성을 살펴보자.

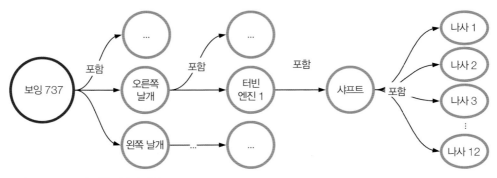

그림 6-1 BOM의 계층 데이터 예제

비행기를 만드는 데 필요한 BOM에서 데이터가 중첩 또는 계층을 이룬다는 사실을 알 수 있다. '보잉 737에는 몇 개의 나사가 필요할까?'라는 질문을 생각해보자. 비행기 제조 조립 과정에 포함된 부품 계층을 탐색하면 이 질문에 답할 수 있다. 예를 들어 비행기는 두 개의 날개를 포함하며 각 날개는 한 개의 터빈 엔진을 포함하고, 각 엔진은 샤프트를 포함하는데, 각 샤프트를 조립하려면 12개의 나사가 필요하다.

BOM에서 계층을 얘기할 때는 전체 물건을 구성하는 부품에 필요한 총 나사 수를 세는 것과 같이 대상을 분해해야 한다. 보통 제조 공장, 조립 라인, 수많은 공업 엔지니어링 분야에 이런 유형의 데이터 계층이 존재한다.

6.2.2 버전 관리 시스템의 계층 데이터

소프트웨어 엔지니어링 과정에서도 계층 데이터와 그래프 데이터를 찾을 수 있다. 깃^{Git}은 가장 유명한 버전 관리 시스템이며 이 책에서도 깃으로 기술 자료를 제공한다.

깃의 버전 관리 시스템은 계층 데이터를 포함한다. 버전 관리 시스템은 작업 디렉터리, 인덱스, 헤드 세 가지 트리 구조를 포함한다. 각 트리는 쓰기, 스테이징, 커밋 변경이라는 세 가지 기능을 제공한다. [그림 6-2]는 프로젝트의 의존성 그래프로 각 변경 상태를 확인하는 법을 보여준다.

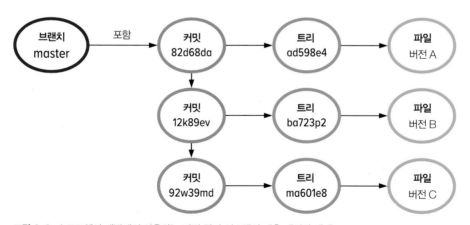

그림 6-2 소프트웨어 개발에서 사용하는 버전 관리 시스템의 계층 데이터 예제

깃을 체인으로 생각할 수 있다. 버전 관리 시스템은 포크^{fork}로 의존성 체인을 만든다. 깃의 버

전 관리 시스템은 중첩된 계층 형태로 데이터를 저장한다.

계층 구조 데이터를 확인할 수 있는 세 번째 예를 살펴보자.

6.2.3 자체 구성 네트워크의 계층 데이터

사람들은 스스로 관계를 조직하며 이 사이에서도 계층 관계가 발견된다. 가계도와 회사 조직도가 대표적인 예다. 가족 계층과 관계를 그래프 자료구조로 표현하려면 가족 전체를 고려해야한다. 할아버지의 할아버지의 할아버지까지 최대한 멀리 관계를 넓히는 것이 좋다. 가족의 혈통을 추적할 수 있도록 자료를 수집하다 보면 수많은 부모, 자식 계층을 발견할 수 있다. 가족내의 부모, 자식 의존성은 주변에서 찾을 수 있는 계층 데이터의 가장 좋은 예다.

필자들의 직장에도 이와 비슷한 종류의 조직도가 있다. 직장의 계층 구조를 [그림 6-3]을 통해확인해보자.

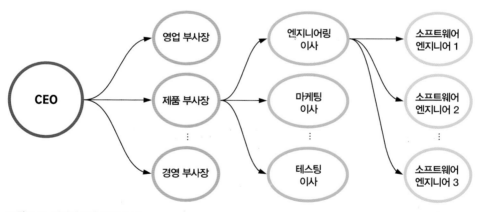

그림 6-3 직장의 계층 데이터 예

회사 조직도는 가계도와 비슷하다. 관리자와 임직원의 관계는 가계도의 부모, 자식 관계와 비슷하다. 사람은 그룹에서 일하며 스스로를 비슷한 구조로 조직한다. 예를 들어 CEO는 부사장팀을 관리하며, 부사장은 이사 팀을 관리하고, 이사는 개발자들을 관리한다.

이렇게 실생활의 관계에서 중첩된 특징을 발견할 수 있었다. 이런 유형의 데이터가 그래프 기술에서 두 번째로 인기를 얻는 이유를 확인해보자.

6.2.4 계층 데이터에 그래프 기술을 사용하는 이유

그래프 기술을 이용하면 데이터 내의 중첩 관계를 더 자연스럽게 표현할 수 있다. 데이터를 자연스럽게 표현할수록 코드가 단순해지므로 유지 보수가 쉬워지고 개발 팀의 생산성은 향상된다.

지금까지 전 세계의 그래프 사용자와 나눴던 다양한 대화 중에 "HBase 기반의 150행의 질의를 20행의 그렘린 질의로 변환했다"는 얼리 어답터의 얘기가 기억난다. 이는 왜 많은 엔지니어링 팀이 그래프 기술을 이용해 계층 구조 데이터를 모델링, 저장, 질의하는지 잘 보여준다.

단순한 코드, 개발자 생산성 향상은 항상 대화에서 빠지지 않는 주제였다. 덕분에 더 많은 팀이 분산 그래프 기술로 모델링하고 추론 과정과 계층 구조를 통해 복잡한 문제를 해결하려 시도한다.

그렇다면 회사 구조, 버전 관리, 제품 구조의 공통점은 뭘까?

이들의 데이터는 중첩 또는 계층을 포함한다. 그래프 기술에서는 이 계층을 트리라 부른다. 데이터의 숲에서 나무(트리)를 보는 방법을 배우는 데 필요한 새로운 그래프 용어를 살펴보자.

6.3 용어의 숲에서 길 찾기

이번 절에서는 데이터베이스, 그래프 이론 커뮤니티에서 사용하는 용어를 소개한다. 계층 구조와 같은 데이터의 저장 모델 개념은 데이터베이스와 관련해 자주 사용하는 용어다. 데이터 내에서 관찰 가능한 구조를 정의하는 용어인 **트리**tree, **포리스트**forest 등은 그래프 이론에서 유래했다.

저장소와 관련된 개념인지 아니면 예제 데이터와 관련된 내용인지 구별할 수 있다면 용어가 어디서 유래했는지는 중요하지 않다. 이미 2장에서 그래프 데이터와 그래프 스키마의 개념을 얼마나 쉽게 혼동할 수 있는지 살펴봤다. 계층 데이터에서도 동일한 문제가 발생한다. 다양한 커뮤니티에서 가져온 용어가 혼합되면서 적절한 그래프 용어를 고르기가 어려워졌다.

몇 가지 예를 이용해 두 세계에서 사용하는 주요 용어를 살펴보자.

6.3.1 트리, 루트, 리프

지금까지 트리라는 용어를 몇 번 사용했지만 트리가 무엇인지 설명하지 않았다. 트리의 의미는 다음과 같다.

- **트리**: 순환(사이클)cycle이 없는 연결된 그래프다.

순환은 다음 절에서 정의한다. 회사 계층 예제를 이용해 트리가 무엇인지 살펴보자. [그림 6-4]의 그래프는 CEO에서 소프트웨어 엔지니어로 이어지는 트리를 구성한다.

[그림 6-4]의 간선을 살펴보면 모든 정점은 자신을 가리키는 한 간선을 갖는다는 사실을 알 수 있다. 여러분의 회사 구성원 트리 모델을 다른 경쟁사의 구성원 트리 구조와 비교하려면 총 두 개의 트리를 이용하게 되는데, 이 두 트리가 모여 포리스트를 구성한다. 이런 그래프 이론 용어가 등장하면 수학자들은 입맛을 다시기 마련이다. 어떤 재미있는 일이 있는지 살펴보자.

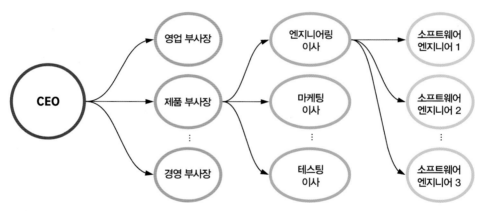

그림 6-4 그래프 이론에 기반해 회사 구성원 계층을 트리로 만든 예제

계층 데이터에는 부모와 자식이라는 두 가지 특별한 종류의 정점이 존재한다.

- **부모 정점**: 계층에서 한 단계 위에 위치한다.
- **자식 정점**: 계층에서 부모보다 한 단계 아래에 위치한다.

[그림 6-4]에서 이들 용어를 식별할 수 있다. [그림 6-4]에서 제품 부사장은 마케팅 이사의 부모다. 마케팅 이사는 제품 부사장의 자식 정점이다.

다음 정의를 살펴보며 루트root와 리프가 계층 데이터의 전통적인 부모, 자식 관계에 부합하는지 확인해보자.

- **루트**: 가장 위에 있는 부모 정점이다. 계층의 의존성 체인은 루트에서 시작한다.
- **리프**: 계층의 의존성 체인에서 마지막 자식 정점이다. 리프 정점은 차수degree가 1이다.

[그림 6-4]에서는 CEO가 루트고 소프트웨어 엔지니어는 리프가 된다.

6.3.2 보행, 경로, 순환의 깊이

애플리케이션에서는 세 가지 방법(이웃, 깊이, 경로) 중 하나로 계층의 데이터를 참조한다.

첫째, 애플리케이션은 부모 또는 자식으로 계층 데이터를 참조한다. 특정 정점에서 한 단계 위로 올라가면 부모 정점이며, 한 단계 내려가면 자식이 나온다. 이는 지금까지 살펴봤던 이웃 탐색과 아주 비슷하다.

둘째, 애플리케이션은 루트 또는 리프에서부터의 거리로 계층 데이터를 참조한다. **깊이**depth라는 용어로 계층 데이터의 거리를 나타낸다.

- **깊이**: 계층에서 깊이는 그래프의 한 정점에서 루트까지의 거리를 가리킨다. 트리의 최대 깊이는 리프에서 찾을 수 있다.

회사 구성원 계층 트리 데이터에 깊이 개념을 적용해보자.

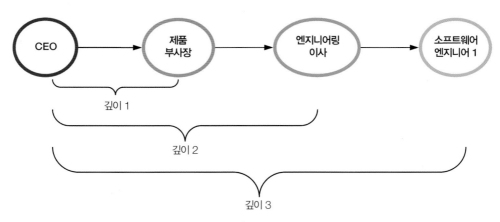

그림 6-5 회사 구성원 계층 트리 데이터로 깊이 개념 확인하기

회사의 보고 구조를 살펴보면 각각의 직원이 CEO에서 얼마나 멀리 떨어져 있는지 확인할 수 있다. [그림 6-5]는 이 자연적 관계를 공식적인 용어로 설명한다. [그림 6-5]에서 제품 부사장은 CEO와 거리가 1임을 알 수 있다. 엔지니어링 이사는 CEO와 거리가 2다. 마지막으로 소프트웨어 엔지니어는 CEO와 거리가 3이다.

세 번째 방법을 사용하려면 두 데이터 사이의 전체 의존성 체인을 이해해야 한다. 전체 의존성 체인에 접근하려면 루트로부터 리프 또는 리프에서 루트까지 데이터를 탐색해야 한다. 이와 관련된 세 가지 유용한 용어가 등장한다.

- **보행(워크)**walk : 보행은 방문했던 정점과 간선을 나타낸다. 정점과 간선은 반복될 수 있다.
- **경로(패스)**path : 경로는 방문했던 정점과 간선을 나타낸다. 다만 정점과 간선은 반복될 수 없다.
- **순환(사이클)**cycle : 시작과 끝이 같은 정점으로 끝나는 경로다.

[그림 6-6]은 회사 구성원 트리에서 루트에서 리프까지의 경로 예시다.

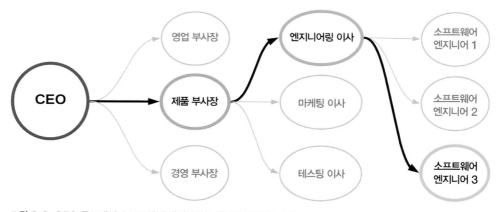

그림 6-6 CEO 루트에서 소프트웨어 엔지니어 3 리프로 연결되는 경로

CEO에서 소프트웨어 엔지니어까지의 경로는 두 단계를 지나간다. 모든 데이터를 오직 한 번만 사용했으므로 이는 경로다. 즉, CEO → 제품 부사장 → 엔지니어링 이사 → 소프트웨어 엔지니어 3로 이어지는 경로상에 간선이나 정점이 반복되지 않는다.

계층 데이터를 사람이 생각하는 것과 비슷하게 변환하고 추론할 수 있다는 장점 덕분에 많은 팀이 그래프 기술을 선호한다. 그래프 기술에서 계층 데이터를 표현, 저장, 질의하는 방식은 사람의 사고방식과 상당히 비슷하다.

용어를 살펴봤으니 앞으로 이용할 예제를 살펴보자.

6.4 센서 데이터로 계층 구조 이해하기

전기를 사용하는 것 자체만으로도 분산 계층 데이터에 참여하고 있다는 사실을 알고 있는가. 가정이나 사무실의 전등 스위치를 조작할 때마다 분산된 계층 그래프 자료구조에 데이터가 쌓인다. 전원 공급 장치는 정해진 시간 간격(예를 들어 15분)마다 가정, 사무실의 전기 소비량을 추적한다. 검침된 전력량이 모여 전기 회사로 전송되며 전기 회사는 이를 집계한다.

여러분의 전기 공급 회사는 전력망 내의 스스로 조직하는 자체 구성 네트워크self-organizing network 센서를 통해 검침 데이터를 배포할 수도 있다. 자체 구성 네트워크를 통해 검침 데이터를 전송하는 작업이야말로 일상에서 접할 수 있는 가장 아름답고, 동적이며, 계층적인 그래프 문제 중 하나다.

이번 장의 예제는 자체 구성 센서와 타워 네트워크 내에서 발생하는 동적, 계층 네트워크 통신(가정에서 전기 회사로 전력량을 전달하는 등)을 모델링한다.

이제 여러분은 가상의 전기 회사인 에지 에너지Edge Energy의 데이터 엔지니어가 되었다고 생각하자. 여러분의 목표는 에지 에너지의 통신 네트워크 내에서 찾을 수 있는 계층 구조를 이해하고, 모델링하고, 질의하는 것이다.

이 책에서는 모든 문제를 다음 세 가지 단계로 접근한다.

  1 데이터 이해하기
  2 그래프 스키마 언어 표기법으로 개념적 모델 만들기
  3 데이터베이스 스키마 만들기

이어진 세 개의 절은 이 세 단계를 따른다.

6.4.1 데이터 이해

에지 에너지에 모인 검침 데이터는 실시간 감사 등과 같은 다양한 회계감사 시나리오에 따라

보고된다. 회사에서 준비해야 하는 가장 복잡한 문제 중 하나는 통신 타워 중 하나가 중단되었을 경우다.

[그림 6-7]은 에지 에너지 네트워크를 확대한 모습이다.

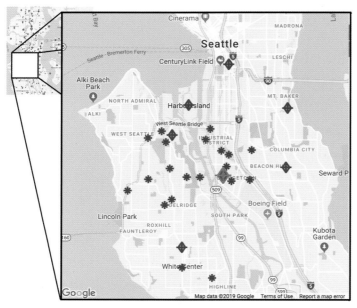

그림 6-7 워싱턴 주 시애틀Seattle의 옆 도시 조지타운Georgetown에서 에지 에너지가 사용하는 센서와 통신 타워의 위치(네트워크 간선은 표시하지 않음)

[그림 6-7]은 에지 에너지의 센서(별표), 통신 타워(다이아몬드)의 위치를 보여준다. 지도 중심에 주황색으로 표시된 타워 하나가 있다. 앞으로 두 장에 걸쳐 이 문제를 해결해야 한다. 이 타워가 통신이 두절된다면 에지 에너지의 센서 데이터에 무슨 문제가 생길까? 에지 에너지는 이런 문제가 발생했을 때 전체 네트워크의 센서 데이터 접근성에 어떤 영향이 있는지 평가하고 다양한 오류 시나리오에 대비해야 한다.

우선 한 개의 타워부터 이해해보자. 한 타워를 이해할 수 있다면 네트워크상의 모든 타워를 이해할 수 있다. 7장의 끝에서 발견한 답변은 여러분을 놀라게 할지도 모른다.

에지 에너지의 센서, 타워 네트워크가 얼마나 동적이고 계층적인 그래프인지 살펴보자.

에지 에너지의 네트워크에서 센서는 두 가지를 담당한다. 첫째, 센서는 자신에게 할당된 주택이나 사무실의 전력량을 읽는다. 둘째, 모든 센서는 정해진 시간 간격에 따라 네트워크의 다른 지점(근처 센서나 타워)에 읽은 정보(전력량)를 전달한다. 모든 읽기 기록이 타워를 거쳐 에지 에너지의 모니터링 시스템으로 들어오게 만드는 것이 목표다.

[그림 6-8]은 시애틀의 네트워크를 확대한 모습이다.

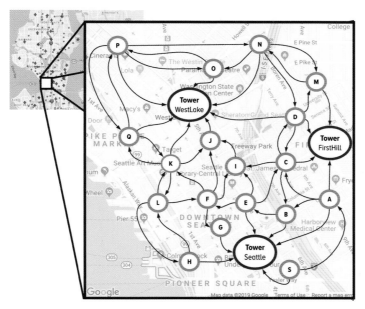

그림 6-8 시애틀 시내의 통신 네트워크를 확대한 모습

[그림 6-8]에서 데이터 계층 구조를 확인할 수 없지만 곧 이 그림의 데이터 사용 방법을 살펴본다.

이미 설명했듯이 계층 데이터를 사용하는 애플리케이션은 두 가지 방식(상향식, 하향식) 중 하나로 데이터를 질의한다. 통신 데이터가 사용되는 방식에 따라 각 패턴을 사용하면 계층 구조를 더 쉽게 확인할 수 있다.

데이터 계층 구조 확인: 상향식

질의 코드를 구현하기 전에 데이터를 살펴보고 이해하는 시간을 가져보자.

데이터를 활용해 에지 에너지의 센서 네트워크에서 센서의 데이터가 타워에 도달하는 방식을 이해할 수 있다. [그림 6-9]는 Sensor S가 어떻게 네트워크에서 공유되며, 측정값을 타워로 전달하는지 보여준다.

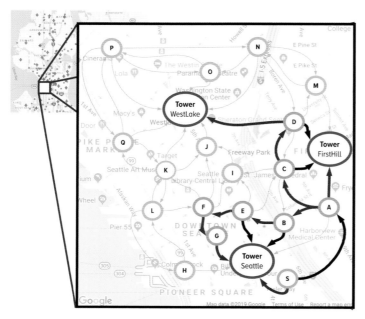

그림 6-9 센서에서 타워로 이동하는 예제 데이터

[그림 6-9]에는 Sensor S에서 주변 타워로 이동하는 경로가 강조되어 있다. 모든 보행 경로를 확인하려면 Sensor S에서 임의의 타워로 이어지는 모든 고유 경로를 찾아야 한다. 다음은 가능한 경로 중 일부다.

```
S → Seattle
S → A → FirstHill
S → A → C → FirstHill
S → A → C → D → FirstHill
S → A → C → D → WestLake
```

[그림 6-10]은 [그림 6-9]를 계층 구조로 표현한 그림이다. [그림 6-10]의 데이터는 제한이 없는 계층 데이터를 보여준다. Sensor S로부터 일부 경로는 거리가 1인 반면 거리가 5인

경로도 있다.

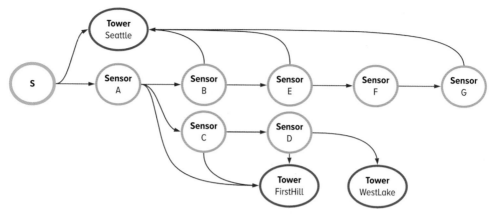

그림 6-10 Sensor S로부터 여러 타워까지의 계층도

[그림 6-11]은 이 계층에서 경로의 거리를 빠르게 찾는 방법을 보여준다.

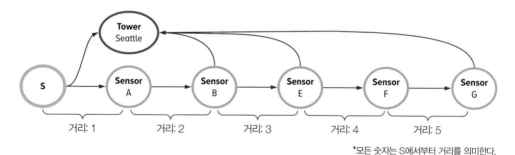

*모든 숫자는 S에서부터 거리를 의미한다.

그림 6-11 예제 데이터에서 경로의 거리 이해하기

[그림 6-11]은 Sensor S에서 Seattle 타워까지의 경로가 1, 3, 4, 6이 될 수 있음을 보여준다. Sensor S → Seattle 경로의 거리는 1이다. Sensor S → A → B → Seattle 경로의 거리는 3이다. Sensor S → A → B → E → Seattle 경로의 거리는 4다. Sensor S → A → B → E → F → G → Seattle 경로의 거리는 6이다.

모든 센서의 검침 정보는 궁극적으로 타워로 도달한다.

현실에서 이들 센서는 다른 근처 센서나 타워와 자유롭게 통신한다. 즉 그래프의 계층 구조는

동적이며 끊임없이 바뀐다. 이런 동적 네트워크는 아파치 카산드라에서 시계열$^{time\ series}$ 데이터와 그래프 구조가 합쳐지는 가장 아름다운 모습을 보여준다.

상향식으로 데이터를 확인하는 방법을 살펴봤으니 이제 반대 방향 즉, 타워에서 센서로 이어지는 동적 네트워크를 살펴보자.

데이터 계층 구조 확인: 하향식

두 번째 데이터 질의 방식은 하향식 즉, 타워에서 센서로 향하는 방식이다. [그림 6-12]는 WestLake 타워에서 접근할 수 있는 데이터를 확대한 모습이다.

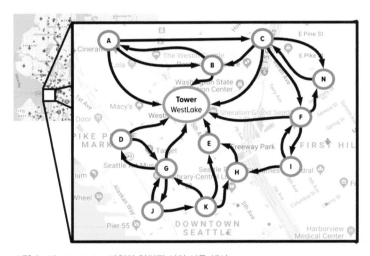

그림 6-12 WestLake 타워와 연결된 이차 이웃 센서

[그림 6-12]는 WestLake 타워에서 거리가 2 이하인 센서를 보여준다. A, B, C, F, E, G, D는 루트 WestLake 타워로부터 깊이가 1이다. 센서 J, K, H, I, N은 WestLake 타워의 이차 이웃이다. 계층 데이터에서는 루트 WestLake 타워로부터 J, K, H, I, N의 깊이가 2가 된다.

[그림 6-13]에서 계층 구조와 각 센서의 깊이를 더 잘 확인할 수 있다.

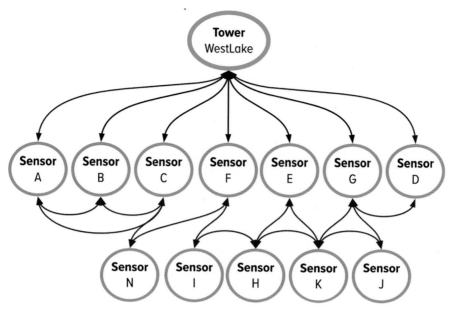

그림 6-13 루트 정점으로부터 깊이 이해하기

[그림 6-12], [그림 6-13]은 동일한 데이터를 표현한다. 다만 [그림 6-13]은 데이터를 꼭대기에서 바닥 방향으로 탐색하는 모습이다.

현재 살펴보는 예제는 실생활 계층을 표현한다는 점을 기억하자. 이 예제는 완벽한 트리가 아니며, 복잡한 계층을 형성하며 심지어 순환도 포함한다.

이 데이터셋과 실제 버전에서 간선을 어떻게 만드는지 살펴보자.

센서 계층의 간선 이해하기

지금부터 살펴볼 질의는 센서 통신 계층을 위나 아래로 탐색한다. 센서와 타워를 연결하는 간선에 다음 규칙을 적용한다.

1 모든 센서에서 출발하는 간선은 이웃한 센서나 타워로 향한다.
2 루프^{loop}는 없다. 센서는 자신으로 향하는 간선을 추가할 수 없다.

TIP 루프는 순환과 다르다. 루프는 시작과 끝이 동일한 정점인 **간선**을 가리키며 순환은 한 정점에서 시작해와 동일한 정점으로 끝나는 **일련의 간선**을 가리킨다. 예제 데이터에 순환은 존재할 수 있지만 루프는 없다.

계층 네트워크 간선을 데이터셋에 적용함으로써 에지 에너지가 애플리케이션에서 간선을 어떻게 활용하는지 보여준다.

1 간선을 연결해 보행을 만든다.
2 보행이란 센서에서 타워로 향하는 통신을 가리킨다.
3 보행은 센서에서 시작해 타워에서 끝나거나 타워에서 시작해 센서에서 끝난다.

이렇게 세 단계 중 하나를 완료했다. 데이터를 이해했으니 이제 질의 주도 데이터 모델링을 살펴보자.

6.4.2 그래프 스키마 언어 표기법을 이용한 개념적 모델

예제와 제공된 데이터를 이용해 에지 에너지의 센서가 구성하는 동적 네트워크의 통찰력을 얻는 것이 목표다. 센서 검침값을 타워와 공유하는 데 사용한 경로를 보고해 실패하는 상황을 이해해보려고 한다. 이를 위해선 다음 질의를 해결해야 한다.

1 센서 데이터는 어떤 경로로 정보를 타워에 전달하는가?
2 어떤 센서가 특정 타워와 통신하는가?
3 타워에 폐쇄 또는 손실, 일반 장애가 일어나면 어떤 영향이 있는가?

데이터 이해, 위에 나열한 질의, 이전 장에서 배운 데이터 모델링 권고를 종합하면 [그림 6-14]처럼 아주 단순한 데이터베이스 스키마를 만들 수 있다.

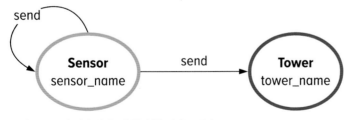

그림 6-14 이 장의 예제 구현을 위한 시작 스키마

[그림 6-14]는 데이터 모델링 모범 사례와 질의 주도 모델링을 적용하면 그래프 데이터베이스 스키마가 된다. 지금까지 해왔던 것처럼 데이터의 핵심 개체인 센서와 타워를 정점 레이블

로 만들었다. 에지 에너지에서 센서 통신 방식을 보여줄 수 있도록 Sensor 정점 레이블에서 Tower 정점 레이블로 이어지는 send라는 간선 레이블도 만들었다. 센서끼리 통신하는 기능은 Sensor 정점 레이블에서 시작해서 Sensor 정점 레이블로 끝나는 자기 참조 간선 레이블로 표시한다.

자기 참조 간선 레이블(2장 참고)은 루프와 다르다는 점을 기억하자. 자기 참조 간선 레이블은 같은 정점 레이블에서 시작하고 끝나는 스키마 요소를 가리킨다. 이는 스키마가 아니라 데이터의 개념인 루프와 다르다. 루프는 시작 정점과 끝 정점이 같은 데이터의 간선(예를 들어 Sensor 1에서 시작해 Sensor 1으로 끝나는 간선)을 의미한다. 여기서 사용하는 데이터에는 루프가 없으며 결과적으로 모든 센서는 자신에게 정보를 전송할 수 없다.

6.4.3 스키마 구현

제공된 데이터셋은 시애틀 지역에 실제로 존재하는 타워와 센서 자료다. 이는 에지 에너지가 제공하는 전 세계의 지역 중 하나다.

데이터셋의 각 타워는 실제 이동통신 기지국이다. 각 타워는 고유 식별자, 이름, 위치 정보를 갖는다. WestLake 타워에서 이미 이 정보를 확인했다. 센서도 마찬가지다. 센서는 고유 식별자와 시애틀 지역의 유효한 위치 정보를 갖는다. 예제에서는 Sensor A처럼 이름으로 센서를 식별했지만 실제 데이터셋에서는 정수를 식별자로 사용한다.

예제에서는 한 정점의 위치 정보를 참조하는 기능이 새로 추가되었다. 다음 스키마 코드로 정점을 만든다.

```
schema.vertexLabel("Sensor").
      ifNotExists().
      partitionBy("sensor_name", Text).
      property("latitude", Double).
      property("longitude", Double).
      property("coordinates", Point).
      create();
schema.vertexLabel("Tower").
      ifNotExists().
      partitionBy("tower_name", Text).
      property("latitude", Double).
```

```
                property("longitude", Double).
                property("coordinates", Point).
                create();
```

그리고 두 개의 간선 레이블을 만든다. 센서는 다른 센서 또는 타워로 정보를 전송할 수 있다. 다음은 이를 구현한 스키마 코드다.

```
schema.edgeLabel("send").
        ifNotExists().
        from("Sensor").
        to("Sensor").
        create()
schema.edgeLabel("send").
        ifNotExists().
        from("Sensor").
        to("Tower").
        create()
```

데이터스택스 벌크 로더로 정점 데이터 로딩하기

[표 6-1]은 예제에서 제공하는 모든 정점 데이터 파일을 간단하게 소개한다.

표 6-1 이 장의 예제에서 사용하는 정점 데이터 CSV 파일 전체 목록

정점 파일	설명
Sensor.csv	한 행에 한 개의 센서
Tower.csv	한 행에 한 개의 타워

Tower.csv를 살펴보면서 데이터스택스 벌크 로더가 어떻게 정점 데이터를 로딩하는지 살펴보자. [표 6-2]는 Tower.csv의 첫 다섯 행의 데이터다.

표 6-2 Tower.csv 파일의 첫 다섯 행 데이터

tower_name	coordinates	latitude	longitude
Renton	POINT (-122.203199 47.47896)	47.47895812988281	-122.20320129394
MapleLeaf	POINT (-122.322603 47.69395)	47.69395065307617	-122.32260131835
Mountainlake Terrace	POINT (-122.306926 47.791277)	47.79127883911133	-122.30692291259
Lynnwood	POINT (-122.308106 47.828134)	47.82813262939453	-122.30810546875

책에서 제공하는 로딩 스크립트에서 헤더는 파일과 데이터베이스 간의 매핑 설정 용도로도 쓰인다. 데이터스택스 그래프에서는 헤더와 프로퍼티 이름이 반드시 일치해야 한다.

[예제 6-1]처럼 명령줄 벌크 로딩 도구로 CSV 파일을 로드할 수 있다.

예제 6-1

```
1   dsbulk load -url /path/to/Tower.csv
2              -g tree_dev
3              -v Tower
4              -header true
```

[예제 6-1]은 5장에서 했던 것처럼 로컬 호스트에 정점 데이터를 로딩하는 가장 단순한 방법이다. 이제 간선 데이터와 로딩 과정을 살펴보자.

데이터스택스 벌크 로더로 간선 데이터 로딩하기

[표 6-3]은 예제로 제공되는 모든 간선 데이터 파일을 간단하게 설명한다.

표 6-3 이 장의 예제에서 사용하는 간선 데이터의 전체 CSV 파일 목록

간선 파일	설명
Sensor_send_Sensor.csv	센서 간의 send 간선
Sensor_send_Tower.csv	센서와 타워 간의 send 간선

Sensor_send_Sensor.csv 파일을 살펴보면서 데이터스택스 벌크 로더가 어떻게 간선 데이터를 로딩하는지 살펴보자. [표 6-4]는 Sensor_send_Sensor.csv 파일의 첫 다섯 행이다.

표 6-4 Sensor_send_Sensor.csv 파일의 첫 다섯 행 데이터

out_sensor_name	timestep	in_sensor_name
103318117	1	126951211
1064041	2	1307588
1035508	2	1307588
1282094	1	1031441

[표 6-4]에서 가장 중요한 행은 헤더다. 책에서 제공하는 로딩 스크립트에서 헤더는 파일과 데이터베이스 간의 매핑 설정 용도로도 쓰인다. 데이터스택스 그래프에서는 헤더와 프로퍼티 이름이 반드시 일치해야 한다. 데이터스택스는 테이블의 기본 키의 일부인 간선 프로퍼티의 열 이름을 자동으로 생성한다. [표 6-4]의 헤더는 데이터스택스 그래프가 자기 참조 간선의 파티션 키 열의 앞에 out_, in_을 추가한 모습이다. 데이터스택스 스튜디오에서 제공하는 스키마 도구나 cqlsh를 이용하면 스키마 명명 규칙을 더 자세히 확인할 수 있다.

[표 6-4]는 timestep이라는 프로퍼티를 포함하는데, 데이터베이스의 간선 스키마는 이 프로퍼티를 포함하지 않는다. 로딩 과정에서 이런 추가 데이터는 무시한다. 따라서 데이터에는 존재하지만 timestep은 간선에 포함되지 않는다.

> **NOTE_** 7장에서 데이터에 시간을 적용하고 탐색에 활용하는 방법을 살펴보면서 timestep 프로퍼티를 다시 살펴볼 예정이다. 6장에서 모든 것을 설명하려면 상황이 너무 복잡해지므로 6장에서는 이 프로퍼티를 살펴보지 않는다.

[예제 6-2]는 명령줄 벌크 로딩 도구로 간선 CSV 파일을 로딩하는 모습이다.

예제 6-2

```
1  dsbulk load -url /path/to/Transactions.csv
2              -g trees_dev
3              -e send
4              -from Sensor
5              -to Sensor
6              -header true
```

[예제 6-2]는 5장에서 했던 것처럼 로컬 호스트에 간선 데이터를 로딩하는 가장 단순한 방법이다. 책에서 제공하는 스크립트에는 예제의 모든 정점과 간선 데이터를 로딩하는 방법이 수록되어 있다. 각 장에 필요한 데이터와 로딩 스크립트는 책에서 제공하는 깃허브 저장소[1]의 **data** 디렉터리를 참고하자.

6.4.4 질의를 만들기 전

지금까지 세 가지 작업을 완료했다. 우선 이 장의 데이터를 확인했으며 센서 네트워크에서 통신이 이루어지는 방법을 살펴볼 수 있는 센서, 타워 모델을 만들었다. 마지막으로 질의를 만들수 있도록 데이터를 로드했다.

그래프 애플리케이션에서 트리 구조를 질의할 때는 주로 트리 구조를 위, 아래로 탐색하는 동작을 많이 사용한다. 트리 구조를 위로 탐색한다는 말은 리프에서 루트로 향한다는 의미이며 반대로 아래로 탐색한다는 말은 루트에서 리프로 향한다는 의미다.

개발 모드로 센서 트리를 위, 아래로 탐색하면서 필요한 개념과 질의를 살펴보자. 먼저 트리를 탐색하면서 에지 에너지가 센서의 통신 경로를 어떻게 따라갈 수 있는지 살펴본다.

이 장의 마지막 부분에서는 어떤 방법이 더 어려운지 설명하며 7장에서 이야기를 이어간다.

이제 질의를 구현해보자.

6.5 개발 모드: 리프에서 루트로 질의하기

이번에는 데이터 모델을 적용해 에지 에너지 관련 질의에 답해본다. 리프에서 루트로 탐색하며 첫 번째 질문의 데이터 질의를 구현한다.

- 센서 데이터는 어떤 경로로 정보를 타워에 전달하는가?

이 질문을 다음처럼 두 과정으로 분리할 수 있다.

---

1 https://oreil.ly/graph-book

1 어느 센서의 정보를 전달하는가?

2 이 센서는 어떤 경로로 정보를 타워에 전달하는가?

이 두 질문에 답하려면 자연스럽게 계층 데이터의 리프에서 루트로 질의해야 한다. 이제 그렘린으로 직접 질의를 구현해보자.

6.5.1 어느 센서의 정보를 전달하는가?

첫 번째 질의를 해결하려면 특정 센서에서 접근할 수 있는 이웃 데이터를 탐색해야 한다. 예제에서는 Sensor 1002688을 선택했다. 일차 이웃부터 확인하자. [예제 6-3]은 질의 코드이며, 그 결과는 [예제 6-4]와 같다.

> **NOTE_** dev.V(vertex)는 dev.V().hasLabel(label).has(key, value).has(key, value)…와 같아진다. 정점의 기본 키에 있는 모든 프로퍼티에 has() 구문이 필요하다.

예제 6-3

```
1 sensor = dev.V().has("Sensor", "sensor_name", "1002688"). // 센서 찾기
2                  next()                   // 센서 정점 반환
3 dev.V(sensor).                            // 센서 찾기
4    out("send").                           // 모든 send 간선 탐색
5    project("Label", "Name").              // 각 정점마다, 두 키로 맵 만들기
6      by(label).                           // 첫 번째 키의 값은 "Label"
7      by(coalesce(values("tower_name", // 두 번째 키 "Name"에서는 타워면 tower_name
8                   "sensor_name")))     // 아니면 sensor_name 반환
```

예제 6-4

```
{
  "Label": "Sensor",
  "Name": "1035508"
},{
  "Label": "Tower",
  "Name": "Georgetown"
}
```

[예제 6-3], [예제 6-4]에서 Sensor 1002688의 일차 이웃을 탐색한다. 1행에서 3행의 코드는 데이터스택스 그래프로 정점 객체에 접근하고 사용하는 새로운 방법을 보여준다. 4행에서 8행의 코드는 일차 이웃을 질의하고 결과 집합을 다듬는다. 결과를 통해 1002688은 1035508과 Georgetown으로 데이터를 전송했음을 알 수 있다. 즉 Sensor 1002688은 주변의 Sensor 1035508과 Georgetown 타워와 통신했다는 의미다.

[예제 6-3]의 3행에서는 V(vertex) 문법을 사용해 직접 정점을 찾는 새로운 기법을 도입했다. 이는 애플리케이션에서 어떻게 객체를 저장하고 탐색에 활용할 수 있는지 보여준다. 언젠가 애플리케이션을 개발할 때 이 기능을 유용하게 활용할 수 있을 것이다.

이러한 단계와 질의 결과가 어떤 일을 수행하는지 모두 이해했다면 바로 다음 질의를 살펴보자.

[예제 6-3]의 결과 형성 과정을 살펴보자. 3행을 끝마칠 때는 Sensor 1002688 정점으로 탐색한 상태다. 그리고 4행에서는 밖으로 향하는 모든 send 간선으로 이 센서의 일차 이웃을 탐색한다. 센서는 다른 센서나 타워로 정보를 전송할 수 있다. 따라서 그렘린의 분기 로직을 이용해 다양한 데이터를 처리해야 한다.

Label, Name을 키로 사용해 결과 페이로드를 JSON으로 만들려 한다. project("Label", "Name")을 이용해 이 JSON 객체와 키를 만든다. 6행에서는 by() 조절자^{modulator} 안의 label() 단계를 활용해 맵의 Label 키를 정점의 레이블로 설정한다. 행에서는 다른 by() 조절자 안에서 coalesce() 단계로 분기 로직을 실행해 맵의 Name 키 값을 채운다.

coalesce() 단계는 다음 의사코드로 잘게 나눌 수 있다.

```
# pseudocode for
# coalesce(values("tower_name"), values("sensor_name"))
    if(values("tower_name") is not None):
        return values("tower_name")
    else:
        return values("sensor_name")
```

Sensor 1002688은 타워, 센서와 직접 통신한다는 점이 흥미롭다. 일차 이웃뿐 아니라 이 센서에서 타워로 연결되는 더 많은 경로를 찾을 수 있다. 기존의 질의를 활용해 Sensor 1002688의 이차 이웃을 확인해보자.

```
1 sensor = dev.V().has("Sensor", "sensor_name", "1002688"). // 센서 찾기
2                  next()     // 센서 정점 반환
3 dev.V(sensor).              // 센서 찾기
4   out("send").             // 일차 이웃의 모든 정점 탐색
5   out("send").             // 이차 이웃의 모든 정점 탐색
6   project("Label", "Name").             // 각 정점마다, 두 키로 맵 만들기
7     by(label).                          // 첫 번째 키의 값은 label
8     by(coalesce(values("tower_name",    // 타워면 tower_name 반환
9                        "sensor_name"))) // 아니면 sensor_name 반환
```

```
{
  "Label": "Sensor",
  "Name": "1061624"
},{
  "Label": "Sensor",
  "Name": "1307588"
},{
  "Label": "Tower",
  "Name": "WhiteCenter"
}
```

Sensor 1002688의 이차 이웃에서 또 다른 타워 **WhiteCenter**를 발견했다. 이번에는 [예제 6-5], [예제 6-6]를 살펴보며 Sensor 1002688의 삼차 이웃을 탐색해보자.

예제 6-5

```
1 sensor = dev.V().has("Sensor", "sensor_name", "1002688"). // 센서 찾기
2                  next()     // 센서 정점 반환
3 dev.V(sensor).              // 센서 찾기
4   out("send").             // 일차 이웃의 모든 정점 탐색
5   out("send").             // 이차 이웃의 모든 정점 탐색
6   out("send").             // 삼차 이웃의 모든 정점 탐색
7   project("Label", "Name").             // 각 정점마다, 두 키로 맵 만들기
8     by(label).                          // 첫 번째 키의 값은 label
9     by(coalesce(values("tower_name",    // 타워면 tower_name 반환
10                       "sensor_name"))) // 아니면 sensor_name 반환
```

예제 6-6

```
{
  "Label": "Sensor",
  "Name": "1064041"
},{
  "Label": "Sensor",
  "Name": "1237824"
},{
  "Label": "Sensor",
  "Name": "1237824"
},{
  "Label": "Sensor",
  "Name": "1002688"    // 순환
},{
  "Label": "Sensor",
  "Name": "1035508"    // 순환
}
```

[그림 6-15]는 Sensor 1002688의 세 이웃의 모든 데이터를 보여주며 데이터 순환은 두꺼운 간선으로 표시한다.

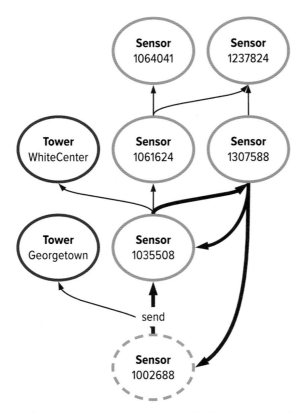

그림 6-15 Sensor 1002688에서 시작해 세 이웃에서 접근할 수 있는 데이터

[그림 6-15]는 Sensor 1002688에서 삼차 이내에 이웃한 정점과 간선을 보여준다. 굵게 표시된 간선에서 다음 두 순환을 찾을 수 있다.

- 1035508 → 1307588 → 1035508
- 1002688 → 1035508 → 1307588 → 1002688

데이터의 순환은 문제를 일으키므로 다음 질의에서 이 문제를 해결한다.

6.5.2 이 센서는 어떤 경로로 정보를 타워에 전달하는가?

시작 센서의 번호를 수동으로 입력하면서 여러 그렘린 구문을 구현하는 것은 좋은 방법이 아니다. Sensor 1002688에서 시작해 루트에 위치한 타워를 찾을 때까지 모든 통신 경로를 탐험하는 방식이 필요하다.

그렘린에서는 until().repeat() 패턴을 이용한다. repeat()와 until()을 사용해 특정한 조건을 만족할 때까지 탐색을 반복한다. until() 단계에 탈출 조건을 지정할 수 있다. until()이 repeat() 이전에 등장하면 이는 while/do 루프고 until()이 repeat() 다음에 등장하면 do/while 루프다(그림 6-16).

의미	그렘린 문법	의사코드
do...while	repeat(탐색), until(조건)	do{ 탐색 수행 } while(조건이 참)

while...do	until(조건), repeat(탐색)	while(조건이 참) {
		  do 탐색 수행
		}

그림 6-16 until()과 repeat() 이해하기

[예제 6-7]은 [예제 6-5]에 그렘린의 until().repeat() 패턴을 적용한 모습이다.

예제 6-7

```
1 sensor = dev.V().has("Sensor", "sensor_name", "1002688").
2                next()
3 dev.V(sensor).                 // 센서 찾기
4     until(hasLabel("Tower")).  // 타워에 도달할 때까지
5     repeat(out("send"))        // send 간선 탐색
```

[예제 6-7]의 질의는 절대 완료되지 않는다. 1002688에서 타워로 탐색할 때 순환이 발견되기 때문이다.

[그림 6-15]에서 살펴본 것처럼 결과에서 순환을 제거해야 한다. 그렘린에서는 simplePath()를 이용한다.

- simplePath(): 그래프에서 경로를 반복 탐색하지 않아야 하는 상황이라면 simplePath()를 이용한다. 탐색자의 경로 정보를 분석해 경로상 반복되는 객체가 있으면 이를 걸러낸다.

이렇게 간단히 문제를 해결할 수 있다.

repeat() 단계 패턴에 simplePath() 단계를 추가하면 된다. 그러면 탐색자의 히스토리에 포함된 순환을 제거하는 필터가 추가된다. [예제 6-8]은 그렘린 코드이며 [예제 6-9]는 처음 세 개의 결과 모습이다.

예제 6-8

```
1 sensor = dev.V().has("Sensor", "sensor_name", "1002688").
2                 next()
3 dev.V(sensor).                // 센서 찾기
4     until(hasLabel("Tower")). // 타워에 도달할 때까지
5     repeat(out("send").       // send 간선 탐색
6            simplePath())      // 순환 제거
```

예제 6-9

```
{
  "id": "dseg:/Tower/Georgetown",
  "label": "Tower",
  "type": "vertex",
  "properties": {}
},{
  "id": "dseg:/Tower/WhiteCenter",
  "label": "Tower",
  "type": "vertex",
  "properties": {}
},{
  "id": "dseg:/Tower/RainierValley",
  "label": "Tower",
  "type": "vertex",
  "properties": {}
},...
```

[예제 6-8]은 [예제 6-7]에 6행의 simplePath()만 추가한 코드다. [예제 6-9]에서 볼 수 있는 것처럼 Georgetown, WhiteCenter, RainierValley 세 타워가 발견된다. 현재 애플리케이션에서는 타워뿐 아니라 경로 정보가 필요하다.

마지막 그렘린 단계와 이번 절의 마지막 주제인 path()를 살펴보자.

path() 단계 사용 및 자료구조 조작하기

그렘린에서 path() 단계가 어떤 동작을 수행하는지 살펴보자. 그래프 데이터를 처리하려면 데이터를 탐색해야 한다. 그렘린의 path() 단계는 탐색자가 처리한 모든 데이터 정보를 제공하므로 방문했던 데이터 히스토리를 제공한다.

* path(): 탐색자의 전체 히스토리를 검사하고 반환한다.

이는 마치 여러분의 그래프 여기저기에 빵 부스러기를 남겨두는 것과 같다.

[예제 6-10]은 path() 단계를 소개하며 그 결과는 [예제 6-11]과 같다.

예제 6-10

```
1 sensor = dev.V().has("Sensor", "sensor_name", "1002688").
2                  next()
3 dev.V(sensor).
4     until(hasLabel("Tower")).          // 타워에 도달할 때까지
5     repeat(out("send")).               // send 간선 탐색
6         simplePath()).                 // 순환 제거
7     path().                            // 모든 객체는 타워이며 전체 히스토리 얻기
8       by(coalesce(values("tower_name",    // 정점이 경로 안에 있으면 타워
9                          "sensor_name"))) // 아니면 센서 정점의 값
```

> **WARNING_** 경로 자료구조의 레이블은 정점 레이블이나 간선 레이블과 **다른** 개념이다.

[예제 6-10]의 새로운 단계를 살펴보자. 기존처럼 1행에서 6행은 한 센서에서 시작해 send 간선을 통해 다른 타워로 이동한다(순환 경로는 제외). 발견한 모든 타워와 관련해 7행의 path() 단계는 각 탐색자에게 데이터 전체 경로를 요청한다. 8행은 by() 조절자를 이용해 데이터를 보는 방법을 지정한다. 즉, 정점이 타워면 tower_name을 아니면 sensor_name을 사용한다.

[예제 6-11]은 [예제 6-10]의 세 가지 결과다. 두 가지 경로는 [그림 6-15]에서 살펴봤다.

예제 6-11

```
{
  "labels": [[],[]],
  "objects": ["1002688", "Georgetown"]
},{
  "labels": [[],[],[]],
  "objects": ["1002688", "1035508", "WhiteCenter"]
},{
  "labels": [[],[],[],[]],
  "objects": ["1002688", "1035508", "1061624", "1237824", "RainierValley"]
},...
```

[예제 6-11]의 결과는 Sensor 1002688에서 시작해 도착할 수 있는 세 타워의 경로다. 첫 두 경로는 1002688의 일차, 이차 이웃을 탐색하면서 타워를 발견했음을 보여준다. 두 번째 데이터는 ["1002688", "1035508", "WhiteCenter"]처럼 다른 구조를 갖는다. 이 표기는 탐색에서 다음 경로를 발견했음을 의미한다.

```
1002688 → 1035508 → WhiteCenter
```

Sensor 1002688에서 타워 정점으로 탐색하는 다양한 수천 가지 방법을 책에서 제공하는 데이터스택스 스튜디오 노트북[2]에서 확인할 수 있다.

path()를 사용할 때는 as()로 레이블을 할당하는 방법과 by()로 결과의 모양을 다듬는 방법을 반드시 이해해야 한다. 각각을 자세히 살펴보자.

as()로 레이블을 할당하는 방법

path() 자료구조에는 두 키(labels, objects)가 있다. labels는 as() 단계에서 경로 객체로 생성된다. 기본적으로 경로에서 처리하고 있는 데이터에 변수명을 할당한다. 첫 번째 버전의 질의에서는 as() 단계를 사용하지 않았으므로 [예제 6-7]의 결과 페이로드에서 labels 키는 데이터를 포함하지 않는다.

as() 단계를 이용해 [예제 6-12]의 경로 자료구조에 변수명을 할당한 다음 [예제 6-13]에서 다시 결과 페이로드를 확인해보자.

....
2 https://oreil.ly/G1Lrz

예제 6-12

```
1 sensor = dev.V().has("Sensor", "sensor_name", "1002688").
2                     next()
3 dev.V(sensor).
4       as("start").              // 1002688 레이블을 "start"로 설정
5     until(hasLabel("Tower")).
6     repeat(out("send").
7             as("visited").  // 경로상의 각 정점의 레이블을 "visited"로 설정
8           simplePath()).
9     as("tower").              // 경로의 끝 부분의 레이블은 "tower"로 설정
10     path().
11       by(coalesce(values("tower_name",
12                          "sensor_name")))
```

예제 6-13

```
{
  "labels": [["start"], ["visited", "tower"]],
  "objects": ["1002688", "Georgetown"]
},{
  "labels": [["start"], ["visited"], ["visited", "tower"]],
  "objects": ["1002688", "1035508", "WhiteCenter"]
},{
  "labels": [["start"], ["visited"], ["visited"], ["visited", "tower"]],
  "objects": ["1002688", "1035508", "1061624", "1237824", "RainierValley"]
},...
```

[예제 6-12]는 as() 단계를 사용했을 때 path() 자료구조의 labels 키에 값을 어떻게 채우는 지 보여준다. labels, objects의 값은 1:1로 매핑한다. [예제 6-13]의 두 번째 예제를 다시 보면서 labels이 어떻게 경로와 매핑되는지 살펴보자.

```
{
  "labels": [["start"], ["visited"], ["visited", "tower"]],
  "objects": ["1002688", "1035508", "WhiteCenter"]
}
```

1 ["start"] 값은 1002688로 매핑

2 ["visited"] 값은 1035508로 매핑

3 ["visited", "tower"] 값은 WhiteCenter로 매핑

[예제 6-12]의 질의를 통해 이 매핑을 확인할 수 있다. 시작 센서를 as("start")로 설정했다. repeat(out("send"))에서 접근한 각 정점은 as("visited")로 설정했다. 마지막으로 9행에서는 조건 필터링 until(hasLabel("Tower"))로 오직 타워만 전달한다. 따라서 모든 타워 정점은 9행의 두 번째 레이블 as("tower")를 받는다.

as("<some_label>")로 path() 단계의 자료구조를 이용해 결과 페이로드의 특수성을 제공할 수 있기 때문에 매우 강력한 기능이다.

다음 질의로 넘어가기 전에 path() 사용과 관련된 마지막 개념을 살펴보자.

by( )로 path( ) 결과 모양 다듬는 방법

[예제 6-12]의 by()는 경로의 각 객체에 연산 또는 단계를 수행할 수 있음을 보여준다. 예제에서는 경로의 각 정점에 대한 기본 키를 반환해야 한다. 하지만 정점 레이블은 타워 또는 센서일 수 있다. 따라서 by() 조절자 안에 두 가지 정점을 다른 방식으로 처리하도록 조건을 추가했다.

path()의 요소의 형식을 조절할 때 그렘린의 by() 조절자는 라운드 로빈round-robin 방식으로 적용된다. 즉, 조절자가 순환 순서로 탐색 객체에 적용된다.

> **1** 첫 번째 by() 단계는 첫 번째 탐색 객체에 동작을 적용한다.
> **2** 두 번째 by() 단계는 두 번째 탐색 객체에 동작을 적용한다.
> **3** 세 번째 탐색 객체에는 첫 번째 by() 단계로 돌아간다.
> **4** 네 번째 탐색 객체에는 두 번째 by() 단계로 돌아간다.
> **5** 이 동작을 반복한다.

이 예제에서 경로의 모든 객체는 정점이므로 정점 객체를 처리할 by() 조절자를 한 개만 만든다. 다음 장에서 살펴볼 예제는 경로 자료구조의 정점과 간선을 모두 처리해야 하므로 여러 by() 조절자가 필요하다.

6.5.3 상향식에서 하향식으로

이번 절의 모든 질의와 코드는 계층 그래프를 리프에서 루트 방향으로 탐색하는 방법을 이해하

는 데 유용하다. 즉 트리를 아래에서 위쪽으로 탐색한다고 생각하자.

꼭대기에 도달하면 다시 아래로 내려가고 싶을 수도 있다. 이번에는 타워에서 센서로 탐색하는 방법을 살펴보자. 이 과정에서 다양한 개념을 배울 수 있다.

지금까지 배운 정보로는 해결할 수 없는 질문을 다음 예제를 통해 해결해본다.

6.6 개발 모드: 루트에서 리프로 질의하기

에지 에너지는 네트워크 토폴로지topology를 항상 이해하고 있어야 한다. 그러려면 센서의 데이터가 어떤 타워에서 처리되는지 항상 알고 있어야 한다.

어떤 센서가 특정 타워와 연결되는지 파악하려면 동적 통신 네트워크와 관련한 중요한 두 가지 질문에 답해야 한다. 이 정보로 특정 타워에 부하가 걸렸거나 아니면 충분히 활용되고 있지 않은지 파악할 수 있다. 이번 절에서는 다음 질문에 답변하면서 에지 에너지가 자신의 네트워크를 이해하도록 돕는다.

1 데이터에서 탐색해야 할 관심 타워를 찾는다.
2 어떤 센서가 그 타워에 직접 연결되어 있는가?
3 한 타워에 연결된 모든 센서를 찾는다.

예제 데이터를 이용하면 이러한 시나리오에 답변할 수 있다. 하지만 아직은 3번 질문에 답할 수 있을 만큼 충분한 정보가 없다. 따라서 이번 장에서는 질문의 일부만 해결하고 7장에서 세 번째 질문을 완벽하게 해결한다.

첫 번째 질문을 해결하는 질의를 개발하면서 그렘린 질의 언어의 지식을 넓혀보자.

6.6.1 설정 질의: 센서가 가장 많이 연결된 타워 찾기

먼저 그래프에서 흥미로운 연결을 가진 타워를 찾아야 한다. 아무 타워나 선택해서 시작하지 않는 이유는 뭘까?

새로운 데이터를 만나게 되면 여러 질의를 실행해보는 과정이 중요하다. 그 과정을 통해 데이터를 더 잘 이해하게 되기 때문이다. 현재 다루는 주제는 제품으로 출시할 대상이 아니라는 사실을 기억하자. 따라서 좀 더 흥미로운 데이터를 찾아 이용하는 것이 배우는 데 더 도움이 된다.

그래프의 모든 타워를 처리하면서 들어오는 간선의 수로 정렬해 흥미로운 타워를 찾아보자. 가장 차수가 높은 타워의 기본 키를 얻는 것이 목표다. [예제 6-14]는 이를 수행하는 그렘린 질의 코드다.

> WARNING_ [예제 6-14]의 질의는 탐색, 개발 용도로만 적합하다. 이 질의는 타워 테이블 그리고 타워의 간선 테이블 전체를 스캔하므로 분산 시스템에서는 아주 비싼 동작이다.

예제 6-14

```
1 dev.V().hasLabel("Tower").        // 모든 타워를 대상으로
2      group("degreeDistribution"). // 맵 객체 만들기
3        by(values("tower_name")).  // 맵의 키는 tower_name
4        by(inE("send").count()).   // 각 항목의 값은 타워의 차수
5      cap("degreeDistribution").   // 맵을 채우는 장벽 단계
6      order(Scope.local).          // 맵 객체의 항목 정렬
7        by(values, Order.desc)     // 값 내림차순으로 정렬
```

[예제 6-14]는 그래프에서 타워 정점의 차수 분포를 맵으로 만든다. 2행의 group() 단계는 degreeDistribution이라는 맵 객체를 만든다. group() 단계 다음에는 맵의 키, 값을 정의해야 한다. 3행의 by() 조절자는 맵의 키를 tower_name으로 설정한다. 4행에서 tower_name 키에 대응하는 값은 해당 타워로 들어오는 간선 수다.

5행에서는 장벽 단계barrier step라는 새로운 그렘린 개념이 등장한다.

- **장벽 단계**: 탐색 파이프라인의 다음 단계로 진행하기 전에 현재 지점까지 작업을 끝내도록 강제한다.

[예제 6-14]에서 5행의 cap()은 그렘린의 장벽 예제다. 여기서 cap()은 해당 단계까지 탐색을 반복한 다음 degreeDistribution 객체를 파이프라인의 다음 단계로 전달한다. 5장에서 지역 영역은 객체 내의 요소를 정렬하고 전역 영역은 탐색 파이프라인의 모든 객체를 정렬한다는 사실을 설명했다. 6행의 order(Scope.local)은 맵 객체 degreeDistribution 안의 요소를 정렬한다.

마지막으로 [예제 6-14]의 7행은 맵의 값을 내림차순으로 정렬하도록 지시한다. 다음은 질의

실행 결과다.

```
{
  "Georgetown": "7",
  "WhiteCenter": "7",
  "PioneerSquare": "6",
  "InternationalDistrict": "6",
  "WestLake": "5",
  "RainierValley": "5",
  "HallerLake": "4",
  "SewardPark": "4",
  "BeaconHill": "4",
  ...
}
```

위에서 몇 가지 유용한 타워를 발견했다. Georgetown은 일곱 개의 센서를 갖고 있으므로 이 타워를 선택해 사용해보자.

6.6.2 Georgetown과 직접 연결된 센서 찾기

먼저 직접 연결된 타워와 센서를 질의한다. [예제 6-12]에서 센서에 사용한 질의와 같은 패턴을 활용할 수 있다.

```
1  sensor = dev.V().has("Sensor", "sensor_name", "1002688").next()
2  dev.V(sensor).
3      out("send").
4      project("Label", "Name").
5        by(label).
6        by(coalesce(values("tower_name", "sensor_name")))
```

이번에는 타워에서 시작해 센서로부터 들어오는 통신에 접근한다. [예제 6-12]의 질의를 [예제 6-15]처럼 바꿀 수 있으며 질의 결과는 코드 아래에서 확인할 수 있다.

예제 6-15

```
tower = dev.V().has("Tower", "tower_name", "Georgetown").next() // Georgetown 얻기
dev.V(tower).                       // Georgetown 찾기
```

```
  in("send").                       // 센서로 탐색
  project("Label", "Name").         // 두 키를 갖는 맵 만들기
    by(label).                      // "Label"의 값
    by(values("sensor_name"))       // "Name"의 값
```

```
{
  "Label": "Sensor",
  "Name": "1002688"
},{
  "Label": "Sensor",
  "Name": "1027840"
},{
  "Label": "Sensor",
  "Name": "1306931"
},...
```

[예제 6-15] 결과를 통해 예상대로 Sensor 1002688이 Georgetown과 연결되어 있음을 알 수 있다. 책에서는 지면상 센서 일곱 개를 모두 보여주지 않았지만 데이터스택스 스튜디오 노트북[3]에서는 타워와 직접 연결된 일곱 개의 센서를 모두 확인할 수 있다.

에지 에너지는 타워와 연결된 모든 센서를 알아야 한다. Sensor 1002688은 1307588로부터 들어오는 간선이 있음을 이미 알고 있다. 이제 '네트워크상의 얼마나 많은 센서가 Georgetown으로 정보를 보내는가?'라는 질문이 생긴다.

이 질문에 답하려면 이 타워에서 시작해 통신 트리의 모든 센서를 찾을 때까지 들어오는 모든 간선을 재귀적으로 탐색해야 한다. 다음 절 그리고 이 장의 마지막 절에서는 repeat(). until()을 사용해 타워에서 모든 센서를 탐색한다.

6.6.3 Georgetown과 연결된 모든 센서 찾기

지금까지 질의로 데이터를 탐색했다. 이제 가장 크고, 복잡한 마지막 질문인 '타워에 장애가 발생하면 무슨 일이 일어나는가?'를 처리할 질의를 구현할 차례다.

지금부터 설명하는 마지막 질의 접근 방식은 실제로는 작동하지 않는다. 하지만 모두가 이 방

---

3 https://oreil.ly/G1Lrz

법을 시도해볼 것이므로 작동하지 않는다는 사실을 알면서도 이 방법을 설명한다. 필자들은 논리적으로 한 걸음씩 진행하며 배우는 것이 최상의 지름길이라 생각하기 때문에 이 과정을 생략하지 않았다.

보통 작동하는 그렘린 질의 패턴을 찾은 다음 이를 적용해 새로운 문제를 해결한다. 바로 이 방식으로 문제를 해결하려 시도하지만 때로는 적용한 패턴으로 문제를 해결할 수 없을 때가 있다.

센서에서 타워까지 재귀적으로 탐색하는 방법을 다시 확인해보자.

```
dev.V(sensor).              // 센서 찾기
    until(hasLabel("Tower")).  // 타워에 도달할 때까지
    repeat(out("send").        // send 간선을 탐색
        simplePath())          // 순환 제거
```

이제 이 질의를 반대로 변환(타워에서 센서 방향으로 탐색)해야 한다. 시작 객체와 끝 객체의 종류만 다를 뿐 같은 패턴을 적용한다. [예제 6-16]은 타워에서 시작해 센서까지 재귀적으로 탐색한다.

예제 6-16

```
tower = dev.V().has("Tower", "tower_name", "Georgetown").next() // Georgetown 얻기
dev.V(tower).              // 타워 찾기
    until(hasLabel("Sensor")).  // 센서가 나올 때까지
    repeat(__.in("send").       // 익명 탐색 사용: __.
        simplePath())           // 순환 제거
```

[예제 6-16]에서는 익명 탐색anonymous traversal이라는 새로운 그렘린 단계를 사용했다. 그루비Groovy에서 in()은 예약어이며 데이터스택스 스튜디오의 개발 탐색에서는 일종의 그루비를 사용한다. 따라서 그렘린 예제의 in() 단계는 익명 탐색을 사용해야 한다. [예제 6-17]은 전체 결과 페이로드다.

> **TIP** in, as, values 등의 예약어와 충돌하는 그렘린 구문 문제를 해결할 때 익명 탐색 __.을 사용한다. 여러분이 선택한 코딩 언어와 관련된 정보는 아파치 TinkerPop 문서[4]를 참고하자.

----

4 https://oreil.ly/ntOq7

예제 6-17

```
{
  "id": "dseg:/Sensor/1002688",
  "label": "Sensor",
  "type": "vertex",
  "properties": {}
},{
  "id": "dseg:/Sensor/1027840",
  "label": "Sensor",
  "type": "vertex",
  "properties": {}
},{
  "id": "dseg:/Sensor/1306931",
  "label": "Sensor",
  "type": "vertex",
  "properties": {}
}...
```

[예제 6-17] 전체 결과 페이로드를 살펴보면 [예제 6-16]의 질의는 타워의 일차 이웃인 일곱 개의 센서만 찾았음을 알 수 있다.

우리에게 필요한 것은 이 기능이 아니다.

[예제 6-16]의 질의의 2행 until(hasLabel("Sensor")) 때문에 센서 정점에서 탐색이 중단 되므로 필요한 답을 제공하지 못한다. 문제를 해결하려면 모든 센서를 찾을 때까지 재귀적으로 탐색을 반복해야 한다. 이 조건을 삭제하고 다시 질의를 실행해보자.

```
tower = dev.V().has("Tower", "tower_name", "Georgetown").next() // Georgetown 얻기
dev.V(tower).                  // 타워 찾기
    repeat(__.in("send").      // send 간선으로 반복 탐색하기
        simplePath())          // 순환 제거
```

데이터스택스 스튜디오에서 두 번째 버전의 질의를 실행하면 [표 6-5]과 같은 오류가 발생 한다.

표 6-5 30초 이상 탐색이 진행되면서 시스템 오류가 발생하는 예

시스템 오류
Request evaluation exceeded the configured threshold of realtime_evaluation_timeout at 30000 ms for the request

그래프 트리를 재귀적으로 탐색하면서 이러한 오류가 발생한다. 트리의 루트에서 시작해 트리의 모든 리프를 탐색했다. 이는 아주 비싼 동작이다.

6.6.4 재귀에서 깊이 제한하기

다양한 방법으로 [표 6-5] 오류를 해결할 수 있다. 한 가지 방법은 시작 지점에서 탐색자의 탐색 깊이를 제한하는 방법이다.

times(x) 단계로 탐색자의 루프 실행 횟수를 제어한다. 그렘린에서는 재귀 탐색의 깊이를 제한할 때 repeat(<traversal>).times(x) 패턴을 가장 많이 사용한다. 이 패턴에서 x는 탐색자에게 x만큼 루프를 반복하도록 지시한다.

다음 질의에서 repeat(<traversal>).times(3)을 사용한다. 이는 타워에서 오직 삼차의 in() 간선까지만 탐색한다는 의미다.

```
tower = dev.V().has("Tower", "tower_name", "Georgetown").next() // Georgetown

dev.V(tower).              // Georgetown 찾기
    repeat(__.in("send"). // send 간선 탐색 반복
           simplePath()). // 순환 제거
    times(3).             // 총 세 번만 반복함
    path().               // 경로 얻기
      by(coalesce(values("tower_name",  // 타워면 tower_name 반환
                     "sensor_name")))// 아니면 sensor name 반환
```

다음은 질의 실행 결과다.

```
{
  "labels": [[],[],[],[]],
  "objects": ["Georgetown","1235466","1257118","1201412"]
```

```
},{
  "labels": [[],[],[],[]],
  "objects": ["Georgetown","1290383","1027840","1055155"]
},{
  "labels": [[],[],[],[]],
  "objects": ["Georgetown","1235466","1059089","1255230"]
},...
```

깊이를 제한하는 방식을 사용하면 최종 질의의 일부만 실행할 수 있다는 장점이 있다. 하지만 깊이를 3으로 제한한다면 모든 센서를 찾을 수 없다는 점이 문제다.

모든 센서를 찾으려면 예제 데이터의 시간 정보를 활용해야 한다.

6.7 시간 정보 확인

마지막 질의를 완성하지 않은 채로 6장이 끝났다.

루트(타워)에서 모든 리프(센서)로 탐색해야 한다는 사실을 알았지만 원하는 대로 이를 구현하지 못했다. 따라서 아직 에지 에너지 데이터 엔지니어의 여정은 끝나지 않았다. 다음 장에서도 에지 에너지의 예제를 활용해 마지막 질문의 답변을 찾아본다.

트리 구조를 조금 더 깊숙이 탐색하면서 문제의 늪에서 빠져나올 수 있도록 도와주는 분기를 찾아보자. 분기 계수branching factor를 제한하고, 깊이를 제한하고, 순환을 제거함으로써 질의에서 처리해야 할 데이터를 줄이는 방법을 설명한다.

CHAPTER 7

트리 사용 제품화

회사 구조를 모델링하거나 IoT 센서 통신의 무제한 네트워크를 모델링할 때와 같이 계층 데이터에는 그래프 기술이 최적이다.

지금까지 살펴본 것처럼 무한한 계층 데이터에서 그래프 기술을 사용하면 디스크의 데이터와 이를 사용하는 개념 사이의 거리를 더 좁힐 수 있다. 이전 장의 마지막 부분에서 살펴봤듯이 간단한 질문이지만 이를 표현력 있는 언어와 자연스러운 모델로 해결하려 했을 때 예상치 못한 일이 일어날 수 있다.

즉 트리의 루트에서 시작해 리프로 탐색하는 방법은 아주 쉬운 개념이다. 게다가 그래프 기술을 이용해 이를 쉽게 구현할 수 있다.

하지만 단순함의 이면에는 복잡한 트리 구조의 문제(데이터의 자연적인 계층 구조 처리의 복잡성을 파악하기 어렵게 만듦)를 추론해야 한다는 문제가 있다.

7.1 7장 미리 보기: 분기 계수, 깊이, 간선의 시간 이해

7장은 네 개의 주요 부분으로 구성된다. 각 절은 기존에 만든 코드를 사용하며 최종적으로 time 프로퍼티를 추가해 6장의 마지막에서 발생한 오류를 해결한다.

첫 번째 부분에서는 6장에서 소개한 데이터에 두 가지 복잡성(간선의 시간, 유효 경로)을 추가한다. 두 번째 부분에서는 유효 통신 트리로 데이터 처리량을 줄이는 방법을 자세히 살펴본다. 또한 그래프 스키마를 제품 버전으로 갱신한다. 세 번째, 네 번째 부분에서는 6장에서 살펴본 질의 집합을 다시 확인한다. 이번에는 유효한 트리 지식과 새로운 제품 스키마를 적용해 각 질의에 필요한 데이터 양을 크게 줄여본다.

7장을 마치면 여러분의 데이터에서 트리 작업을 시작하는 데 필요한 모든 지식을 갖추게 될 것이다. 6, 7장은 계층 구조 데이터에 그래프 기술을 적용한 제품 애플리케이션을 개발하는 데 필요한 모든 내용을 소개한다.

이제 기존 예제에서 만든 데이터로 돌아가 간선에 시간을 더해보자.

7.2 센서 데이터의 시간 이해

6.4절에서 만든 데이터는 센서가 다른 센서나 통신 타워로 데이터를 전송하는 기능을 흉내 낸다. 에지 에너지 회사의 관점에서 이 데이터를 사용했다. 에지 에너지의 데이터 엔지니어는 타워 장애가 발생했을 때 영향을 받는 센서 범위를 보고하는 시스템을 만들어야 한다.

그러려면 데이터에 시간 개념이 필요하다. 센서는 정해진 시간 간격에 따라 네트워크로 수집한 데이터를 전송한다. 즉 그래프에서 정점의 수는 고정되지만, 관계는 시간에 따라 커짐을 의미한다.

간선의 `timestep` 프로퍼티로 시간 간격에 따른 동적 통신을 모델링한다. [그림 7-1]은 통신 네트워크에서 시간을 어떻게 활용하는지 보여준다.

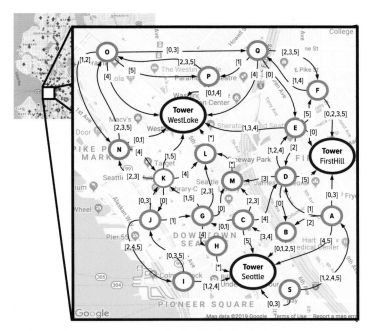

그림 7-1 간선에 timestep 프로퍼티를 추가한 네트워크 통신 모습

6장의 예제와 [그림 7-1]의 유일한 차이점은 간선에 시간을 포함했는지 여부다.

[그림 7-1]의 아래쪽에 위치한 Seattle 타워를 살펴보자. Seattle의 오른쪽 아래에 있는 Sensor S는 [0,3] 값을 갖는 간선을 포함한다. 애플리케이션에서 이 값은 센서가 timestep 0, timestep 3일 때 정보를 Seattle 타워로 전송한다는 의미다. 즉 이 센서는 Seattle 타워와 두 번 직접 연결된다. Sensor S가 주변 이웃과 timestep 1, 2, 4, 5로도 연결되어 있음을 확인할 수 있다.

앞으로 살펴볼 질의에서 시간을 어떻게 활용하는지 이해하려면 다음 네 가지 주제를 살펴봐야 한다.

1 상향식에서 시간 이해하기
2 상향식에서 유효한 경로
3 하향식에서 시간 이해하기
4 하향식에서 유효한 경로

우선 센서에서 타워로 데이터를 탐색하는 방법부터 살펴보자.

계층 데이터에서 시간 이해하기: 상향식

시간을 활용할 수 있는 특정 상황을 생각해보자. 6장 첫 번째 질의는 리프에서 루트로 탐색했다. 즉, 센서에서 타워 방향으로 탐색을 수행했다.

이제 통신의 타이밍을 고려해야 하기 때문에 센서에서 타워로 향하는 **모든 탐색이 유효한 것은 아니다**. 센서에서 `timestep 3`에 전달된 메시지는 `timestep 4`에 수신자로 전달된다. 예를 통해 더 자세히 살펴보자. [그림 7-2]는 Sensor S에서 주변 타워로 향하는 유효한 탐색을 확대한 모습이다.

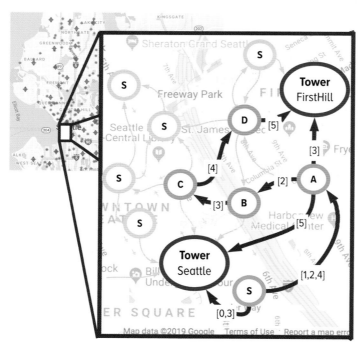

그림 7-2 Sensor S에서 주변 타워로 향하는 유효 탐색을 확대한 모습

[그림 7-2]는 Sensor S에서 타워로 향하는 다섯 개의 유효 경로를 보여준다. 먼저 두 가지 시나리오를 살펴본 다음 나머지 세 개 시나리오의 시작점을 소개한다.

Sensor S가 `timestep 0`에 보낸 첫 번째 메시지를 따라가면 첫 유효 경로 Sensor S – 0 → Seattle이 쉽게 발견된다.

Sensor S에서 출발하는 두 번째 경로는 조금 더 복잡하다. 두 번째 경로는 timestep 1에서 시작하며 경로가 더 깊어진다. 다음을 살펴보자.

```
Sensor S - 1 → A
       A - 2 → B
       B - 3 → C
       C - 4 → D
       D - 5 → FirstHill
```

이들 경로를 따라갈 때 경로를 통과할 때마다 시간을 1씩 증가시킨다. [그림 7-2]의 다른 유효한 경로도 탐색해볼 수 있다. 세 번째 유효 경로는 timestep 2에서 시작하면 네 번째 유효 경로는 timestep 3에서 시작하고 마지막 경로는 timestep 4에서 시작한다.

6장에서는 Sensor S에서 시작하는 일곱 개의 경로가 있음을 확인했지만 이 중 두 가지 경로는 유효하지 않다는 사실을 알았다.

데이터를 평평하게 만든 다음 이들을 좀 더 계층적 형태로 검사할 수 있다. [그림 7-3]은 Sensor S에서 주변 타워로 연결되는 계층 모습이다.

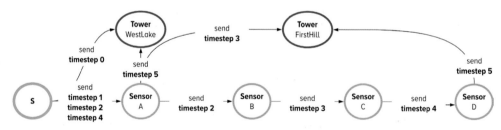

그림 7-3 Sensor S에서 근처 타워로 이어지는 통신 계층을 시간순으로 이해하기

[그림 7-3]은 [그림 7-2]와 동일한 데이터를 더 계층적인 형태로 나타낸 그림이다. [그림 7-3]에서는 타워 정점에서 나가는 간선 수를 통해 고유 경로가 네 개라는 사실을 쉽게 확인할 수 있다. 여기서 [그림 7-2]에서는 발견할 수 없었던 다음 경로를 확인할 수 있다.

```
Sensor S - 2 → A
       A - 3 → FirstHill
```

이들 트리는 몇 가지 교훈을 준다. 첫 번째 가장 중요한 점은 정점 간의 동적 연결, 즉 현장의 장치가 어떻게 데이터를 데이터베이스로 전송하는지에 관한 통신 과정을 잘 보여준다. 둘째, 간선에 시간을 사용하면 현실에서 발견할 수 있는 통신 트리의 형식을 이해하는 데 도움이 된다. 그렇다면 이제 센서에서 타워로 탐색할 때 유효한 경로와 유효하지 않은 경로를 확인해보자.

상향식에서 유효한 경로와 유효하지 않은 경로

센서에서 타워로 탐색할 때 시간을 올바르게 해석하는 방법을 생각해보자.

순서에 따라 다음 센서로 데이터를 전달하면서 센서에서 타워로 데이터를 이동한 상황을 유효한 경로라 생각할 수 있다.

순서에 맞지 않게 다른 센서로 정보를 전달하려 시도하는 상황은 유효하지 않은 경로다. 승강장에 너무 일찍 도착하거나 너무 늦게 도착해 열차를 놓친 상황에 비유할 수 있다.

유효한 경로와 유효하지 않은 경로를 예제를 통해 살펴보자. [그림 7-4]의 오른쪽 그림은 유효하지 않은 경로다. 센서의 데이터가 늦게 도착했기 때문이다.

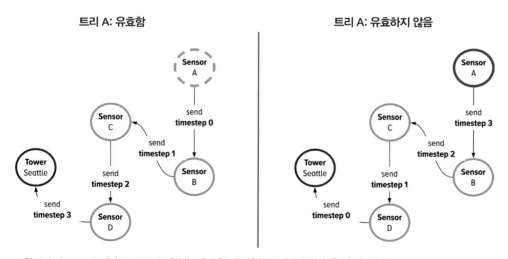

그림 7-4 Sensor A에서 Seattle로 향하는 유효한 경로(왼쪽)와 유효하지 않은 경로(오른쪽)

[그림 7-4]는 Sensor A에서 Seattle로 향하는 두 가지 경로를 보여준다. 왼쪽의 경로에서 간

선의 시간이 순서대로 증가했으므로 왼쪽 경로는 유효한 경로다. 오른쪽 경로에서는 센서의 정보 전달 순서가 맞지 않으므로 오른쪽 경로는 유효하지 않은 경로다. Sensor B가 Sensor C와 통신한 다음 Sensor A는 정보를 Sensor B로 전달한다. [그림 7-4]의 오른쪽 경로에서는 모든 센서에서 이 같은 문제가 발생한다.

[그림 7-5]에서 다른 종류의 유효하지 않은 경로를 살펴보자. [그림 7-5]의 오른쪽 경로는 센서 인스턴스가 너무 일찍 통신한 상황이다.

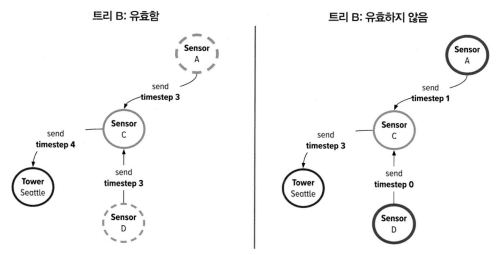

그림 7-5 Seattle로 향하는 유효한 경로(왼쪽)와 유효하지 않은 경로(오른쪽)의 두 번째 예제

[그림 7-5]는 Sensor D와 Sensor A에서 Seattle 타워로 향하는 경로를 보여준다. 왼쪽은 유효한 경로다. Sensor D는 Sensor A와 마찬가지로 timestep 3에 데이터를 Sensor C로 전송한다. 그리고 Sensor C는 모든 데이터를 수집해서 timestep 4에 Seattle 타워로 데이터를 전송한다.

반면에 [그림 7-5]의 오른쪽 경로는 유효하지 않다. Sensor D는 timestep 0에 데이터를 Sensor C로 전송한다. Sensor D의 데이터는 Sensor C에서 timestep 1(그림에 없음)에 출발한다. Sensor A는 데이터를 timestep 1에 Sensor C로 전송한다. Sensor A로 향하는 데이터는 Sensor C에서 timestep 2(그림에 없음)에 출발한다. [그림 7-5]는 Sensor C가 Seattle 타워와 timestep 3에 통신함을 보여준다. 이는 timestep 1, timestep 2에 데이

터가 다른 경로로 전달되었으므로 Sensor D, A로 향하는 데이터가 통신의 일부가 아님을 의미한다.

리프에서 루트로 탐색할 때 필요한 모든 정보를 살펴봤다. 이제 시간을 역순으로 적용하는 방법을 확인하자.

계층 데이터에서 시간 이해하기: 하향식

이번에는 시간을 적용해 타워에서 모든 센서로 탐색한다. 이 경로는 특정 시간에 어떤 센서가 타워와 연결되었는지 파악할 수 있다.

타워에서 센서로 이동하는 유효 경로는 시간이 1만큼 감소한다는 점이 핵심이다.

[그림 7-6]은 WestLake 타워로 정보를 전송하는 네트워크를 자세히 확대한 모습이다. [그림 7-6]은 많은 정보를 포함한다. 센서에서 타워로 향하는 유효한 경로를 찾을 때 사용했던 방식을 사용할 수 있다. 이 방식을 이용해 궁극적으로 WestLake에서 센서로 이어지는 경로를 확인할 수 있다.

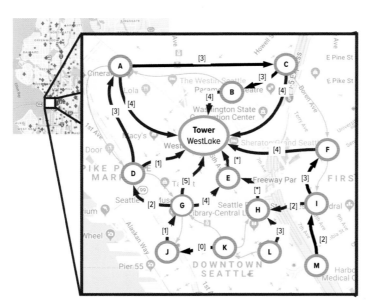

그림 7-6 WestLake와 연결된 모든 센서로 연결되는 유효 경로를 확대한 모습

[그림 7-6]의 오른쪽 아래에 위치한 **Sensor M**에서부터 시작하자. 다음은 이 센서에서 WestLake로 이어지는 유효한 경로다.

```
Sensor M - 2 → I
       I - 3 → F
       F - 4 → WestLake
```

하지만 여기서는 WestLake에서 Sensor M으로 탐색하는 것이 실제 목표다. 따라서 위 경로를 거꾸로 바꿔보자.

```
WestLake - 4 → F
       F - 3 → I
       I - 2 → Sensor M
```

`timestep 4`에 WestLake로 도착하는 모든 유효 경로를 반대로 바꿔보자. [그림 7-7]은 루트 WestLake와 연결된 모든 센서를 탐색하는 모습을 계층으로 나타냈다. [그림 7-7]의 모든 경로는 [그림 7-6]에서도 찾을 수 있다. [그림 7-7]에서는 이를 계층 구조로 풀어서 표현했을 뿐이다.

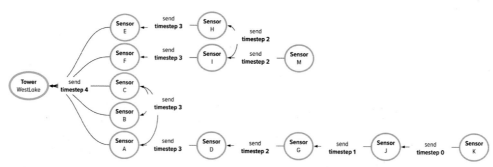

그림 7-7 timestep 4에 WestLake 타워로 도착한 통신을 계층으로 이해하기

[그림 7-7]처럼 계층 구조에서는 타워에서 센서까지 역방향으로 탐색하는 것이 더 쉽다. 예를 들어 WestLake 타워에서 Sensor M으로 이어지는 경로를 거꾸로 따라가보자. 경로는 기존과 같지만 시간이 어떻게 줄어들었는지 그림을 통해 쉽게 확인할 수 있다.

[그림 7-7]의 데이터 계층 구조에서는 경로가 더 쉽게 확인된다. 하지만 [그림 7-6]처럼 지리적으로 데이터를 사용해야 할 때도 있다.

타워에서 센서를 향해 거꾸로 탐색하면서 시간이 어떻게 감소되는지 확인할 수만 있다면 어느 방식을 선택해도 상관이 없다.

제품 스키마를 갱신하기 전에 루트에서 리프로 향하는 유효한 경로를 마지막으로 살펴보자.

하향식에서 유효한 경로와 유효하지 않은 경로

타워에서 모든 센서로 연결되는 유효한 경로를 찾을 때 어떤 일이 일어났는지 생각해보자. 센서에서 타워로 탐색한 결과를 반대로 뒤집었다.

이렇게 결과를 반대로 뒤집으면서 시간도 역으로 거슬러갔다. 즉, 간선을 이동할 때마다 `timestep` 값을 1씩 감소시켰다.

유효한 경로와 유효하지 않은 경로의 다른 예를 살펴보자. 하지만 이번에는 타워에서 센서로 이어지는 관점(시간을 거슬러감)으로 살펴본다. [그림 7-8]의 오른쪽 경로는 통신이 너무 늦거나 너무 일찍 일어났기 때문에 유효하지 않은 경로다.

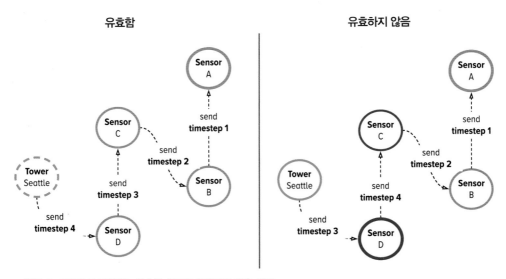

그림 7-8 타워에서 시작하는 유효한 경로와 유효하지 않은 경로

[그림 7–8]은 **Seattle** 타워에서 **Sensor A**로 이어지는 경로다. 왼쪽은 다음과 같이 경로가 유효하다.

```
Seattle — 4 → D
      D — 3 → C
      C — 2 → B
      B — 1 → A
```

이와 대조적으로 오른쪽은 **Sensor D**가 정보를 수신한 시간이 맞지 않기 때문에 유효하지 않은 경로다.

```
Seattle — 3 → D (다음 연결에 너무 늦음)
      D — 4 → C (다음 연결에 너무 이름)
      C — 2 → B
      B — 1 → A
```

Seattle은 **Sensor D**로 너무 늦게 정보를 보냈다. **Sensor D**는 **Sensor C**로 이미 데이터를 전달한다. **Sensor D**와 **Sensor B** 사이의 통신 경로 또한 유효하지 않다.

역순으로 시간을 사용하면 추론하기가 훨씬 어렵다. 타워에서 센서로 이동할 때 시간 프로퍼티가 반드시 1씩 줄어야 한다는 점이 핵심이다.

7.2.1 그래프의 시계열 데이터 최종 요약

간선에 시간 프로퍼티를 추가하면 예제 데이터셋의 시간을 이해할 수 있다. 다음 절에서는 이를 제품 스키마로 만드는 방법을 살펴본다.

실제 문제는 질의에서 시간을 사용하려 할 때 발생한다. 이 예제에서 시간을 사용하는 방법을 다음과 같이 요약할 수 있다.

TIP 경험 법칙 #11

- 위로 올라갈 때는 시간이 증가하고 아래로 내려갈 때는 시간이 감소한다. 이 법칙을 만족시키지 않는 경로는 유효하지 않은 경로이므로 결과에서 제외시킨다.

간선에 시간을 사용하는 방법을 알았으므로 6장에서 해결하지 못했던 오류를 어떻게 해결할 수 있는지 살펴보자. 특히 결과에 유효한 경로만 포함하므로 그래프의 분기 계수를 줄일 수 있다.

우선 분기 계수란 무엇이며 이를 알아야 하는 이유를 살펴보자.

7.3 분기 계수 이해

6장을 마치면서 해결하지 못한 문제가 있었다. 타워에서 연결된 모든 센서를 탐색할 때 데이터의 분기 계수branching factor 때문에 탐색에 실패했었다. 분기 계수 개념을 자세히 살펴보면서 분기 계수가 많은 데이터를 처리할 때 어떤 복잡성이 발생하는지 확인하자.

7.3.1 분기 계수 개념

분기 계수란 한 정점에서 다른 많은 정점으로 탐색할 때 발생하는 관계 문제다. 분기 계수는 공식적으로 다음과 같이 정의한다.

- **분기 계수**: 그래프의 분기 계수(BF)는 정점의 예상(또는 평균) 간선의 수로 결정된다.

이를 과정이나 한 탐색자가 분리되어 여러 개로 불어나는 현상으로 생각할 수 있다. WestLake의 분기 계수는 [그림 7-9]와 같다.

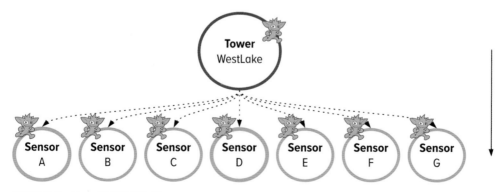

그림 7-9 WestLake의 분기 계수 예

[그림 7-9]에서 WestLake 타워 정점은 인접한 일곱 개의 고유 정점으로 연결되는 간선을 갖는다. 즉, WestLake 타워의 분기 계수는 7이다.

분기 계수는 탐색 성능에 영향을 준다. 예를 들어 탐색자가 WestLake 타워에서 시작해 파이프라인에 하나의 탐색자를 만든다. WestLake 타워에서 시작해 모든 들어오는 정점을 탐색하려면 한 탐색자를 모든 간선으로 분리해야 한다. 따라서 [그림 7-9]의 하단에서 보여주는 것처럼 센서 정점의 수만큼 일곱 개의 탐색자가 만들어진다.

탐색 오버헤드는 그래프의 분기 계수와 관련된다. 필요한 탐색자 수는 탐색을 실행하는 데 필요한 스레드 수와 비슷하다. [그림 7-10] 공식으로 맵 질의를 처리하는 데 필요한 스레드 수를 계산할 수 있다.

$$\sum_{n \geq 0} (BF)^n$$

그림 7-10 깊이(n), 분기 계수(BF)에 따라 탐색에 필요한 오버헤드를 계산하는 공식

그런데 이를 왜 신경 써야 할까?

여러분의 그래프 분기 계수가 3이라고 가정하자. 어느 정점에서부터 한 탐색자로 탐색을 시작한다. 다음 이웃으로 탐색하면서 탐색자 수는 3이 된다. 다시 다음 이웃을 탐색하면 탐색자 수는 9가 된다. 삼차 이웃으로 탐색하면 27이다. 사차 이웃으로 탐색하면 81개의 탐색자를 갖는다. 지금까지 만든 탐색자 수는 1 + 3 + 9 + 27 + 81 = 121개다.

이렇게 탐색자 수는 손을 쓰기 어려울 정도로 기하급수적으로 증가한다. [그림 7-11]은 이 수가 얼마나 빨리 증가하는지 보여준다.

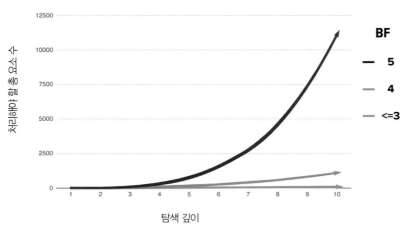

그림 7-11 탐색 깊이와 분기 계수에 따른 정보의 양

[그림 7-11]은 그래프의 분기 계수로 인해 이웃 데이터를 탐색하면서 처리해야 할 데이터의 양이 기하급수적으로 증가한다는 사실을 보여준다. 보통 하나의 그렘린 탐색자는 여러분의 컴퓨터 한 스레드를 사용한다. 따라서 데이터를 처리하는 데 필요한 스레드 수가 이렇게 늘어날 수 있다.

7.3.2 분기 계수 문제 해결법

아파치 카산드라는 분기 계수 문제를 제어하는 데 필요한 모든 도구를 제공한다. 디스크에 데이터를 저장하는 방법은 질의의 분기 계수에 영향을 미치는 주요 요소 중 하나다. 따라서 간선에 프로퍼티를 사용해 데이터의 분기 계수 문제를 완화하는 것이 가장 좋은 방법이다.

TIP 경험 법칙 #12

- 질의에서 데이터를 정렬하고 분기 계수를 최소화할 수 있도록 디스크에 간선을 클러스터링한다.

지금까지 살펴본 분기 계수에 대한 이해를 적용해보자. 제품 질의 시 트리의 분기 계수의 영향을 덜 받도록 개발 스키마를 개선한다.

7.4 센서 데이터 제품 스키마

간선의 시간, 개발 모드 구현을 통해 제품 스키마에 적용할 두 가지 최적화를 발견했다. 첫 번째로 간선의 시간, 유효 경로, 분기 계수는 시간에 따라 간선을 클러스터해야 하는 **이유**를 설명한다. 두 번째 6장에서는 간선을 양방향으로 탐색하는 질의를 구현했다. 따라서 양방향으로 탐색할 수 있도록 send 간선에 구체화 뷰를 추가한다.

[그림 7-12]는 이들 변화를 적용한 제품 버전의 개념 데이터 모델이다.

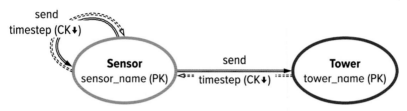

그림 7-12 이 장에서 사용할 최종 트리 질의 집합의 제품 스키마 모델

[그림 7-12]는 send 간선(반대 방향으로 향하는 점선)에 구체화 뷰를 사용했다. 또한 간선을 시간별로 클러스터링해 timestep(CK↓)를 감소시킨다.

그래프 스키마 언어를 적용해 다음처럼 간선을 시간으로 클러스터링한다.

```
schema.edgeLabel("send").
       ifNotExists().
       from("Sensor").
       to("Sensor").
       clusterBy("timestep", Int, Desc).
       create()
schema.edgeLabel("send").
       ifNotExists().
       from("Sensor").
       to("Tower").
       clusterBy("timestep", Int, Desc).
       create()
```

다음은 스키마에 인덱스를 만드는 코드다.

```
schema.edgeLabel("send").
      from("Sensor").
      to("Sensor").
      materializedView("sensor_sensor_inv").
      ifNotExists().
      inverse().
      create()
schema.edgeLabel("send").
      from("Sensor").
      to("Tower").
      materializedView("sensor_tower_inv").
      ifNotExists().
      inverse().
      create()
```

이전 코드의 간선 레이블 문법은 각 send 간선 레이블에 구체화 뷰를 만든다. inverse() 편의 메서드를 이용해 간선에 동일한 순서를 역방향으로 적용한다.

TIP 보너스 경험 법칙

- 제품 간선 레이블의 방향이 탐색이 가장 많은 방향으로 향하도록 만들고, 좀 더 적게 탐색하는 방향으로 구체화 뷰를 만들어 탐색 주도 모델을 개선할 수 있다.

데이터스택스 벌크 로더로 데이터 로드하기

6장에서 설명한 방법과 같은 방식으로 예제 데이터를 로드한다. [표 7-1]을 통해 Sensor_send_Sensor.csv의 첫 다섯 행을 다시 살펴보자.

표 7-1 Sensor_send_Sensor.csv 파일의 첫 다섯 행 데이터

out_sensor_name	timestep	in_sensor_name
103318117	1	126951211
1064041	2	1307588
1035508	2	1307588
1282094	1	1031441

6장에서는 send 간선 레이블이 timestep을 포함하지 않았다. 따라서 로드 과정에서 간선 데이터에 타임스탬프가 생략되었다.

하지만 7장에서는 간선을 클러스터링할 수 있도록 timestep을 사용한다. 따라서 6장과 같은 방법으로 데이터를 로드하면 이번에는 timestep이 간선에 포함된다. 자세한 코드는 깃허브[1]에서 확인할 수 있다.

지금까지 배운 시간, 유효 경로, 분기 계수를 적용해 6장의 질의를 리팩터링해보자.

7.5 제품 모드: 리프에서 루트로 질의하기

이전과 질문은 같다. 하지만 이번에는 간선에 시간을 적용해 유효한 경로만 선택한다. 먼저 첫 번째 질의를 통해 다른 센서 또는 타워와 데이터를 주고받는 시점을 살펴보자.

7.5.1 이 센서는 데이터를 언제, 어디로 전송했는가?

이전과 같은 질문이지만 이번에는 다른 센서(104115939)를 사용한다. 그리고 결과 맵에 timestep 프로퍼티를 추가한다. 그러려면 탐색에 간선을 이용하고 맵에 요소를 추가해야 한다. [예제 7-1]의 질의와 결과를 확인한 후 코드를 자세히 살펴본다.

예제 7-1

```
 1 sensor = g.V().has("Sensor", "sensor_name", "104115939").next()
 2 g.V(sensor).                               // 센서 찾기
 3    outE("send").                           // 모든 간선으로 탐색한 다음 멈춤
 4    project("Label", "Name", "Time").       // 간선당 한 개의 맵 만들기
 5      by(__.inV().                          // 안으로 탐색
 6          label()).                         // 첫 번째 키의 값
 7      by(__.inV().                          // 안으로 탐색
 8          coalesce(values("tower_name"),    // 타워면 두 번째 키의 값 반환
 9                   values("sensor_name"))). // 그렇지 않으면 sensor_name 반환
10      by(values("timestep"))                // 세 번째 키("Time")의 값
```

1 https://github.com/datastax/graph-book/tree/master/data

다음은 질의 실행 결과다.

```
{
  "Label": "Sensor",
  "Name": "104115918",
  "Time": "1"
},{
  "Label": "Sensor",
  "Name": "10330844",
  "Time": "0"
}
```

[예제 7-1]은 이전과 비슷하게 설정한 질의다. 2행에서는 탐색을 만들고 한 정점에서부터 탐색 파이프라인을 시작한다. 3행에서는 센서에서 외부로 향하는 모든 간선으로 탐색한다. 4행에서는 project를 이용해 세 개의 키(Label, Name, Time)로 맵 객체를 만든다. 5행부터 탐색하면서 Label 맵의 값을 채운다(맞은 편 간선으로 들어오는 정점의 레이블). Name 맵의 값은 7행의 try/catch 패턴의 coalesce 단계로 채운다(타워의 이름 또는 센서의 이름). 마지막으로 Time 맵의 값은 10행의 탐색 코드로 채운다(간선의 timestep 프로퍼티 값 접근).

[예제 7-1]의 패턴으로 타워로 연결된 경로를 따라가는 동시에 timestep 값도 확인해야 한다.

7.5.2 한 센서에서 시작해 시간순으로 트리를 올라가는 모든 경로 찾기

다음 질의도 6장에서 설정한 것과 동일하지만 결과 페이로드에 간선의 timestep 프로퍼티를 추가한다. 이번에는 어떤 경로가 유효하며 어떤 경로가 유효하지 않은지 알 수 있다. [예제 7-2]의 질의를 살펴보자. 자세한 내용은 뒤에서 설명한다.

예제 7-2

```
1 sensor = g.V().has("Sensor", "sensor_name", "104115939").next()
2 g.V(sensor).                          // 센서 찾기
3     as("start").                      // "startingSensor"로 레이블 설정
4   until(hasLabel("Tower")).           // 타워에 도달할 때까지
5   repeat(outE("send").                // send 간선으로 나가서 중지
6          as("send_edge").             // "send_edge"로 레이블 설정
7        inV().                         // 인접 정점으로 탐색
```

```
 8              as("visited").                  // "visited" 레이블로 설정
 9          simplePath()).                      // 순환 제거
10  as("tower").                                // "tower" 레이블로 설정
11  path().      // "start"에서 "tower"로 이르는 정점과 간선의 경로 얻기
12    by(coalesce(values("tower_name",        // 경로의 첫 번째 객체는 정점
13                       "sensor_name"))).
14    by(values("timestep"))                  // 경로의 두 번째 객체는 간선
```

결과를 확인하기 전에 [예제 7-2]의 코드를 살펴보자. 2행에서는 한 정점에서 탐색 파이프라인을 시작한다. 4행, 5행의 until().repeat()은 그렘린의 while/do 패턴을 따른다. 5행에서는 파이프라인의 각 탐색자가 send 간선과 레이블에 접근하고 나중에 path() 객체로 참조할 수 있도록 이를 send_edge 레이블로 설정한다. 8행에서는 경로상의 모든 정점을 방문한 정점으로 설정하며, 10행은 경로의 마지막 정점에 tower 레이블을 추가한다. 4행의 중지 조건에 따라 탐색의 마지막 정점은 항상 타워로 끝난다.

[예제 7-2]의 가장 까다로운 부분은 11행에서부터 14행까지의 코드다. 이 코드 부분에서는 각 경로에서 유용한 정보를 포함하는 질의 결과를 얻기 위해 by() 조정자를 라운드 로빈 순서로 적용해 경로 구조의 객체를 변환한다.

이 부분을 자세히 살펴보자.

[예제 7-2]의 11행에서 각 탐색자는 경로 객체를 탐색 파이프라인으로 만든다. 한 센서에서 시작해 간선과 인접한 정점을 반복적으로 접근하므로 모든 경로는 [Start, Edge, Vertex, ... , Edge, Tower] 구조를 갖는다.

12행과 14행의 by() 변경자로 이 패턴을 사용한다. 12행의 by() 변경자는 짝수 번호 객체를 경로 객체([0, 2, 4, …])로 매핑한다. 경로에서 짝수 번호에 위치한 객체는 반드시 정점이다. 각 정점이 tower_name이나 sensor_name만 포함하도록 경로의 객체를 바꿔야 한다. coalesce() 단계의 try/catch 패턴으로 이를 구현한다.

14행의 by() 변경자는 경로 객체에서 홀수 번호 객체([1, 3, 5, …])를 매핑한다. 경로의 홀수 번호 객체는 항상 간선이다. 경로 객체는 특정 간선의 timestep을 보여줘야 한다. values("timestep")으로 이를 구현한다.

[예제 7-3]은 [예제 7-2] 질의의 두 결과다. 이들 결과는 경로 객체에서 labels 페이로드를 보여주는데, 이를 이용해 질의의 각 as() 레이블을 경로 객체로 매핑할 수 있다.

지면상 labels 페이로드는 [예제 7-3]에서만 보여준다. 즉, 나머지 예제에서는 이 결과를 생략한다.

예제 7-3

```
...,
{
  "labels": [
    ["start"],
    ["send_edge"], ["visited"],
    ["send_edge"], ["visited"],
    ["send_edge"], ["visited"],
    ["send_edge"], ["visited"],
    ["send_edge"], ["visited"],
    ["send_edge"], ["visited", "tower"],
  ],
  "objects": [
    "104115939",
    "0", "10330844",
    "1", "126951211",
    "2", "127620712",
    "3", "103318129",
    "4", "103318117",
    "5", "Bellevue"
  ]
},{
  "labels": [
    ["start"],
    ["send_edge"], ["visited"],
    ["send_edge"], ["visited"],
    ["send_edge"], ["visited"],
    ["send_edge"], ["visited"],
    ["send_edge"], ["visited"],
    ["send_edge"], ["visited", "tower"],
  ],
  "objects": [
    "104115939",
    "0", "10330844",
    "1", "126951211",
    "2", "127620712",
    "3", "103318129",
    "0", "103318117",
    "5", "Bellevue"
```

```
  ]
}, ...
```

[예제 7-3]의 첫 번째 결과는 시간이 순차적이므로(0,1,2,3,4,5) 유효한 경로다. 두 번째 결과에서는 간선의 시간이 순차적이지 않으므로(0,1,2,3,0,5) 유효하지 않은 경로다. 두 번째 결과의 경로는 timestep 3 이후부터 잘못되었다.

[예제 7-3]은 유효한 트리와 유효하지 않은 트리의 두 경로를 포함한다. 첫 번째 경로는 순차적 시간으로 구성되므로 유효한 반면 두 번째 경로는 유효하지 않다. [그림 7-13]은 어떤 경로가 유효하며 어떤 경로가 유효하지 않은지에 관한 결과 경로를 시각적으로 확인할 수 있다.

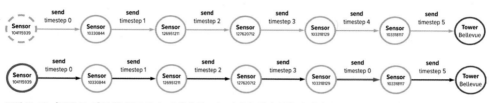

그림 7-13 [예제 7-2]의 두 경로 중 누가 유효하고 누가 유효하지 않은지 시각화한 모습

[그림 7-13]에서 위쪽의 경로는 시작에서 종착지로 이동하면서 증분 패턴을 따르므로 유효한 경로다. 반면 아래쪽 경로의 Sensor 103318129가 데이터를 timestep 3에 받았으나 다음 나가는 간선이 timestep 0, 즉 더 일찍 발생하므로 유효하지 않은 경로다.

센서에서 타워로 탐색할 때 유효한 트리만 골라야 한다. 이번 절의 마지막 예제를 통해 데이터를 탐색하면서 timestep 값을 모니터링하는 방법을 살펴본다.

7.5.3 이 센서에서 시작하는 유효 트리 찾기

[예제 7-2]의 패턴을 사용해 데이터를 탐색하면서 send 간선의 값을 확인해야 한다. 이미 [예제 7-4]에 이를 구현했지만 여기서는 timestep 값을 임의의 값으로 설정했다.

예제 7-4

```
1 sensor = g.V().has("Sensor", "sensor_name", "104115939").next()
2 g.V(sensor).                                  // 센서 찾기
3     outE("send").has("timestep", 0).inV(). // timestep = 0인 간선 탐색
4     outE("send").has("timestep", 1).inV(). // timestep = 1인 간선 탐색
5     outE("send").has("timestep", 2).inV(). // timestep = 2인 간선 탐색
6     outE("send").has("timestep", 3).inV(). // timestep = 3인 간선 탐색
7     outE("send").has("timestep", 4).inV(). // timestep = 4인 간선 탐색
8     outE("send").has("timestep", 5).inV(). // timestep = 5인 간선 탐색
9     path().                                 // 이 센서에서 경로 얻기
10      by(coalesce(values("tower_name",     // 짝수 위치의 요소
11                        "sensor_name"))). // 정점의 ID 얻기
12      by(values("timestep"))                // 홀수 위치의 요소
```

트리의 깊이를 미리 알고 있어야 [예제 7-4] 질의를 활용할 수 있다. 하지만 실제로는 트리의 깊이를 미리 알 수 없으므로 카운터 변수를 사용해야 한다. 카운터 변수 0부터 시작해 타워를 찾을 때까지 1씩 증가시킨다.

그렘린에서는 loops()를 활용한다. loops()는 동작을 반복 실행한 횟수를 저장한다. loops()는 0에서 시작해 단계를 반복할 때마다 값을 하나씩 증가시킨다.

- loops(): 탐색자가 현재 루프에서 단계를 반복 수행한 횟수를 저장한다.

loops()를 카운터로 활용해 이 값을 간선의 timestep 값과 비교한다. 간선의 timestep 값과 비교해 시작 센서에서 타워로 이어지는 유효 트리만 거를 수 있다.

loops()를 사용하고 간선에 필터를 만들어보자. 간선의 timestep 값이 loops() 변수와 같은 간선만 남기는 필터가 필요하다. 반대로 간선의 timestep이 loops() 변수와 같지 않으면 필터를 통과하지 못한다. 이 요구 사항이 조금 억지스러워 보일 수도 있지만 실제로 순차적으로 간선을 탐색해야 할 때가 많다. 이는 아주 중요한 문제와 해결 방식이며 다른 애플리케이션 패턴에도 공통적으로 적용할 수 있다.

[예제 7-5]는 그렘린으로 loops()를 사용해 간선에 필터를 만드는 코드다.

예제 7-5

```
1 sensor = g.V().has("Sensor", "sensor_name", "104115939").next()
2 g.V(sensor).as("start").                       // 센서 찾고 레이블 설정
```

```
 3     until(hasLabel("Tower")).              // 타워에 도착할 때까지
 4     repeat(outE("send").                   // send 간선 외부로 탐색
 5            as("send_edge")).               // "send_edge"로 레이블 설정
 6          where(eq("send_edge")).           // 필터: 같은지 확인
 7            by(loops()).                    // loops와
 8            by("timestep").                 // 간선의 타임스탬프가 같은 간선은 통과
 9          inV().                            // 인접 정점으로 탐색
10            as("visited")).                 // "visited"로 레이블 설정
11     as("tower").                           // 반드시 타워이므로 "tower"로 레이블 설정
12     path().                                // "start"에서 "tower"로 연결되는 경로
13       by(coalesce(values("tower_name",     // 짝수 위치 요소에서
14                         "sensor_name"))).  // 레이블에 따라 정점의 ID 얻기
15       by(values("timestep"))               // 홀수 위치의 요소에서: timestep
```

다음은 [예제 7 –5]의 결과다. path() 객체의 labels 페이로드는 생략했다.

```
{ ... ,
  "objects": [
    "104115939",
    "0", "10330844",
    "1", "126951211",
    "2", "127620712",
    "3", "103318129",
    "4", "103318117",
    "5", "Bellevue"
  ]
}
```

[예제 7–5]의 단계를 자세히 살펴보자. 2행에서는 시작 정점으로 탐색 파이프라인을 채운다. 3행부터 9행까지는 한 센서에서 타워로 반복 탐색하는 작업(나가는 간선을 접근한 다음 들어오는 정점 활용)을 설정한다. 6, 7, 8행에서는 간선 필터를 정의한다. 탐색자는 timestep이 루프 카운터와 같아야 이 필터를 통과한다. 반대로 간선의 timestep이 루프 카운터와 같지 않으면 이 필터를 통과하지 못한다.

시작 센서에서 타워까지 유효한 경로를 포함하는 탐색자만 반복 루프를 돌면서 필터를 통과할 수 있다. 경로 결과를 다듬고 sensor 104115939에서 Bellevue 타워에 도달하는 유효한 경로만 확인할 때도 이 패턴을 활용한다.

7.5.4 고급 그렘린: where().by() 패턴 이해하기

[예제 7-5]에서 where().by() 패턴을 사용해 놀랐을 수도 있다. 이 책에서는 일반 사람들이 문제를 해결하기 위해 시도하는 방식을 먼저 소개한 다음, 이 접근 방법이 작동하지 않는 이유를 설명한다. 이 과정에서 그렘린 질의 언어의 고급 주제를 더 잘 이해할 수 있다.

흔한 그렘린 실수: has() 오버로딩

대부분의 사람들은 has("timestep", loops())를 간선 필터로 사용하려고 한다. [예제 7-6]에서는 이 방법으로 질의를 구현한 다음 이 접근 방법이 잘못된 이유를 설명한다.

> **WARNING_** [예제 7-6]의 질의는 이번 장의 질문에 제대로 답하지 못하는 교육 목적의 예일 뿐이다.

예제 7-6

```
1 g.V(sensor).
2     until(hasLabel("Tower")).
3     repeat(outE("send").as("send_edge").
4             has("timestep", loops()). // 작동하지 않음
5             inV().as("visited")).
6     as("tower").
7     path().
8         by(coalesce(values("tower_name", "sensor_name"))).
9         by(values("timestep"))
```

다음은 [예제 7-6]의 결과다. 이번에도 path()에서 labels 페이로드를 생략했다.

```
{ ... ,
  "objects": [
    "104115939",
    "0", "10330844",
    "1", "126951211",
    "2", "127620712",
    "3", "103318129",
    "4", "103318117",
    "5", "Bellevue"
  ], ... ,
  "objects": [
```

```
     "104115939",
     "0", "10330844",
     "1", "126951211",
     "2", "127620712",
     "3", "103318129",
     "0", "103318117", //incorrect result: time is out of order: 3, 0, 5
     "5", "Bellevue"
   ]
 }, ...
```

[예제 7-6]의 결과는 [예제 7-2]와 같다. has("timestep", loops())가 오버로딩되고 모든 탐색자가 모든 간선으로 전달되기 때문이다.

여기서는 'loops()의 값은 간선의 timestep 값과 일치하는가?'라는 질문이 아니라 'loops() 에 접근할 수 있는가?'라는 질문을 해결하려는 실수를 하고 있다. 그 이유를 자세히 살펴보자.

[예제 7-6]의 has() 단계는 has(key, traversal) 구조로 필터를 만든다. 이때 has() 단계 는 timestep 프로퍼티 값으로 시작하는 탐색을 만든다. 탐색자가 살아남으면 간선은 has() 필터를 전달한다. loops()로 탐색자가 살아남았는지 확인한다. loops()는 값을 반환하므로 코드 실행에는 문제가 없다.

결국 [예제 7-6]은 has(True)라는 로직을 만든 셈이다.

이렇게 has(key, traversal)을 오버로딩하는 실수는 그렘린 사용자가 재귀 질의를 구현할 때 흔히 저지르는 실수다. 여러분은 이런 실수를 하지 않길 바란다.

해결책: where().by() 패턴

has("timestep", loops())로 문제를 해결할 수 없다면 where().by() 패턴으로 어떻게 문 제를 해결할 수 있는 걸까? 이유를 살펴보자.

[예제 7-5]에서 다음 그렘린 패턴으로 간선 필터를 만들었다.

```
where(eq("sendEdge")).
     by(loops()).
     by("timestep")
```

그렘린의 where()의 기본 형태는 where(a, pred(b))다. 예제에서는 단축형 where(pred(b))를 사용하며 단축형에서는 들어오는 탐색자를 암묵적으로 a에 할당한다.

들어오는 탐색자의 레이블은 sendEdge이므로 실제로 다음 코드와 같다.

```
where("sendEdge", eq("sendEdge"))
```

이 패턴은 두 개의 다른 by() 조절자(각각 sendEdge, eq("sendEdge")에 적용됨)를 사용했을 때(또는 이 예제에서 by() 조절자가 같은 간선으로부터 다른 두 개의 값을 방출했을 때)만 false로 평가된다.

두 개의 by() 조절자는 loops(), timestep의 값을 방출한다. 이러한 두 값이 다르면 표현식이 거짓으로 평가되면서 들어오는 탐색자를 제거한다.

이제 센서에서 타워로 탐색하는 데 필요한 모든 개념을 확인했다. 이제 마지막으로 트리의 꼭대기로 돌아가 타워에서 센서로 탐색해보자.

7.6 제품 모드: 루트에서 리프로 질의하기

이번 장의 마지막 기술 관련 절에서는 센서 네트워크 데이터를 이용해 타워에서 센서로 탐색하는 동안 분기 계수를 회피한다. 이번 절의 질의는 특정 간선을 탐색할 때 send 간선의 정렬된 순서를 적용하며 6장의 마지막 부분에서 해결하지 못했던 문제를 해결한다.

이전 장에서 살펴본 타워에서부터 시작해 첫 번째 질문에 답해보자.

7.6.1 어떤 센서가 Georgetown에 시간별로 직접 연결되어 있는가?

Georgetown 타워가 얼마나 많은 메시지를 수신하고, 각 메시지를 언제 수신하는지 살펴보자. 이전과 마찬가지로 특정 시간에 어떤 센서가 정보를 전송했는지 보여주는 JSON 객체를 만든다. [예제 7-7]의 질의와 그 결과를 살펴보자.

```
1  tower = dev.V().has("Tower", "tower_name", "Georgetown").next()
2  g.V(tower).
3      inE("send").
4      project("Label", "Name", "Time").      // 각 간선마다 맵 만들기
5        by(outV().label()).                  // 첫 번째 키 "Label"의 값
6        by(outV().                           // 두 번째 키 "Name"의 값
7            coalesce(values("tower_name"),    // 타워면 tower_name 반환
8                    values("sensor_name"))).  // 아니면 sensor_name 반환
9        by(values("timestep"))               // 세 번째 키 "Time"의 값
```

다음은 [예제 7-7]의 결과다.

```
{
  "Label": "Sensor",
  "Name": "1302832",
  "Time": "3"
},{
  "Label": "Sensor",
  "Name": "1002688",
  "Time": "2"
},...,{
  "Label": "Sensor",
  "Name": "1306931",
  "Time": "1"
}
```

이 예제는 지금까지 살펴본 대부분의 질의에서 사용했던 `project()`와 같은 생성 패턴을 따른다. 이 질의가 어떤 동작을 수행하는지 한 행씩 살펴보자.

[예제 7-7]의 2행에서 한 정점 `Georgetown` 타워로 탐색을 시작한다. 3행에서 한 탐색자가 여러 탐색자로 분리(인접한 일곱 개의 간선당 하나의 탐색자)된다. 즉 `Georgetown` 타워의 분기 계수는 7이므로 파이프라인은 일곱 개의 탐색자를 처리한다. 4행부터 9행에서는 각 탐색자가 결과 페이로드를 어떻게 보고할지 지시한다. 4행에서는 `Label`, `Name`, `Time` 키로 맵을 만들었다. 5행에서는 나가는 정점의 레이블로 `Label` 키를 채운다. 6행부터 8행에서는 나가는 정점의 파티션 키로 `Name` 키를 채운다. 마지막 9행에서는 간선의 `timestep`으로 `Time` 키를 채운다.

지금까지 이 패턴을 여러 번 활용해 그래프 데이터의 JSON 페이로드를 만들었다. 따라서 이

패턴은 질의 결과를 다듬는 유용한 그렘린 단계로 여러분의 마음속에 자리 잡았길 바란다.

믿거나 말거나 이번 장에서 해결해야 할 질문이 하나밖에 남지 않았다. 바로 Georgetown 타워에서 시작해 센서로 내려가는 유효 경로를 찾아야 한다.

7.6.2 Georgetown에서 센서로 내려가는 유효 경로는?

이번 질의에서는 제 시간에 시작할 위치를 정의해야 한다. [예제 7–7] 결과를 통해 timestep 3, 2, 1 중 하나로 끝나는 트리를 찾을 수 있다. timestep 3으로 끝나는 트리를 살펴보자.

우선 [예제 7–8]처럼 의사코드로 문제를 해결해보자.

예제 7-8

```
질문: Georgetown에서 센서로 내려가는 유효 경로는?
과정:
    counter 변수 초기화
    counter + 1만큼 동안(0번째 간선을 고려함)
    다음을 수행한다:
        들어오는 send 간선으로 탐색
        counter를 1 감소시킴
    타워에서 끝나는 센서로 이어지는 경로를 보여주고 만듦
```

이런 종류의 질의를 구현하려면 sack()이라는 새로운 그렘린 개념을 알아야 한다.

타워에서 트리의 다른 수준으로 탐색해 내려갈 때는 지금까지 얼마나 멀리 탐색했는지 추적할 자료구조가 필요하다. [예제 7–5]에서는 loops() 단계를 이용했다. loops()는 1씩 증가하지만 여기서 필요한 것은 깊이 내려갈수록 1씩 감소하는 기능이다. 따라서 다른 기능이 필요하다.

그렘린 탐색에서는 sack() 단계로 변수를 커스터마이즈할 수 있다. sack() 단계는 그래프 데이터에서 여정을 시작할 탐색자에게 색(자그마한 배낭)sack을 주는 것과 같다. 여러분은 필요한 것으로 색을 초기화할 수 있다. 탐색자가 그래프 데이터를 탐색할 때 그래프 데이터에서 처리하는 데이터에 따라 색의 내용을 바꿀 수 있다.

- sack(): 탐색자는 색이라고 부르는 지역 자료구조를 포함할 수 있다. 탐색자의 색을 읽거나 기록할 때 sack() 단계를 사용한다.
- withSack(): 색의 자료구조를 초기화할 때 withSack() 단계를 사용한다.

다음 질의에서는 timestep 3에서 시작해 timestep 2, 1, 0 값으로 간선을 탐색한다. 다양한 연습을 해보고 싶다면 다른 시작 시간을 선택해 다른 경로를 탐색해보자. 여기서는 start = 3 을 선택했다.

그렘린의 repeat(), times(), sack() 연산자를 활용해 [예제 7-8]에서 보여준 의사코드를 어떻게 구현하는지 살펴보자(예제 7-9).

예제 7-9

```
1  start = 3
2  tower = dev.V().has("Tower", "tower_name", "Georgetown").next()
3  g.withSack(start).               // 모든 탐색자는 3 값을 색에 담고 시작한다
4    V(tower).as("start").          // Georgetown 탐색
5    repeat(inE("send").as("send_edge"). // 들어오는 간선으로 탐색
6         where(eq("send_edge")).    // 같은지 검사하는 필터 만들기:
7           by(sack()).             // sack()값이
8           by("timestep").         // 간선의 timestep과 같은지 검사
9         sack(minus).              // 색의 값을 감소시킴
10          by(constant(1)).        // 1만큼
11        outV().as("visited")).    // 인접 정점으로 탐색
12    times(start+1).               // 5~10행을 네 번 수행
13    as("tower").                  // 모든 간선 필터에 이 정점 전달
14    path().                       // Georgetown에서 시작하는 경로 얻기
15      by(coalesce(values("tower_name", // 경로의 첫 객체는 정점
16                    "sensor_name"))).
17      by(values("timestep"))      // 경로의 두 번째 객체는 간선
```

한 번에 한 행씩 질의를 살펴본 다음에 결과를 확인하자.

[예제 7-9]의 1행에서는 start 변수의 값을 3으로 초기화한다. 질의에서 이 값을 여러 번 활용한다. 우선 3행에서 탐색자의 색을 3으로 초기화할 때 이 값을 처음 사용한다. 4행에서는 Georgetown 타워로 탐색 파이프라인을 시작한다. 5행과 12행에서 repeat()/times() 패턴이 나타난다. 여기서는 start + 1을 모든 탐색자의 중지 조건으로 사용한다. 즉 5행부터 12행까지의 탐색은 start + 1 = 4만큼 반복한 다음 완료된다.

반복되는 절 안에서는 처리하는 모든 간선에 필터를 만들었다. 이전에 사용했던 where()/by() 패턴을 사용했다. 하지만 이번에는 loops() 대신 sack()을 사용해 간선의 timestep을 sack() 값과 비교한다.

루프에서 sack()이 어떻게 동작하는지 살펴보자.

반복 단계 안에서 처음 탐색을 처리할 때 각 탐색자는 색에 3을 저장한다. 즉 6, 7, 8행에 필터를 처음 사용할 때 간선의 timestep이 정수 3인지 확인한다. Georgetown에 인접한 간선 중 timestep이 3인 간선만 이 필터를 통과한다.

9행에서는 탐색자의 색 값을 바꾼다. sack(minus) 단계로 색의 값을 감소시킨다. 10행의 by() 조절자는 탐색자에게 얼마를 감소시킬지 지시한다. by(constant(1))는 1을 감소시킨다.

11행에서 다른 정점으로 이동하며 12행에서는 루프 조건을 확인한다. 14행부터 17행까지는 기존에 여러 번 했던 것처럼 경로 결과 형식을 다듬는다. 다음은 [예제 7-9]의 결과다. path() 객체에서 labels 페이로드는 생략했다.

```
{...,
  "objects": [
    "Georgetown",
    "3", "1302832",
    "2", "1059089",
    "1", "1255230",
    "0", "1248210"
  ] , ... ,
  "objects": [
    "Georgetown",
    "3", "1302832",
    "2", "1059089",
    "1", "1302832",   // 순환
    "0", "1010055"
  ]
}, ...
```

잘 살펴보면 예상하지 못한 결과임을 알 수 있다. 두 번째 객체는 올바른 시간값을 따르는 경로임에도 반복되는 센서(1302832)를 포함하고 있다. 6장에서 했던 것처럼 결과에서 순환을 제거해야 한다.

[예제 7-10]은 기존 코드에 새로운 단계를 추가한 코드다(12행).

예제 7-10

```
1  start = 3
2  tower = dev.V().has("Tower", "tower_name", "Georgetown").next()
3  g.withSack(start).
4    V(tower).as("start").
5    repeat(inE("send").as("send_edge").
6          where(eq("send_edge")).
7            by(sack()).
8            by("timestep").
9          sack(minus).
10           by(constant(1)).
11         outV().as("visited").
12         simplePath()).       // 순환 제거
13   times(start+1).
14   as("tower").
15   path().
16     by(coalesce(values("tower_name",
17                        "sensor_name"))).
18     by(values("timestep"))
```

다음은 [예제 7-10]의 결과다. **path()** 객체에서 **labels** 페이로드는 생략했다.

```
{...,
  "objects": [
    "Georgetown",
    "3", "1302832",
    "2", "1059089",
    "1", "1255230",
    "0", "1248210"
  ]
}, ... ,
  "objects": [
    "Georgetown",
    "3", "1302832",
    "2", "1059089",
    "1", "1255230",
    "0", "1280634"
  ]
}
```

결과 페이로드를 통해 Georgetown 타워에서 시작하는 두 개의 유효 트리를 확인할 수 있다. 한 트리는 Sensor 1248210에서 끝나며 다른 트리는 Sensor 1280634에서 끝난다.

이렇게 질의를 완성했다!

6장의 마지막 부분에서 해결하지 못했던 오류를 바로잡았으며 예제 데이터를 리프에서 루트로, 루트에서 리프로 탐색할 수 있게 되었다.

7.7 타워 장애 시나리오에 질의 적용하기

에지 에너지의 데이터 엔지니어인 여러분은 마지막으로 에지 에너지의 가장 큰 문제, 즉 네트워크상에 폐쇄나 타워 장애가 발생했을 때 어떤 영향이 있는지 분석해야 한다.

데이터와 그래프 기술을 이해하는 과정은 여러 구성 요소를 활용해 복잡한 문제를 어떻게 해결하는가와 연결된다. 지난 두 장을 학습하면서 데이터, 스키마, 질의를 만들었다. 최종 목표는 데이터의 관계를 활용해 네트워크의 동적이고 진화하는 토폴로지에 통찰력을 제공하는 것이다.

앞선 두 장에서 배운 내용을 이용해 에지 에너지의 복잡한 문제를 어떻게 해결할 수 있을까? 미리 준비한 도구를 이용해 에지 에너지의 복잡한 문제를 잘게 나눌 수 있다.

한동안 Georgetown 타워와 관련된 질의를 구현했다. 6장에서 살펴본 이미지를 다시 살펴보면서 Georgetown 타워에 장애가 발생하면 어떤 영향이 미치는지 생각해보자. [그림 7-14]에서는 Georgetown 타워를 주황색으로 표시했다. 초록색 별표는 근처의 센서이며 파란색 다이아몬드는 근처의 다른 타워다.

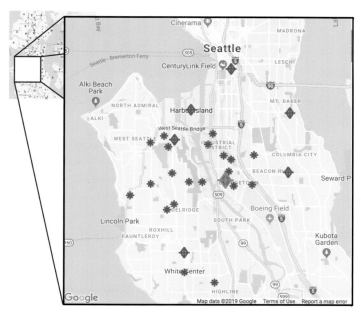

그림 7-14 조지타운 주변의 센서와 타워 모습. 네트워크 간선은 표시하지 않음

Georgetown 타워에 장애가 발생하면 무슨 일이 일어나는지 생각해보자. 어떤 센서의 연결이 끊어질까? 타워 근처의 센서만 영향을 받을까?

그래프를 질의해 어떤 일이 일어나는지 데이터로 답해보자. 이 질문에 답하는 데 사용할 두 도구를 준비했다.

1 특정 타워와 통신하는 모든 센서를 보고할 수 있다.
2 특정 센서가 어떤 타워와 연결되었는지 알 수 있다.

에지 에너지의 복잡한 네트워크 장애 문제를 해결하려면 Georgetown 타워에 다음 절차를 적용해야 한다.

1 모든 시점에서 Georgetown과 연결된 센서 목록 얻기
2 각 센서에서 네트워크를 질의하므로 해당 시간대에 센서가 다른 타워를 사용했는지 확인

이미 만들어 놓은 질의를 이용해 각 질문에 답해보자.

모든 시점에서 Georgetown과 연결된 센서 목록 얻기

[예제 7-11]은 데이터스택스 스튜디오 노트북[2]에서 어떤 동작을 수행하는지 보여준다.

예제 7-11

질문: 모든 시점에서 Georgetown과 연결된 센서 목록 얻기
과정:
   타워에서 센서로 이어지는 질의를 getSensorsFromTower() 메서드로 감싸기
   각 시간 단계마다:
    Georgetown과 연결된 모든 센서 찾기
   고유 센서 목록 만들기

[예제 7-12]는 [예제 7-11]의 의사코드를 실제로 구현한 코드다.

예제 7-12

```
// 유효 경로 질의를 getSensorsFromTower 메서드로 감싼다
def getSensorsFromTower(g, start, tower){
    sensors = g.withSack(start).V(tower).
                        repeat(inE("send").as("sendEdge").
                            where(eq("sendEdge")).
                                by(sack()).
                                by("timestep").
                            sack(minus).
                            by(constant(1)).
                            outV().
                            simplePath()).
                        times(start+1).
                        values("sensor_name").
                        toList()
    return sensors;
}
atRiskSensors = [] as Set;        // 센서 목록 만들기
tower = g.V().has("Tower", "tower_name", "Georgetown").next();
for(time = 0; time < 6; time++){  // 시간별로 루프 수행
    // getSensorsFromTower()를 이용해 이 시간에 Georgetown과 연결된 센서를 모두 추가
    atRiskSensors.addAll(getSensorsFromTower(g, time, tower));
}
```

---

2 https://oreil.ly/egfkr

[예제 7-12]의 결과는 atRiskSensors 객체다. atRiskSensors 객체는 Georgetown 타워와 유효한 통신 경로를 갖는 모든 센서 목록을 포함한다. 다음은 결과에서 볼 수 있는 처음 네 개의 센서다.

```
"1302832",
"1059089",
"1290383",
"1201412",
...
```

에지 에너지가 사전 대책을 세울 수 있도록 정보를 제공하려면 한 가지를 더 알아야 한다. 위기에 처한 센서와 통신하는 다른 타워를 알아야 한다.

위험에 노출된 센서와 통신하는 모든 타워 찾기

[예제 7-13]은 데이터스택스 스튜디오 노트북[3]에서 수행한 작업이다.

예제 7-13

질문: 위험에 노출된 센서와 통신하는 모든 타워 찾기
과정:
　센서에서 타워로 이어지는 질의를 getTowersFromSensor() 메서드로 감싼다.
　atRiskSensors의 각 센서를 반복하면서:
　　각 시간 단계마다:
　　　센서와 연결된 타워 찾기
　　　센서와 연결된 고유 타워 맵에 추가
　Georgetown과 연결된 센서만 찾기

데이터의 모든 경로를 분석하면서 궁극적으로 Georgetown과 고유하게 연결된 센서를 찾는다. [예제 7-14]는 [예제 7-13]의 의사코드를 구현한 코드다.

예제 7-14

```
// 유효 경로 질의를 getTowersFromSensor라는 메서드로 감싼다
def getTowersFromSensor(g, start, sensor) {
    towers = g.withSack(start).V(sensor).
```

---

3 https://oreil.ly/egfkr

```
                    until(hasLabel("Tower")).
                    repeat(outE("send").as("sendEdge").
                            where(eq("sendEdge")).
                                by(sack()).
                                by("timestep").
                            inV().
                            sack(sum).
                            by(constant(1))).
                    values("tower_name").
                    dedup().
                    toList()
        return towers;
    }
    otherTowers = [:];                              // 맵 만들기
    for(i=0; i < atRiskSensors.size(); i++){        // 모든 센서로 루프를 돌면서
        otherTowers[atRiskSensors[i]] = [] as Set;  // 센서 맵 초기화
        sensor = g.V().has("Sensor", "sensor_name", atRiskSensors[i]).next();
        for(time = 0; time < 6; time++){            // 시간대별로 루프를 돌면서
            // getTowersFromSensor로 모든 타워 찾기
            // 이 시간의 센서를 맵으로 추가
            otherTowers[atRiskSensors[i]].addAll(getTowersFromSensor(g, time, sensor));
        }
    }
```

[예제 7-12]의 결과로 otherTowers 객체를 얻는다. 이 객체는 시작 센서로부터 유효한 통신
경로를 갖는 모든 고유 타워를 포함하는 해시맵이다. otherTowers의 항목 몇 개를 간단히 살
펴보자.

예제 7-15

```
{   "1035508": ["Georgetown", "WhiteCenter", "RainierValley"]
},{ "1201412": ["Georgetown", "Youngstown"]
},{ "1255230": ["Georgetown"]
}, ...
```

[예제 7-15]는 지난 두 장에서 살펴본 모든 결과를 한 페이로드로 보여준다. 1035508은
Georgetown 타워에 장애가 발생했을 때 WhiteCenter나 RainierValley 두 가지 대안이 있
음을 알 수 있다. 하지만 1255230은 현재 시간대에서 Georgetown과만 통신하므로 위험에 노
출되어 있다.

위험에 노출된 모든 센서를 [그림 7-15]처럼 시각화할 수 있다.

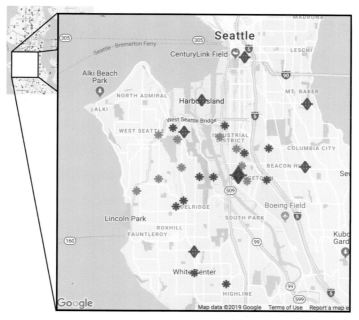

그림 7-15 장애가 발생하면 위험에 노출되는 Georgetown 타워 주변의 센서. 네트워크 간선은 생략함

[그림 7-15]는 Georgetown 타워에 네트워크 장애가 발생한 상황을 가정한 모습이다. Georgetown 타워는 빨간색으로 표시했다. 이 시간대에 **유일하게** Georgetown 타워와 통신하는 모든 센서는 주황색으로 표시했다. 주변의 다른 타워와 통신할 수 있는 모든 센서는 초록색으로 표시했다. 나머지 타워는 파란색 다이아몬드로 표시했다.

지금까지 살펴본 내용을 정리해보자.

7.7.1 복잡한 문제에 최종 결과 적용하기

지금까지 결과를 토대로 에지 에너지 팀과 사전 예방 논의를 시작할 수 있다. 지금까지의 결과, 데이터, 네트워크에서 관찰할 수 있는 관계를 이용해 에지 에너지의 다음 단계를 결정할 수 있다.

주황색 센서는 위험에 노출된 센서임을 가리킨다. 따라서 주황색 센서는 에지 에너지에 장애로 보고할 필요가 없다. [그림 7-13]을 지리적으로 살펴보면 위험에 노출된 센서가 통신할 수 있는 센서와 타워가 주변에 많다는 사실을 알 수 있다. 에지 에너지는 시간이 흐르는 동안 이 데이터를 관찰함으로써 네트워크에서 위험에 노출된 센서가 누구인지 완전히 이해할 수 있다.

분산 그래프 기술을 이용해 우리는 에지 에너지가 네트워크를 모니터링할 수 있도록 돕는다. 에지 에너지는 이 그래프 토폴로지를 발전시켜 다른 네트워크 장애 시나리오도 선제적으로 대비할 수 있다.

7.8 나무를 위해 숲 보기

6장, 7장을 통해 스스로 조직하는 센서 네트워크에서부터 시계열 데이터의 계층 구조를 살펴봄으로써 에지 에너지의 동적 네트워크에서 발생하는 복잡한 문제를 해결할 수 있었다. 구현한 질의와 데이터의 이해를 종합해 에지 에너지가 겪는 복잡한 문제(시계열 그래프 데이터를 이용해 네트워크 장애에 선제적으로 대응하기)를 해결하도록 도왔다.

트리를 탐색하는 것이 공원을 산책하는 것처럼 쉬울 줄 누가 상상이나 했을까?

아직 이를 경험하지 못했다면 직접 시도해보기 바란다. https://oreil.ly/graph-book에서 제공하는 데이터스택스 스튜디오 노트북에서는 지금까지 살펴본 질의뿐 아니라 이번 장에서 언급하지 않은 몇 가지 보너스 항목도 제공한다.

지금까지 분산 시스템에서 가장 인기 있는 두 가지 그래프 모델(이웃, 계층)과 질의를 살펴봤다. 다음 장에서는 인기 있는 또 다른 데이터 패턴을 소개한다. 분산 그래프 애플리케이션에서 세 번째로 인기 있는 네트워크 경로 데이터 모델과 질의를 사용해본다.

CHAPTER 8

경로 찾기 개발

그래프 데이터에서 경로 찾기는 이웃 탐색과 무한 계층에 이어 가장 많이 사용하는 그래프 기술이다.

이 책의 집필을 준비하면서 전 세계 그래프 사용자를 인터뷰했을 뿐 아니라 수많은 시간을 들여 작업에도 직접 참여했다. 그중에서도 그래프 데이터 내의 알려지지 않은 경로를 찾기 위해 많은 노력을 들였다.

개발 팀과 함께 작업하면서 유명한 경로 찾기 기법을 교육한 적이 있다. 공항의 비행 경로 그래프를 사용해 도시 간의 비행 패턴을 추론했다.[1] 먼저 항공 여행에서 가장 흔한 두 가지 질문부터 시작했다. 두 개의 공항 사이에 얼마나 많은 직항편이 있는가? 두 번의 비행으로 이동할 수 있는 공항은 몇 개인가?

워크숍에서 문제를 해결하는 방법을 토론하면서 얼마나 많은 사람이 경로 정보를 이용해 현명한 결정을 내리는지 궁금해졌다. 특히 신뢰도가 얼마나 되는지 궁금했다.

여러분은 어떻게 누군가를 신뢰하기로 결정하는가? 여러분은 여러분의 친구를 믿는다. 아마도 여러분은 낯선 사람보다는 여러분의 친구의 친구를 더 믿을 것이다. 그 이유가 뭘까?

---

1 『Practical Gremlin: An Apache TinkerPop Tutorial』(https://github.com/krlawrence/graph)

이는 여러분과 다른 누군가를 연결하는 다양한 경로를 신뢰하는 일반적인 경향 때문이다.

8.1 8장 미리 보기: 네트워크의 신뢰 수량화하기

이번 장은 네 개의 주요 부분으로 구성된다.

먼저 경로를 이용해 신뢰를 수량화하는 방법을 보여주는 다양한 예를 살펴보고 그래프 데이터에서 경로를 작업하는 데 필요한 수학, 컴퓨터 과학의 개념을 살펴본다. 그다음에는 이번 장에서 사용할 예제를 설정한다. 이 예제를 이용해 비트코인 신뢰 네트워크의 경로를 질의, 탐색하면서 '누군가와 상호작용하기 전에 그를 얼만큼 믿을 수 있는가?'라는 질문에 답해본다.

이번 장의 마지막 부분에서는 경로 질의를 비트코인 신뢰 네트워크에 적용한다. 먼저 데이터 내에 신뢰를 살펴보고 이해한다. 그리고 경로 질의를 이용해 특정 비트코인 지갑을 신뢰할 수 있는지 결정하는 방법을 설명한다.

이번 장 마지막 부분에서는 신뢰를 수학적으로 수량화하는 방법을 정리하며, 이를 이용해 다음 장의 문제를 해결할 수 있다.

8.2 세 가지 예제로 살펴보는 신뢰

이전에 설명했던 항공 여행을 확장해 신뢰를 수량화하는 내용을 설명할 수 있다. 그래프 데이터에서 신뢰와 경로의 상관관계는 함께 작업했던 전 세계 사람들의 거의 모든 경로 애플리케이션에 적용되었다.

사람들이 소셜 미디어를 사용하는 방법과 탐정이 범죄 사건을 해결하는 과정, 유통을 최적화하는 과정 속에서 신뢰와 경로가 어떻게 활용되는지 확인해보자.

8.2.1 누군가의 초대를 얼마나 신뢰할 수 있을까?

여러분이 정기적으로 사용하는 소셜 미디어 플랫폼을 생각해보자. 여러분은 커넥션, 팔로워,

친구 요청을 수락할 것인지 어떻게 결정하는가?

대부분의 사람은 새로운 연결 요청을 받았을 때 비슷한 절차를 거친다. 보통 잠재적으로 친구를 맺을 사람, 커넥션, 팔로워와 본인과의 관계를 확인한다. 예를 들면 [그림 8-1]과 같다.

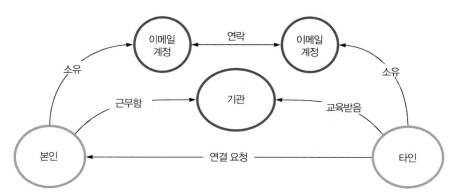

그림 8-1 소셜 미디어에서 발생한 초대의 경로 예제

본인과 타인 사이에 공통 친구가 몇 명인지부터 확인한다. 3명인가 아니면 30명인가? 그다음 공유된 연결의 품질을 확인한다. 공유된 연결에서 가까운 친구나 가족이 있는가? 특정 직업이나 학교와 같이 여러분 인생의 특정 시점으로 연결된 인연이 있는가?

여러분은 특히 공유된 연결의 양과 질을 분석하려 한다. 본인과 다른 사람을 연결하려는 경로를 사용해 다른 사람을 어떻게 아는지 파악한다. 궁극적으로 새로운 연결을 수락할지 거절할지는 해당 경로 정보에 기반한 신뢰도에 따라 판가름 난다.

소셜 미디어에서는 보통 최단 경로의 요청부터 수락하며 점차 경로의 질과 맥락을 따지기 시작한다. 소셜 미디어는 다른 사람을 얼마나 신뢰하는지 수량화할 수 있게 돕는다. 공유된 연결을 이용해 다른 사람을 어떻게 알고 있는지 확인하고 그 결과, 다른 사람을 얼마나 신뢰할 수 있는지 결정한다.

지금까지 살펴본 과정을 일상에서 자연스럽게 사용해왔다. 하지만 경로 찾기 기술을 사용하는 분야는 이보다 더 다양하다. 범죄 수사관은 오랫동안 신뢰할 수 있는 소식통을 이용해 서로 연결되어 있지 않은 두 개인 간의 관계를 만들어내곤 한다.

8.2.2 수사관의 이야기에 어떻게 적용할 수 있을까?

범죄 수사의 긴 역사 그리고 점점 증가하는 데이터와 그래프 기술이 만나, 데이터에 존재하는 관계의 신뢰를 수량화할 수 있는 최적의 환경이 조성되었다.

수사관은 수집한 다양한 정보를 이용해 두 개인이 어떻게 연결되었는지 파악해야 한다. 또한 사건과 관련된 데이터를 불러와 데이터에 접근하고 데이터 소스와 직접 찾은 정보를 취합해 미해결 사건에서 알려지지 않은 연결 고리를 파악해야 한다. [그림 8-2]는 이런 데이터 소스의 예다. 이 그림에서 보여주는 수사관의 이야기뿐 아니라 개념을 이해하는 것도 중요하다.

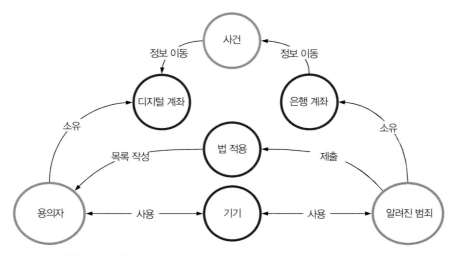

그림 8-2 경로를 분석해 용의자를 추리는 예제

범죄 수사관은 사건을 설명하는 데이터 경로를 이용해 두 개인 간 연결 관계를 파악한다. 수사관은 법률에 의해 관리되는 정보를 보고한다. 따라서 이들은 사건을 구성하는 연결의 품질을 신뢰해야 한다.

조금 덜 심각한 예제를 들자면 비행기 시간표를 보고 비행 결정을 내릴 때에도 비슷한 조사를 수행한다. 여행객은 조사관이 사건을 조사하는 것과 같은 방식으로 일정의 맥락과 품질에 따라 비행 일정을 결정한다.

네트워크에서 신뢰를 수량화하는 세 번째 예를 살펴보자.

8.2.3 물류 회사가 택배 배송을 모델링하는 방법

물류 회사는 현재 배달 경로에서 발생하는 비용과 시간을 최소화할 방법을 항상 모색한다. 그들은 창고에서 배송지까지 도착하는 데 몇 번이나 택배를 환승해야 하는지 생각한다. 환승 횟수가 적을수록 택배를 잃어버리거나 잘못 배송하는 일이 줄어들기 때문이다. [그림 8-3]을 통해 네트워크 그래프를 살펴보자.

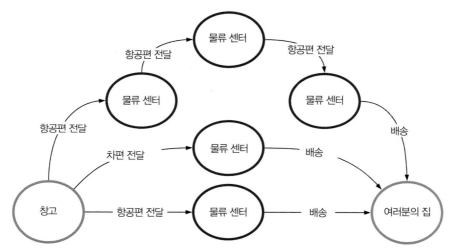

그림 8-3 물류 회사가 경로를 분석해 최적의 경로를 결정하는 예제

[그림 8-3]은 택배가 창고에서 여러분의 집으로 배송되는 과정을 보여준다. 그림에서 세 가지 잠재 경로를 확인할 수 있는데, 각 경로는 다양한 길이와 환승 형식으로 이루어진다. 배송에 영향을 주는 요인의 수가 얼마나 많은가에 따라 물류 네트워크 경로의 신뢰도가 달라진다.

예를 들어 여러분의 택배 경로를 살펴보면서 배송 경로가 얼마나 최적화되어 있는지 알 수 있다. 택배가 거쳐야 하는 정거장이 많을수록 제시간에 도착할 가능성이 낮아진다. 경로 최적화는 컴퓨터 과학에서 가장 많이 사용하는 그래프 기술 중 하나다. 개인 여행과 관련된 결정이나 택배를 기다리는 상황에서 데이터를 분석해 최단 경로를 찾아 신뢰할 수 있는 최선의 방법을 연구한다.

중요한 것은 출발지와 도착지 사이 경로의 신뢰다. 공유된 관계를 이해함으로써 두 개념 간의 신뢰를 수량화하는 일은 오늘날 분산 그래프 기술 애플리케이션이 처리할 수 있는 가장 적합한 종류의 작업이다.

8.3 경로 기초 개념

그래프의 정점을 어떻게 탐색해야 하는지 정확히 모르는 상황에서 경로를 찾는 질의를 만들어야 할 때 그래프 기술을 가장 많이 활용한다.

하지만 그래프 구조에서 경로를 찾는 일은 양날의 검과 같다. 그래프 기술을 이용하면 간단하고 근사한 기법을 구현할 수 있지만 반면에 완성도가 높지 않은 질의를 구현하기 때문에 금방 상황을 제어할 수 없게 된다.

경로 찾기 질문은 간단하지만 계산이 복잡한 편이다. 그렇기 때문에 금방 통제할 수 있는 범위를 벗어날 수 있다.

그래프 구조에서 경로를 찾는 데 필요한 기본적인 문제 정의부터 살펴보자.

8.3.1 최단 경로

이번 장에서는 경로의 거리에 따른 최단 경로를 소개한다.

2장에서 거리란 한 정점에서 다른 정점으로 이르는 가장 적은 수의 간선이라고 정의했다. **최단 경로 문제**에서는 한 정점에서 다른 정점으로 이르는 거리가 가장 작은 경로 또는 가장 짧은 탐색 경로를 찾는 것이 과제다. 다음은 8장, 9장에서 사용할 네 가지 용어의 정의다.

- **경로**: 그래프에서 경로란 연속적인 간선의 모음이다.
- **길이**: 경로의 길이는 경로에 사용된 간선의 수다.
- **최단 경로**: 두 정점 간의 최단 경로란 두 정점을 연결하면서 가장 짧은 길이 또는 거리를 갖는 경로다.
- **거리**: 두 정점 간의 거리란 최단 경로에 사용된 간선의 수다.

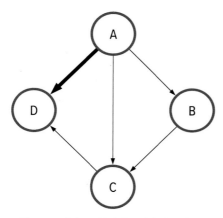

그림 8-4 A에서 D로 연결되는 최단 경로 예제

[그림 8-4]에는 다음처럼 A에서 D로 이어지는 세 가지 경로가 존재한다.

1 A → D

2 A → C → D

3 A → B → C → D

최단 경로는 가장 짧은 거리를 갖는 경로이므로 거리가 1인 A → D가 최단 경로다. 다른 경로의 거리는 각각 2, 3이다.

최단 경로 문제는 세 가지 유형으로 구분한다.

- **최단 경로**: A에서 B로 연결되는 최소 거리 경로를 찾는 것이 목표다.
- **단일 소스 최단 경로**: A에서 모든 다른 정점으로 연결되는 최소 거리 경로를 찾는 것이 목표다.
- **모든 쌍 최단 경로**: 임의의 두 정점 간의 최소 경로를 찾는 것이 목표다.

NOTE_ 여러분이 이미 겪고 있거나 앞으로 겪을 경로 문제는 위 세 가지 유형으로 구분할 수 있다. 이번 장에서는 첫 번째 유형 즉, 알려진 두 지점 간의 최단 경로 찾기에 주력한다.

모든 경로 찾기 문제 기법을 이용하려면 그래프를 절차적으로 탐색하는 방법을 이해해야 한다. 먼저 최단 경로 탐색의 두 가지 핵심 기법인 깊이 우선 탐색depth-first search (DFS)과 너비 우선 탐색breadth-first search (BFS)을 살펴보자. 두 기법 모두 그래프 자료구조를 탐색하는 알고리즘이다.

- **깊이 우선 탐색:** 다른 간선(분기)을 탐색하기 전에 하나의 간선을 최대한 깊이 탐색하는 기법이다.
- **너비 우선 탐색:** 다음 깊이 수준의 정점으로 이동하기 전에 현재 수준 깊이의 모든 이웃 노드를 먼저 탐색한다.

'왜 깊이 우선 탐색, 너비 우선 탐색 둘 다 알아야 할까?'라고 궁금해할 것이다. 여기엔 두 가지 이유가 있다.

첫째, 대부분의 엔지니어는 특정 경로 탐색 알고리즘에 관한 정보를 찾으려 시도하기 때문인데, 이는 좋은 방법이 아니다. 둘째, 경로는 자연스럽게 이해할 수 있으므로 근본적인 문제와 해결책을 혼동하기 쉽기 때문이다.

특정 알고리즘을 적용해 문제를 해결하기 전에 어떤 경로 문제를 해결해야 하는지부터 이해해야 한다.

8.3.2 깊이 우선 탐색과 너비 우선 탐색

깊이 우선 탐색과 너비 우선 탐색은 그래프 구조 데이터를 순차적으로 방문할 때 가장 많이 사용하는 방법이다. 각 기법을 자세히 살펴보면 경로 찾기 알고리즘의 세계를 탐험하는 데 필요한 기초를 다질 수 있다. 이후로 등장하는 다른 경로 찾기 기법들은 결국 이 두 기법 기반으로 만들어진 기법들이다.

두 기법의 차이는 쉽게 이해할 수 있다. 깊이 우선 탐색은 다른 경로를 탐험하기 전에 한 경로를 최대한 깊이 탐색한다. 너비 우선 탐색에서는 데이터를 더 깊이 탐색하기 전에 특정 거리의 모든 경로를 먼저 탐색한다.

[그림 8-5]는 두 가지 방식의 차이를 보여준다. 그림에서 볼 수 있듯이 정점 방문 순서가 달라진다는 점이 핵심이다. 방문한 정점을 **방문한 집합**visited set이라 부른다. [그림 8-5]에서 방문한 (또는 도달한) 순서대로 정점에 숫자 레이블을 붙였다.

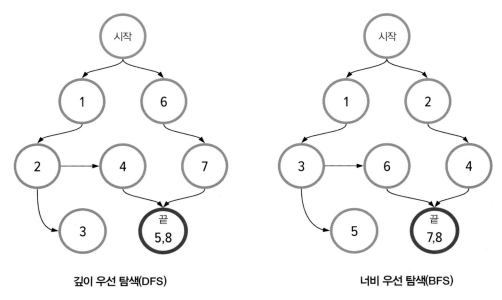

깊이 우선 탐색(DFS)　　　　　**너비 우선 탐색(BFS)**

그림 8-5 가장 많이 사용하는 두 가지 그래프 탐색 알고리즘의 방문 집합 모습

[그림 8-5]의 각 그래프는 시작 정점에서 끝 정점까지 순차적으로 탐색하는 것이 목표다. 왼쪽 그래프는 깊이 우선 탐색으로 모든 정점을 방문한 모습이다. 이때 다른 간선을 방문하기 전에 한 간선을 끝까지 탐색한다는 사실을 알 수 있다. 오른쪽 그림은 너비 우선 탐색으로 모든 정점을 탐색한 모습이다. 이때 그래프를 더 깊이 탐색하기 전에 같은 수준의 이웃을 먼저 탐색한다는 사실을 알 수 있다.

깊이 우선 탐색과, 너비 우선 탐색은 내부적으로 다른 자료구조를 사용한다. 깊이 우선 탐색은 후입 선출^last in, first out (LIFO) 스택^stack을 사용한다. 이 자료구조는 스택을 떠올려보면 쉽게 기억할 수 있다. 스택은 보통 수직으로 데이터를 저장하는 자료구조다(깊이 우선 탐색이 데이터를 깊이 탐색하는 것을 연상하면 쉽다). 너비 우선 탐색은 선입 선출^first in, first out (FIFO) 큐^queue를 사용한다. 큐를 생각해보자. 큐는 보통 수평으로 데이터를 처리한다(너비 우선 탐색이 너비를 우선으로 탐색하는 것을 연상하면 쉽다).

여러분의 사고방식을 그래프 씽킹으로 바꾸는 데 시간이 걸리는 것과는 별개로, 데이터를 처리하는 데 필요한 런타임과 오버헤드를 이해하는 것이 중요하다. 탐색 작업을 수행하면서 방문해야 할 데이터가 얼마나 많은지 절차적으로 생각해보는 연습을 꾸준히 해야 한다. 이런 연습을 통해 여러분은 탐색 또는 알고리즘을 수행하는 데 시간이 얼마나 오래 걸릴지 또는 데이터를 처리하는 데 필요한 오버헤드가 얼마가 될 것인지에 대한 예상을 수량화할 수 있다.

8.3.3 애플리케이션 기능을 다른 경로 문제로 바라보는 법 배우기

여러분이 링크드인을 사용했던 때를 떠올려보자. 아마 여러분은 링크드인을 실행해 다른 누군가를 검색했을 것이다. 어떤 사람을 찾았을 때 그 사람과 얼마나 가까이 연결되었는지 보여주는 자료가 검색 결과에 나타난다. 그 정보를 통해 여러분은 다른 누군가와 1촌, 2촌, 3촌으로 연결되어 있는지 알 수 있다.

이제 링크드인에서 근무하는 엔지니어가 되어 생각해보자.

이 시나리오에서 여러분은 연결된 배지 기능을 설계해야 한다. 링크드인의 모든 사용자는 다른 사람을 검색했을 때 그들과 얼마나 멀리 떨어져 있는지 알 수 있어야 한다. 이제 여러분의 엔지니어링 팀은 이를 해결할 수 있는 다양한 기법을 고려해야 한다.

여러분은 그래프에서 모든 쌍의 최단 경로를 찾아 연결된 배지의 모든 거리를 미리 계산하는 방법을 이용할 것인가? 그렇다면 이때 링크드인 네트워크에 새로운 연결이 추가되거나 기존 연결이 제거된다면 어떻게 될까?

최종 사용자는 다른 사람과 연결될 때 어떤 정보를 기대할까? 최종 사용자에게 정보를 빨리 제공하려면 어떤 요구 사항이 필요할까?

링크드인의 경로를 찾기 위해 살펴본 질문이지만 이 질문은 경로 거리를 사용하려는 모든 애플리케이션에서 공통으로 해결해야 할 문제이기도 하다.

이 질문에 답하는 애플리케이션을 설계하려면 그래프 구조 데이터를 처리하는 데 필요한 성능을 이해해야 한다. 링크드인 규모의 그래프 구조 데이터 탐색 문제를 해결할 때는 너비 우선 탐색이나 깊이 우선 탐색에서부터 문제의 실마리를 풀어나가야 한다.

지금부터는 예제 데이터를 탐색하고 신뢰 경로를 찾을 때 이 두 가지 기본 기술을 사용한다. 이제 이번 장에서 사용할 데이터를 확인한 다음 예제 문제에 최단 경로를 적용해보자.

8.4 신뢰 네트워크에서 경로 찾기

개념 사이의 거리로 신뢰를 수량화한다. 지금부터 소개하는 예제는 9장의 비트코인 세계로 연결되며 위 격언의 의미를 실제로 확인한다. 이번 절에서는 데이터, 비트코인 용어를 간단히 소개하고 데이터 모델을 개발한다.

8.4.1 소스 데이터

비트코인 OTC^overthe-counter(장외거래) 마켓플레이스를 통해 비트코인을 거래하는 사람들의 네트워크를 탐색한다. 비트코인 OTC 마켓플레이스의 멤버는 다른 사람들을 얼마나 신뢰하는지 등급을 매길 수 있으며 이 등급은 누가-누구를-신뢰하는^who-trusts-whom 형식의 네트워크(데이터셋에서 이를 활용함)로 결정된다. 신뢰 등급은 [−10, 10] 범위의 값으로 표시한다. 하지만 실제로는 9장에서부터 질의에 등급을 사용한다. 이 데이터는 스리잔 쿠마르^Srijan Kumar 등이 조사한 결과이며 스탠퍼드 네트워크 분석 플랫폼^Stanford Network Analysis Platform(SNAP)에서도 확인할 수 있다.[2]

> NOTE_ 스탠퍼드 네트워크 분석 플랫폼(SNAP)[3]은 범용 네트워크 분석, 그래프 마이닝 라이브러리다.

데이터셋의 각 행은 시간순으로 분류된 한 개의 등급을 포함하고 다음과 같은 형식을 갖는다.

```
SOURCE(소스), TARGET(대상), RATING(등급), TIME(시간)
```

각각은 다음과 같은 정보를 포함한다.

- **소스:** 등급 평가자의 정점 ID
- **대상:** 등급 평가 대상자의 정점 ID
- **등급:** 대상을 향한 소스 등급으로 범위는 -10에서 +10까지다(단위는 1).
- **시간:** 평가 시간이며 에폭^epoch 기준 초로 표시한다.

---

2 「REV2: Fraudulent User Prediction in Rating Platforms」(New York: ACM, 2018), 333–41 참고
3 https://snap.stanford.edu/index.html

[예제 8-1]은 데이터의 첫 다섯 행이다.

예제 8-1

```
$ head -5 soc-sign-Bitcoinotc.csv
6,2,4,1289241911.72836
6,5,2,1289241941.53378
1,15,1,1289243140.39049
4,3,7,1289245277.36975
13,16,8,1289254254.44746
```

[예제 8-1]의 첫 번째 행의 데이터 6,2,4,1289241911.7283을 살펴보자. 이 데이터는 ID 6이라는 사람이 ID 2라는 사람을 4만큼 신뢰한다는 의미다. 이 등급은 1289241911.72836 에폭 시간 또는 2010년 11월 8일 월요일 13:45 GMT에 생성되었다.

> **NOTE_** 원본 소스 데이터는 에폭 시간을 포함한다. 이 책에서는 예제를 쉽게 이해할 수 있도록 타임스탬프를 ISO 8601 표준으로 변환한다. 예를 들어 에폭 시간 1289241911.72836을 ISO 8601 표준으로 변환하면 2010-11-08T13:45:11.728360Z다.

흥미로운 질의와 데이터 모델을 만들기 전에 비트코인 용어의 세계를 확인해보자.

8.4.2 비트코인 용어 간단 설명

비트코인은 암호화폐로 중앙화되지 않은 디지털 화폐다. 따라서 비트코인의 가치를 제어하는 중앙은행이나 기관이 없다. 대신 비트코인은 P2P 네트워크를 기반으로 교환된다.

각 비트코인은 기본적으로 스마트폰이나 컴퓨터의 전자 지갑 애플리케이션에 저장된 파일이다. 사람들은 누군가의 전자 지갑으로 비트코인 전체 또는 일부를 송금할 수 있다. 모든 거래는 블록체인이라는 공개 목록에 기록된다.

- **주소**address: 거래가 전송될 비트코인 공개 키다.
- **지갑**: 주소에 대응되는 개인 키 컬렉션이다.

예제에서는 블록체인에서 관찰할 수 있는 내용을 활용한다. 예를 들어 두 사람 간의 비트코인 교환을 관찰할 수 있다. 또한 전자 지갑을 암호화, 내보내기, 백업, 가져올 수 있다. 지갑은 주소에 대응하는 여러 개인 키를 가질 수 있다.

이제 예제 데이터를 기반으로 개발 스키마를 정의해보자.

8.4.3 개발 스키마 만들기

예제 데이터에서는 주소를 정수로 표현했지만 실제 비트코인 주소는 34개 이내의 영문 대소 문자와 숫자로 구성된다. 따라서 그래프 스키마에서는 주소를 Text 데이터 형식으로 표시한다.

필요한 데이터 모델은 다른 주소의 등급을 평가한 주소 목록이며 아주 간단하다. 주소는 다른 주소의 등급을 여러 번 평가할 수 있다. 이때 각 등급을 고유의 등급값으로 캡처하려 한다.

데이터는 '이 주소가 다른 주소의 등급을 매김rated'이라는 정보를 갖는다. 데이터 모델링 팁을 적용하면 한 개의 정점 레이블(Address)과 한 개의 간선 레이블(rated)을 얻는다. [그림 8-6]은 예제의 개념적 모델이다.

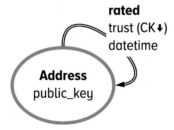

그림 8-6 그래프 데이터의 개념적 모델

2장에서 소개한 그래프 스키마 언어를 이용해 [그림 8-6]의 개념적 모델을 [예제 8-2]처럼 스키마 코드로 변환한다.

예제 8-2

```
schema.vertexLabel("Address").
    ifNotExists().
    partitionBy("public_key", Text).
    create();
```

```
schema.edgeLabel("rated").
    ifNotExists().
    from("Address").
    to("Address").
    clusterBy("trust", Int, Desc).
    property("datetime", Text).
    create()
```

4장에서 설정했던 것처럼 개념을 쉽게 설명할 수 있도록 시간을 Text 형식으로 지정했다. 예제에서는 YYYY-MM-DD'T'hh:mm:ss'Z'처럼 ISO 8601 표준 형식으로 시간을 표시하므로 Text 형식을 사용한다. 2016-01-01T00:00:00.000000Z는 2016년 1월의 시작을 가리킨다.

그래프 스키마를 만들었으면 데이터를 로딩한다.

8.4.4 데이터 로딩

soc-sign-Bitcoinotc.csv 파일에 단순한 ETL(추출, 변환, 적재)을 수행해서 두 개의 파일 Address.csv, rated.csv를 만들었다. 이때 데이터스택스 그래프로 데이터를 로딩할 수 있도록 에폭 기준 datetime 데이터를 ISO 8601 표준으로 변환했다.

[표 8-1]은 rated.csv의 첫 다섯 행이다. 기존처럼 CSV 파일에 헤더를 설정해야 한다. 헤더 행은 [예제 8-2]의 데이터스택스 그래프 스키마 정의의 이름과 일치해야 한다. 로딩 도구를 사용할 때에도 CSV 파일과 데이터베이스 스키마 매핑을 정의할 수 있다.[4]

표 8-1 rated.csv 파일의 첫 다섯 행 데이터

out_public_key	in_public_key	datetime	trust
1128	13	2016-01-24T20:12:03.757280	2
13	1128	2016-01-24T18:53:52.985710	1
2731	4897	2016-01-24T18:50:34.034020	5
2731	3901	2016-01-24T18:50:28.049490	5

----

4 데이터스택스 벌크 로더 문서 참고(https://docs.datastax.com/en/dsbulk/doc/dsbulk/reference/schemaOptions.html#schemaOptions__schemaMapping)

[표 8-1]의 데이터를 통해 예제의 데이터 형식을 유추할 수 있다. 두 공개 키를 연결하는 간선이 있고, 이들 간선은 두 개의 프로퍼티 **datetime**, **trust**를 갖는다. 간선은 한 키에서 다른 키를 향하는 신뢰 등급(특정 시간에 정해진 등급)을 의미한다. 예를 들어 한 행의 데이터를 살펴보자.

```
¦1128¦13¦2016-01-24T20:12:03.757280¦2
```

2016년 1월 24일 20:12:04(반올림함)에 지갑의 **1128** 키에 **13** 신뢰 등급을 지정한다는 의미다.

여기서 제공하는 스크립트는 지금까지 살펴본 로딩 과정을 그대로 사용했다. 이들 예제와 관련된 데이터와 로딩 스크립트는 책에서 제공하는 깃허브 저장소의 8장 **data** 디렉터리[5]를 참고하자.

데이터를 제대로 이해했고 올바로 로딩했는지 질의를 살펴보면서 확인하자.

8.4.5 신뢰 커뮤니티 탐험

데이터스택스 스튜디오로 연습 문제를 확인하다 보면 데이터 내의 신뢰 커뮤니티를 발견할 수 있다.

먼저 그래프에 올바른 수의 정점과 간선이 로딩되었는지 확인한다. [예제 8-3]에서는 데이터스택스 그래프로 로딩된 정점의 총 개수를 세고 이를 SNAP 데이터셋과 비교한다.

예제 8-3

```
dev.V().hasLabel("Address").count()
```

[예제 8-3]은 **"5881"**을 반환하며 이는 SNAP 데이터셋에서 로딩한 고유 공개 키의 총 개수가 5,881개임을 의미한다. 다음으로 [예제 8-4]에서는 데이터스택스 그래프에 로딩된 간선의 총 개수를 세고 이를 SNAP 데이터셋과 비교한다.

---

5   https://oreil.ly/OBYdY

```
dev.E().hasLabel("rated").count()
```

[예제 8-4]는 "35592"를 반환하며 이는 SNAP 데이터셋의 고유 등급의 숫자가 35,592개임을 의미한다.

[그림 8-7]은 신뢰 커뮤니티의 부분 그래프subgraph 모습으로 시작 주소로부터 이차 이웃을 보여 준다.

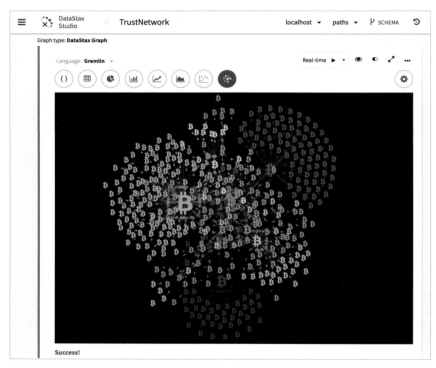

그림 8-7 시작 공개 키로부터 신뢰 커뮤니티를 시각화한 모습

데이터스택스 스튜디오는 루뱅 커뮤니티 감지 알고리즘Louvain Community Detection Algorithm을 이용해 클라이언트의 애플리케이션 그래프의 부분 그래프에 색상을 할당해 모듈성을 최대한 부각시켰다.

[그림 8-7]은 한 시작 정점으로부터 이차 이웃을 표시한다. 데이터스택스 스튜디오의 그래프 시각화 옵션을 켜서 결과 그래프 뷰를 표시하고 시각화했다. 덕분에 부분 그래프 내에서 커뮤

니티 감지를 눈으로 확인할 수 있다.

[그림 8-7]에서 보여주는 것처럼 그래프 데이터를 탐색하는 일은 아주 재미있다. 간단한 스키마를 만들고 벌크 로딩 도구를 사용해 여러분도 직접 데이터를 로딩하고 그래프를 시각화해보기를 권한다.

이제 데이터 탐험은 마치고 질의를 정의해보자. 우리의 목표는 데이터셋의 한 공개 키에서 다른 공개 키로 이어지는 최단 경로를 찾아 두 지갑 값의 신뢰를 수량화하는 것이다.

8.5 비트코인 신뢰 네트워크로 탐색 이해하기

이번 절의 목표는 다음 절의 경로 찾기 예제에 사용할 좋은 주소 쌍을 확보하는 것이다. 첫 번째 주소 쌍에서 약간의 꼼수를 부렸다. 먼저 시작 주소는 무작위로 선택했다(public_key: 1094). 이번 절에서는 1094 주변의 이웃을 질의하면서 경로 찾기 질의에 사용할 좋은 후보를 찾아본다. 이때 1094와 기존에 거래를 하지 않았지만 가능한 한 공유된 연결이 많은 주소를 찾는다.

나중에 더 긴 질의를 검출할 수 있도록 정점 한 쌍을 만든다. 예제가 조금 억지스러운 부분이 있지만, 유효하고 예상된 결과를 통해 새로운 그렘린 질의를 검증하는 방법을 보여주는 테스트 주도 개발의 일부라고 생각하자.

1094가 기존에 평가한 등급을 먼저 확인해보자.

8.5.1 일차 이웃 주소 찾기

1094의 일차 이웃 주소는 1094가 기존에 등급을 평가한 주소와 같다. [예제 8-5]는 그렘린으로 일차 이웃을 찾는 방법이다.

예제 8-5

```
dev.V().has("Address", "public_key", "1094").
    out("rated").
    values("public_key")
```

[예제 8-5]의 결과는 31개의 고유 주소를 포함한다. 다음은 그중 첫 다섯 항목이다.

```
"1053", "1173", "1237", "1242", "1268", ...
```

31개의 일차 이웃을 갖는 주소는 예제에 적합하지 않다. [그림 8-8]에서 볼 수 있는 것처럼 이들은 1094로부터 거리가 1이기 때문이다.

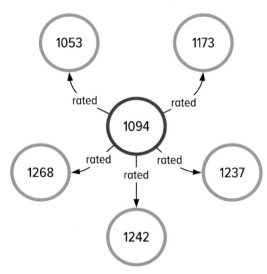

그림 8-8 1094의 일차 이웃 주소 시각화(별 그래프)

이번에는 이차 이웃을 살펴보자.

8.5.2 이차 이웃 주소 찾기

일차 이웃에서 한 개의 간선을 더 건너 이차 이웃을 탐색해야 한다. [예제 8-6]은 그렘린으로 이차 이웃을 탐색하는 코드다.

예제 8-6

```
dev.V().has("Address", "public_key", "1094").
    out("rated").
```

```
out("rated").
dedup().        // 중복을 제거하고 고유 이웃 목록을 얻음
values("public_key")
```

613개의 고유 주소를 찾을 수 있다. 다음은 그중 첫 다섯 항목이다.

```
"1053", "1173", "1162", "1334", "1241", ...
```

[예제 8-6]에서 왜 dedup() 단계를 추가했는지 궁금해하는 독자가 있을 것이다. 고유한 이차 이웃의 주소 집합을 얻으려면 이 단계가 필요하다. dedup()을 사용하지 않으면 876개의 결과가 반환된다. 이렇게 추가된 263개 결과는 1094로부터 두 간선을 탐색하는 다양한 방법이 있음을 설명한다.

[그림 8-9]를 살펴보자.

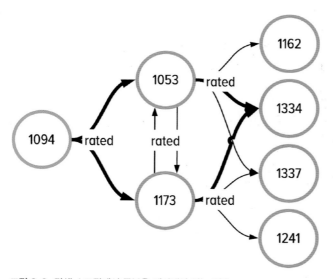

그림 8-9 탐색 스트림에서 중복을 제거해야 하는 이유

public_key 1334는 두 가지 방법(1053 또는 1173 정점을 경유)으로 public_key 1094에 도달할 수 있다. 따라서 public_key 1334는 1094의 이차 이웃으로 최소 두 번 이상 등장한다. dedup()을 이용하면 탐색 스트림에서 이 중복을 제거할 수 있다. [예제 8-6]의 dedup()은

모든 1334의 결과를 가져가 고유한 값만 결과 집합에 남긴다.

따라서 dedup()을 사용하면 876개가 아니라 613개를 결과 집합으로 갖는다.

하지만 이 예제에서 필요한 것은 일차 이웃을 제외한 이차 이웃의 주소다. 그렘린으로 이를 추출하는 방법을 살펴보자.

8.5.3 일차 이웃을 제외한 이차 이웃의 주소 찾기

질의를 살펴보기 전에 필요한 정보가 무엇인지 생각해보자. [그림 8-10]에서 보여주는 것처럼 1094의 일부 이차 이웃을 보여주는 예제 그래프 데이터를 살펴보자.

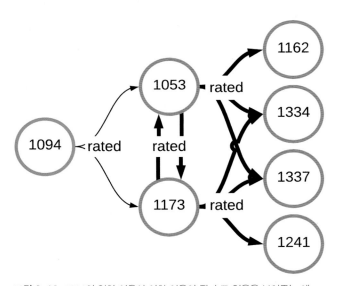

그림 8-10 1094의 일차 이웃이 이차 이웃이 될 수도 있음을 보여주는 예

[그림 8-10]은 정점 1053, 1173이 1094의 일차 이웃이면서 동시에 이차 이웃임을 보여준다. 1094와 직접 연결되지 않은 좋은 후보를 찾는 것이 우리의 목표다. 따라서 결과 집합에서 1053, 1173 같은 정점을 제거해야 한다.

그렘린에서는 aggregate("x") 단계를 이용해 객체(이 예제에서는 x라는 값으로 객체를 채움)를 채울 수 있다. 그리고 where(without("x")) 패턴을 이용해 결과 집합에서 불필요한 정점을 제거한다. [예제 8-7]의 코드를 살펴보자.

예제 8-7

```
1 dev.V().has("Address", "public_key", "1094").aggregate("x").
2     out("rated").aggregate("x").
3     out("rated").
4     dedup().
5       where(without("x")).
6     values("public_key")
```

[예제 8-7]의 결과 집합은 590개의 고유 요소를 포함한다. 다음은 그중 첫 다섯 항목이다.

```
"628", "1905", "1013", "1337", "3062"...
```

[예제 8-7] 코드를 자세히 살펴보자. 1행에서 **1094**를 질의하고 이 정점을 객체 x로 초기화한다. 2행에서는 일차 이웃을 탐색한 다음 이들 모두를 x로 추가한다. 3행에서는 이차 이웃을 탐색한다. 4행에서는 dedup()을 이용해 5행으로 이동하기 전에 모든 탐색자가 자신의 작업을 완료하도록 강제한다. 즉, 다음 행으로 진행하기 전에 모든 탐색자는 **1094**의 이차 이웃을 모두 탐색할 때까지 기다린다. 5행에서 where(without("x")) 패턴을 적용한다. 특히 5행에서는 파이프라인의 모든 탐색자에게 x 집합 안에 있는지 질문한다. 정점이 x에 있다면 파이프라인에서 정점을 제거한다. 그렇지 않으면 탐색자는 다음 과정으로 진행한다.

> **NOTE_** 관계형 시스템에 익숙한 독자라면 [예제 8-7]이 주소 테이블에서 오른쪽 외부 자체 조인(self join)을 수행하는 것과 아주 비슷하다는 사실을 알 수 있다.

이번에는 그렘린 질의 언어의 평가 기법인 느긋한 계산법(lazy evaluation)과 조급한 계산법(eager evaluation)의 차이를 살펴보자. 그렘린 질의 언어의 평가 기법에 따라 탐색 동작이 달라지며 질의 결과가 달라질 수 있으므로 평가 방법을 잘 이해해야 한다.

> **NOTE_** 다음 절에서 함수형 프로그래밍을 아주 깊숙이 살펴본다. 다음 절의 내용을 완전히 이해하지 못하더라도 괜찮다. 다만 장벽 단계가 그렘린의 너비 우선 탐색, 깊이 우선 탐색과 같은 경로 탐색 동작에 영향을 준다는 핵심을 이해하는 것이 중요하다.

8.5.4 그렘린 질의 언어의 평가 기법

그렘린은 기본적으로 느긋한 스트림 처리 언어다. 즉 그렘린은 탐색을 시작하면서 데이터를 더 많이 얻을 때까지 기다리지 않고, 탐색 파이프라인을 통해 탐색자를 처리하려고 노력한다. 반면 조급한 계산법에서는 다음 단계로 이동하기 전에 작업을 바로 끝내버린다.

- **느긋한 계산법**: 값을 요청하기 전까지 표현식 평가를 지연한다.
- **조급한 계산법**: 표현식을 변수에 할당할 때 바로 표현식을 평가한다.

그렘린 언어에서 느긋한 계산법을 사용할 수 없는 다양한 상황이 존재한다.

최근 dedup(), aggregate() 단계 등의 조급한 계산법을 사용했으므로 이 개념을 바로 살펴보자.

> **NOTE_** 이미 일상에서 여러분은 두 가지 방법 중 하나로 작업을 수행한다. 예를 들어 요리를 할 때는 조급한 계산법을 사용하는데, 이는 식사 재료를 하나씩 준비한 다음, 필요한 음식을 한꺼번에 조리한 후 개인 접시에 나눠서 제공해야 하기 때문이다. 반대로 식사를 접시 크기만큼만 처음부터 끝까지 요리하는 사람은 아무도 없을 것이다.

그렘린에서는 장벽 단계에서 평가 방식이 바뀐다. 장벽 단계가 존재한다면 그렘린 탐색은 느긋한 계산법에서 조급한 계산법으로 바뀐다.

그렘린의 장벽 단계

그렘린 질의 언어의 장벽 단계 정의는 다음과 같다.

- **장벽 단계**: 느긋한 탐색 파이프라인을 벌크 동기|bulk-synchronous 파이프라인으로 바꾸는 함수다.

장벽 단계를 포함하는 그렘린 질의 언어는 느긋한 계산법과 조급한 계산법을 모두 사용하므로 장벽 단계의 구분을 확실하게 이해하는 것이 좋다.

장벽 단계는 너비 우선 탐색이나 깊이 우선 탐색 같은 질의의 동작을 바꾼다. 이 책에서는 dedup, aggregate, count, order, group, groupCount, cap, iterate, fold 장벽 단계를 사용한다.

이들 개념을 종합하면 장벽 단계가 파이프라인이 너비 우선 탐색을 수행하도록 강제한다고 생각할 수 있다. 즉 장벽 단계는 파이프라인에서 같은 작업을 수행하는 다른 모든 탐색자의 작업이 끝날 때까지 개별 탐색자가 기다리도록 강제한다. 장벽 단계까지 모든 탐색자가 작업을 완료한 이후에만 다음 단계로 진행할 수 있다.

이 책에서 보여주는 질의는 실생활 애플리케이션에서 흔히 사용하는 패턴을 학습할 수 있도록 돕는다. 예를 들어 질의를 구현할 때 너비 우선 탐색과 깊이 우선 탐색 동작을 혼용하는 것과 같다.

질의에서 최단 경로를 보장하는 예제를 뒤에서 살펴보면서 장벽 단계와 너비 우선 탐색 사이의 관계를 적용해본다.

8.5.5 예제에 사용할 임의의 주소 선택하기

기존에 일차 이웃을 제외한 이차 이웃 정점을 찾았다. 이제 [예제 8-8]에서 보여주는 것처럼 sample() 단계를 이용해 이차 이웃 정점 중 하나를 선택하고 이를 나머지 질의에 사용한다.

예제 8-8

```
dev.V().has("Address", "public_key", "1094").aggregate("first_neighborhood").
    out("rated").aggregate("first_neighborhood").
    out("rated").
    dedup().
      where(neq("first_neighborhood")).
    values("public_key").
    sample(1)
```

다음은 질의 결과다.

```
"1337"
```

이제 1094, 1337 두 주소를 획득했다. 그렘린 질의로 이들 사이의 경로를 찾는 방법을 확인하자.

8.6 최단 경로 질의

이전에도 언급했듯이 복잡한 문제를 해결하는 데 경로가 얼마나 강력한지 보여줄 수 있는 데이터셋과 예제를 엄선했다. 개념 또는 사람 사이의 거리는 이들이 얼마나 관련되고 신뢰할 수 있는지 평가할 수 있는 맥락과 의미를 제공한다.

나머지 연습 문제에서는 여러분이 비트코인 마켓플레이스(비트코인 OTC)에 참여했다고 가정한다. 비트코인 마켓플레이스에 참여하면서 1094라는 공개 키를 받았다. 마켓플레이스에서 1337이라는 공개 키를 갖는 멤버와 첫 거래를 한다고 생각해보자.

다른 주소를 얼마나 신뢰할 수 있을까? 다른 개체를 얼마나 신뢰할 수 있는지를 경로 분석으로 수량화하는 작업은 복잡한 문제다. 앞으로 다양한 연습 문제를 이용해 이 문제를 해결해보자.

앞으로 소개할 예제는 다섯 개의 주요 부분으로 구성된다.

첫 번째 부분은 예제 주소 간의 고정된 길이의 경로를 찾는 것으로 시작한다. 두 번째 부분에서는 첫 번째 부분의 결과를 바탕으로 임의의 길이의 경로를 찾는 질의를 만든다. 두 번째 부분은 일반적인 경로 찾기 기법을 적용해 문제를 해결하려 하지만, 결국 내용상 의도한 오류가 발생한다.

세 번째 부분에서는 그렘린의 느긋한 계산법과 조급한 계산법을 다시 살펴보면서 이 오류를 어떻게 해결하는지 설명한다. 네 번째 부분에서는 예제 데이터에서 최단 경로를 찾는 데 사용하는 경로 가중치를 살펴본다.

경로 길이와 맥락을 신뢰 수량화에 어떻게 적용하는지를 설명하면서 이번 장을 마무리한다. 이 과정에서 9장에서 가중치를 적용한 최단 경로를 찾을 수 있도록 이 데이터셋을 변환한다.

8.6.1 고정 길이 경로 찾기

이번 절의 끝에서 최단 경로 질의의 결과를 검증할 수 있도록 고정된 길이를 갖는 경로를 찾아야 한다. 이를 염두에 두고 누군가 비트코인을 교환하자는 요청을 보냈을 때 이를 수락하기 전에 무엇을 살펴봐야 하는지 확인하자.

비트코인 OTC 마켓플레이스의 새 주소와 거래를 할 때 그 사람을 신뢰할 수 있는지 알고 싶다. 1337을 신뢰할 수 있는지 수량화하려면 먼저 공유된 연결이 있는지 확인해야 한다. 데이터셋에 공유된 연결이 있다는 것은 여러분이 등급을 평가한 주소 역시 1337의 등급을 평가했거나, 1337이 그 주소의 등급을 평가했음을 의미한다. 이런 종류의 공유 연결에서는 등급 평가의 방향을 신경 쓰지 않는다. 단지 한 주소가 다른 주소를 평가하는 시스템에서 공유된 주소가 있는지를 확인하는 것이 목적이다.

이차 이웃 중에 1337로 도달하는 방법이 몇 가지인지를 확인하는 방법으로 공유 연결의 수를 알 수 있다. 질의는 [예제 8-9]와 같다.

예제 8-9

```
dev.V().has("Address", "public_key", "1094").as("start").
        both("rated").
        both("rated").
        has("Address", "public_key", "1337").
        count()
```

[예제 8-9]의 결과는 4다. 즉 여러분의 주소(1094)의 이차 이웃 중에서 1337로 탐색하는 방법은 총 네 가지라는 의미다.

6장에서 설명한 것처럼 path() 단계는 각 탐색자의 전체 히스토리를 제공한다. 이때 두 가지 사항, 탐색 도중 방문한 정점과 경로의 길이로 결과를 확인한다. [예제 8-10]은 이를 구현한 질의다.

예제 8-10

```
1 dev.V().has("Address", "public_key", "1094").
2         both("rated").
3         both("rated").
4         has("Address", "public_key", "1337").
5         path().                              // 탐색자의 전체 경로 히스토리
6           by("public_key").as("traverser_path").   // 각 정점의 공개 키 얻기
7         count(local).as("total_vertices").        // 경로의 요소 수 세기
8         select("traverser_path", "total_vertices") // 경로 정보 선택
```

[예제 8-11]의 결과를 살펴보기 전에 [예제 8-10]의 질의를 자세히 살펴보자.

[예제 8-10]의 1행에서 3행까지 1094의 이차 이웃을 탐색한다. 4행에서 1337로 끝나는 탐색만 선택한다. 5행에서는 path() 단계를 이용해 네 탐색자의 각 경로 정보를 얻는다. 6행에서는 경로 객체를 변환해 public_key만 보여주고 레퍼런스를 저장한다. 7행에서는 count(local)을 이용해 각 경로 내의 총 객체 개수를 센다. 여기서 local 영역은 count()의 기본 전역 영역이 아니라 경로 내의 객체만 세도록 지시한다. 8행에서 각 경로 내의 총 정점 개수와 함께 경로 객체를 선택한다.

[예제 8-11]은 질의 결과다.

예제 8-11

```
{
  "traverser_path": { "labels": [[],[],[]],
                      "objects": ["1094", "1268", "1337"]},
  "total_vertices": "3"
},{
  "traverser_path": { "labels": [[],[],[]],
                      "objects": ["1094", "1268", "1337"]},
  "total_vertices": "3"
},{
  "traverser_path": { "labels": [[],[],[]],
                      "objects": ["1094", "1268", "1337"]},
  "total_vertices": "3"
},{
  "traverser_path": { "labels": [[],[],[]],
                      "objects": ["1094", "1268", "1337"]},
  "total_vertices": "3"
},
```

경로 객체는 아주 유용한 정보를 포함한다. 실제 공유하는 주소는 1268뿐임 알 수 있다. 1094 또는 1337이 1268을 평가하는 다른 조합이 총 네 가지이므로 네 개의 경로가 있다. 경로의 간선을 직접 살펴보면서 결과가 맞는지 직접 확인해볼 수 있다. 다음 질의를 살펴보자.

1337을 이차 이웃으로 갖는 모든 경로를 확인했다.

이제 out()을 이용해 한 방향으로 데이터를 더 깊숙이 살펴보자. 세 번째 이웃에서 1337로 나가는 경로는 몇 개일까? [예제 8-12]처럼 repeat().times(x) 패턴을 이용해 세 번째 이웃에서 경로를 찾는 질의를 단순하게 만들어보자.

예제 8-12

```
1 dev.V().has("Address", "public_key", "1094").       // 1094에서 시작
2     repeat(out("rated")).                           // "rated" 간선을 통해 밖으로 탐색
3     times(3).                                       // 세 번
4     has("Address", "public_key", "1337").           // 1337에 도착할 때까지
5     path().                                         // 각 탐색자의 경로 얻기
6       by("public_key").as("traverser_path").        // 각 경로에서 정점의 키 얻기
7     count(local).as("total_vertices").              // 객체 수 세기
8     select("traverser_path", "total_vertices")      // 경로, 길이 선택
```

[예제 8–13]은 첫 세 결과다.

예제 8-13

```
{
  "traverser_path": { "labels": [[],[],[],[]],
                      "objects": ["1094","1268","35","1337"]},
  "total_vertices": "4"
},{
  "traverser_path": { "labels": [[],[],[],[]],
                      "objects": ["1094","280","35","1337"]},
  "total_vertices": "4"
},{
  "traverser_path": { "labels": [[],[],[],[]],
                      "objects": ["1094","1053","1268","1337"]},
  "total_vertices": "4"
},...
```

[예제 8–13]에서는 1094에서 1337로 연결되는 흥미로운 경로를 발견할 수 있다. 세 번째 결과
는 1094가 1055, 1268, 1337을 평가했음을 보여준다. 1094에서 1337로 이어지는 삼차 이웃
에서 총 11개의 나가는 경로가 존재한다.

알려진 길이를 갖는 경로를 찾는 상황에서 repeat().times(x) 패턴을 일반화할 수 있다. 하
지만 우리의 목표는 임의의 길이를 갖는 경로를 찾는 것이며 이를 이용해 그렘린으로 최단 경
로를 찾아야 한다.

8.6.2 다양한 길이 경로 찾기

경로 찾기 질의는 그래프에서 연결된 두 대상의 관계를 찾는다. 예제에서는 데이터에 존재하는 관계의 수량과 깊이를 모두 찾는다. 또한 알려진 길이를 갖는 경로가 아니라 다양한 길이를 갖는 경로를 찾는 질의가 필요하다.

[예제 8-14]에서 볼 수 있는 것처럼 일부 엔지니어는 고정 길이 경로의 질의를 조금 바꿔서 문제를 해결하려 시도할 것이다. 하지만 [표 8-2]와 같은 오류가 발생한다.

예제 8-14

```
1 dev.V().has("Address", "public_key", "1094").        // 1094에서 시작
2     repeat(out("rated")).                            // "rated" 간선으로 탐색
3     until(has("Address", "public_key", "1337")). // 경로: 모든 경로를 의미함!
4     path().
5       by("public_key").as("traverser_path").
6     count(local).as("total_vertices").
7     select("traverser_path", "total_vertices")
```

데이터스택스 스튜디오로 [예제 8-14]를 실행하면 다음과 같은 오류가 발생한다.

표 8-2 탐색을 완료하는 데 30초 이상이 소요되면서 시스템 오류가 발생하는 예

시스템 오류
Request evaluation exceeded the configured threshold of realtime_evaluation_timeout at 30000 ms for the request

[예제 8-14]에서 어떤 일이 일어나는지 이해하면 [표 8-2]의 오류가 발생하는 이유를 알 수 있다. [예제 8-14]의 1행에서 시작 주소(1094)에 접근한다. 2행, 3행에서는 repeat(). until() 패턴을 적용한다. repeat() 단계는 until() 단계에서 종료 조건을 만족하기 전까지 탐색자가 수행해야 할 작업을 정의한다. 예제에서는 탐색자에게 1094에서 시작해 1337에서 끝나는 모든 경로를 찾으라고 지시한다. 따라서 탐색자는 1337에서 끝나는 그래프 전체의 모든 경로를 탐색한다. 그 결과 [표 8-2]처럼 타임아웃 오류가 발생한다.

모든 경로를 찾는 것이 아니라 최단 경로를 찾는 것이 목표다. 이제 몇 가지 개념을 이용해 다른 접근 방법을 시도해보자.

너비 우선 탐색과 탐색 기법 개념 연결하기

8.5.4절에서 살펴본 평가 기법과 장벽 단계를 떠올리면서 너비 우선 탐색이나 깊이 우선 탐색을 어떻게 적용해야 하는지 생각해보자.

최단 경로를 찾을 때 이를 활용할 것이라 일전에 설명했다. 이제 이 개념을 이용할 시간이다.

경로 찾기 탐색 시 너비 우선 탐색을 활용하는지 아니면 깊이 우선 탐색을 활용하는지 파악해야 한다. 너비 우선 탐색을 활용하는 상황이라면 종료 조건을 만족하는 첫 번째 탐색자가 최단 경로 정보를 제공한다.

그렘린에서는 너비 우선 탐색으로 동작하려면 조급한 계산법으로 탐색을 수행해야 한다. 장벽 단계를 사용했는지 여부로 탐색이 조급한 계산법인지 알 수 있다.

[예제 8-14]의 질의에서는 어떠한 장벽 단계도 사용하지 않았다. 무엇을 빠뜨렸을까?

[예제 8-15]에서 보여주는 것처럼 explain() 단계를 이용해 어떤 탐색 기법을 사용했는지 확인할 수 있다.

예제 8-15

```
g.V().has("Address", "public_key", "1094").
    repeat(out("rated").
    until(has("Address", "public_key", "1337")).
    explain()
==>탐색 설명
Original Traversal   [GraphStep(vertex,[]),
                      RepeatStep([VertexStep(OUT,vertex),
                      RepeatEndStep],until(),emit(false))]
...
Final Traversal      [TinkerGraphStep(vertex,[]),
                      VertexStep(OUT,vertex),
                      NoOpBarrierStep(),     // 노트: 장벽 실행 기법
                      VertexStep(OUT,vertex),
                      NoOpBarrierStep(),     // 노트: 장벽 실행 기법
                      VertexStep(OUT,vertex),
                      NoOpBarrierStep()]     // 노트: 장벽 실행 기법
```

explain() 단계는 현재 탐색의 설명을 출력한다. 즉, explain() 전까지 사용된 탐색 기법에 따라 어떻게 컴파일될 것인지를 설명한다.

[예제 8-15]에서는 아주 흥미로운 NoOpBarrierStep 단계를 확인할 수 있다. 탐색 설명의 NoOpBarrierStep은 repeat() 단계를 이용해 탐색 엔진이 장벽 단계를 추가했다는 사실을 보여준다.

[예제 8-15]를 통해 repeat().until() 패턴은 장벽을 사용한다는 사실을 알았다. 즉 이는 질의가 너비 우선 탐색을 이용한 조급한 계산법을 수행함을 의미한다.

[예제 8-16]에서 보여주듯이 [예제 8-14]를 조금만 바꿔서 1094에서 1337로 연결되는 최단 경로를 찾을 수 있다.

예제 8-16

```
1 dev.V().has("Address", "public_key", "1094").  // 1094에서 시작
2     repeat(out("rated")).                        // "rated" 간선을 통해 외부로 탐색
3     until(has("Address", "public_key", "1337")). // 1337에 도착할 때까지
4     limit(1).            // 너비 우선 탐색: 첫 번째 탐색자가 최단 경로
5     path().              // 탐색자의 경로 정보 얻기
6       by("public_key").as("traverser_path").     // 각 정점의 public_key 얻기
7     count(local).as("total_vertices").           // 각 경로의 길이 세기
8     select("traverser_path", "total_vertices")  // 경로 정보 선택
```

[예제 8-16]의 4행이 중요한 코드다. limit(1) 단계는 파이프라인의 다음 단계로 오직 한 탐색자만 통과시킨다. repeat().until() 단계는 조급한 계산법을 사용하므로 첫 번째 탐색자는 반드시 최단 경로를 포함한다.

다음은 탐색자의 경로 객체다.

```
{
  "traverser_path": { "labels": [[],[],[]],
                      "objects": ["1094", "1268", "1337"]},
  "total_vertices": "3"
}
```

이전 예제에서 살펴본 1094에서 1268을 지나 1337로 연결되는 최단 경로와 일치한다. 이미 예제를 설정하고 고정된 길이 경로를 탐색하는 데 많은 시간을 소비했다. 이제 우리가 찾은 경로가 최단 경로임을 확신할 수 있다.

이제 본론으로 돌아가서 지금까지 알아낸 정보를 이용해 이번 절의 주요 질문에 답하는 방법을 생각해보자. 1268이라는 주소를 공통으로 발견했다. 1337을 공통 친구로 갖는 친구의 친구를 찾는 방법이 11가지(즉, 본인과 1337의 거리가 3인 경로가 11개)라는 사실도 알았다.

이 정보를 토대로 1337과 거래를 해야 할지 결정할 수 있을까? 이 주소를 신뢰할 수 있는가?

아마 여러분은 이들 경로에 매겨진 등급 유형을 확인하고 싶을 것이다. 간선에서 경로로 이어지는 신뢰를 수량화하는 데 필요한 세 가지 마지막 질의를 살펴보자.

8.6.3 경로에 신뢰 점수 추가하기

이제 경로와 관련된 신뢰 등급 정보가 필요하다. 먼저 질의에 사용할 데이터 구조의 형식을 다시 설정해야 한다. [예제 8-17]은 [예제 8-16]의 최단 경로 질의를 두 가지 방식으로 확장한다. 첫째, 너비 우선 탐색과 그렘린 질의와 관련된 지식을 적용해 1094에서 1337로 이르는 15개의 최단 경로를 찾는다. 그리고 project() 단계를 이용해 결과 형식을 다시 설정한다. 이 질의와 결과를 살펴보자.

예제 8-17

```
1 dev.V().has("Address", "public_key", "1094").
2     repeat(out("rated")).
3     until(has("Address", "public_key", "1337")).
4     limit(15).  // 너비 우선 탐색: 첫 15개의 최단 경로 반환
5     project("path_information", "total_vertices").
6       by(path().by("public_key")).
7       by(path().count(local))
```

예제 8-18

```
{
  "path_information": { "labels": [[],[],[]],
                        "objects": ["1094","1268","1337"]},
  "total_vertices": "3"
},{
  "path_information": { "labels": [[],[],[],[]],
                        "objects": ["1094","280","35","1337"]},
```

```
    "total_vertices": "4"
},{
    "path_information": { "labels": [[],[],[],[]],
                          "objects": ["1094","1268","35","1337"]},
    "total_vertices": "4"
},...
```

[예제 8-17]의 핵심은 4행에서 7행까지다. 4행에서는 3행에서 설정한 중지 조건에 도달한 첫 15개의 탐색자를 취한다. 그렘린은 장벽 단계(너비 우선 탐색 방식)를 사용하므로 첫 15개 탐색자는 15개의 최단 경로를 갖는다.

[예제 8-17]의 5행부터는 결과를 어떻게 설정(이 장의 나머지 질의에서도 같은 방법을 사용함)하는지 보여준다. 키와 값으로 맵을 만든다. 맵의 키는 각각 path_information과 total_vertices다. 6행의 by() 조절자는 path_information 키를 1094에서 1337로 이르는 path() 객체를 포맷한 버전으로 채운다. 7행의 by() 조절자는 total_vertices 키를 1094에서 1337로 이르는 경로에서 방문한 각 정점의 public_key로 채운다.

sack()으로 신뢰 등급 모으기

[예제 8-17]의 맵에 한 개의 키를 더 추가해보자. 경로에서 rated 간선의 trust 값을 더한 다음 이 키/값 쌍을 결과 집합에 추가한다. 각 간선의 trust 값을 더하면 1094에서 1337로 이르는 경로의 총 신뢰도가 된다.

그래프 데이터를 탐색하는 동안 처리한 정보를 집계하는 방법이 필요하다. 그렘린의 sack() 단계를 이용해 이 문제를 해결할 수 있다.

sack() 단계는 그렘린 탐색자가 데이터 탐색을 시작하기 전에 색(가방)을 제공하는 것과 같다. 데이터를 탐색하면서 탐색자의 색에 무엇을 추가하고 무엇을 제거할지 지정한다. 이를 이용해 그래프의 정점이나 탐색의 값을 수집할 수 있고 의사결정이나 메트릭도 수집할 수 있다.

예제에서는 간선의 신뢰 등급을 더해야 한다. 따라서 처음에 탐색자에게 빈 색을 제공한 다음 간선을 탐색하면서 신뢰 등급을 색에 넣는다. 이 동작을 그림으로 나타내면 [그림 8-11]과 같다.

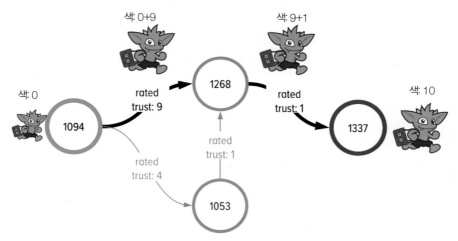

그림 8-11 1094에서 시작해 경로의 끝인 1337까지 탐색하면서 간선의 신뢰 등급을 색에 저장

[그림 8-11]에서 탐색자는 1094에서 1337에 이르는 최단 경로(1268 정점을 경유하는 거리 2의 경로)를 탐색한다. 탐색하는 동안 sack() 객체로 간선의 신뢰 등급을 수집하고 더하는 모습이 관찰된다. 이 경로의 최종 sack() 값은 **10**이다.

[그림 8-11]에서는 두 번째 경로도 존재한다. [그림 8-12]는 1053 정점을 경유하는 더 긴 다른 경로다.

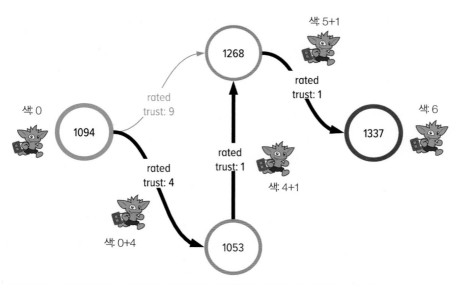

그림 8-12 1094에서부터 1337까지 다른 경로로 탐색하면서 간선의 신뢰 등급을 색에 저장

그렘린에서는 색을 다음처럼 정의한다.

- 탐색자는 sack()이라는 지역 자료구조를 포함할 수 있다.
- sack() 단계로 자료구조에 저장된 데이터를 읽거나 기록할 수 있다.
- withSack()으로 각 탐색자의 sack()을 초기화한다.

다시 질의로 돌아와서 이제 15개 최단 경로의 총 신뢰도를 계산할 수 있다. sack() 단계를 이용해 각 경로에서 신뢰 등급을 더할 수 있음을 알았다. 이 데이터를 결과 페이로드의 새로운 키로 추가한다. total_trust는 project() 단계의 새로운 키다. total_trust의 값은 경로를 탐색하면서 sack() 단계로 획득한 간선 가중치의 총합이다.

[예제 8-19]는 그렘린으로 질의를 구현한 코드다.

예제 8-19

```
 1 dev.withSack(0.0).        // 각 탐색자를 0.0으로 초기화
 2   V().
 3   has("Address", "public_key", "1094").as("start").
 4   repeat(outE("rated").   // 밖으로 탐색한 다음 "rated" 간선에서 중지
 5          sack(sum).        // 탐색자의 색에 추가
 6            by("trust").    // "trust" 프로퍼티의 값
 7          inV()).           // 간선을 떠나서 들어오는 정점으로 탐색
 8   until(has("Address", "public_key", "1337")).  // 1337에 도달할 때까지 반복
 9   limit(15).              // 길이 순으로 15개의 최단 경로만 선택
10   project("path_information", "vertices_plus_edges", "total_trust").  // 맵
11     by(path().by("public_key").by("trust")).   // 첫 번째 값: 경로 정보
12     by(path().count(local)).                   // 두 번째 값: 경로의 길이
13     by(sack())                                 // 세 번째 값: 경로의 신뢰 점수
```

[예제 8-19]를 자세히 살펴보자. 1행은 withSack(0.0)을 이용해 질의의 각 탐색자가 지역 자료구조를 사용하도록 초기화하는 부분이다. 다음 4행과 8행에서는 너비 우선 탐색으로 그래프 경로를 찾는 repeat().until() 패턴을 확인할 수 있다. 하지만 4행에서 outE("rated") 단계를 사용했다는 사실에 주목하자. 이 단계가 있어야 간선에서 중지하고 신뢰 등급을 수집할 수 있다. 5행에서는 sack(sum)으로 색에 무엇인가를 추가하도록 탐색자에 지시한다. by() 조절자를 이용해 색에 무엇을 담을지 지정한다. 6행에서 by("trust")를 확인할 수 있다. sack(sum).by("trust") 패턴은 탐색자에게 현재 객체(간선)에서 trust 프로퍼티를 수집한 다음 이를 현재 색의 값에 더하도록 지시한다.

그리고 7행의 inV()는 탐색자에게 들어오는 정점으로 이동하도록 지시한다. 탐색자는 8행의 중지 조건을 확인하면서 1337에 도달할 때까지 루프를 반복한다. 중지 조건을 만족하는 첫 15개 탐색자는 10행의 project() 단계를 실행한다. 10행은 결과를 해시맵 형식으로 포맷한다. 해시맵의 첫 번째 키와 값 쌍을 이용해 각각 정점의 공개 키와 간선의 trust 값을 경로 객체에서 선택한다. 해시맵의 두 번째 키와 값 쌍은 경로 객체의 총 객체 수를 계산한다. 4행의 코드로 간선을 방문했으므로 경로 객체는 정점과 간선을 모두 포함한다. 따라서 12행의 계산 결과는 경로가 포함하는 정점과 간선을 모두 합친 값이다.

마지막으로 [예제 8-19]의 13행은 sack()을 이용해 각 탐색자가 색의 값을 보고하도록 지시한다. [예제 8-20]은 [예제 8-19]의 전체 결과 테이블이다.

예제 8-20

```
{
  "path_information": {
      "labels": [[],[],[],[],[]],
      "objects": ["1094","9","1268","1","1337"]},
  "vertices_plus_edges": "5",
  "total_trust": "10.0"
},{
  "path_information": { "labels": [[],[],[],[],[],[],[]],
                  "objects": ["1094","4","1053","1","1268","1","1337"]},
  "vertices_plus_edges": "7",
  "total_trust": "6.0"
},{
  "path_information": { "labels": [[],[],[],[],[],[],[]],
                  "objects": ["1094","9","1268","1","35","9","1337"]},
  "vertices_plus_edges": "7",
  "total_trust": "19.0"
},...
```

가장 신뢰도가 높은 경로가 궁금하다. [예제 8-19]의 결과를 총 신뢰도를 기준으로 정렬해보자. 15개의 최단 경로를 찾았으나 이를 포맷하기 전의 시점에 정렬 로직을 추가한다. [예제 8-12]의 10행과 11행을 확인하자.

```
1 dev.withSack(0.0).
2   V().
3   has("Address", "public_key", "1094").
4   repeat(outE("rated").
5          sack(sum).
6            by("trust").
7          inV()).
8   until(has("Address", "public_key", "1337")).
9   limit(15).
10  order().                // 15개 경로 정렬
11    by(sack(), decr).     // 탐색자가 가진 색의 값 기준, 내림차순으로
12  project("path_information", "vertices_plus_edges", "total_trust").
13    by(path().by("public_key").by("trust")).
14    by(path().count(local)).
15    by(sack())
```

[예제 8-12]의 10행, 11행의 정렬 로직은 전역적으로 파이프라인의 15개 탐색자를 색의 값에 따라 내림차순으로 정렬한다. [예제 8-22]는 질의 실행 결과다.

예제 8-22

```
{
  "path_information": { "labels": [[],[],[],[],[],[],[],[],[]],
                        "objects": ["1094","9","1268","10","1094","9","1268","1",
                               "1337"]},
  "vertices_plus_edges": "9",
  "total_trust": "29.0"
},...
```

[예제 8-22]가 예상과 다른 결과를 보여준다는 사실을 눈치챘는가? 가장 가중치가 높은 경로는 1094, 1268 사이에 두 순환을 포함한다. 두 키 사이의 등급을 한 번 이상 고려하는 상황이므로 이런 유형의 경로는 사용할 수 없다.

6장에서 순환을 제거하는 데 사용한 simplePath()를 활용한다. 즉 최종 질의에 simplePath()를 추가해 순환을 제거한 다음, 15개 경로를 신뢰 점수 내림차순으로 정렬한다. [예제 8-23]은 최종 질의이고 [예제 8-24]는 질의 실행 결과다.

예제 8-23

```
 1 dev.withSack(0.0).
 2  V().
 3  has("Address", "public_key", "1094").
 4  repeat(outE("rated").
 5       sack(sum).
 6         by("trust").
 7       inV()
 8       simplePath()).    // 경로에 순환이 있으면 탐색자 제거
 9  until(has("Address", "public_key", "1337")).
10  limit(15).
11  order().
12    by(sack(), decr).
13  project("path_information", "vertices_plus_edges", "total_trust").
14    by(path().by("public_key").by("trust")).
15    by(path().count(local)).
16    by(sack())
```

[예제 8-24]는 순환이 없는 15개 최단 경로를 신뢰 점수로 정렬한 결과다.

예제 8-24

```
{
  "path_information": {"labels": [[],[],[],[],[],[],[],[],[]],
                       "objects": ["1094","10","64","10","104","3","35","9","1337"]},
  "vertices_plus_edges": "9",
  "total_trust": "32.0"
},{
  "path_information": {"labels": [[],[],[],[],[],[],[],[],[]],
                       "objects": ["1094","9","1268","2","1201","5","35","9","1337"]},
  "vertices_plus_edges": "9",
  "total_trust": "25.0"
},{
  "path_information": {"labels": [[],[],[],[],[],[],[],[],[]],
                       "objects": ["1094","3","280","8","35","9","1337"]},
  "vertices_plus_edges": "7",
  "total_trust": "20.0"
}...
```

[예제 8-23] 질의는 개발 모드에서 사용하는 모든 경로 개념을 포함한다. 그렘린으로 너비 우선 탐색 지식을 이용해 15개 최단 경로를 찾았으며 각 경로의 가중치를 결과에 추가했다. [예

제 8-24]는 그중 높은 가중치를 갖는 세 가지 경로다. 경로가 길수록 가중치가 높다는 사실을 알 수 있다.

[예제 8-24]를 근거로 1337 주소를 신뢰할 수 있는지 결정할 수 있는가?

아마 여러분은 '아니요'라고 답할 것이다. [예제 8-24]는 가장 신뢰할 수 있는 값이 가장 긴 경로라는 사실을 보여준다. 경로가 길수록 더 많은 신뢰 등급이 추가되므로 '더 신뢰할 수 있는' 경로가 된다.

개발 모드에서 구현한 경로 찾기 질의와 데이터 구조는 애플리케이션에서 활용할 수 있는 결과를 제공하지 못한다.

WARNING_ 여러분이 직접 데이터스택스 스튜디오 노트북으로 예제를 실행해보면 [예제 8-24]와 다른 결과를 얻을 수 있다. 이는 최상위 15개의 경로가 길이 4인 경로 세 개(총 9개 객체: 다섯 개의 정점, 네 개의 간선)를 포함하기 때문이다. 길이가 4인 경로는 세 개 이상이 존재하며 결과는 그중 첫 세 개를 포함하므로 결과가 달라질 수 있다.

개발 모드로 구현했던 질의를 제품 수준으로 끌어올리려면 두 가지 최적화가 필요하다. 첫째, 신뢰와 관련된 결정을 내릴 수 있도록 다른 방식으로 가중치를 이해하고 사용할 수 있어야 한다. 현재 데이터셋의 신뢰는 사용자에게 큰 의미를 제공하지 못한다.

둘째, 짧으면서도 신뢰도가 높은 경로를 찾아야 한다. 개발 모드에서는 최단 경로 또는 모든 경로를 찾는 도구를 만들었다. 모든 경로를 찾는 작업은 너무 비싼 동작이다. 따라서 제품 수준 질의에서는 최단 가중치가 큰 경로를 찾는 다른 방법을 찾아야 한다.

최단 가중치가 큰 경로를 찾으려면 데이터의 간선 가중치를 정규화해야 한다. 다음 장에서 이 문제를 해결해본다.

8.6.4 이 사람을 신뢰합니까?

두 개념 간의 신뢰를 평가할 때 사람은 자연적으로 거리를 사용한다는 사실을 설명했다.

최단 경로 문제를 통해 그래프 데이터 탐색 기초를 살펴보고 이를 그렘린 질의 언어에 적용하면서 아이디어를 구체적으로 확인해보았다. 그리고 개발 예제를 이용해 비트코인 OTC 네트워크에서 신뢰를 수량화하고 거래와 관련한 결정을 내리는 데 경로를 활용하는 방법을 설명했다.

하지만 단순히 신뢰 점수를 더하는 방식으로는 네트워크상의 신뢰를 평가하고 가장 가치 있는 경로를 수량화하는 데 한계가 있다는 사실을 깨달았다. 데이터에서 가장 신뢰할 수 있는 경로를 찾으려면 정규화, 질의 최적화 두 가지 개념을 적용해 질의를 제품 수준으로 개선해야 한다.

다음 장에서는 기존의 많은 팀들이 사고 전환을 통해 더 복잡한 제품 문제(그래프 데이터의 최단 가중치 경로)를 해결한 방법을 살펴본다.

CHAPTER 9

경로 찾기 제품화

보통 경로를 생각할 때 시작에서 끝 지점까지 이르는 데 얼마나 많은 정점을 거치는지를 먼저 생각하게 된다. 8장에서는 이를 주로 살펴봤다.

이번에는 경로 탐색에서의 **거리** 개념을 확장해본다. 그러려면 경로를 이동하는 데 필요한 가중치 또는 비용을 추가해야 한다. 이런 종류의 문제를 **최소 비용 경로**minimum cost path 또는 **최단 가중치 경로**shortest weighted path라 부른다.

최단 가중치 경로는 컴퓨터 공학과 수학에서 흔히 볼 수 있는 최적화 문제다. 이런 종류의 문제는 보통 다면적이며, 복잡한 최적화를 요구한다. 최소화와 관련된 비용 메트릭 등 한 가지 이상의 정보 소스가 합쳐지기 때문이다.

8장의 마지막 부분에서 가중치 경로 문제를 다루는 예를 살펴봤다. 경로 가중치를 모아 데이터에서 가장 신뢰하는 경로를 찾으려 시도했다. 예제 데이터에서는 가장 값이 클수록 높은 신뢰를 의미하므로 결과적으로 데이터에서 가장 긴 경로가 가장 신뢰하는 경로를 의미하게 되었는데 이는 우리가 찾는 결과가 아니다.

간선 가중치를 이용해 최단 경로를 찾는 방법을 알아야 한다. 수학과 컴퓨터 과학을 활용해 한계 최소 최적화 문제를 만들려 한다.

이러한 관점에서 높은 신뢰도는 경로의 길이와 반비례한다. 짧으면서 높은 신뢰도를 갖는 경로를 찾아야 하며 이게 바로 9장의 두 가지 목표다.

9.1 9장 미리 보기: 가중치, 거리, 가지치기 이해하기

이 장은 세 개의 주요 부분으로 구성된다.

첫 번째 부분에서는 최단 가중치 경로 문제를 공식적으로 정의하고 알고리즘을 살펴본다. 9장의 경로 찾기 알고리즘은 너비 우선 탐색을 이용해 최단 가중치 경로 찾기를 최적화한다.

두 번째 절에서는 간선 가중치 정규화 과정을 소개한다. '높을수록 좋다'라는 가중치 스케일^{scale}을 '낮을수록 좋다'로 바꾸는 일반적 과정을 살펴본다. 예제 데이터셋으로 계산한 새 가중치를 표시하고, 새 간선을 만든 다음 정규화된 신뢰 점수를 예제에 다시 입력한다.

마지막 섹션에서는 정규화된 데이터에 A*('에이 스타'라고 부름) 알고리즘을 적용한다. 그렘린 질의 언어로 A*를 구현하는 방법을 살펴본 다음 예제 데이터에 질의를 적용해 여러분의 공개 키 1094와 초대를 보낸 주소 1337 사이의 최단 가중치 경로를 찾는다.

긴 경로가 높은 신뢰도와 연관된다면, 지금까지 책을 읽어온 여러분의 긴 여정에서 만나는 이번 예제의 신뢰도는 높을 것이라 생각한다.

9.2 가중치 경로와 검색 알고리즘

우리는 이미 경로 찾기 문제에 간선 가중치를 사용하려고 시도했다. 8장의 마지막 부분에서 sack() 단계를 이용해 비트코인 OTC 신뢰 네트워크의 경로에 신뢰 등급을 더했다.

하지만 이 도구로는 원하는 결과를 달성할 수 없었다. 이번 절에서는 두 가지 새로운 도구를 살펴보면서 첫 번째 시도가 작동하지 않았던 이유를 확인해본다.

먼저 최단 가중치 경로 문제를 정의하고 몇 가지 적절한 예를 살펴본다. 그리고 최단 가중치 경로 문제를 해결하는 데 사용할 새로운 알고리즘(A* 검색 알고리즘)을 소개한다. 나중에 그렘린으로 A* 검색 알고리즘을 구현해 정규화된 비트코인 OTC 네트워크의 최단 가중치 경로를 찾을 때 이들 도구를 활용한다.

새로운 문제를 정의하는 것부터 시작해보자.

9.2.1 최단 가중치 경로 문제 정의

8장에서 설명한 최단 경로의 정의를 떠올려보자. 그래프의 최단 경로란 그래프의 한 정점에서 다른 정점으로 가장 적은 수의 간선으로 이동하는 경로를 가리킨다.

가중치 경로는 시작에서 끝 지점에 이르는 그래프 경로에서 가중치의 총합을 사용한다. 최단 가중치 경로는 점수가 가장 낮은 경로가 된다.

* **최단 가중치 경로**: 그래프의 두 정점 사이에서 간선의 가중치 합이 최소인 경로다.

구체적인 예를 살펴보자. [그림 9-1]은 [그림 8-4]의 예제 그래프에 가중치를 추가한 모습이다.

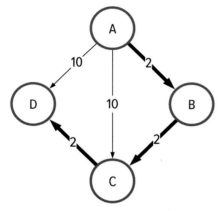

그림 9-1 A에서 D로 이어지는 최단 가중치 경로(굵은 간선으로 표시)를 보여주는 가중치 그래프

[그림 9-1]은 정점 A에서 정점 D로 이르는 최단 가중치 경로를 굵은 간선으로 표시했다.

A에서 D로 연결되는 최단 가중치 경로의 총 가중치는 6이다. 이 가중치를 그래프의 최단 경로와 비교해보자. 그래프의 최단 경로 즉, A → D의 가중치는 10이다. A → B → C → D의 가중치가 6이므로 A → D는 최단 가중치 경로가 아니다.

새로운 문제를 해결하려면 새로운 접근 방식이 필요하다. [그림 9-1]의 작은 예제에서는 최단 경로를 빠르게 확인할 수 있었다.

큰 그래프에서는 여러 최적화가 필요하다. 지금까지는 같은 공간을 다시 탐색할 필요가 없도록 너비 우선 탐색, 깊이 우선 탐색에서 방문한 정점을 기록하는 최적화만 구현했다.

하지만 가중치 그래프를 사용하려면 조금 더 영리하게 동작해야 한다. 그래프 데이터에서 최단 가중치 경로를 자세히 살펴보자.

9.2.2 최단 가중치 경로 탐색 최적화

구글에서 '그래프 경로 알고리즘'을 검색하면 A*, 플로이드–워셜Floyd–Warshall, 다익스트라Dijkstra 등 다양한 결과가 나온다. 다양한 상황에 맞는 알고리즘을 사용할 수 있도록 이들 알고리즘이 제공하는 최적화를 살펴본다. 각 알고리즘마다 검색 공간을 절약하고 최적화하는 방식이 다르므로 비용과 장점도 제각각이다.

일부 알고리즘은 최단 가중치 경로 문제를 해결하는 데 도움이 되는 몇 가지 최적화를 적용한다. 그래프 탐색 알고리즘은 한 정점에서 시작하는 경로 트리를 유지하며 경험적 판단인 휴리스틱heuristic에 기초해 새로운 간선을 현재 트리에 추가할 것인지를 결정한다. 보통 이런 알고리즘은 다음과 같은 최적화를 포함한다.

- **최소 비용 최적화**: 한 간선보다 더 낮은 비용의 경로가 존재하면 해당 간선을 제외한다.
- **슈퍼노드 회피**avoidance: 검색 공간 복잡도를 정해진 수준 이상으로 복잡하게 만드는 차수를 가진 정점을 제외한다.
- **글로벌 휴리스틱**: 경로 전체의 가중치를 정해진 수준 이상으로 증가시키는 가중치를 갖는 간선을 제외한다.

> NOTE_ 다양한 휴리스틱을 이용해 그래프 알고리즘을 최적화할 수 있다. 좋은 휴리스틱을 선택하려면 데이터, 분포, 경로 탐색 시 피해야 할 그래프 구조를 이해해야 한다.

두 번째 최적화 방식은 슈퍼노드를 제거해 검색 공간을 최적화할 수 있음을 설명한다. 슈퍼노드란 무엇이며 휴리스틱을 이용해 검색 공간에서 이들을 제거해야 하는 이유가 무엇인지 간단히 살펴보자.

그래프의 슈퍼노드

슈퍼노드란 수많은 간선을 포함하는 정점(그래서 **슈퍼**super라 부름)을 가리킨다. 그래프 데이터에서 슈퍼노드는 많은 연결을 포함하는 정점이다.

- **슈퍼노드**: 극단적으로 높은 차수를 갖는 정점이다.

트위터의 소셜 네트워크를 예로 들어보자. 트위터 계정에서 누구를 팔로우하는 동작을 간선으로 표시한다고 가정하자. 여기서 네트워크의 다른 사람들과 달리 아주 많은 팔로워를 갖는 사람이 바로 슈퍼노드다. 트위터의 유명 인사가 바로 슈퍼노드의 예다.

> **NOTE_ 재미있는 이야기**
>
> 아파치 카산드라를 만들기 시작했을 때 개발 팀은 트위터 계정의 팔로워 수를 추적하는 카운터 기능을 구현했다. 나중에 이 기능은 트위터에서 사상 첫 1백만 팔로워를 달성한 사람의 이름을 따서 애슈턴 쿠처 ^{Ashton} ^{Kutcher} 문제라 불린다. 애슈턴 쿠처의 계정은 트위터 네트워크의 슈퍼노드다.

경로 찾기를 실행하면서 슈퍼노드 탐색을 진행하면 우선순위 큐에 수백만 개의 간선을 추가하는 상황이 벌어질 수 있다. 경로 찾기에 고려해야 할 새로운 간선이 너무 많이 추가되면 계산 비용이 걷잡을 수 없이 증가해버린다.

그렇다면 이제 슈퍼노드와 관련된 이론적 한계를 살펴보자.

슈퍼노드의 이론적 한계

아파치 카산드라에서 한 파티션은 최대 20억 개의 셀을 포함할 수 있다. 데이터스택스 그래프의 간선 테이블은 각 종료 간선의 기본 키를 필요로 하므로 간선당 최소 두 개의 셀이 필요하다. 하지만 고유 간선을 얻으려면 간선에 범용 고유 식별자(UUID)가 필요하다. 따라서 간선 파티션의 최소 셀 개수는 세 개다. 즉 20억을 3으로 나눈 결과가 디스크에 저장할 수 있는 간선의 한계다.

데이터스택스 그래프에서 666,666,666개의 간선을 갖는 한 정점은 아파치 카산드라 테이블이 지원하는 최대 셀 수다(실제로는 간선 1개를 더 저장할 수 있음). 이는 불안한 일이다.

하지만 실제로는 디스크에 간선을 만들기 이전에 이미 슈퍼노드 탐색을 처리하는 데 문제가 발생할 가능성이 더 크다. 6장에서 확인했던 처리 한계를 떠올려보자. 6장에서는 비교적 작은 차수의 정점이었음에도 처리 한계에 부딪혔다. 따라서 현실적으로 슈퍼노드 처리 성능으로 인한 문제가 먼저 발생하므로 디스크 저장 문제는 접하기 쉽지 않다.

이런 이유로 앞으로 소개할 구현에서는 슈퍼노드를 완전히 배제한다. 다음 절에서 이 기법을 어떻게 적용할 것인지를 확인하고 최적화하는 몇 가지 방법도 살펴보자.

구현할 검색 알고리즘 의사코드

우선 구현하려는 알고리즘의 의사코드를 살펴보자. 앞으로 데이터셋에 최적화를 적용해 너비 우선 탐색 알고리즘을 그렘린으로 구현해본다.

가중치 비트코인 OTC 네트워크의 경로를 찾는 문제에 세 가지 최적화를 적용한다.

- **최소 비용 최적화**: 다음 정점으로 이동하는 짧은 경로를 이미 발견했다면 그 간선을 제외한다.
- **슈퍼노드 회피**: 대상 정점에서 나가는 간선이 너무 많다면 해당 정점을 제외한다.
- **글로벌 휴리스틱**: 한 간선의 가중치 때문에 전체 가중치가 최댓값을 넘어간다면 해당 간선을 제외한다.

[예제 9-1]의 의사코드는 이 장에서 구현할 알고리즘을 설명한다.

예제 9-1

```
ShortestWeightedPath(G, start, end, h)
    sack을 이용해 거리를 0.0으로 초기화한다.
    시작 정점 v1 찾기
    반복
        나가는 간선으로 이동
        sack 값을 간선 가중치만큼 증가시킴
        간선에서 들어오는 정점으로 이동
        사이클이면 현재 경로 제거
        맵 만들기; 키는 정점, 값은 최소 거리
01      경로 길이가 현재 v까지의 최소 경로보다 길면 탐색자 제거
02      100+ 나가는 간선을 갖는 슈퍼노드로 탐색했다면 탐색자 제거
03      거리가 글로벌 휴리스틱보다 크면 탐색자 제거
        경로가 v2에 도달했는지 확인
        총 거리의 값으로 경로 정렬
        첫 x개의 경로는 계속 진행하도록 허용
        결과 다듬기
```

이번 장에서는 [예제 9-1]을 그렘린으로 구현할 것이므로 [예제 9-1]을 자세히 살펴보자. 먼저 시작 정점에서 모든 탐색자의 거리를 0.0으로 설정한다. 루프에서 탐색자를 간선으로 이동시키며, 탐색자의 총 거리를 갱신하고, 일련의 필터를 적용해 탐색자가 그래프 탐색을 계속 진행해야 하는지 확인한다. 모든 최적화와 필터를 만족하는 x개 경로를 찾을 때까지 루프를 반복한다.

[예제 9-1]에서 일련의 필터를 '0_번호'로 표시했으며 총 세 개의 최적화를 적용했다. 먼저 01

은 **최소 비용 최적화**를 적용하는 방법을 보여준다. 현재 위치로 연결되는 더 짧은 경로가 존재하면 탐색자를 제거한다. 02에서는 정점 차수의 한계를 설정해 경로 찾기 알고리즘에서 슈퍼노드를 제외하는 **슈퍼노드 회피**를 적용한다. 마지막으로 03에서는 가중치를 너무 높여 애플리케이션에 의미를 제공하지 못할 가능성이 큰 경로를 가진 탐색자를 제거하는 **글로벌 휴리스틱**을 적용한다.

이제 [예제 9-1]을 그렘린으로 구현할 준비가 거의 끝났다. 이제 8장의 마지막 부분에서 살펴봤던 간선 가중치 문제를 해결하는 방법을 생각해보자.

9.3 최단 경로 문제에 알맞게 간선 가중치 정규화하기

8장에서 발견했던 가장 큰 문제는 데이터셋에서 신뢰를 수량화하는 방법을 찾는 것이었다. 현재 데이터로는 가장 신뢰할 수 있는 경로가 가장 긴 경로이므로 간선 가중치로 최단 가중치 경로를 찾을 수 없다. 최단 가중치 경로를 찾을 수 있도록 간선 가중치를 변환해야 한다.

다음 두 가지를 적용해 변환을 수행한다. 첫째, 가장 신뢰할 수 있는 경로를 찾을 수 있도록 알고리즘을 적용해 의미 있는 가중치를 추가한다. 둘째, 최소 가중치 경로가 가장 신뢰하는 경로가 되도록 스케일을 뒤집는다.

이번 절에서는 변환 과정을 살펴본 다음 데이터셋과 그래프를 갱신한다. 마지막으로 데이터의 몇 가지 경로를 더 살펴보면서 새로운 간선 가중치를 의미 있게 해석하는 방법을 안내한다.

9.3.1 간선 가중치 정규화

데이터 변환은 세 가지 과정으로 진행된다.

  1 스케일을 [0, 1] 사이의 값으로 바꾸기
  2 새로운 스케일을 최단 경로 문제로 구성하기
  3 무한대 모델링 처리하기

이 세 가지 과정을 살펴보면서 각 과정이 필요한 이유를 확인하자. 마지막에는 스케일로 가중치를 어떻게 변환하는지 설명한다.

과정 1: 스케일을 [0, 1] 사이의 값으로 바꾸기

원래 데이터셋에서 신뢰도의 범위가 −10부터 10까지였다. −10은 신뢰가 전혀 없음을, 10은 완전히 신뢰함을 의미한다. [그림 9-2]는 데이터스택스 스튜디오에서 그렘린으로 데이터셋의 신뢰 분포를 관찰한 모습이다.

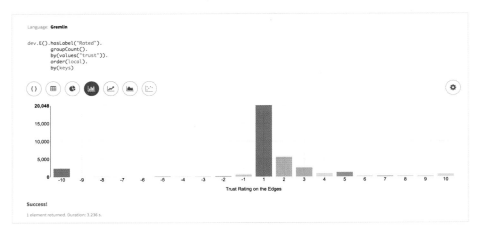

그림 9-2 비트코인 OTC 데이터셋의 신뢰 점수의 총 관찰 개수

[−10, 10] 구간으로 구성된 신뢰 점수를 [0, 1] 스케일로 매핑해야 한다. [0, 1]로 신뢰 점수를 매핑하면 두 점수를 곱했을 때 수학적으로 원하는 결과를 얻을 수 있다. 이 기법은 수학적으로 확률을 추론하는 방식과 비슷하다.

다시 말해 음수와 양수를 혼합해서 사용하면 사용자 등급을 수학적으로 추론할 수 없으므로 조금 더 일정한 스케일이 필요하다.

또한 [그림 9-2]에서 신뢰 평가의 값이 0인 부분이 존재하지 않음을 확인했다. 따라서 등급 1을 '중립'적인 값으로 유지한다. 그리고 매핑 시 '0'을 제거한다. 다음처럼 스케일을 조정한다.

1 −10은 신뢰가 없는 0으로 매핑한다.
2 1은 0.5 즉 중립으로 매핑한다.
3 10은 가장 신뢰함을 의미하는 1로 매핑한다.

나머지 등급은 선형적으로 값을 채운다. −10에서 1까지는 0.05씩 증가하고 2에서 10까지는 0.05556씩 증가한다. 다음 공식을 통해 증가 간격을 계산했다.

```
range/total_numbers = 0.5/10 = 0.05,
                    = 0.5/9  = 0.05556
```

전체 매핑 표는 [그림 9-4]에서 확인할 수 있다.

하지만 여전히 높은 점수가 높은 신뢰를 의미하므로 0과 1사이의 값으로는 최단 경로를 계산할 수 없다. 8장에서 확인했듯이 '경로가 길면 길수록 더 신뢰할 수 있음'이라는 문제를 해결해야 한다. 이를 해결하려면 두 가지 수학적 변환을 살펴봐야 한다.

과정 2: 새로운 스케일을 최단 경로 문제로 구성하기

데이터의 두 주소에서 **가장 신뢰할 수 있는 경로**를 찾아야 한다. 이를 최단 경로 문제로 구성하려면 두 가지 작업이 필요하다.

1 로그^{logarithm}를 이용해 곱셈을 덧셈으로 바꾼다.
2 -1을 곱해 최댓값을 최솟값으로 바꾼다.

특히 첫 번째 과정은 신뢰와 같은 데이터의 특수한 성질을 정확하게 모델링할 때 꼭 필요한 기능이므로 자세히 살펴보자.

물류 예제에서 살펴봤듯이 일반적으로 간선 가중치를 더해 총 가중치를 계산하는 상황이라면 로그를 사용할 필요가 없다. 하지만 일부 상황에서는 값을 곱해야 한다. 확률이나 신뢰율$^{confidence\ value}$ 등을 계산할 때 보통 곱셈이 필요하다. 신뢰는 본질적으로 신뢰도와 같다. '다른 누군가의 신뢰에 대한 나의 신뢰'를 수학적으로 계산하려면 이 두 개념을 곱해야 한다.

여러분이 A라는 사람을 **반만** 신뢰하고 A는 B를 **반만** 신뢰한다면 여러분은 B를 온전히 신뢰할 수 있을까? 물론 온전히 신뢰할 수 없다. 오히려 B라는 사람을 신뢰하지 못하는 쪽으로 결론 내릴 것이다.

신뢰 점수를 더하거나 곱하면 결과가 확실히 달라진다. 여러분이 B를 온전히 신뢰한다고 가정하면 여러분의 신뢰 절반과 A의 신뢰 절반을 더한 것이 최종 결과다. 논리적으로 다른 누군가의 의견을 자신의 확신과 섞기 때문이다. 반면에 여러분이 B라는 사람을 다소 신뢰하지 못한다고 가정하면 여러분의 반쪽 신뢰와 A의 반쪽 신뢰가 곱해져 '0.25' 정도의 신뢰도를 얻는다.

로그 변환과 0에서 1까지의 값을 이용해 이를 수학적으로 표현한다.

1 -10은 0으로 매핑한다. log(0) = 음의 무한대

2 1은 0.5로 매핑한다. log(0.5) = -0.301

3 10은 1로 매핑한다. log(1) = 0

두 번째 과정의 뒷부분은 점수에 -1을 곱하는 최종 변환을 가리킨다. 최댓값을 최솟값으로 변환할 때 이 과정이 필요하다. 최단 가중치 경로를 찾으려면 최솟값이 필요하기 때문이다.

[그림 9-3]은 변환 데이터를 그래프로 만든 모습이다. y축의 0은 신뢰하지 않음을 1은 신뢰함을 가리킨다. x축에서는 높은 신뢰 거리가 낮은 신뢰로 이어짐을 보여준다.

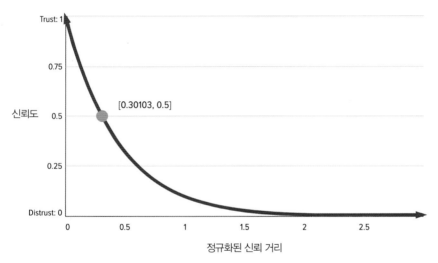

그림 9-3 변환된 스케일에서 경로의 신뢰 거리를 신뢰, 불신으로 매핑한 모습

[그림 9-3]에 표시된 주황색 점을 자세히 살펴보자. 이 점(0.30103)은 신뢰와 불신을 구분 짓는다. 0.30103보다 낮은 점수는 신뢰할 수 있으며 0.30103보다 큰 점수는 신뢰할 수 없다.

낮은 점수일수록 높은 신뢰로 변환되므로 총합이 낮을수록 총 신뢰는 높아진다. 가장 낮은 점수를 찾으려면 최소 가중치를 찾아야 한다. 드디어 이 새로운 가중치를 이용해 애플리케이션에서 최단 가중치 경로를 찾을 수 있게 되었다.

이제 마지막으로 (-1)*log(0) = **무한대**를 어떻게 표현할지 생각해보자.

과정 3: 무한대 모델링 처리하기

(−1)*log(0) = 무한대를 표현하려면 먼저 몇 가지 사항을 결정해야 한다. 우선 최단 가중치 경로에 포함될 가능성이 거의 없을 만큼 아주 크지만, 그렇다고 해당 간선이 없을 정도로 크지는 않은 값을 선택한다.

예제에서는 (−1)*log(0)의 값을 가리키는 100을 선택했다. 이것이 적절한 선택인 이유를 살펴보자. 임의의 끝 정점 a, b 그리고 가중치 100의 간선이 있다고 가정하자. a와 b 사이의 경로 가중치는 그래프의 거의 다른 모든 경로보다 크다. 가중치 1을 갖는 101개의 간선으로 이루어진 경로를 찾았다고 가정하자. 하지만 현재 문제와 관련해서 101 길이의 경로는 애플리케이션에 아무 의미가 없다. 결과적으로 100이 올바른 선택이다.

[그림 9-4]는 지금까지 살펴본 단계를 구체적으로 보여준다. [−10, 10]을 [0, 1]로 바꾼 다음 각 값에 로그를 적용하고 결과에 −1을 곱했다. 그리고 마지막 점수 (−1)*log(0)을 100으로 설정한다.

Trust	Shifted	Log(Shifted)	Final Values for norm_trust
-10	0	negative infinity	100
-9	0.05	-1.301	1.301
-8	0.1	-1	1
-7	0.15	-0.8239	0.8239
-6	0.2	-0.699	0.699
-5	0.25	-0.6021	0.6021
-4	0.3	-0.5229	0.5229
-3	0.35	-0.4559	0.4559
-2	0.4	-0.3979	0.3979
-1	0.45	-0.3468	0.3468
1	0.5	-0.301	0.301
2	0.5556	-0.2553	0.2553
3	0.6111	-0.2139	0.2139
4	0.6667	-0.1761	0.1761
5	0.7222	-0.1413	0.1413
6	0.7778	-0.1091	0.1091
7	0.8333	-0.0792	0.0792
8	0.8889	-0.0512	0.0512
9	0.9444	-0.0248	0.0248
10	1	0	0

그림 9-4 최단 가중치 경로를 찾을 수 있도록 −10에서 10까지의 가중치를 변환하는 전체 표

다음으로 그래프 스키마를 갱신하고 변환된 간선을 로드해 새로운 가중치를 사용해보자.

9.3.2 그래프 갱신하기

현재 rated 간선에 정규화된 새로운 값을 추가해야 한다. norm_trust라는 프로퍼티를 rated 간선에 클러스터링 키로 추가할 수 있다. [그림 9-5]는 간선에 새로운 프로퍼티 클러스터링 키를 추가한 새로운 그래프 모델이다. norm_trust를 간선의 클러스터링 키로 지정하므로 디스크의 rated 간선을 오름차순으로 정렬한다.

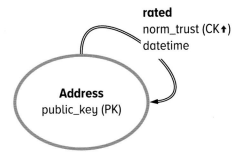

그림 9-5 그래프 스키마 언어 표기법으로 나타낸 그래프 모델 제품 스키마

[예제 9-2]는 [그림 9-5]의 스키마를 코드로 구현한다. ERD로 테이블을 만들듯이 그래프 스키마 언어를 이용해 그래프 데이터 모델을 스키마 코드로 만들 수 있길 바란다.

예제 9-2

```
schema.vertexLabel("Address").
    ifNotExists().
    partitionBy("public_key", Text).
    create();
schema.edgeLabel("rated").
    ifNotExists().
    from("Address").
    to("Address").
    clusterBy("norm_trust", Double, Asc).
    property("datetime", Text).
    create()
```

8장에서 했던 것처럼 데이터스택스 벌크 로더 명령줄 도구를 이용해 데이터를 그래프로 로드한다. 이 책에서 제공하는 데이터셋은 이미 간선 가중치 변환이 적용된 상태다. 데이터와 예제에 사용된 로딩 스크립트 코드는 data 디렉터리의 ch9[1]에서 확인할 수 있다.

간단한 질의를 실행해보면서 데이터를 이해하고, 제대로 로드했는지 확인해보자.

9.3.3 정규화된 간선 가중치 살펴보기

최단 가중치 경로를 구현하기 전에 8장의 질의를 살펴보자. 하지만 이번에는 1094, 1337 사이의 경로에 norm_trust 프로퍼티를 사용한다.

이번 절에서는 다음과 같은 두 질의를 사용한다.

1 신뢰 총합으로 정렬한 길이가 2인 모든 경로 찾기
2 신뢰 총합으로 정렬한 15개의 최단 경로 찾기

첫 번째 질의부터 살펴보자.

신뢰 총합으로 정렬한 길이가 2인 모든 경로 찾기

[예제 9-3]에서는 8장에서 살펴본 길이가 2인 경로 찾기 질의를 살펴본다. 하지만 이번에는 정규화된 가중치를 이용해 신뢰 거리를 계산한다.

예제 9-3

```
1 g.withSack(0.0).
2   V().has("Address", "public_key", "1094").
3   repeat(outE("rated").
4         sack(sum).
5           by("norm_trust").
6         inV()).
7   times(2).
8   has("Address", "public_key", "1337").
9   order().
10    by(sack(), asc).
```

---

1   https://oreil.ly/GtEI5

```
11  project("path_information", "total_elements", "trust_distance").
12    by(path().by("public_key").by("norm_trust")).
13    by(path().count(local)).
14    by(sack())
```

[예제 9-4]는 질의 실행 결과다.

예제 9-4

```
{"path_information": {
    "labels": [[],[],[],[],[]],
    "objects": ["1094", "0.0248", "1268", "0.30103", "1337"]
  },
  "total_elements": "5",
  "trust_distance": "0.32583"
}
```

8장의 결과에서 봤던 것처럼 시작 정점과 끝 정점 사이에는 길이가 2인 경로가 오직 한 개뿐이다. [그림 9-6]은 8장에서 발견한 가중치를 포함한 [예제 9-4]의 경로 객체다.

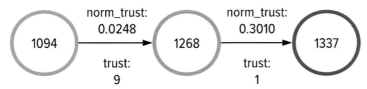

그림 9-6 1094와 1337 간에 길이가 2인 경로의 정규화된 간선 가중치 관찰

[그림 9-6]에서 보여주는 경로의 총 신뢰 거리는 0.32583이다. 이 점수를 뒤집어서 변환된 [0, 1] 스케일의 어디에 위치하는지 확인할 수 있다. 최종 점수에 −1을 곱한 다음 10의 거듭제곱을 적용한다.

$$10^{-1*(0.0248 + 0.3010)} = 0.4723$$

이 경로의 신뢰 가중치를 [0, 1] 스케일로 표현하면 0.4723이라는 의미다. 0은 신뢰하지 않음을, 1은 신뢰함을 가리키므로 이 경로는 조금 신뢰할 수 없음을 의미하는 수치다. 이 경로의 신뢰 가중치 점수는 0.5보다 조금 작으므로 **약간 신뢰할 수 없다고** 결론 내릴 수 있다.

다른 경로는 어떨까? 8장의 두 번째 질의를 살펴보자.

신뢰 총합으로 정렬한 15개의 최단 경로 찾기

참고로 8장에서는 그렘린의 장벽, 너비 우선 탐색 로직 지식을 이용해 질의를 만들었다. 이들 개념을 적용해 가중치가 아니라 경로 길이로 최단 경로를 찾았다.

[예제 9-5]에서 최단 경로 로직을 적용해 길이 기준 15개의 최단 경로를 찾은 다음 정규화된 신뢰 거리로 경로를 정렬했다.

[예제 9-5] 질의를 살펴보자.

예제 9-5

```
 1 g.withSack(0.0).            // 각 탐색자의 값을 0.0으로 초기화
 2    V().has("Address", "public_key", "1094").    // 1094에서 시작
 3    repeat(                  // 반복
 4      outE("rated").         // 간선으로 나가서 중지
 5       sack(sum).            // 탐색자의 sack을 합침
 6         by("norm_trust").// 간선 프로퍼티 "norm_truest"의 값
 7       inV().               // 다음 정점으로 탐색 이동
 8      simplePath()).         // 사이클을 포함하면 탐색자 제거
 9    until(has("Address", "public_key", "1337")).   // 1337에 도달할 때까지
10    limit(15).              // 너비 우선 탐색: 첫 15개 경로는 길이 기준 최단 경로임
11    order().                // 15개 경로 정렬
12      by(sack(), asc).  // 신뢰 점수 합계로
13    project("path_information", "total_elements", "trust_distance").// 맵 만들기
14      by(path().by("public_key").by("norm_trust")).// 첫 번째 값: 경로 정보
15      by(path().count(local)).              // 두 번째 값: 길이
16      by(sack())                            // 세 번째 값: 신뢰
```

[예제 9-6]은 [예제 9-5]의 결과를 보여주며 가장 신뢰하는 3개의 경로에서 흥미로운 사실을 발견할 수 있다. 8장에서는 최단 경로 1094 → 1268 → 1337을 발견했다. 하지만 [예제 9-6]에서는 이 경로가 15개 최단 경로 중 두 번째로 신뢰할 수 있는 경로이며 더 신뢰할 수 있는 더 긴 경로가 존재함을 알 수 있다.

```
{
  "path_information": {
    "labels": [[],[],[],[],[],[],[]],
    "objects": ["1094","0.2139","280","0.0512","35","0.0248","1337"]
  },
  "total_elements": "7",
  "trust_distance": "0.2899"
},...,
{
  "path_information": {
    "labels":  [[],[],[],[],[]],
    "objects": ["1094","0.0248","1268","0.30103","1337"]
  },
  "total_elements": "5",
  "trust_distance": "0.32583"
},
{
  "path_information": {
    "labels":  [[],[],[],[],[],[],[]],
    "objects": ["1094","0.0248","1268","0.30103","35","0.0248","1337"]
    },
  "total_elements": "7",
  "trust_distance": "0.35063"
},...
```

[예제 9-6]은 8장에서 찾을 수 없던 결과(더 길고 더 신뢰할 수 있는 경로)다. 15개 최단 경로 중 가장 신뢰할 수 있는 경로는 신뢰 총합이 0.2899이며 길이가 3인 1094 → 280 → 35 → 1337이다.

> **WARNING_** [예제 9-6]은 길이별 최단 경로를 신뢰 거리로 정렬한 결과다. 이는 최단 가중치 경로와는 다르다.

더 높은 신뢰 점수를 갖는 긴 경로를 찾을 수 있었다. 그런데 0.2899라는 값은 무엇을 의미할까? 이 경로를 얼마나 신뢰할 수 있을까?

정규화된 간선 가중치를 사용해 총 신뢰도로 경로 거리 해석하기

그래프의 가중치는 정규화된 신뢰 거리를 의미한다. 따라서 최단 가중치 경로가 가장 신뢰할 수 있는 경로가 된다.

최종적으로 '이 경로를 믿을 수 있을까?'라는 질문이 생긴다. 이 질문에 답하려면 경로의 최종 가중치를 [그림 9-4]의 스케일로 변환해야 한다. 경로를 믿을 수 있는지 결론 내리려면 경로의 총 신뢰 거리를 변환해야 한다. 경로의 신뢰 거리를 어떻게 [0, 1] 스케일로 매핑하는지 자세히 살펴보자.

최단 경로 중 가장 확실한 경로는 가중치가 0인 경로다. 경로의 모든 간선의 정규화된 가중치가 0이라면 이런 일이 일어난다. 경로의 신뢰 거리가 0이라면 경로가 가장 높은 신뢰 점수 $1 (10^{(-0)}=1)$을 갖는다는 뜻이다.

[그림 9-7]과 [그림 9-3]은 모든 신뢰 거리 d에 대한 변환 공식이다.

$$f\left(d\right) = 10^{(-d)}$$

그림 9-7 정규화된 신뢰 거리 d가 주어졌을 때 [0, 1] 스케일로 경로 거리를 변환하는 공식

[예제 9-6]의 모든 세 가지 결과를 총 가중치로 변환해보자. 다음은 각 경로를 변환한 결과다.

   1 일곱 객체를 갖는 최상 경로: 10^(-0.28990) = 0.5130

   2 다섯 객체를 갖는 최단 경로: 10^(-0.32583) = 0.4722

   3 일곱 객체를 갖는 세 번째 경로: 10^(-0.35063) = 0.4460

이 세 가지 변환된 점수는 각 경로의 총 신뢰도를 [0, 1] 스케일로 보여준다. 즉 길이 기준 15개의 최단 경로 중에 약간 신뢰할 수 있는 경로를 한 개 발견했다. [예제 9-6]의 최상 경로의 정규화된 가중치는 0.28990이며 [0, 1] 스케일에 대입하면 0.5130이다. 따라서 이 경로는 약간 신뢰할 수 있다는 의미다.

지금까지 살펴본 예제들로 경로에서 정규화된 신뢰 점수를 어떻게 추론할 수 있는지 이해했다.

그런데 [예제 9-6]의 첫 번째 결과가 데이터에서 가장 신뢰할 수 있는 경로인 걸까? 사실인지 확인해보려면 질의에 약간의 최적화를 적용해 한 개의 최단 가중치 경로를 찾아야 한다.

9.3.4 최단 가중치 경로 질의를 살펴보기 전에 생각해볼 문제

여러분에게 두 주소 간의 가장 신뢰할 수 있는 경로를 찾는 방법을 보여주는 것이 이 예제에서 사용하는 데이터의 목적이다. 데이터에서 가장 신뢰할 수 있는 경로는 최단 경로와 다르다.

경로의 간선을 이용해 가장 신뢰할 수 있는 값을 갖는 경로를 찾아야 한다.

그러려면 최단 가중치 경로 문제를 해결할 수 있도록 간선 가중치를 변환해야 한다. 변환 과정에서 두 가지를 처리한다. 첫째, 로그를 이용해 경로를 따라 의미 있는 방식으로 가중치를 추가한다. 둘째, 최소 가중치 경로가 최대 신뢰와 연결되도록 스케일을 뒤집는다.

기존과 같은 과정을 반복하고 있는데, 이는 실제로 최단 경로 문제에 가중치 간선을 사용할 때 흔히 사용하는 도구이기 때문이다. 복잡한 문제를 해결하기 위해 데이터의 모양을 바꾸는 접근법은 데이터 과학과 그래프 애플리케이션 간의 강력한 창의성을 보여준다.

지금까지 알게 된 지식을 활용해 최단 가중치 경로를 계산하는 그렘린 질의를 개발해보자.

9.4 최단 가중치 경로 질의

[예제 9-7]은 지금까지 설명한 수학적 과정을 설명한다.

예제 9-7

```
A   sack을 이용해 경로 거리를 0.0으로 초기화
B   시작 정점 v1 찾기
C   반복
D       나가는 간선으로 이동
E       sack 값을 간선 가중치만큼 증가시킴
F       간선에서 들어오는 정점으로 이동
G       경로가 사이클이면 경로 제거
H   경로가 v2에 도달했는지 확인
I   첫 20개 경로만 다음 단계로 진행시킴
J   총 거릿값으로 경로 정렬
K   결과 모양 다듬기
```

repeat().until() 패턴 같은 그렘린의 장벽 단계는 너비 우선 탐색처럼 데이터를 처리한다

는 사실을 기억하자. 따라서 [예제 9-7]의 I 단계는 길이순 최단 경로를 보장한다.

[예제 9-8]에서는 코드와 대응하는 수학적 단계를 왼쪽에 표시했다.

예제 9-8

```
A  g.withSack(0.0).
B    V().has("Address", "public_key", "1094").
C    repeat(
D          outE("rated").
E          sack(sum).by("norm_trust").
F          inV().
G          simplePath()).
H    until(has("Address", "public_key", "1337")).
I    limit(20).
J    order().
       by(sack(), asc).
K    project("path_information", "total_elements", "trust_distance").
       by(path().by("public_key").by("norm_trust")).
       by(path().count(local)).
       by(sack())
```

[예제 9-7]에서 설명한 의사코드 패턴을 사용하고 [예제 9-8]처럼 그렘린 단계로 이를 구현해 최단 가중치 경로 질의를 만든다. [예제 9-8]로 최단 가중치 경로 질의를 완성할 수 있도록 코드를 바꾸고 최적화한다.

9.4.1 최단 가중치 경로 질의 제품 구현하기

이제부터 9.2.2절에 소개한 최적화인 최소 비용 최적화, 글로벌 휴리스틱, 슈퍼노드 제외를 구현한다. 다음처럼 네 단계로 애플리케이션에 사용할 제품 수준의 질의를 구현한다.

1 두 단계를 교환하고 제한 수정하기
2 방문했던 정점의 최단 가중치 경로를 추적할 수 있도록 객체 추가하기
3 한 정점까지 발견한 길이보다 더 긴 경로의 탐색자 제거하기
4 슈퍼노드 회피 같은 기타 사유에 해당하는 탐색자 제거하기

이렇게 네 단계를 통해 단계를 추가하면서 그렘린 질의를 만든다.

1) 두 단계를 교환하고 제한 수정하기

최단 경로 질의를 만드는 첫 번째 단계는 [예제 9-8]과 아주 비슷하므로 현재까지의 진행 상황을 다시 한번 확인해보자. [예제 9-8]에서 단계의 순서만 바꾸고 결과를 한 개로 제한해 한 개의 최단 가중치 경로 질의를 만들 수 있다.

[예제 9-9]의 알고리즘에서는 [예제 9-7]의 I, J 단계를 서로 바꾸었다. 그 결과 최단 경로 찾기가 최단 가중치 경로 찾기로 바뀐다. 그리고 20개의 제한을 1개로 줄여 한 개의 최단 가중치 경로를 찾도록 한다.

새로운 최적화에 '**0_단계 번호**'와 이번 절에서의 단계 번호로 레이블을 추가한다. 의사코드와 질의에서 별표(*)가 등장하는데 이는 경로 찾기 탐색에 추가한 새로운 행을 가리킨다. 별표를 이용하면 의사코드에 적용한 최적화를 그렘린 질의에서 쉽게 확인할 수 있다.

예제 9-9

```
 A  sack을 이용해 경로 거리를 0.0으로 초기화
 B  시작 정점 v1 찾기
 C  반복
 D      나가는 간선으로 이동
 E      sack 값을 간선 가중치만큼 증가시킴
 F      간선에서 들어오는 정점으로 이동
 G      경로가 사이클이면 경로 제거
 H  경로가 v2에 도달했는지 확인
01*  총 거릿값으로 경로 정렬
01*  첫 번째 경로만 진행시킴. 첫 번째 경로가 가중치 기준 최단 경로임
 K  결과 모양 다듬기
```

이렇게 간단히 문제가 해결된 것일까? 그런 것 같지만 아직 문제가 있다.

그렘린에서 단계를 교환하면 order()라는 또 다른 장벽 단계가 추가된다. repeat().until() 바로 뒤의 order()는 최단 가중치 경로뿐 아니라 모든 경로를 찾고 정렬하라는 의미다. 따라서 질의를 조금 더 최적화해야 한다.

하지만 두 단계를 교환하는 것으로 K 단계에 이르렀을 때 경로가 총 거리에 따라 정렬됨을 보장할 수 있다. 하지만 이는 **모든 경로**를 찾는 작업을 수행하므로 필요 이상으로 데이터를 처리하게 된다.

[예제 9-9]를 구현한 [예제 9-10] 질의를 살펴보자. 바뀐 부분은 첫 번째 최적화를 의미하는 01*로 표시했다.

예제 9-10

```
A    g.withSack(0.0).
B        V().has("Address", "public_key", "1094").
C        repeat(
D,E,F        outE("rated").sack(sum).by("norm_trust").inV().
G            simplePath()
H        ).until(has("Address", "public_key", "1337")).
01*      order().
           by(sack(), asc).
01*      limit(1).
K        project("path_information", "total_elements", "trust_distance").
           by(path().by("public_key").by("norm_trust")).
           by(path().count(local)).
           by(sack())
```

[예제 9-10]은 1094와 1337 사이의 모든 가중치 경로를 찾는다. 모든 경로를 찾는 작업은 비용이 아주 비싼 계산이므로 제품 애플리케이션에서는 이를 사용할 수 없다. 하지만 다양한 최적화를 이용해 제품 분산 그래프 환경에서 더 안전하게 실행할 수 있는 질의를 만들 수 있다.

2) 방문했던 정점의 최단 가중치 경로를 추적할 수 있도록 객체 추가하기

앞으로도 여러 최적화에서 최단 가중치 경로를 추적하는 객체를 만드는 방법을 사용한다. 맵으로 최단 가중치 경로를 추적한다. 방문했던 정점이 맵의 키고 해당 정점까지 최단 거리가 값이다. [예제 9-11]은 이 알고리즘을 추가한 과정이다. [예제 9-12]는 [예제 9-11]을 그렘린 질의로 구현한 코드다.

예제 9-11

```
A    sack을 이용해 경로 거리를 0.0으로 초기화
B    시작 정점 v1 찾기
C    반복
D        나가는 간선으로 이동
E        sack 값을 간선 가중치만큼 증가시킴
F        간선에서 들어오는 정점으로 이동
```

```
G        경로가 사이클이면 경로 제거
O2*   맵 만들기; 정점이 키고, 정점까지의 최소 거리가 값
H     경로가 v2에 도달했는지 확인
O1    총 거릿값으로 경로 정렬
O1    첫 번째 경로만 진행시킴. 첫 번째 경로가 가중치 기준 최단 경로임
K     결과 모양 다듬기
```

[예제 9-12]는 [예제 9-11] 알고리즘을 적용한 질의다. 두 번째 적용한 최적화는 O2*로 표시했다.

예제 9-12

```
A   g.withSack(0.0).
B      V().has("Address", "public_key", "1094").
C      repeat(
D,E,F      outE("rated").sack(sum).by("norm_trust").inV().
G          simplePath().
O2*        group("minDist").     // 맵 만들기
O2*          by().               // 정점이 키
O2*          by(sack().min())  // 최소 거리가 값
H      ).until(has("Address", "public_key", "1337")).
O1     order().
O1     by(sack(), asc).
O1     limit(1).
K      project("path_information", "total_elements", "trust_distance").
K        by(path().by("public_key").by("norm_trust")).
K        by(path().count(local)).
K        by(sack())
```

[예제 9-12]의 O2*로 표시한 행에서 만든 맵을 살펴보자. 이 맵은 정점을 키로 갖는 키와 값 쌍을 포함한다. 여기서 값을 by(sack().min())으로 설정한 부분이 핵심이다. 그래프에서 방문한 정점까지의 **최소 거리**가 맵의 값이다.

맵은 '현재 정점까지 최소 거리는 얼마인가?'라는 탐색자의 질문에 답을 제공하는 룩업 테이블 lookup table을 제공한다.

맵을 만들었으니 이제 이를 활용해보자.

3) 한 정점까지 발견한 길이보다 더 긴 경로의 탐색자 제거하기

맵 minDist는 방문한 정점과 해당 정점까지의 최소 거리를 추적한다. 이 맵을 활용해보자.

스트림의 모든 탐색자에 다음 두 가지 작업을 수행해야 한다. 첫째, 맵을 이용해 현재 정점까지 알려진 최소 거리를 찾는다. 그리고 현재 탐색자의 이동 거리와 이 값을 비교한다.

거리가 서로 같다면 탐색자가 현재 정점으로 이르는 최단 경로에 있음을 의미한다. 탐색자의 거리가 최소 경로보다 크면 탐색자는 더 긴 가중치 경로를 탐색하고 있다는 의미이므로 탐색자를 탐색 파이프라인에서 제거한다. 탐색자의 거리가 최소 거리보다 짧은지 비교하기 전에 맵을 갱신하므로 이런 상황은 발생하지 않는다.

이 과정을 설명하는 의사코드를 살펴보자. [예제 9-13]에서 새로 추가된 최적화는 03*로 표시한다.

예제 9-13

```
A    sack을 이용해 경로 거리를 0.0으로 초기화
B    시작 정점 v1 찾기
C    반복
D        나가는 간선으로 이동
E        sack 값을 간선 가중치만큼 증가시킴
F        간선에서 들어오는 정점으로 이동
G        경로가 사이클이면 경로 제거
02       맵 만들기; 정점이 키고, 정점까지의 최소 거리가 값
03*      최소 경로보다 탐색자의 경로가 길면 탐색자 제거
H    경로가 v2에 도달했는지 확인
01   총 거릿값으로 경로 정렬
01   첫 번째 경로만 진행시킴. 첫 번째 경로가 가중치 기준 최단 경로임
K    결과 모양 다듬기
```

[예제 9-13]을 그렘린으로 구현하려면 두 개의 새로운 패턴이 필요하다. 우선 filter() 단계로 커스텀 필터를 만들어야 한다.

- filter(): 탐색자를 참이나 거짓으로 평가한다. 거짓으로 평가된 탐색자는 다음 단계로 진행하지 못한다.

필터 단계 내부에서 새로운 패턴을 사용한다. a, b 두 값을 평가하는 패턴을 만들어야 한다. 그렘린에서는 보통 맵과 where() 단계를 이용해 이를 구현한다.

- where(): 현재 객체를 거른다. 예를 들어 이 책의 예제에서는 객체 자체를 이용해 필터를 적용한다.
- project().where(): 맵의 객체를 where() 단계에 제공된 조건으로 검사한다.

[예제 9-14]로 이들을 어떻게 활용하는지 살펴보자.

예제 9-14

```
A g.withSack(0.0).
B     V().has("Address", "public_key", "1094").
C     repeat(
D,E,F        outE("rated").sack(sum).by("norm_trust").inV().as("visited").
G            simplePath().
02           group("minDist").
02             by().
02             by(sack().min()).
03*          filter(project("a","b").                            // 불리언 검사
03*                  by(select("minDist").select(select("visited"))). // a
03*                  by(sack()).                                 // b
03*                where("a",eq("b"))                           // a == b인가?
H     ).until(has("Address", "public_key", "1337")).
01    order().
01      by(sack(), asc).
01    limit(1).
K     project("path_object", "total_elements", "trust_distance").
K       by(path().by("public_key").by("norm_trust")).
K       by(path().count(local)).
K       by(sack())
```

03*로 표시한 새로운 최적화 행에서 어떤 일이 일어나는지 살펴보자. 불리언 검사로 탐색자를 거를 수 있도록 filter() 단계를 추가했다. project().where() 패턴을 이용해 a, b 두 변수를 검사한다. minDist 맵을 이용해 현재 정점까지의 최소 거리를 얻는다. 그리고 탐색자의 현재 색 값(b)을 찾는다.

정점까지의 최소 거리가 탐색자의 색 값과 같다면 검사 결과가 참이므로 탐색자는 살아남는다. 즉 탐색자가 최단 경로상에 있다는 의미이므로 그래프 탐색을 계속 진행한다.

노트북으로 예제를 따라 하고 있다면 [예제 9-14]는 타임아웃 오류를 일으키지 않고 가중치 경로 질의를 계산한 첫 번째 코드다. 이는 질의에서 처리해야 할 경로를 최적화를 통해 줄였기 때문이다. [예제 9-14]에서 첫 번째 두 최적화는 03*로 표시된 행에서 실제로 적용된다.

작업 트리에서 경로를 제거하는 더 다양한 방법이 존재한다.

4) 슈퍼노드 회피 같은 기타 사유에 해당하는 탐색자 제거하기

보통 경로 질의의 복잡한 계산을 수행하기 위해 최적화를 적용해 필요한 검색 공간을 줄인다. 이 예제에서는 슈퍼노드에 도달한 탐색자를 파이프라인에서 제거한다. 데이터셋에 따라 슈퍼노드의 정의가 달라진다(9.2.2절의 트위터 그래프의 유명 인사 문제 참고).

[그림 9-8]의 그래프 차수 분포를 살펴보자.

그림 9-8 이 예제에서 사용한 그래프의 차수 분포

이 그래프의 차수 분포도를 통해 대부분의 정점이 20개 이하의 나가는 간선을 갖고 있음을 알 수 있다. [그림 9-8]의 오른쪽 끝에는 763개의 나가는 간선을 갖는 정점이 있음을 보여준다.

예를 들어 100개 이상의 나가는 간선을 갖는 정점을 제외시킨다고 가정하자. [그림 9-15]는 이를 적용한 의사코드다(04* 참고). [예제 9-16]은 이를 그렘린 질의로 구현한 코드다.

A   sack을 이용해 경로 거리를 0.0으로 초기화
B   시작 정점 v1 찾기
C   반복
D   나가는 간선으로 이동
E   sack 값을 간선 가중치만큼 증가시킴
F   간선에서 들어오는 정점으로 이동
G   경로가 사이클이면 경로 제거
02   맵 만들기; 정점이 키고, 정점까지의 최소 거리가 값
03   최소 경로보다 탐색자의 경로가 길면 탐색자 제거
04*   슈퍼노드(100개 이상의 나가는 간선)로 이동했다면 탐색자 제거
04*   처리 한계 거리를 넘어선 탐색자 제거
H   경로가 v2에 도달했는지 확인
01 총 거릿값으로 경로 정렬
01 첫 번째 경로만 진행시킴. 첫 번째 경로가 가중치 기준 최단 경로임
K   결과 모양 다듬기

[예제 9–16]은 [예제 9–15]를 구현한 질의다.

```
max_outgoing_edges = 100;
max_allowed_weight = 1.0;
A  g.withSack(0.0).
B      V().has("Address", "public_key", "1094").
C      repeat(
D,E,F      outE("rated").sack(sum).by("norm_trust").inV().as("visited").
G          simplePath().
02         group("minDist").
02           by().
02           by(sack().min()).
03         and(project("a","b").
03             by(select("minDist").select(select("visited"))).
03             by(sack()).
03           where("a",eq("b")),
04*          filter(sideEffect(outE("rated").count().// 최적화:
04*              is(gt(max_outgoing_edges)))),   // 슈퍼노드 제거
04*          filter(sack().                      // 최적화:
04*              is(lt(max_allowed_weight))))    // 글로벌 휴리스틱
H      ).until(has("Address", "public_key", "1337")).
01     order().
01       by(sack(), asc).
```

```
01    limit(1).
K     project("path_object", "total_elements", "trust_distance").
K       by(path().by("public_key").by("norm_trust")).
K       by(path().count(local)).
K       by(sack())
```

[예제 9-16]의 04* 단계를 자세히 살펴보자. 두 개의 불리언 테스트를 추가했다. 첫 번째는 filter()로 현재 정점의 나가는 차수가 슈퍼노드에 해당하는지 비교한다. 차수가 100보다 크면 탐색자는 테스트를 실패하며 탐색 파이프라인에서 제거된다. 이런 방식으로 경로 찾기 질의에서 슈퍼노드를 제거한다. 슈퍼노드 회피 최적화를 구현하려면 sideEffect()를 사용해야 한다. 그 이유는 다음 절에서 설명한다.

[예제 9-16]의 두 번째 최적화에서는 또 다른 filter()를 추가해 글로벌 휴리스틱을 적용한다. 예제에서는 최대 가중치를 1.0으로 설정했으며 이를 탐색자의 sack()과 비교한다. 탐색자의 거리가 1.0보다 크면 테스트를 실패하므로 탐색자를 파이프라인에서 제거한다.

[예제 9-16]의 질의는 and()라는 새로운 단계 안에 모든 최적화를 추가한다. 다음 두 절에서 and(), sideEffect()를 설명한 다음 [예제 9-16]의 결과를 살펴본다.

그렘린의 and() 단계

그렘린의 and() 단계는 임의의 탐색을 가질 수 있는 필터다. and() 단계는 결과에 불리언 AN를 적용해 각 탐색에 성공/실패 결과를 탐색자에 할당한다.

- and(): 그렘린의 and(t1, t2, …) 단계는 각 탐색 t1, t2 등의 값에 따라 탐색자에 참 또는 거짓을 할당한다.

그렘린에서 and() 단계의 각 탐색은 최소 한 개의 출력을 내놓아야 한다. 불리언 동작에서 다음 값은 모두 거짓으로 취급한다.

1 False
2 숫자 0으로 간주되는 모든 형식
3 빈 문자열
4 빈 컨테이너(튜플, 리스트, 딕셔너리, 셋, 프로즌[frozen] 셋 등)

이를 제외한 다른 모든 값은 참이다.

[예제 9-16]의 and() 단계는 세 개의 탐색을 감싼다. 각 탐색자의 불리언 조건을 검사하며 세 가지 결과를 모두 and()로 분석한다. 세 조건이 모두 참이어야 탐색자를 통과시킨다. 즉 탐색자는 최단 경로여야 하며, 슈퍼노드가 아니고, 총 거리가 **1.0**보다 작아야 한다.

마지막으로 슈퍼노드 검사에 `sideEffect()`를 사용해야 하는 이유를 살펴보자.

그렘린의 sideEffect( )

경로 찾기 질의에 적용하는 최적화 중 가장 중요한 최적화는 슈퍼노드를 방문한 탐색자를 제거하는 일이다. 현재 정점의 간선 수로 슈퍼노드인지 확인한다. 정점에서 나가는 간선 수를 세려면 모든 간선으로 이동해야 한다.

현재 정점에서 나가는 간선으로 이동하면 탐색자의 위치가 바뀐다. 경로 찾기 질의의 중간에 이를 실행하면 탐색자의 위치가 정점에서 간선의 집합으로 바뀐다. 이는 `repeat()` 단계의 조건부 흐름을 깨는 일이다.

따라서 현재 정점이 슈퍼노드인지 확인하는 동안 현재 탐색자의 상태를 바꾸지 않아야 한다 (또는 이동하지 말아야 한다).

- `sideEffect()`: `sideEffect(<traversal>)` 단계를 이용하면 원하는 계산값은 유지하면서 탐색자의 상태를 바꾸지 않은 상태로 탐색자를 다음 단계로 진행시킬 수 있다.

[예제 9-16]에서 `sideEffect(outE("rated").count().is(gt(max_outgoing_edges)))`를 사용했다. 이를 자세히 살펴보자.

우선 `outE("rated").count().is(gt(max_outgoing_edges))`를 `sideEffect()`로 감쌌다. '이 정점의 나가는 간선은 허용 최대치보다 작은가?'라는 의미다.

이 질문에 답하려면 탐색자는 해당 정점에서 나가는 간선으로 이동하면서 개수를 센 다음 결과를 `max_outgoing_edges`와 비교해야 한다. 이때 간선으로 이동하는 것이 문제다. 간선으로 이동하기 때문에 탐색 상태가 바뀌면 안 되므로 이 동작을 `sideEffect()`로 감싼다. 그 결과 `sideEffect(<traversal>)` 다음 단계로 진행할 때 탐색자의 위치가 바뀌지 않고 유지된다.

이제 탐색에 필요한 모든 내용을 확인했다. [예제 9-16]의 결과를 확인하고 해석해보자.

최단 가중치 경로 결과 해석하기

[예제 9-17]은 이번 장에서 살펴볼 최종 결과 집합이다. 최단 가중치 경로를 살펴보자.

예제 9-17

```
{
  "path_information": {
    "labels": [<omitted in text>],
    "objects": ["1094",
                "0.0","64",
                "0.0","104",
                "0.0","23",
                "0.0792","1217",
                "0.0248","1437",
                "0.0","35",
                "0.0248","1337"]
  },
  "total_elements": "15",
  "trust_distance": "0.1288"
}
```

최단 가중치 경로는 총 신뢰도 **0.1288**과 길이 7을 갖는다. 15개의 요소는 8개의 정점과 7개의 간선을 의미한다. 경로 길이는 경로의 간선의 수다.

신뢰 거리는 **0.1288**이며 이는 **10^(-0.1288) = 0.7434**이므로 신뢰할 수 있는 경로라고 결론지을 수 있다.

조금 더 폭넓게 이를 적용해보면 1337로부터 전달된 비트코인을 신뢰할 수 있다고 결론 내릴 수 있다. 이제 여러분은 어떻게 할 것인가?

9.5 제품의 가중치 경로와 신뢰

비트코인을 실제 사용하지 않더라도 여러분은 이미 가중치 경로 개념과 신뢰 결정 문제를 일상에서 사용하고 있다. 아마 여러분은 데이터를 로그로 변환해 정규화된 그래프로 바꾸는 작업을 하진 않았을지 모르지만 8장, 9장에서 배운 개념을 어떤 방식으로든 사용하게 될 것이다.

그래프 기술은 사람의 자연스러운 성향을 측정할 수 있는 모델로 변환하는 특별한 기술이다. 8장과 9장에서 자연스러운 사고를 메트릭과 모델로 변환하는 다양한 방법을 살펴봤다. 제품에서 복잡한 경로 문제를 해결할 수 있도록 사람 간의 거리 개념을 적용해 데이터를 사용하는 법을 알아보았다.

기존에는 연결되지 않았던 주제였지만 이제는 자연스럽게 결정을 내리고 추론할 수 있다는 점이 핵심이다. 이러한 자연스러운 흐름은 그래프 기술이 반복할 수 있는 프레임워크를 토대로 여러분의 결정을 수량화할 수 있게 만들 수 있음을 보여준다.

그래프 기술은 지금까지 당연하게 생각했던 의식적 처리를 정의하고, 모델링하고, 수량화하고 적용하도록 돕는다. 바로 이러한 점에서 그래프 기술의 아름다움과 영향력이 두드러진다. 그래프 덕분에 기존에는 따로 의식조차 하지 않고 자연스럽게 했던 일들을 정형적, 논리적으로 정의할 수 있다.

지금까지 이 책과 함께 여행하면서 여러분은 필자들에게 얼마의 신뢰 점수를 부여할 것인가? 여정의 일부분에 다른 점수를 주고 싶은가?

작성자 및 콘텐츠 등급을 사용해 신뢰할 수 있는 리소스의 그래프를 만드는 것을 생각해보자. 이는 넷플릭스Netflix가 사용자 등급을 기반으로 한 영화 추천으로 그래프 씽킹의 여정을 촉발한 방식을 상기시킨다.

다음 장에서는 넷플릭스와 비슷한 예제인 사용자 평가 기반으로 영화를 추천하는 방법을 살펴본다.

CHAPTER 10

추천 개발

넷플릭스 프라이즈Netflix Prize는 2006년에 시작된 머신러닝 경진대회다. 대회에 참가한 각 팀은 넷플릭스의 콘텐츠 평점 예측 과정을 능가할 수 있는 알고리즘을 만드는 것이 목표였다. 2009년의 우승 팀에게는 백만 달러의 상금이 지급되었다.

넷플릭스 프라이즈에서 파생된 한 대회가 그래프 이론 커뮤니티에 퍼져나갔으며 그 결과를 여러분이 경험하고 있다. 이 경진 대회는 기존 행렬 기반 알고리즘을 그래프 씽킹으로 해결하려는 시도를 불러왔다.

행렬에 비해 그래프를 이용하면 추천 시스템을 더 쉽게 설명할 수 있음을 알게 되었다. 이를테면 여러분이 좋아하는 영화를 다른 사람들이 높은 평점을 매겼다고 가정해보자. 그렇다면 그들이 '좋아요'를 추가한 다른 영화 중에 여러분이 좋아할 만한 영화가 많을 것이다. 이렇게 추천 영화 목록을 만들 수 있다. 이때 그래프를 탐색하면서 이들 영화를 찾아야 한다.

넷플릭스 프라이즈[1]는 사용자와 영화의 관계를 이용해 개인화된 디지털 경험을 예측한다는 개념을 만들었다. 그래프처럼 데이터를 생각하는 이 조그만 아이디어는 그래프 씽킹이라는 큰 물결을 불러일으킨 원동력 중 하나였다. 10장과 12장에서는 이 아이디어를 활용한다. 참고로 11장에서는 이번 장에서 살펴볼 그래프 모델을 만드는 방법을 설명한다.

---

1 제임스 베넷(James Bennett), 스탠 래닝(Stan Lanning)이 저술한 「The Netflix Prize」(https://www.cs.uic.edu/~liub/KDD-cup-2007/NetflixPrize-description.pdf)를 참고하자.

10.1 10장 미리 보기: 영화 추천 협업 필터링

이번 장에서는 웹사이트나 애플리케이션이 사용자에게 영화를 추천하는 방법을 설명하면서 협업 필터링을 정의해본다.

첫 번째 부분에서는 세 가지 추천 시스템 예제를 살펴본다. 이 세 가지 예제를 통해 그래프 씽킹이 사용자 경험 커스터마이즈 기법으로 얼마나 깊이 뿌리내렸는지 확인할 수 있다. 여러분은 이미 일상에서 무의식적으로 이러한 기법을 사용하고 있다.

두 번째 부분에서는 협업 필터링collaborative filtering을 소개한다. 추천 시스템 그래프 구조에서 가장 흔히 사용하는 방식인 항목 기반item-based 협업 필터링을 주로 살펴본다.

세 번째 부분에서는 영화 추천 예제에 사용할 두 가지 오픈 소스 데이터셋을 소개한다. 복잡한 스키마를 만드는 방법과 데이터 구조, 로딩 절차를 설명한다.

그리고 잠시 이 책의 주요 기술 중 하나인 영화 데이터셋의 복잡한 데이터 모델을 사용하는 방법을 살펴본다. 그래프 데이터에서 가장 인기 있는 세 가지 제품 질의(이웃, 트리, 경로)를 다시 살펴보면서 합쳐진 데이터셋을 확인한다.

이 장의 마지막 부분에서는 그렘린의 항목 기반 협업 필터링을 살펴본다. 트리, 경로에서 그랬던 것처럼 이번 장의 마지막 부분에서도 실시간 협업 필터링의 확장성과 관련된 문제에 부딪힌다.

10.2 추천 시스템 예

추천 시스템의 그래프 작동 방식은 아주 단순해 인기가 높다. 그래프 구조를 한 번에 한 이웃씩 조금 더 자세히 살펴보면서 세 가지 다양한 분야의 추천 시스템을 확인해본다.

우리가 해결하려는 문제와 가장 비슷한 예부터 살펴보자.

10.2.1 의료 산업 추천 방식

의사를 만났던 최근 기억을 떠올려보자. 아마 여러분의 마음속에는 신뢰하는 의사 목록이 있다.

이제 여러분의 친구가 의사를 추천해달라고 요청한다면 뭐라고 얘기할 것인가?

여러분은 지난번 방문 결과, 치료 방법, 비용 등 많은 요인을 고려해 개인적으로 의사를 추천한다. 따라서 친구의 질문에 즉시 답변하는 것보다, 친구에게 정보를 더 찾아보라고 조언할 것이다.

친구에게 적절한 의사를 추천하려면 더 많은 맥락적 정보가 필요하다. 친구의 질문과 관련된 자세한 내용을 추가로 더 알아야 여러분의 경험에 비추어 추천 결과를 커스터마이즈할 수 있다.

아마 여러분은 [그림 10-1]과 같이 의사를 추천한다. 의사 추천 과정은 마치 개인 건강 그래프의 일차 이웃을 추천하는 모습과 비슷하다.

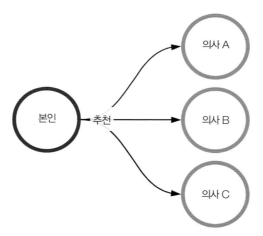

그림 10-1 추천 과정을 자연스럽게 표현한 예

하지만 관련성을 갖는 추천을 하기 위해선 내부적으로 상당히 많은 일이 발생한다.

이번엔 의료 산업보다 조금 덜 개인적인 주제를 살펴보며 소셜 미디어 계정에서 추천을 제공하기 위해 그래프 구조의 정보를 얼마나 깊이 사용하는지 확인해보자.

10.2.2 소셜 미디어의 추천 경험

여러분이 링크드인에 로그인했던 상황을 떠올려보자. 아마 여러분은 '알 수도 있는 사람people you may know' 알림을 받은 경험이 있을 것이다.

'알 수도 있는 사람' 기능은 그래프 구조를 이용해 소셜 미디어에서 새로운 연결을 추천하는 예다. 이 기능에서는 이차 이웃을 이용해 추천을 만드는 방법도 보여준다. [그림 10-2]는 그래프에서 알 수도 있는 사람의 목록을 만드는 방법이다.

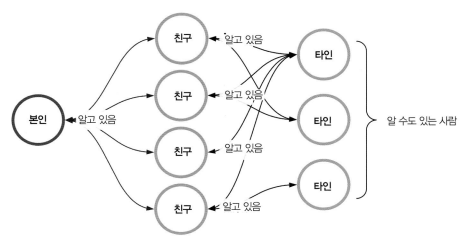

그림 10-2 소셜 미디어의 추천 경험 예

[그림 10-2]의 개념을 링크드인이나 다른 소셜 미디어 플랫폼에서 어떻게 활용하는지 살펴보자.

시간이 흐르면서 여러분의 소셜 미디어 계정에는 친구 목록이 생긴다. [그림 10-2]에서는 친구 목록을 주황색으로 표시했다. [그림 10-2]의 오른쪽에 위치한 친구의 친구는 여러분이 알수도 있는 사람 목록이다.

구조는 정말 간단하다. 소셜 미디어 친구의 이웃이 우리가 알 수도 있는 친구다.

이제 '이미 알고 있을 가능성이 높은 사람은 누구인가?'라는 질문이 생긴다. 아마 여러분은 이미 답을 예상할 수 있다. 친구의 친구 중에 가장 많은 연결을 가진 사람을 이미 알고 있을 가능성이 높다.

지금까지의 예제에서는 그래프 데이터의 일차, 이차 이웃을 탐색하는 얕은 탐색을 이용했다. 이제 조금 더 깊숙이 살펴보자.

10.2.3 깊숙이 연결된 데이터를 이용해 전자 상거래에서 추천하는 방법

요즘 온라인 상점에는 제품 추천이 일반화되어 있다. 사람들은 특정 제품을 검색할 때 비슷한 제품 카탈로그가 추천되기를 기대한다.

더 깊이 연결된 이웃 데이터를 탐색해 제품 추천 목록을 만들 수 있다. [그림 10-3]은 여러분이 구매한 제품을 이용해 다른 세 가지 제품 추천을 만드는 방법이다.

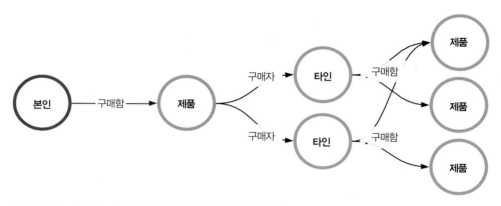

그림 10-3 그래프 구조 데이터를 깊이 탐색하면서 전자 상거래 추천을 만드는 예

[그림 10-3]의 의미를 살펴보자. 먼저 여러분이 하나의 제품을 구매하면서 그래프가 시작된다. 온라인 상점은 해당 상품을 구매한 다른 사람들 그리고 그 사람들이 구매한 다른 상품을 알고 있다. [그림 10-3]의 가장 오른쪽에 여러분이 온라인으로 구매한 제품과 '비슷한' 세 가지 제품이 추천된다.

[그림 10-3]은 협업 필터링이 작동하는 방식을 살짝 확인할 수 있다. 그렇다면 이제 이번 장에서 구현할 알고리즘을 살펴보자.

10.3 협업 필터링 소개

그래프 구조의 협업 필터링은 개인화된 콘텐츠 추천에 검증된 기술이다. 업계에서는 **협업 필터링**을 다음처럼 정의한다.

- **협업 필터링**: 개인 사용자의 기호와 많은 사용자의 기호를 일치(협업)시켜 새로운 콘텐츠를 예측(필터링)하는 일종의 추천 시스템이다.

추천 시스템의 문제 도메인과 협업 필터링을 간단히 살펴보자.

10.3.1 문제와 도메인 이해

협업 필터링은 그래프 커뮤니티에서 아주 인기 있는 기술이다. 하지만 이 기술은 추천 시스템 분야에서 더 뛰어난 활약을 펼치는 것으로도 유명하다. 기본적으로 협업 필터링은 추천 시스템 클래스의 네 가지 자동화된 알고리즘 중 하나다. 다른 세 가지 알고리즘은 콘텐츠 기반content-based, 소셜 데이터 마이닝social data mining, 하이브리드 모델hybrid model이다.[2]

추천 시스템의 넓은 범주에서 협업 필터링과 부속들이 어떤 관계로 구성되어 있는지 [그림 10-4]를 통해 살펴볼 수 있다.

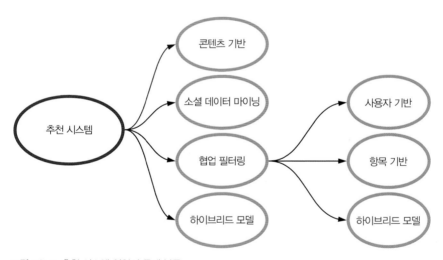

그림 10-4 추천 시스템 영역의 문제 분류

콘텐츠 기반 추천 시스템은 사용자의 기호만 사용한다. 사용자의 기존 선택에 따라 비슷한 콘텐츠를 추천한다.

---

2 『Beyond Recommender Systems: Helping People Help Each Other』(Boston: Addison-Wesley, 2001) 참고(487-509)

두 번째 추천 시스템인 **소셜 데이터 마이닝**은 사용자의 정보를 입력으로 사용하지 않는다. 이 시스템은 커뮤니티에서 실시간 인기 트렌드에 의존해 새로운 사용자에게 콘텐츠를 추천한다.

협업 필터링은 콘텐츠 기반이나 소셜 데이터 마이닝과 달리 개인과 커뮤니티의 기호를 결합한다. 협업 필터링 기법은 개인의 관심사와 비슷한 사용자로 이루어진 커뮤니티의 역사적 기호를 혼합한다. 마지막으로 **하이브리드 모델**은 다른 세 가지 기법을 혼합하는 추천 시스템이다.

> NOTE_ 가장 인기 있는 협업 필터링 기법인 항목 기반 협업 필터링은 이번 장의 처음에 언급했던 넷플릭스 프라이즈보다 앞선 기법이다. 항목 기반 협업 필터링은 모든 추천 시스템 기법 중 가장 탄탄한 기술이다. 이 기법은 1998년에 아마존이 개발하고 사용하기 시작했다.[3] 2001년에 이 기법과 관련한 첫 번째 발표가 등장했다.[4]

10.3.2 그래프 데이터의 협업 필터링

사람들의 기호에 따라 특정 콘텐츠를 추천하는 기능을 만들려면 사용자 기반user-based 협업 필터링과 항목 기반item-based 협업 필터링 두 가지 추천 시스템이 필요하다.

- **사용자 기반 협업 필터링:** 현재 사용자와 비슷한 평가 패턴을 공유하는 사용자를 찾아 새로운 콘텐츠를 추천한다.
- **항목 기반 협업 필터링:** 사용자가 항목을 평가한 방식에 따라 비슷한 항목을 찾아 새로운 콘텐츠로 추천한다.

이번 장의 뒷부분에서 소개할 데이터에는 영화를 평가한 사용자가 포함되어 있다. [그림 10-5]는 영화를 평가한 사용자 모델의 다양한 협업 필터링 형식을 보여준다.

---

3   그레고리 D. 린든(Gregory D. Linden), 제니퍼 A. 야코비(Jennifer A. Jacobi), 에릭 A. 벤슨(Eric A. Benson)이 'Collaborative recommendations using item-to-item similarity mappings. U.S.(특허 번호 No. 6,266,649)'를 2001년 7월 24일에 제출했다.

4   WWW '01: Proceedings of the 10th international conference on World Wide Web 컨퍼런스에서 「Item-Based Collaborative Filtering Recommendation Algorithms」(New York: ACM, 2001)를 발표했다(https://doi.org/10.1145/371920.372071).

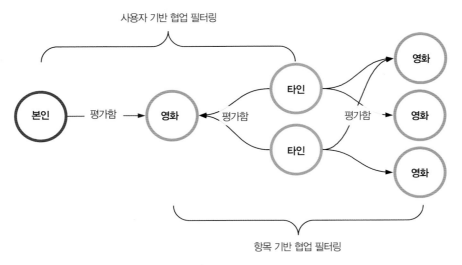

그림 10-5 사용자와 영화 평가 데이터셋에 사용할 두 가지 유형의 협업 필터링

[그림 10-5]는 영화 평가 그래프를 이용해 새로운 콘텐츠를 추천하는 방법을 보여준다. 그림의 왼쪽 부분은 사용자 기반 협업 필터링 탐색 방법으로 새로운 콘텐츠를 추천하는 방법이다. 오른쪽 부분은 항목 기반 협업 필터링 탐색 방법으로 새로운 콘텐츠를 추천하는 방법이다.

사용자 기반과 항목 기반은 각 기술이 비슷한 요소를 무엇으로 계산하느냐로 구분된다. 사용자 기반 협업 필터링은 비슷한 사용자를 계산하는 반면, 항목 기반 협업 필터링은 비슷한 항목을 계산한다. 두 기법 모두 각각 비슷한 방식으로 점수를 계산해 추천을 만든다. 사용자 기반 협업 필터링에서는 먼저 비슷한 사용자를 계산한 다음 새로운 콘텐츠의 평가를 예상한다. 항목 기반 협업 필터링에서는 먼저 항목 간의 유사성을 계산한 다음 새로운 콘텐츠의 평가를 예상한다.

10장과 12장에서 앞으로 등장할 모든 예제에서는 항목 기반 협업 필터링을 사용한다. 이번 장과 12장의 제품 구현 과정에서 배우는 항목 기반 협업 필터링과 관련된 패턴은 사용자 기반 협업 필터링을 포함한 다양한 협업 필터링을 사용할 수 있는 밑거름이 된다.

10.3.3 항목 기반 협업 필터링으로 추천하기
그래프에 항목 기반 협업 필터링을 적용하는 일반적인 과정은 다음과 같다.

1 **입력:** 사용자의 최근 평가, 조회, 구입 항목 얻기

2 **방법:** 과거 평점, 조회, 구매 패턴에 따라 비슷한 항목 찾기

3 **추천:** 점수 모델에 따라 다른 콘텐츠 제공

위 과정은 어느 시스템에나 적용할 수 있지만 이번 예제에서는 영화에 적용해본다.

지금부터 소개할 영화 데이터에서는 개별 사용자(여러분) 그리고 그 사용자가 평가한 영화를 데이터의 입력으로 사용한다. 항목 기반 협업 필터링을 이용해 데이터에서 관찰된 평점 패턴으로 비슷한 영화를 찾는다. 점수 모델을 이용해 추천된 콘텐츠의 순위를 정한다. [그림 10-6]은 이러한 각 단계를 보여준다.

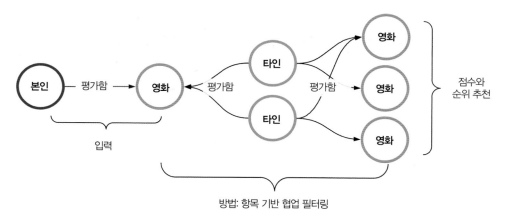

그림 10-6 항목 기반 협업 필터링 그래프 모델의 입력, 방법, 추천 단계

이 기법의 핵심은 추천된 콘텐츠의 순위를 어떻게 매기는가에 달렸다.

10.3.4 세 가지 순위 추천 모델

점수와 순위를 매기는 세 가지 방법에는 기본 경로 계산, 순수 추천 고객 지수$^{net\ promoter\ score}$ (이하 NPS), 정규화된 NPS가 있다. 데이터를 자세히 살펴보기 전에 세 가지 기법부터 살펴보자.

경로 계산

경로 계산은 항목 기반 추천 시스템에서 그래프 구조를 이용하는 가장 단순한 방법이다. 여러분이 입력한 영화를 평가한 사용자들이 별 다섯 개, 평점 5점을 준 영화 개수를 센다.

[그림 10-7]은 추천 집합의 영화 순위를 매기기 위해 경로를 계산하는 방법이다. 영화 C로 도달하는 두 경로(굵게 표시함)는 세 가지 계산 중 하나를 가리킨다. 맨 오른쪽에 표시된 점수를 어떻게 계산했는지 살펴보자.

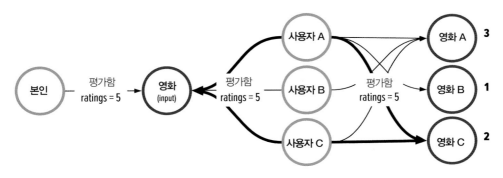

모델 1: 경로 계산

그림 10-7 항목 기반 협업 필터링을 이용할 때 경로를 계산해 추천 집합의 순위를 매기는 예

[그림 10-7]은 세 개의 영화 중 영화 A가 가장 높은 점수를 가진 최고의 선택임을 보여준다. 사용자 A, B, C 모두 영화 A에 평점 5점을 주었으므로 영화 A의 점수는 3이다. 영화 C는 평점 5점을 두 번 받아 두 번째로 높은 점수를 받았다. 세 번째로 영화 B는 사용자 A로부터 한 번의 평점 5점을 받았다.

최종적으로 영화 A, 영화 C, 영화 B 순서로 추천 집합을 만든다.

평점 5점을 가진 경로를 세는 것은 그래프에서 항목 기반 협업 필터링을 시작해보는 좋은 방법이다. 첫 번째 예제를 통해 항목 기반 협업 필터링이 그래프 구조에서 어떻게 작동하는지 이해하는 데 도움이 되었길 바란다.

이번에는 조금 더 고급 점수 모델을 살펴보자.

NPS 기반 메트릭

NPS는 누군가 항목을 친구에게 추천할 가능성을 수량화하는 데 사용하는 아주 유명한 메트릭이다. 다음 예제에서는 NPS를 활용한 메트릭을 만들어 평점 5점과 '싫어요'의 균형을 맞춘다. 이번에는 얼마나 많은 '좋아요'를 받았고 얼마나 많은 '싫어요'를 받았는지를 합산해 영화에 대한 점수를 만든다.

데이터에서 NPS 기반 메트릭을 계산하는 방법을 살펴보자. [그림 10-8]은 영화의 NPS 계산 공식이다.

$$NPS_m = \Sigma(ratings > 4) - \Sigma(ratings \le 4)$$

그림 10-8 영화 NPS 공식

영화의 모든 긍정적인 평가 개수에서 모든 부정적인 평가 개수를 뺀다. 예제 데이터에서는 4점을 초과하는 평가를 '좋아요'로, 4점 이하를 '중립' 또는 '싫어요'로 취급한다.

첫 번째 모델에서는 평점이 5점이 아닌 간선은 보여주지 않았다. NPS를 계산하려면 이 간선을 탐색에 포함시켜야 한다.

NPS 작동 방법을 보여주는 것이 목적이므로 다음 예제에서는 두 가지 유형의 간선으로 상황을 간략하게 표현했다. [그림 10-9]에서 굵은 간선은 평점 4를 초과(좋아요)하는 간선이며 얇은 점선으로 표시한 간선은 평점 4 이하(싫어요)를 의미한다. 각 영화의 NPS는 가장 오른쪽 값이다.

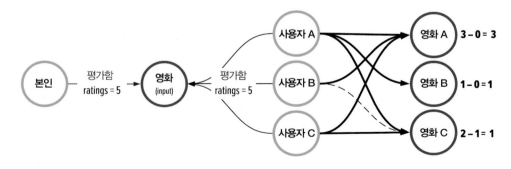

모델 2: NPS

그림 10-9 항목 기반 협업 필터링에서 NPS 기반 메트릭을 이용해 추천 순위 집합을 만드는 방법

[그림 10-9]의 추천 순위가 이전과 달라졌다. 영화 A가 가장 높은 점수를 받았으며 영화 B와 영화 C는 서로 점수가 같다. 이 예제를 통해 NPS에서 '좋아요'(또는 '싫어요')가 친구 관계에서 어떻게 달라질 수 있는지 알 수 있다.

NPS와 경로 계산 모델은 항상 높은 순위에 오르는 엄청난 인기 영화를 선택한다. 따라서 항상 같은 영화를 추천하는 문제가 생긴다. 애플리케이션에 로그인할 때마다 같은 영화를 추천받는 다면 추천 영화에 관심이 사라질 것이다. NPS 기반 메트릭의 정규화 버전을 사용하면 추천 결 과를 다양화할 수 있다.

왜 정규화가 필요할까? 정규화된 점수를 이용하면 색다른 영화를 사용자에게 추천할 수 있고, 애플리케이션의 다양성이 높아진다. 결과적으로는 두 가지 점수를 모두 사용해 인기 있는 영화 와 색다른 영화 두 가지를 추천할 수 있다.

어떻게 정규화로 이 문제를 해결할 수 있는지 살펴보자.

정규화된 NPS

영화의 NPS를 총 평가 횟수로 나눠 정규화하면 몇몇 영화에 집중되는 상황을 피할 수 있다. [그림 10-10]은 그래프 프로퍼티(영화의 차수degree)를 이용해 이를 계산하는 공식이다.

$$NPS_{norm} = \frac{NPS_m}{degree(movie)}$$

그림 10-10 영화의 정규화된 NPS(NPS norm)

[그림 10-10]은 예제에서 사용할 세 번째 모델이다. NPS를 가져온 다음 총 평가 횟수로 나눠 영화의 최종 점수를 계산한다. 예를 들어 아주 유명한 영화가 있는데 100개의 평가 중 50개의 '좋아요'를 받았다고 가정하면 최종 점수는 0.5가 된다. 색다른 영화는 25개의 평가 중 20개의 '좋아요'를 받았다면 최종 점수가 0.8이 된다. 우리는 입력 사용자에게 색다른 영화 추천을 제 공하고 싶다.

[그림 10-11]은 앞으로 소개할 예제에서 정규화된 NPS를 어떻게 사용할지 보여준다.

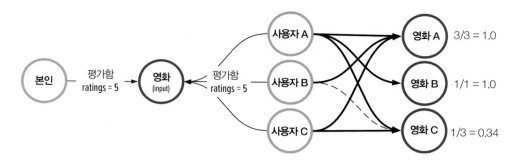

모델 3: 정규화된 NPS

그림 10-11 항목 기반 협업 필터링에서 정규화된 NPS 기반 점수로 추천 순위 정하기

[그림 10-11]에서는 각 영화의 NPS를 총 평가 횟수로 나눈다.

[그림 10-11]의 각 영화 점수를 어떻게 계산하는지 살펴보자. 영화 A는 NPS가 3이며 세 번 평가를 받았으므로 최종 점수는 3/3 = 1.0이다. 영화 B는 NPS가 1이며 한 번 평가를 받았으므로 최종 점수는 1/1 = 1.0이다. 영화 C는 NPS가 1이며 세 번 평가를 받았으므로 최종 점수는 1/3 = 0.3334다.

색다른 영화를 아주 인기 있는 영화와 동급으로 추천하므로 다양한 영화를 추천할 수 있다.

이제 우리가 해야 할 일을 확인했으니 예제에 사용할 데이터 모델을 살펴보자.

10.4 영화 데이터: 스키마, 로딩, 질의 검토

이 책에서는 아주 유명한 두 개의 오픈 데이터셋 무비렌즈[MovieLens][5]와 캐글[Kaggle][6]에서 제공하는 영화를 사용한다. 아주 다양하고 문서화가 잘된 사용자의 영화 평점을 제공하는 무비렌즈 데이터셋을 먼저 사용하고 캐글 데이터셋으로 각 영화에 더 자세한 정보를 보완한다.

11장에서 데이터 소스를 매칭, 병합, 모델링하는 방법을 자세히 설명한다. 10장에서는 개발 모

---

5 「The MovieLens Datasets: History and Context」(https://doi.org/10.1145/2827872)
6 스테파네 라프노(Stephane Rappeneau)의 '350 000+ Movies from themoviedb.org'(https://www.kaggle.com/stephanerappeneau/350-000-movies-from-themoviedborg)

드로 이 데이터를 사용해 추천 질의를 만들어본다.

10.4.1 영화 추천 데이터 모델

무비렌즈와 캐글의 데이터 소스를 통합하는 개발 스키마는 11장에서 설명한다. [그림 10-12]는 그래프 스키마 언어를 이용해 개발 스키마를 만든 모습이다.

NOTE_ [그림 10-12] 데이터 모델은 많은 세부 사항을 포함한다. 데이터 모델을 어떻게 만들었는지 궁금하다면 두 데이터를 병합해 데이터 모델을 만드는 과정을 11장에서 확인할 수 있다. 현재 이 내용을 다루기에는 과정이 너무 길고 복잡하므로 생략한다. 또한 개체 해석과 관련해서도 설명해야 할 내용이 많다.

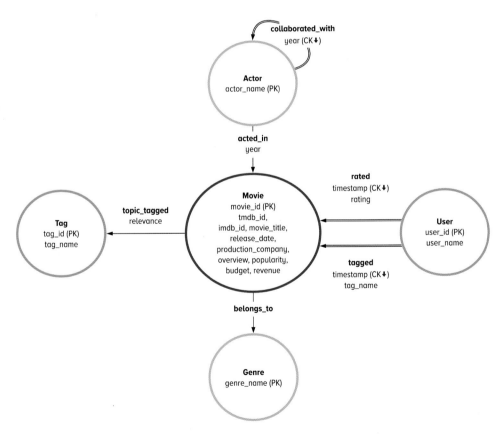

그림 10-12 병합된 영화 데이터베이스 개발 스키마

[그림 10-12]에는 다섯 개의 정점 Movie, User, Genre, Actor, Tag가 있다. 각 정점 레이블의 파티션 키는 프로퍼티 이름 옆에 (PK)로 표시했다. 세 간선 레이블 acted_in, belongs_to, topic_tagged는 유일하게 정점을 연결한다. 그래프 스키마 언어 표기법에 따르면 연결된 선은 배우actor가 특정 영화에 한 번 출연했고, 영화가 특정한 한 장르genre에 해당하며, 영화가 특정 주제로 한 번 태그tag되었음을 의미한다. 연결된 정점 간에 많은 간선을 포함하는 세 간선 레이블 rated, tagged, collaborated_with도 있다. 그래프 스키마 언어 표기법에서 이중선과 클러스터링 키(CK) 프로퍼티는 한 사용자가 특정 영화를 여러 번 평가할 수 있으며, 한 사용자가 특정 영화를 여러 번 태그할 수 있고, 한 배우가 다른 배우와 여러 번 협업할 수 있음을 의미한다.

여러분은 그래프 스키마 이미지와 그래프 스키마 언어를 이용해 스키마 구문을 만드는 데 익숙해졌을 것이다. 실제로 이 과정은 ERD가 개념적 모델을 스키마로 변환하는 프로그래밍 과정과 비슷하다.

10.4.2 영화 추천 스키마 코드

[그림 10-12]에서 다섯 개의 정점이 필요함을 확인했다. [예제 10-1]은 이들 정점 레이블을 구현한 스키마 코드다.

예제 10-1

```
schema.vertexLabel("Movie").
        ifNotExists().
        partitionBy("movie_id", Bigint).
        property("tmdb_id", Text).
        property("imdb_id", Text).
        property("movie_title", Text).
        property("release_date", Text).
        property("production_company", Text).
        property("overview", Text).
        property("popularity", Double).
        property("budget", Bigint).
        property("revenue", Bigint).
        create();
schema.vertexLabel("User").
        ifNotExists().
```

```
            partitionBy("user_id", Int).
            property("user_name", Text). // 필자들이 추가한 무작위 데이터
            create();
    schema.vertexLabel("Tag").
            ifNotExists().
            partitionBy("tag_id", Int).
            property("tag_name", Text).
            create();
    schema.vertexLabel("Genre").
            ifNotExists().
            partitionBy("genre_name", Text).
            create();
    schema.vertexLabel("Actor").
            ifNotExists().
            partitionBy("actor_name", Text).
            create();
```

[예제 10-1]에서 흥미로운 데이터 형식을 발견할 수 있다. 영화 〈아바타〉의 총 수익이 어마어
마하기 때문에 budget, revenue의 데이터 형식을 Int가 아닌 Bigint로 변경했다.

> **WARNING_** 11장의 무비렌즈와 캐글 데이터 소스를 병합하는 ETL(추출, 변환, 적재) 과정에서 파이썬의
> Faker 라이브러리로 사용자 이름을 자동 생성했다. 따라서 이 데이터는 실제 무비렌즈 프로젝트와는 아무런
> 상관이 없는 가상의 무작위 데이터다.

[그림 10-12]에서 여섯 개의 간선 레이블을 확인했다. [예제 10-2]는 간선 레이블에 대한 스
키마 코드다.

예제 10-2

```
    schema.edgeLabel("topic_tagged").
            ifNotExists().
            from("Movie").
            to("Tag").
            property("relevance", Double).
            create()
    schema.edgeLabel("belongs_to").
            ifNotExists().
            from("Movie").
            to("Genre").
            create()
```

```
schema.edgeLabel("rated").
    ifNotExists().
    from("User").
    to("Movie").
    clusterBy("timestamp", Text). // 편리한 ISO 8601 사용
    property("rating", Double).
    create()
schema.edgeLabel("tagged").
    ifNotExists().
    from("User").
    to("Movie").
    clusterBy("timestamp", Text). // 편리한 ISO 8601 사용
    property("tag_name", Text).
    create()
schema.edgeLabel("acted_in").
    ifNotExists().
    from("Actor").
    to("Movie").
    property("year", Int).
    create()
schema.edgeLabel("collaborated_with").
    ifNotExists().
    from("Actor").
    to("Actor").
    clusterBy("year", Int).
    create()
```

무비렌즈와 캐글 데이터셋을 매칭하고 병합하는 작업은 편의상 필자들이 알아서 처리했다. 이 과정에서 데이터스택스에 데이터를 로드할 수 있도록 새로운 데이터셋의 형식도 조절했다. 특히 이 책에서는 예제를 쉽게 이해할 수 있도록 시간을 ISO 8601 표준으로 만든다.

이번에는 몇 가지 데이터를 살펴보면서 데이터 파일을 데이터스택스 그래프로 로드하는 방법을 확인하자.

10.4.3 영화 데이터 로딩

이번에도 데이터스택스 그래프에서 제공하는 벌크 로딩 기능을 사용해 빠른 속도로 카산드라 내부 테이블로 데이터셋을 로딩한다.

이 작업을 수행하려면 데이터 파일 형식을 데이터스택스 그래프 스키마와 일치시켜야 한다. 이 작업도 필자들이 알아서 처리했다. 즉 이전 절에서 만든 정점 스키마와 간선 스키마의 프로퍼티명과 일치하도록 파일을 만들었다.

정점 데이터를 로딩한 다음 간선을 확인해보자.

정점 로딩하기

먼저 정점 데이터 형식을 어떻게 설정했는지 살펴보자. 다섯 개의 파일 중에 세 개의 파일을 살펴본다. [그림 10-13]은 이 예제에서 사용할 수 있도록 병합해 만든 영화 데이터의 첫 세 줄 (헤더 포함)의 모습이다.

movie_id	tmdb_id	imdb_id	movie_title	release_date	production_company	popularity	budget	revenue	overview
1	862	0114709	Toy Story (1995)	1995-10-30T00:00:00	Pixar Animation	8.644397	30000000	373554033	Led by Woody Andy ...
2	8844	0113497	Jumanji (1995)	1995-12-15T00:00:00	TriStar Pictures	3.594827	65000000	262797249	When siblings Judy and Peter discover ...

그림 10-13 데이터의 헤더와 첫 두 영화의 정보

정점 파일의 헤더는 데이터스택스 그래프 스키마의 프로퍼티명과 일치해야 한다. [그림 10-13]의 첫 행이 [예제 10-1]에서 정의한 프로퍼티 키 이름과 일치함을 확인할 수 있다. 추가적으로 데이터를 쉽게 이해할 수 있도록 에폭 타임스탬프를 ISO 8601 표준으로 바꿔 문자열로 저장했다. [그림 10-13]의 다섯 번째 열에서 이를 확인할 수 있다. 시간을 문자열로 저장하면 추가 저장 비용이 발생하므로 제품에서는 이를 추천하지 않으나 이 책에서는 이해하기 쉽도록 하기 위해 문자열을 사용한다.

예제에서 로딩한 다른 두 데이터 파일을 살펴보자. [표 10-1]은 데이터셋의 배우 정보다.

표 10-1 Actor.csv 파일의 첫 다섯 배우

actor_name	gender_label
Turo Pajala	unknown
Susanna Haavisto	unknown

Matti Pellonpää	male
Eetu Hilkamo	unknown
Kati Outinen	female

마지막으로 [표 10-2]는 데이터베이스로 로딩한 일부 사용자의 정보다. 사용자 이름은 가상으로 추가한 데이터이며 실제 무비렌즈 사용자 이름과 무관하다.

표 10-2 User.csv 파일의 첫 네 명의 사용자

user_id	user_name
1	Laura Pace
2	James Thornton
3	Timothy Fernandez
4	Stacy Roth

각 정점 레이블에 한 개의 CSV 파일을 만들었으므로 총 다섯 개의 파일을 만들었다. 이렇게 사전 준비 작업을 끝냈다면 데이터스택스 그래프에 손쉽게 로딩할 수 있다. [예제 10-3]은 데이터를 로딩하는 데 필요한 다섯 가지 명령어다.

예제 10-3

```
dsbulk load -g movies_dev -v Movie
        -url "Movie.csv" -header true
dsbulk load -g movies_dev -v User
        -url "User.csv" -header true
dsbulk load -g movies_dev -v Tag
        -url "Tag.csv" -header true
dsbulk load -g movies_dev -v Genre
        -url "Genre.csv" -header true
dsbulk load -g movies_dev -v Actor
        -url "Actor.csv" -header true
```

[표 10-3]은 벌크 로딩 도구가 로드한 다섯 정점 레이블의 각 파일의 총 정점의 개수를 보여준다.

표 10-3 각 파일에서 로드해 예제 그래프에 추가할 총 정점 개수

260860	actor_vertices.csv
1170	genre_vertices.csv
329470	movie_vertices.csv
1129	tag_vertices.csv
138494	user_vertices.csv

모든 정점을 개발 그래프에 로딩했으므로 간선 데이터셋으로 이들을 서로 연결할 수 있다.

간선 로딩하기

마지막으로 간선 데이터를 어떤 형식으로 변환했는지 살펴보자. 여섯 파일 중 세 개의 파일을 살펴본다. [표 10-4]는 이 예제에서 사용할 수 있도록 병합해 만든 평가 데이터의 첫 세 줄(헤더 포함)의 모습이다.

표 10-4 rated_100k_sample.csv 파일의 첫 두 개의 평가

User_user_id	Movie_movie_id	rating	timestamp
1	2	3.5	2005-04-02 18:53:47
1	29	3.5	2005-04-02 18:31:16

이 책에서 여러 번 살펴봤듯이 헤더를 간선 레이블의 스키마와 일치시키는 것이 가장 중요하다. [표 10-4]는 사용자 평점을 데이터스택스 그래프 스키마와 일치시켰음을 보여준다. 헤더 행은 데이터스택스 그래프의 간선 테이블에 사용한 프로퍼티 이름과 일치해야 한다. 헤더의 첫 번째 열은 User_user_id이고 두 번째 열은 Movie_movie_id로 설정한 이유가 이 때문이다. 이 정보는 스튜디오 스키마 검사 도구나 sqlsh를 이용하거나 카산드라로 생성하는 간선 테이블의 명명 규칙으로 얻을 수 있다.

다음으로 [표 10-5]는 배우 간선의 첫 세 줄(헤더 포함)의 모습이다.

표 10-5 acted_in.csv 파일의 첫 두 배우의 연결

Actor_actor_name	year	Movie_movie_id
Turo Pajala	1988	4470
Susanna Haavisto	1988	4470

[표 10-5]는 데이터베이스의 배우에서 영화로 나오는 두 간선을 보여준다. Turo Pajala와 Susanna Haavisto는 1998년에 movie_id가 4470인 영화에 출연했다.

마지막으로 [표 10-6]의 협업 간선을 살펴보자.

표 10-6 collaborator.csv 파일의 첫 두 배우의 협업

in_actor_name	year	out_actor_name
Turo Pajala	1988	Susanna Haavisto
Turo Pajala	1988	Matti Pellonpää

[표 10-6]은 같은 영화에 출연한 배우의 두 간선을 보여준다. Turo Pajala, Susanna Haavisto는 1998년에 같은 영화에 출연했으므로 협업 파일에도 같이 등장한다. 앞서 배우 데이터에서 이미 확인했으므로 예상했던 결과다.

원한다면 책에서 제공하는 모든 간선 파일을 직접 확인해볼 수 있다. 나머지 간선 파일도 동일한 형식으로 구성되어 있으므로 이제 데이터베이스로 간선을 로딩할 차례다.

벌크 로딩 명령줄 도구를 이용해 모든 간선을 아파치 카산드라 테이블로 로딩한다. [예제 10-4]는 데이터를 로딩하는 여섯 개의 명령이다.

예제 10-4

```
dsbulk load -g movies_dev -e belongs_to -from Movie -to Genre
        -url belongs_to.csv -header true
dsbulk load -g movies_dev -e topic_tagged -from Movie -to Tag
        -url topic_tag_100k_sample.csv -header true
dsbulk load -g movies_dev -e rated -from User -to Movie
        -url rated_100k_sample.csv -header true
dsbulk load -g movies_dev -e tagged -from User -to Movie
        -url tagged.csv -header true
dsbulk load -g movies_dev -e acted_in -from Actor -to Movie
```

```
                   -url acted_in.csv -header true
dsbulk load -g movies_dev -e collaborated_with -from Actor -to Actor
                   -url collaborator.csv -header true
```

[표 10-7]은 벌크 로딩 도구가 로드한 여섯 개의 간선 레이블의 각 파일의 총 간선의 개수를
보여준다.

표 10-7 각 파일에서 로드해 예제 그래프에 추가할 총 간선 개수

836408	acted.csv
2706175	collaborator.csv
523689	contains_genre.csv
11709769	movie_topic_tag.csv
100000	rated.csv
465321	tagged.csv

이제 데이터스택스 그래프에서 데이터를 질의할 준비가 끝났다. 먼저 데이터를 단순하게 살
펴보자. 이 책에서 배운 첫 세 개의 질의 패턴인 영화 데이터의 이웃, 트리, 경로 탐색을 수행
한다.

이 데이터로 재미있는 다양한 질의를 시도할 수 있다. 4장, 6장, 8장에서 배운 기법을 적용해
노트북에서 개발 모드로 여러 흥미로운 문제를 해결해보기 바란다.

10.4.4 영화 데이터 이웃 질의

새로운 데이터셋을 그래프로 로딩했으니 한 정점 주변의 일차 이웃을 먼저 탐색해보자. 데이터
의 일차 이웃 주변을 탐색하면서 특정 사용자의 영화 평점을 확인한다.

우선 사용자 **134558**이 매긴 모든 영화 평점과 각 영화의 평점을 살펴보자. [예제 10-5]는 이
를 그렘린 질의로 구현한 코드다.

예제 10-5

```
dev.V().has("User","user_id", 134558).    // WHERE: 특정 사용자에서 시작
        outE("rated").                     // JOIN: 모든 "rated" 간선으로 탐색해나감
        project("movie", "rating", "timestamp"). // CREATE: json 페이로드 만들기
          by(inV().values("movie_title")).      // 영화 제목 JOIN하고 SELECT
          by(values("rating")).            // 간선의 "rating" SELECT
          by(values("timestamp"))          // 간선의 "timestamp" SELECT
```

[예제 10-6]은 [예제 10-5]의 첫 세 결과를 보여준다.

예제 10-6

```
{
  "movie": "Toy Story (1995)",
  "rating": "3.5",
  "timestamp": "2013-06-08 08:22:47"
},
{
  "movie": "GoldenEye (1995)",
  "rating": "3.5",
  "timestamp": "2013-06-08 08:25:13"
},
{
  "movie": "Twelve Monkeys (aka 12 Monkeys) (1995)",
  "rating": "2.0",
  "timestamp": "2013-06-08 08:23:45"
},...
```

[예제 10-6]의 결과는 맵 리스트다. 각 맵은 [예제 10-5]에서 설정한 movie, rating, timestamp 세 개의 키를 갖는다. 각 키의 값을 선택한 결과에서 타임스탬프는 ISO 8601 표준을 사용했음을 알 수 있다.

[그림 10-14]는 [예제 10-6]의 첫 세 결과를 다른 방식으로 표현한 모습이다.

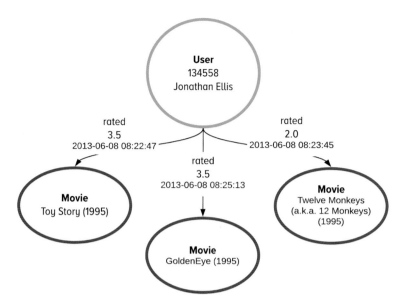

그림 10-14 [예제 10-5]의 첫 세 결과 시각화

종종 질의 결과를 조금 바꿔야 하는 상황이 일어난다. 지금까지 이 책에서는 질의 결과를 다듬는 방법을 여러 번 설명했다. 사용자 **134558**의 일차 이웃 질의 결과를 다듬어 어떤 영화를 좋아했고, 싫어했으며, 중립적인 평가를 내렸는지를 나타내보자.

좋아요, 싫어요, 중립으로 사용자 영화 평점 그룹화하기

다음 예제에서는 사용자 **134558**의 일차 이웃을 질의한다. 하지만 이번에는 **134558**이 평가한 영화를 '좋아요', '싫어요', '중립'으로 그룹화한다. 데이터의 평점 데이터는 0.5에서 5.0 사이의 값을 갖는다. 4.5 이상의 점수는 '좋아요liked'로 취급한다. 3.0 이상 4.5 미만의 평점은 '중립neutral'으로 취급한다. 0 이상 3.0 미만은 '싫어요disliked'로 취급한다. 기존과는 평가 시스템이 달라졌다. 이 예제를 통해 이웃 결과의 모양을 다듬는 방법을 살펴보자. 그 이후에 추천을 다시 살펴본다.

[예제 10-7]은 이를 그렘린으로 구현한 코드다.

> **TIP** 원한다면 [예제 10-7]에서 coalesce() 대신 choose() 단계를 사용할 수 있다.

예제 10-7

```
1 dev.V().has("User","user_id", 134558).  // WHERE: 특정 사용자에서 시작
2         outE("rated").                    // JOIN: "rated" 간선으로 탐색해나감
3         group().                          // CREATE: 그룹 만들기
4          by(values("rating").            // SELECT KEYS: "ratings"에 따라 키 선택
5            coalesce(__.is(gte(4.5)).constant("liked"),    // KEY 1: "liked"
6                     __.is(gte(3.0)).constant("neutral"), // KEY 2: "neutral"
7                     constant("disliked"))).              // KEY 3: "disliked"
8          by(inV().values("movie_title").fold()) // SELECT VALUES: 값
```

결과를 확인하기 전에 [예제 10-7]의 각 단계를 살펴보자. 1행, 2행에서는 사용자 134558로 시작하며 사용자의 평점을 따라 탐색해나간다. 3행에서는 그룹을 만든다. 그렘린의 그룹은 항상 키와 값 두 컴포넌트를 포함한다. 4행에서 7행까지 첫 번째 by() 단계는 키를 설정한다. 8행의 두 번째 by() 단계는 그룹의 값을 결정한다. 키는 "liked", "neutral", "disliked" 중한 값을 갖는다. 그렘린의 coalesce() 단계는 if/elif/else 구문과 비슷하게 동작하며 사용자의 평가를 어떤 키로 그룹화할지 결정한다. 5행에서는 평점 4.5 이상을 "liked" 그룹으로 할당한다. 6행에서는 나머지 간선 중에 평점 3.0 이상을 "neutral" 그룹으로 할당한다. 나머지 3.0 미만의 간선은 "disliked" 키로 할당된다.

마지막 단계 8행에서 질의 결과 모양을 다듬는다. 맵의 각 객체에서 영화 제목을 값으로 설정해야 하므로 간선에서 영화 정점으로 탐색한 다음 영화 제목을 얻는다.

[예제 10-8]은 각 키의 첫 세 영화를 표시한다.

예제 10-8

```
{
    "neutral": [
                "GoldenEye (1995)",
                "Babe (1995)",
                "Apollo 13 (1995)",
                ...
                ],
    "liked": [
                "Braveheart (1995)",
                "Shawshank Redemption The (1994)",
                "Forrest Gump (1994)",
                ...
```

```
                    ],
    "disliked": [
                    "Twelve Monkeys (aka 12 Monkeys) (1995)",
                    "Stargate (1994)",
                    "Ace Ventura: Pet Detective (1994)",
                    ...
                    ]
}
```

이번 장의 처음 두 예제의 질의는 영화 데이터베이스의 데이터 이웃을 탐색하는 방법을 보여 줬다. 이 책에서 지금까지 살펴본 질의와 비슷하므로 기억을 되살리는 좋은 기회가 되었을 것이다.

이번에는 데이터셋 내의 트리 탐색 예제를 살펴보자.

10.4.5 영화 데이터 트리 질의

센서 데이터 트리 질의를 살펴볼 때 설명했듯이 데이터 분기 요소 문제는 쉽게 불거질 수 있다. 이 예제에서도 분기 요소를 잘 살펴봐야 한다.

캐글 데이터셋을 데이터베이스로 통합하는 데 상당한 어려움을 겪었지만 결국 데이터를 트리 형태로 구성할 수 있었다. 앞으로 살펴볼 질의를 배우의 공동 출연 '가계도'라고 생각해보자.

먼저 Kevin Bacon에서 시작해 그와 함께 출연한 배우들의 계보를 찾는다. 다음 기준을 적용해 과정을 단순화했으며 질의를 두 가지 방식으로 제한했다. 첫째, 2009년 이후의 작품만 고려한다. 둘째, Kevin Bacon과 연결된 사람이 너무 많으므로 트리의 세 번째 수준까지만 살펴본다.

[예제 10-9] 질의를 살펴보자.

```
1 dev.V().has("Actor", "actor_name", "Kevin Bacon").as("Mr. Bacon").
2     repeat(outE("collaborated_with").has("year", gte(2009)).as("year").
3         inV().as("collaborated_with").
4         simplePath()).
5     times(3).
6     path().
7       by("actor_name").
8       by("year")
```

[예제 10-9] 질의는 Kevin Bacon에서 시작하며 2009년에 함께 출연한 모든 배우로 탐색해나 간다. 이를 세 번 반복하면서 4행의 simplePath() 단계로 반복된 경로는 제거한다. 이런 방식으로 깊이 3까지 탐색한 다음 6행부터 8행에서는 경로 객체에서 정점의 배우 이름과 간선의 연도를 반환하도록 결과를 다듬는다.

[예제 10-10]은 [예제 10-9]의 첫 두 결과를 보여준다.

예제 10-10

```
{
    "labels": [["Mr. Bacon"],["year"],["collaborated_with"],
               ["year"],["collaborated_with"],
               ["year"],["collaborated_with"]],
    "objects": ["Kevin Bacon","2009","David Koechner",
                "2009","Bob Gunton",
                "2009","Gretchen Mol"]
},
    "labels": [["Mr. Bacon"],["year"],["collaborated_with"],
               ["year"],["collaborated_with"],
               ["year"],["collaborated_with"]],
    "objects": ["Kevin Bacon","2009","Renée Zellweger",
                "2010","Forest Whitaker",
                "2009","Jessica Biel"]
},...
```

[그림 10-15]는 [예제 10-10]의 트리 결과를 시각화한 모습이다.

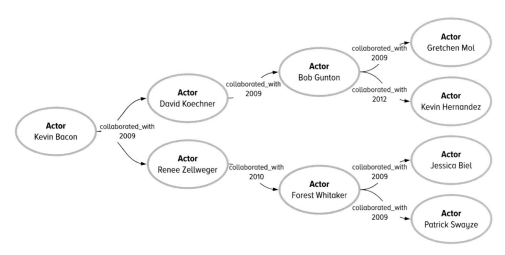

그림 10-15 [예제 10-10]의 첫 다섯 결과의 배우 트리를 시각화한 모습

마지막으로 살펴볼 질의는 기존에 구현했던 비트코인 데이터의 경로 찾기 질의와 비슷하다.

10.4.6 영화 데이터 경로 질의

모든 배우는 Kevin Bacon과 연결되어 있다. 이를 활용해 데이터셋의 두 배우 사이의 경로를 찾아보자.

[예제 10-11]은 collaborated_with 간선을 이용해 Kevin Bacon과 Morgan Freeman 사이의 세 개의 최단 경로를 찾는다.

예제 10-11

```
1 dev.V().has("Actor", "actor_name", "Kevin Bacon").as("Mr. Bacon").
2     repeat(outE("collaborated_with").as("year").
3         inV().as("collaborated_with")).
4     until(has("Actor", "actor_name", "Morgan Freeman").as("Mr. Freeman")).
5     limit(3).
6     path().
7       by("actor_name").
8       by("year")
```

repeat().until()은 장벽 없는 너비 우선 탐색을 사용한다. 따라서 [예제 10-11] 5행의 limit(3)을 호출하는 시점에는 중지 조건을 만족하는 세 개의 최단 경로를 찾은 상태다. 이 책에서 여러 번 살펴본 것처럼 6행, 7행, 8행에서는 경로 객체의 결과를 다듬는다.

[예제 10-12]는 [예제 10-11]의 JSON 페이로드다.

예제 10-12

```
{
    "labels": [["Mr. Bacon"],
               ["year"],["collaborated_with"],
               ["year"],["collaborated_with"]],
    "objects": ["Kevin Bacon",
                "1979","Julie Harris",
                "1990","Morgan Freeman"]
},{
    "labels": [["Mr. Bacon"],
               ["year"],["collaborated_with"],
               ["year"],["collaborated_with"]],
    "objects": ["Kevin Bacon",
                "1982","Mickey Rourke",
                "1989","Morgan Freeman"]
},{
    "labels": [["Mr. Bacon"],
               ["year"],["collaborated_with"],
               ["year"],["collaborated_with"]],
    "objects": ["Kevin Bacon",
                "1983","Ellen Barkin",
                "1984","Morgan Freeman"]
}
```

결과를 그래프 구조로 한 번 살펴보자. [그림 10-16]은 [예제 10-12]의 세 가지 경로를 보여준다.

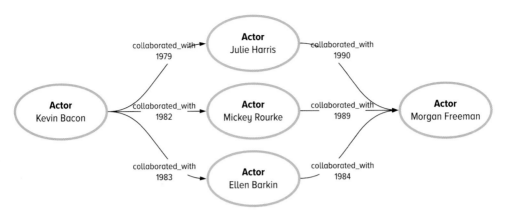

그림 10-16 [예제 10-11]의 첫 세 개의 최단 경로 결과 시각화

이번 절에서 살펴본 네 개의 질의는 지금까지 살펴봤던 질의 개념을 복습하는 좋은 기회다. 이를 제품 질의로 변환하는 부분은 여러분의 과제로 남겨둔다.

이제 이번 장의 주제인 추천 시스템으로 돌아오자. 다음 절에서는 협업 필터링 방법을 보여주는 다양한 그렘린 질의를 만들어본다.

10.5 그렘린의 항목 기반 협업 필터링

지금까지 사용 사례를 만들었고, 협업 필터링을 정의했으며 몇 가지 예제를 확인하고 데이터를 살펴봤다. 이번 장의 마지막 부분에서는 항목 기반 협업 필터링으로 사용자에게 새로운 영화를 추천하는 기능을 설명한다.

그래프 데이터에 항목 기반 협업 필터링을 적용한 첫 번째 질의와 결과부터 살펴보자.

10.5.1 모델 1: 추천 집합의 경로 계산하기

먼저 단순하게 경로의 개수를 세는 방식으로 사용자에게 영화를 추천한다. [예제 10-13]은 그래프 데이터를 탐색하면서 이를 수행하는 방법을 설명한다.

예제 10-13

> 특정 사용자에서 시작
> 사용자가 평점을 매긴 마지막 영화로 탐색
> 이 영화에 높은 평점을 준 모든 사용자로 탐색
> 이들 사용자가 높은 평점을 준 모든 영화로 탐색
> 추천 집합으로 그룹화하고 모든 영화 개수 세기
> 빈도별 내림차순으로 영화 정렬
> 상위에 위치한 영화를 추천 집합으로 선정

[예제 10-13] 의사코드는 첫 협업 필터링 예제에서 그래프 데이터를 탐색하는 과정을 설명한다. 추천 집합에서 영화가 몇 번 등장하는지 확인한다. 사용자의 최근 평가에 따라 가장 점수가 높은 영화를 추천한다.

[예제 10-14]는 [예제 10-13] 의사코드를 그렘린 질의로 구현한다.

예제 10-14

```
1  dev.V().has("User","user_id", 694).      // 사용자 찾기
2    outE("rated").                          // 모든 평점을 매긴 모든 영화 탐색
3      order().by("timestamp", desc).        // 시간순으로 간선 정렬
4      limit(1).inV().                       // 가장 최근 평점 매긴 영화로 탐색
5      aggregate("originalMovie").           // 이 영화를 컬렉션에 추가
6    inE("rated").has("rating", gt(4.5)).outV(). // 이 영화에 높은 평점을 준 사용자
7    outE("rated").has("rating", gt(4.5)).inV(). // 전체 추천 집합
8    where(without("originalMovie")).        // 원래 영화 제거
9    group().                                // 추천 맵 만들기
10     by("movie_title").                    // 영화 제목이 항목의 키
11     by(count()).                          // 총 평가 횟수가 값
12   unfold().                               // 모든 맵 항목을 파이프라인으로 펼친다
13   order().                                // 결과 정렬
14     by(values, desc)                      // 횟수 내림차순으로
```

[예제 10-14]를 살펴보자. 1행, 2행에서는 그래프의 특정 사용자 정점을 찾은 다음 모든 사용자 평점을 탐색한다. 3행, 4행에서 시간순으로 평점을 정렬한 다음 그중 가장 최근 영화 정점으로 탐색한다. 나중에 추천 옵션에서 이 영화를 제거할 수 있도록 5행에서 이 영화를 컬렉션에 저장한다. 6행에서는 이 영화에 평점 5점을 준 모든 사용자로 탐색한다. 이들 사용자가 평점 5점을 준 모든 영화로 탐색하고 8행에서는 최초 컬렉션에 추가한 영화를 제거한다.

9행에서는 맵을 만들어 결과 집합을 다듬는다. 10행은 맵의 키가 `movie_title`임을 보여준다. 11행에서는 맵의 값이 해당 영화로 도달한 총 탐색자 수임을 보여준다. 모든 결과를 하나의 맵에 저장했으므로 12행에서 맵의 모든 항목을 탐색 파이프라인으로 펼친다. 13행, 14행에서는 개별 맵을 값으로 정렬한다.

[그림 10-17]은 [예제 10-14]의 상위 다섯 개의 추천 영화를 보여준다.

index ↑	keys	values
0	Shawshank Redemption The (1994)	24
1	Forrest Gump (1994)	22
2	Apollo 13 (1995)	21
3	Jurassic Park (1993)	21
4	Schindler's List (1993)	20

그림 10-17 [예제 10-14]의 상위 다섯 개의 추천 영화

〈쇼생크 탈출The Shawshank Redemption〉은 24점, 〈포레스트 검프Forrest Gump〉는 22점, 〈아폴로 13Apollo 13〉은 21점을 받았다.

첫 번째 모델은 예제 데이터에서 평점 5점을 받은 영화만 취급했다. 그렇다면 이제 조금 더 정교한 평점 알고리즘을 만들어보자.

10.5.2 모델 2: NPS 기반

두 번째로 NPS를 활용한 영화 추천을 살펴보자. 평점 4점 이상의 영화를 '좋아하는 영화'로, 4점 미만은 '싫어하는 영화'로 분류한다. 기존과 동일한 방식으로 사용자의 평점을 처리한다. [예제 10-15] 의사코드를 살펴보면서 그래프 데이터를 어떻게 탐색할지 확인하자.

예제 10-15

```
특정 사용자에서 시작
    사용자가 평점을 매긴 마지막 영화로 탐색
    이 영화에 높은 평점을 준 모든 사용자로 탐색
```

모든 나가는 평점 간선으로 탐색
    각 간선에서
        평점이 4 이상이면, 탐색자의 sack에 1 저장
        평점이 4 미만이면, 탐색자의 sack에 -1 저장
모든 영화로 탐색
추천 집합의 모든 영화 그룹화
그룹의 각 영화에서
    탐색자의 sack의 값을 모두 더해 영화 NPS 계산
NPS 내림차순으로 영화 정렬
상위에 위치한 영화를 추천 집합으로 선정

[예제 10-15]의 접근 방식은 첫 번째 모델의 방법과 매우 비슷하다. 다만 사용자 집합에서 사용자의 평점으로 탐색할 때 모든 평점을 포함하는 부분이 달라졌다. 평점이 4점 이상이면 NPS 총합에 1을 추가한다. 평점이 4 미만이면 NPS 총합에서 1을 뺀다.

그렘린의 sack() 단계를 이용해 이를 효율적으로 구현한다. 각 탐색자는 데이터를 탐색하는 동안 간선의 평점을 추적한다. 그리고 이전에 했던 것처럼 모든 탐색자를 그룹화한다. 하지만 이번에는 영화에 도달한 총 탐색자의 수를 계산하는 것이 아니라 탐색자의 색에 저장된 값을 모두 더해 NPS를 만든다. 이후로는 이전 질의에서 살펴봤던 정렬 과정을 똑같이 적용한다.

[예제 10-16]은 [예제 10-15]를 그렘린 질의로 구현한 코드다.

예제 10-16

```
1 dev.withSack(0.0).                          // 색을 이용해 NPS 계산
2   V().has("User","user_id", 694).
3   outE("rated").
4     order().by("timestamp", desc).
5     limit(1).inV().
6     aggregate("originalMovie").
7   inE("rated").has("rating", gt(4.5)).outV().
8   outE("rated").
9     choose(values("rating").is(gte(4.0)), // "rating" 값 검사
10          sack(sum).by(constant(1.0)),    // 사용자가 좋아하는 영화면 1을 더함
11          sack(minus).by(constant(1.0))).// 싫어하는 영화면 1 빼기
12     inV().
13   where(without("originalMovie")).
14   group().
15     by("movie_title").
16     by(sack().sum()).                     // NPS: 색 값의 총합
```

```
17    unfold().
18    order().
19      by(values, desc)
```

[예제 10-16]을 살펴보자. 1행에서 `withSack(0.0)`이라는 코드가 등장하는데 이는 9장에서 가중치 경로를 계산할 때 사용했던 기능이다. 2행부터 8행까지는 이번 절에서 살펴본 첫 번째 질의와 동일한 기능을 설정한다.

9행부터는 사용자의 평점에 따라 NPS를 어떻게 계산하는지 보여준다. 그렘린에서 `choose(조건, 참, 거짓)` 구현 방법을 확인해보자. 9행의 조건에서는 간선의 평점이 4 이상인지 검사한다. 이 조건이 참이면 10행에서 탐색자의 색에 `1.0`을 더한다. 9행의 조건이 거짓이면 탐색자의 색에서 `1.0`을 뺀다. 12행에서 탐색자는 평점을 가진 모든 영화로 이동하며 13행에서는 원래 영화를 제거한다.

14행부터 19행에서는 기존과 같은 그룹화, 정렬을 수행하는데 이때 한 가지가 기존과 달라졌다. 16행에서 보여주는 맵의 값은 도착한 탐색자 색의 총합이다. 이때 여러 개의 1 또는 -1을 합산한다. [그림 10-18]은 [예제 10-16]에서 가장 높은 점수를 갖는 다섯 개의 추천 영화를 보여준다.

index ↑	keys	values
0	Fugitive The (1993)	30.0
1	Star Wars: Episode IV - A New Hope (1977)	28.0
2	Forrest Gump (1994)	28.0
3	Apollo 13 (1995)	26.0
4	Terminator 2: Judgment Day (1991)	25.0

그림 10-18 [예제 10-16]에서 가장 높은 점수를 갖는 다섯 개의 결과

[그림 10-18]은 [그림 10-17]와 다른 결과를 추천한다. 〈도망자The Fugitive〉는 30점, 〈스타워즈 에피소드 4 – 새로운 희망Star Wars: Episode IV—A New Hope〉과 〈포레스트 검프〉는 28점을 받았다.

두 번째 모델 역시 유명한 영화를 반복해서 추천한다. 이번에는 한 걸음 더 나아가 다양한 집합을 추천할 수 있도록 결과 집합을 정규화하는 방법을 살펴보자.

10.5.3 모델 3: 정규화된 NPS

항목 기반 협업 필터링의 마지막 접근 방식으로 점수 모델에 정규화를 적용한다. 이전 절과 같은 방법으로 영화의 NPS를 활용하지만 이번에는 해당 영화에 매겨진 평점의 총 개수로 NPS를 나눈다. [예제 10-17]은 그래프 데이터를 탐색하면서 어떻게 이를 수행할지 보여주는 의사 코드다.

예제 10-17

```
특정 사용자에서 시작
    사용자가 평점을 매긴 마지막 영화로 탐색
    이 영화에 높은 평점을 준 모든 사용자로 탐색
    모든 나가는 평점 간선으로 탐색
        각 간선에서
            평점이 4 이상이면, 탐색자의 sack에 1 저장
            평점이 4 미만이면, 탐색자의 sack에 -1 저장
    모든 영화로 탐색
    추천 집합의 모든 영화 그룹화
    그룹의 각 영화에서
        탐색자의 sack의 값을 모두 더해 영화 NPS 계산
        모든 들어오는 평점의 개수 세기
        NPS를 평점의 개수로 나누기
```

[예제 10-17]은 NPS를 계산했던 예제와 과정이 동일하다. 하지만 추천 맵을 만들 때 NPS를 들어오는 총 영화 평점의 개수로 나눈다. [예제 10-18]은 그렘린으로 구현한 코드다.

예제 10-18

```
1 dev.withSack(0.0).
2     V().has("User","user_id", 694).
3     outE("rated").
4         order().by("timestamp", desc).
5         limit(1).inV().
6         aggregate("originalMovie").
7     inE("rated").has("rating", gt(4.5)).outV().
8     outE("rated").
9         choose(values("rating").is(gte(4.0)),
10              sack(sum).by(constant(1.0)),
11              sack(minus).by(constant(1.0))).
12          inV().
```

```
13    where(without("originalMovie")).
14    group().
15      by("movie_title").
16      by(project("numerator", "denominator").  // NPS/영화의 차수영화
17          by(sack().sum()).                     // 이것이 NPS
18          by(inE("rated").count()).             // 이것은 영화의 차수
19        math("numerator/denominator"))          // 이들을 이렇게 나눔
```

[예제 10-18]의 1행에서 15행까지 NPS 계산 과정은 [예제 10-16]과 같다. 16행부터 19행에 영화의 차수로 NPS를 나누는 새로운 코드가 추가되었다.

16행에서는 결과 맵에 사용할 영화의 값을 채운다. 영화의 NPS를 총 평점 개수로 나눈 값을 맵에 저장한다. project() 단계를 이용해 오직 두 개의 요소로 맵을 만든다. 19행의 math() 단계로 이들 두 값을 나눈 다음 결과를 그룹으로 추가한다. 17행에서 맵의 첫 번째 요소인 영화의 NPS를 만든다. 18행에서는 맵의 두 번째 요소인 들어오는 평점의 총 개수를 만든다. [그림 10-19]는 첫 다섯 개의 결과다.

index ↑	keys	values
0	Apocalypse Now (1979)	0.00819672131147541
1	Spider-Man (2002)	0.009433962264150943
2	Repo Man (1984)	0.0277777777777776
3	Juno (2007)	0.023255813953488372
4	Men in Black (a.k.a. MIB) (1997)	0.005319148936170213

그림 10-19 [예제 10-18]의 첫 다섯 결과

[그림 10-19] 결과는 정규화된 NPS의 첫 다섯 개의 예다. 다섯 항목 모두 값이 양수이며 모델 기준에 따르면 '좋아요'로 분류된다. 이번 장에서 제공하는 데이터스택스 스튜디오 노트북[7]을 확인해보면 값이 음수인 영화가 있다는 사실을 확인할 수 있다.

여러분은 [그림 10-19]를 정렬해 상위 5개의 추천 사항을 왜 보여주지 않는지 궁금할 것이다. 비록 작은 예제 집합이지만 이 다섯 개의 처음 결과는 마지막 질의로 탐색에서 수행할 수 있는

---

7 https://oreil.ly/egfkr

합리적이며 극대화된 결과이기 때문이다. `inE("rated").count()`를 추가하면 원하는 결과를 얻을 수 있겠지만, 이로 인해 정점마다 전체 파티션을 스캔해야 하므로 아주 비용이 비싸다.

10.5.4 다음 여정 선택하기

실제 사용자들이 사용할 수 있는 제품 환경으로 항목 기반 협업 필터링을 적용하려면 실시간으로 합리적인 시간 내에 결과를 제공할 수 있어야 한다.

이제 여러분에게는 다음 여정을 선택할 두 가지 선택 사항이 있다.

첫 번째는 10장 예제에서 병합한 데이터를 이해하는 것이다. 11장에서는 무비렌즈와 캐글 데이터를 합쳐서 모델과 질의를 만드는 방법(이 장에서 살펴본 코드)을 설명한다. 아무리 단순한 데이터라도 모든 그래프 사용자는 데이터 정리, 병합 작업을 수행해야 한다. 간단한 개체 해석에 관심이 있는 독자라면 다음 장으로 계속 진행하자.

기본 개체 해석에 큰 관심이 없는 독자라면 항목 기반 협업 필터링의 제품 버전을 설명하는 12장으로 건너뛰자. 12장에서는 개발 모드로 살펴본 탐색 작업을 제품 환경에서 실행할 수 없는 이유를 설명한다. 이 책에서 제공하는 마지막 제품 팁을 설명하며 그래프 데이터에서 항목 기반 협업 필터링의 추천을 제공하는 방법을 소개한다.

CHAPTER 11

그래프의 간단한 개체 해석

이 책의 첫 예제로 돌아가서 C360 모델의 고객이 누구인지 어떻게 알 수 있을까 생각해보자.

데이터셋에 주민등록번호나 회원 ID 같은 강력한 식별자가 있을까? 고유한 사람들을 100% 정확하게 식별할 수 있을 정도로 이들 식별자, 소스를 신뢰할 수 있을까?

업계마다 필요한 정확도가 다르다. 의료 산업에서 사람을 잘못 식별하면 오진 또는 약품을 잘못 처방해 치명적인 문제를 일으킬 가능성이 있다. 반면 영화 데이터에서는 영화를 잘못 식별하더라도 사용자에게 영향을 조금 미칠 뿐 누군가의 생명을 위협하진 않는다.

사람에 관한 정보를 기록한 데이터 소스의 키와 값을 이용해 누가 누구이며, 무엇이 무엇인지 추론하기란 쉽지 않다. 이를 **개체 해석**entity resolution 문제라 부르며 이는 아주 오랫동안 인류를 괴롭혀왔다.

개체 해석을 구현하는 모든 팀은 자신의 비즈니스 도메인에서 허용되는 오차 범위 내에서 기능을 구현해야 한다.

11.1 11장 미리 보기: 여러 데이터셋을 하나의 그래프로 병합하기

이번 장에서는 두 영화 데이터셋을 병합하는 방법과 이때 발생하는 문제점과 이를 해결하기 위해 어떤 결정을 내렸는지 설명한다.

먼저 개체 해석이 무엇인지 정의한 다음, 이 책에서 배운 두 가지 문제(C360, 영화 추천)와 어떤 관련이 있는지 살펴본다. 두 번째 부분에서는 두 데이터셋을 자세히 살펴본다. 데이터를 자세히 이해한 다음 반복적으로 개념 그래프 모델을 만든다. 이번 절에서 만든 최종 그래프 모델은 10장에서 개발용 그래프 모델과 개념적으로 같다.

세 번째 부분에서는 병합 과정을 단계별 살펴본다. 이 책에서 접근하는 방법론에 올바른 기대치를 갖고 있길 바란다. 즉, 두 데이터셋을 매칭하고 합치는 데 개체 해석용 그래프 구조가 필요하지 않다. 세 번째 부분을 통해 그 이유를 찾을 수 있다. 그리고 병합 과정에서 발견한 오류를 자세히 살펴보고 데이터의 거짓 긍정false positive과 참 부정true negative의 차이를 소개한다.

마지막으로 영화 데이터를 합치는 세부 사항에서 한 발 물러나 데이터의 개체를 해석할 때 그래프 구조를 잘못 적용하는 공통 문제를 잠시 살펴본다. 그리고 그래프 구조에 개체 해석 파이프라인을 추가한 몇 가지 예를 확인한다.

이 장의 궁극적인 목표는 두 가지다. 첫째, 데이터를 합친다는 것이 무엇인지 보여준다. 다만 이 과정은 전혀 화려하지 않다. 데이터를 병합하는 작업은 때로는 그래프 모델을 만들 때 필요한 첫 번째 공통 과정임에도 종종 간과하는 귀찮고 지루한 일이다.

이번 장의 두 번째 목표는 여러분에게 전반적인 문제 도메인을 배울 수 있는 기회를 제공하는 것이다. 데이터 병합은 그래프 데이터베이스를 만드는 첫 번째 공통 단계 중 하나이므로 이런 복잡한 문제를 해결하는 데 필요한 모든 도구를 이해할 수 있길 바란다.

11.2 다른 복잡한 문제 정의: 개체 해석

두 데이터 매칭, 병합 과정의 가장 중요한 주제는 **개체 해석**이라는 광범위한 문제 도메인으로 이어진다. 비공식적으로 개체 해석이라는 복잡한 문제는 다양한 데이터 소스가 존재할 때 누가 누구이며 무엇이 무엇인지 해석하는 것이 목표다.

Jon Smith라는 사람은 Jon Smith와 같은 인물일까? 또는 영화 데이터 예제에서 무비렌즈의 〈사랑의 덫Das Versprechen〉이라는 영화는 캐글의 〈약속The Promise〉이라는 영화와 동일한 영화일까?

하지만 대부분의 전통적인 상황에서 고유하게 사용자를 구별할 수 있는 식별자는 외부 소스 데이터 사용, 사용자 프라이버시 제약, 데이터 불일치와 같은 다양한 이유로 인해 사용할 수 없을 때가 많다. 대부분의 경우 논리적 식별자는 각 데이터 조각에 존재하는 프로퍼티의 키와 값으로 계산해야 한다.

역사적으로 개체 해석(개체 매칭 또는 레코드 연결이라고도 부름)은 일반적으로 도메인 전문가가 데이터 분산과 특정 도메인의 데이터 편중을 고려해 정의한 일련의 확률적 규칙probabilistic rule에 의존한다. 확률적 규칙은 최종적으로 개체 a가 개체 b와 같은지를 계산하는 함수형 모델을 구성한다.

보통 개체 해석은 레코드 시스템 전체에서 연결할 수 있는 강력한 식별자를 찾는 작업부터 시작한다. 다음에는 데이터의 다양한 프로퍼티를 살펴보면서 시스템이 동일한 논리적 개체를 참조하는지 확인한다.

[예제 11-1]은 다른 데이터 소스 내의 개체를 식별하는 과정을 설명한다. 앞으로 이 장의 다른 부분에서도 이 설명을 여러 번 참조할 것이다.

예제 11-1

A. 데이터 소스 식별
B. 각 소스에서 이용할 수 있는 키와 값 분석
C. 어떤 키가 하나의 논리적 개념을 강력하게 식별하는지 매핑
D. 어떤 키가 하나의 논리적 개념을 약하게 식별하는지 매핑
E. 매칭된, 병합된 데이터가 "충분히 좋은" 상태가 될 때까지 다음을 반복
   1. 매칭 과정 생성
   2. 부정확한 매칭 식별
   3. 매칭 과정에서 발생한 오류 해결
   4. 1번 과정부터 반복

소스와 소스가 포함하는 키를 분석한 다음 이들을 함께 매칭할 규칙을 반복적으로 만들어간다.

겉보기엔 단순한 것 같다. 그러나 전체 과정은 E 단계에서 언급한 '충분히 좋은good enough' 아이디어에 달려 있다. 이런 추상적인 표현은 위 과정을 과학이 아니라 예술처럼 보이게 만든다.

수학적 관점에서 '충분히 좋은' 표현을 수량화한다면 다음과 같다.

$$\forall \, a, b \in D, \, f(a, b) > t \rightarrow a = b$$

그림 11-1 수학적으로 정의한 개체 해석 모델

[그림 11-1]은 '데이터셋 D에 a, b가 있을 때 f라는 함수를 정의'한다는 의미다. 함수 f는 f(a,b)로 두 데이터를 비교한 결과를 점수로 제공한다. 점수가 특정 임곗값 t를 초과하면 a는 b와 같다고 판단한다.

[예제 11-1], [그림 11-1], 'Jon Smith와 John Smith는 같은 인물인가?'는 모두 같은 말을 하고 있다.

11.2.1 복잡한 문제 보기

[그림 11-2]는 다른 데이터 소스를 매칭하고 병합하는 개념이 얼마나 복잡한 문제인지 보여 준다.

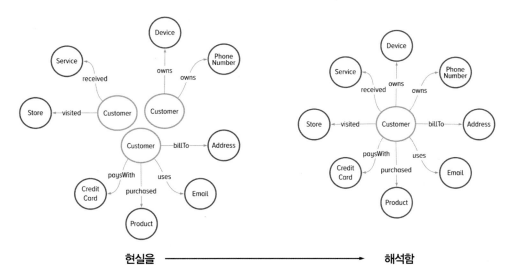

그림 11-2 개체 해석을 위한 개념적 문제 정의의 시각화

[그림 11-2]는 개체 해석 문제를 그래프 모델로 시각화한 모습이다. [그림 11-2]의 왼쪽 그래프는 대부분의 데이터 아키텍처의 현재 상태다. 동일한 고객의 연결되지 않은 모바일, 웹, 현장 데이터베이스를 보여준다. 그래프 기술 중 가장 많이 사용하는 C360 모델은 [그림 11-2]의 오른쪽 그림처럼 통합되고, 연결된 그래프로 시작한다.

이 책의 첫 번째 예제도 [그림 11-2]의 오른쪽과 같은 그래프 모델로 시작했다.

그래프 모델로 문제의 모든 컴포넌트를 쉽게 묘사할 수 있다는 사실 때문에 많은 팀은 전체 개체 해석 과정에(이들 대부분의 문제를 해결하는 데 그래프 기술이 필요하지 않는 상황임에도) 그래프 기술을 잘못 적용하고 있다.

개체 해석을 직접 확인해보자.

11.3 두 영화 데이터셋 분석하기

유명한 두 오픈 소스 데이터셋인 무비렌즈와 캐글을 어떻게 분석했는지 살펴보자.[1] 필자들이 사용한 과정은 [예제 11-1]의 A에서 D 과정과 비슷하다.

이 책에서는 사용자 영화 평점 데이터셋이 다양하고 문서화가 잘되어 있다는 점 때문에 무비렌즈를 선택했다. 캐글 데이터셋은 무비렌즈 데이터의 각 영화에 자세한 정보와 배우 정보를 추가로 제공하기 위해 사용한다.

> NOTE_ 돌아보면 두 데이터셋을 이용한 것은 정말 좋은 결정이었다. 덕분에 그래프 기술을 시작하는 현실적인 과정을 소개할 수 있게 되었다. 이번 절에서는 두 데이터셋을 병합하고 개념적 그래프 데이터 모델을 정확하게 추론하는 방법을 살펴본다.

무비렌즈 소스에서 사용할 수 있는 데이터 파일을 확인하고 이들을 서로 연결하는 방법을 살펴본다. 그리고 캐글 데이터를 확인한다. 캐글 데이터셋에서 어떤 키와 값이 무비렌즈 데이터셋과 논리적으로 같은 개념을 가리키는지 확인하는 작업이 핵심이다. 특히 두 데이터셋을 매칭하

---

1 「The MovieLens Datasets: History and Context」(https://doi.org/10.1145/2827872), 스테파네 라프노(Stephane Rappeneau)의 '350 000+ Movies from themoviedb.org'(https://www.kaggle.com/stephanerappeneau/350-000-movies-from-themoviedborg)

는 데 사용할 강력한 식별자가 필요하다.

다음 절에서는 이 과정을 실제로 엿볼 수 있도록 길고 자세하게 설명한다.

11.3.1 무비렌즈 데이터셋

예제와 스키마에 사용하기 위해 무비렌즈에서 다음 여섯 개의 파일을 사용한다.

1 `links.csv`

2 `movies.csv`

3 `ratings.csv`

4 `tags.csv`

5 `genome-tags.csv`

6 `genome-scores.csv`

10장에서 살펴본 개발 그래프 모델을 반복적으로 확인하면서 여섯 개의 파일을 자세히 살펴본다. 다만 `genome-tags.csv`와 `genome-scores.csv`는 동일한 절에서 살펴본다.

1) 링크

무비렌즈의 `links.csv` 파일은 외부 데이터 소스로 강력한 식별자를 제공하므로 이 파일부터 살펴보자. `links.csv` 파일은 영화 데이터의 외부 소스로 연결하는 데 사용할 수 있는 27,278행의 연결 식별자를 포함한다. 헤더 행 이후로 등장하는 이 파일의 각 행은 다음 형식으로 구성된 한 개의 영화 정보를 포함한다.

```
movieId,imdbId,tmdbId
```

각각의 강력한 식별자의 정의는 다음과 같다.

1 `movieId`는 무비렌즈(https://movielens.org) 프로젝트에서 사용하는 식별자다.

2 `imdbId`는 IMDB(http://www.imdb.com)에서 사용하는 식별자다.

3 `tmdbId`는 TMDB(https://www.themoviedb.org)에서 사용하는 식별자다.

예를 들어 〈토이 스토리^{Toy Story}〉의 `movieId`는 1(https://movielens.org/movies/1)이고

imdbId는 tt0114709(http://www.imdb.com/title/tt0114709)이며 tmdbId는 862(https:// www.themoviedb.org/movie/862)다.

이 파일로 데이터 모델링 과정을 시작했으며 [그림 11-3]처럼 스키마를 만들었다.

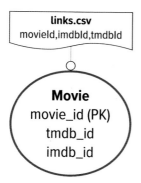

그림 11-3 무비렌즈 데이터셋의 첫 번째 데이터 모델링 단계: links.csv 파일의 값을 정점 레이블로 매핑

[그림 11-3]의 스키마는 Movie라는 하나의 정점 레이블을 포함한다. 이 정점은 `movie_id`의 파티션 키이며 두 개의 추가 프로퍼티(`tmdb_id`, `imdb_id`)를 포함한다. 아파치 카산드라의 명명 표준 규칙에 부합하도록 캐멀케이스를 스네이크 케이스로 바꿨다.

[예제 11-1]에서 설명한 과정에 따라 이 파일에서 다음 정보를 얻을 수 있었다.

1 총 27,278개의 영화가 있다.

2 27,278개의 영화는 `imbdId`를 갖는다(100% 범위)

3 26,992개의 영화는 `tmbdId`를 갖는다(98.5% 범위, 참고로 이 영화는 `imdbId`도 갖는다)

4 252개의 영화는 `tmdbId`를 갖지 않는다.

직접 위 수치를 계산해본 독자라면 27,278이라는 결과가 26,992 + 252와 일치하지 않는다는 사실을 눈치챘을 것이다. 34만큼 차이가 나는 이유는 영화의 `tmdbId`를 `imdbId`로 매핑하는 과정에서 17개의 오류가 발생하기 때문이다. 이 문제는 뒤에서 자세히 살펴본다.

이 정보를 토대로 무비렌즈의 모든 데이터는 IMDB 데이터 소스의 강력한 식별자를 100% 커버한다는 사실을 알 수 있다. 따라서 `imdb_id`를 이용해 어떤 데이터와 일치하는지 확인할 수 있다.

이번에는 각 영화의 상세 정보를 제공할 데이터 모델을 만드는 데 필요한 데이터셋을 살펴보자.

2) 영화

무비렌즈 데이터셋의 `movies.csv` 파일은 각 영화의 제목과 장르 정보를 포함한다. 무비렌즈 리소스 데이터는 `links.csv`의 `movieId`로 연결할 수 있다.

데이터셋의 27,278개의 영화 항목이 파일에 저장되어 있다. 각 행의 구조는 다음과 같다.

```
movieId,title,genre_1¦genre_2¦...¦genre_n
```

무비렌즈 문서에 따르면 영화 제목은 수동으로 입력했거나 무비렌즈 프로젝트에서 가져왔다. 장르는 수직선(¦)으로 구분된 목록이며 `Action`, `Adventure`, `Comedy`, `Crime`, `Drama`, `Western` 등의 값을 갖는다. 여기서 18개의 고유한 장르가 존재한다는 사실을 발견했다.

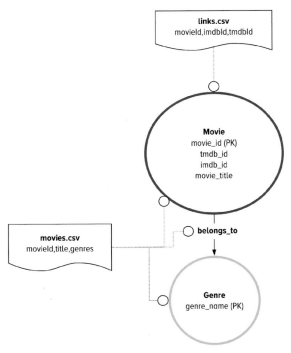

그림 11-4 무비렌즈 데이터셋의 두 번째 데이터 모델링 단계: `movies.csv` 파일의 값을 간선, 새로운 정점 레이블, 새로운 프로퍼티로 매핑

필자들은 이 파일로 데이터 모델링 과정을 계속 진행하기 위해 [그림 11-4]와 같이 스키마를 추가했다.

movies.csv 파일은 데이터 모델에 세 가지를 추가한다. [그림 11-4]는 movies.csv 파일의 매핑 결과다.

첫째, Movie 정점에 movie_title 프로퍼티를 추가한다. 둘째, Genre 정점을 만들고 이를 genre_name으로 분할한다. 셋째, Movie 정점에서 Genre 정점으로 연결되는 belongs_to라는 간선을 만든다.

이번에는 사용자 평점 데이터 파일을 살펴보자.

3) 평점

ratings.csv 파일에는 20,000,263개의 평점이 있다. 이 파일의 각 행은 한 사용자가 평가한 하나의 평점을 가리킨다. 파일은 다음 형식으로 구성된다.

```
userId,movieId,rating,timestamp
```

이 파일에서 무비렌즈 데이터베이스의 사용자를 처음 접할 수 있다. 총 이천만 개가 넘는 평점에서 138,493개의 고유한 userId를 확인할 수 있다. 평점은 별 다섯 개로 표현하며 반 개씩 별을 증가시킬 수 있다(0.5~5.0). 타임스탬프는 에폭(협정 세계시Coordinated Universal Time인 UTC 1970년 1월 1일 자정을 기준으로 흐른 초)으로 표기한다.

ratings.csv 파일은 데이터 모델에 새로운 정점과 간선 레이블을 추가한다. [그림 11-5]는 새로운 정보를 추가한 스키마 모습이다.

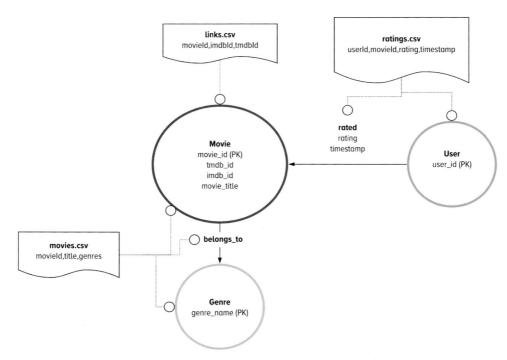

그림 11-5 무비렌즈 데이터셋의 세 번째 데이터 모델링 단계: ratings.csv 파일의 값을 정점과 간선 레이블로 매핑

[그림 11-5]에서 확인할 수 있듯이 User 정점 레이블과 rated 간선 레이블이 추가되었다. User 정점은 user_id로 분할했다. rated 간선에는 rating, timestamp 프로퍼티를 추가했다.

4) 태그

사용자는 데이터에 평점과 더불어 자신만의 태그도 제공한다. 태그는 사용자가 만든 하나의 단어 또는 짧은 구절이다. 이 파일에는 사용자가 만든 465,564개의 태그가 있다.

tags.csv 파일의 각 행은 다음 구조를 갖는다.

```
userId,movieId,tag,timestamp
```

태그 파일의 정보를 이용해 데이터 모델을 [그림 11-6]과 같이 만든다.

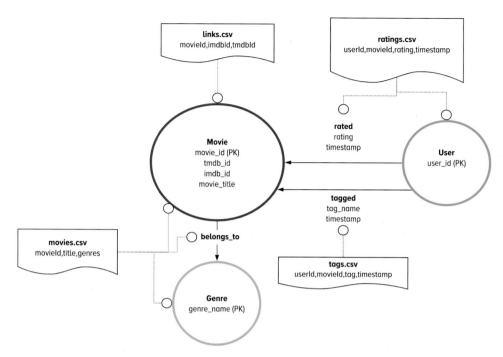

그림 11-6 무비렌즈 데이터셋의 네 번째 데이터 모델링 단계: tags.csv의 값을 정점과 간선 레이블로 매핑

[그림 11-6]에서 보여주는 것처럼 userId, movieId를 이용해 사용자와 태그를 연결했다. tagged 간선에 tag_name, timestamp를 추가했다.

마지막으로 태그 게놈을 데이터 모델에 추가한다.

5) 태그 게놈

무비렌즈 데이터셋은 genome-tags.csv, genome-scores.csv 두 파일도 제공한다. 이 두 파일은 [그림 11-6]에서 모델링한 태그를 분석해 사용자 태그 속성으로 영화를 얼마나 강력하게 설명할 수 있는지 보여준다.

태그 게놈[tag genome]은 태그, 평점, 리뷰가 들어 있는 사용자가 기여한 콘텐츠에 머신러닝 알고리즘을 적용해 계산한 결과다.[2]

2 「The Tag Genome: Encoding Community Knowledge to Support Novel Interaction」(http://doi.acm.org/10.1145/2362394.2362395)

genome-scores.csv 파일은 11,709,768개의 영화 태그 관련 점수를 다음 형식으로 제공한다.

```
movieId,tagId,relevance
```

두 번째 파일 genome-tags.csv는 게놈 파일에 포함된 1,128개 태그에 대한 태그 설명을 다음
형식으로 제공한다.

```
tagId,tag
```

이 태그 정보로 새로운 정점 레이블과 간선 레이블을 추가해 무비렌즈 데이터의 마지막 모델링
과정을 완료한다. tagId는 Tag 정점의 파티션 키로 매핑하며, tag는 tag_name으로 매핑한다.
[그림 11-7]을 살펴보자.

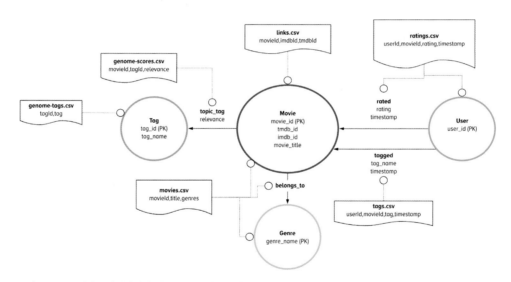

그림 11-7 무비렌즈 데이터셋의 네 번째 데이터 모델링 단계: 게놈 관련 파일의 값을 정점과 간선 레이블로 매핑

[예제 11-7]의 개념 데이터 모델은 무비렌즈 데이터 전체를 그래프 모델로 매핑한 모습이다.
이 모델의 강력한 식별자를 이해해야 이어지는 내용을 이해할 수 있다. 여러 강력한 식별자 중
에서도 가장 중요한 식별자는 movie_id다. 이 식별자를 이용해 각 파일에서 영화 개념을 연결
하기 때문이다.

사람에 따라 데이터를 다른 방식으로 매핑할 수 있으며 그렇게 해도 큰 문제는 없다. 결국에는 제품 환경에서 정보를 질의하고 궁금한 질문을 어떻게 해결하는지가 핵심이기 때문이다.

[그림 11-7]의 모델을 이용해 개발을 시작할 수 있다. 이번에는 캐글 데이터를 이용해 모델을 확장해보자.

11.3.2 캐글 데이터셋

데이터 모델에 추가하려는 캐글 데이터셋은 두 가지 주요 정보 소스인 영화 데이터와 배우 데이터를 제공한다. 무비렌즈 데이터를 모델링했던 것과 같은 과정으로 데이터 모델을 만들어보자.

1) 영화 상세 정보

캐글 데이터셋은 다음과 같은 두 가지 장점을 제공하는 훌륭한 소스다. 첫째, 이 데이터셋은 329,044개의 완벽한 고유 영화 정보를 제공한다. 두 번째, 각 영화에 대한 과도할 정도로 상세한 정보를 제공한다.

모든 영화 상세 정보는 `AllMoviesDetailsCleaned.csv` 파일에 들어 있다. 이 파일에는 22개의 헤더가 있으며 각 헤더는 예산, 원본 언어, 개요, 인지도, 제작사, 러닝타임, 태그라인, 개봉일 등 다양한 정보를 제공한다.

이 데이터에서 가장 중요한 키는 `id`와 `imdb_id`다. 캐글 데이터에서 다음과 같은 강력한 식별자 정보를 얻었다.

1 캐글 데이터셋의 `id`를 TMDB의 `tmdb_id`로 매핑할 수 있다.
2 `imdb_id`는 IMDB의 영화 ID로 매핑된다.
3 캐글 데이터셋의 329,044개의 모든 영화는 TMDB 식별자를 갖는다.
4 캐글 데이터셋의 영화 중 78,480개는 IMDB ID를 갖고 있지 않다.
5 캐글과 무비렌즈 데이터를 비교할 수 있는 다른 정보는 영화 제목이 유일하다.

캐글 데이터셋의 강력한 식별자의 이용 범위 덕분에 무비렌즈의 영화 데이터와 캐글 데이터를 매칭하고 병합하는 방식을 이해할 수 있다. 캐글 데이터 소스는 TMDB의 강력한 식별자를 100% 커버하는 반면 무비렌즈의 데이터 소스는 IMDB의 강력한 식별자를 거의 100% 커버한다.

두 데이터 소스의 강력한 식별자가 불일치하는 상황에는 장단점이 있다. 매칭 과정이 조금 복잡해진다는 사실은 단점이 되지만 데이터 매칭이라는 교육적인 면에서는 장점으로 볼 수 있다. `AllMoviesDetailsCleaned.csv` 파일에서 일곱 가지 정보를 가져와 데이터 모델에 추가했다. [그림 11-8]은 데이터 모델 개발의 다음 단계를 보여준다.

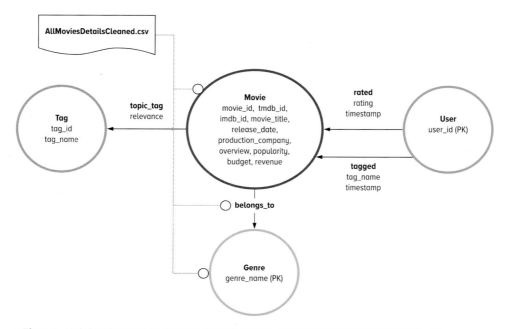

그림 11-8 무비렌즈 데이터에 캐글 데이터셋 데이터를 추가하는 첫 번째 단계: 영화 정점에 프로퍼티 추가

[그림 11-8]은 영화 정점에 여섯 개의 새로운 프로퍼티(`release_date`, `production_company`, `overview`, `popularity`, `budget`, `revenue`)를 추가했음을 보여준다. 캐글에서 추출한 일곱 번째 정보는 장르 프로퍼티다. 이 정보는 `Genre` 정점 그리고 `Movie`에서 `Genre`로 이어지는 간선에 정보를 추가한다.

이 데이터셋이 있어야 각 영화의 배우 정보를 합칠 수 있다. 배우 정보를 얻는 방법을 살펴보자.

2) 배우, 출연자 정보

`AllMoviesCastingRaw.csv` 파일은 각 영화의 배우, 감독, 프로듀서, 편집자 정보를 제공한

다. 예제에서는 배우 정보만 사용한다.

AllMoviesCastingRaw.csv 파일은 329,044개의 각 영화에 출연한 다섯 배우를 나열한다.
각 정보는 한 행으로 이루어지며 첫 11개의 열의 구조는 다음과 같다.

```
id,actor1_name,actor1_gender, ..., actor5_name, actor5_gender....
```

배우의 ID를 Movie 정점의 tmdb_id와 매치해 배우와 연결된 영화를 찾을 수 있다.

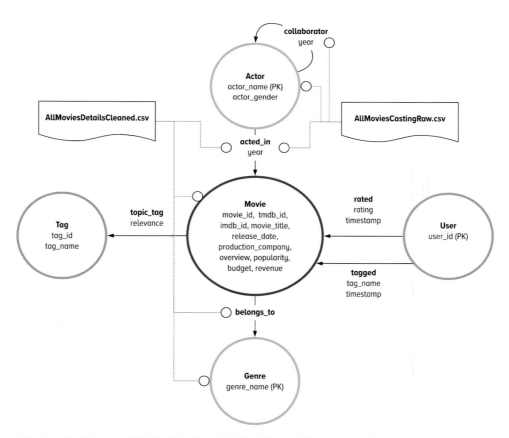

그림 11-9 무비렌즈 데이터에 캐글 데이터셋 데이터를 추가하는 두 번째 단계: 모델에 배우 추가

추가적으로 같은 영화에 출연한 배우를 연결하는 collaborator 간선을 만들었다.
AllMoviesDetailsCleaned.csv 파일의 release_date를 이용해 배우의 새로운 간선 레이

블에 **year**를 추가했다. [그림 11-9]는 지금까지 만든 데이터 모델이다.

11.3.3 개발 스키마

무비렌즈, 캐글 소스를 통합해 예제에서 사용할 개발 스키마를 만든다. [그림 11-10]은 그래프 스키마 언어를 이용해 개발 스키마를 만든 모습이다.

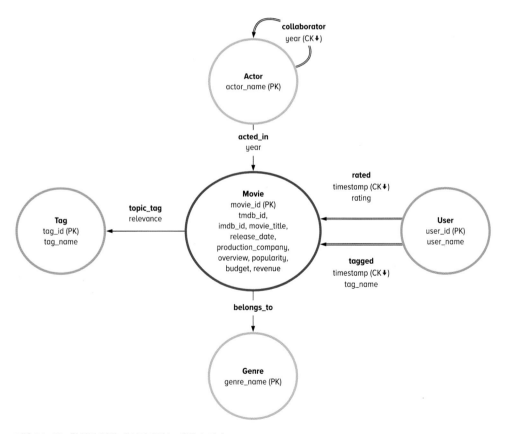

그림 11-10 합쳐진 영화 데이터베이스 개발 스키마

10장에서는 그래프 스키마 언어로 [그림 11-10]을 스키마 구문으로 변환하는 방법을 설명했다. ERD가 스키마를 생성하는 것과 같은 방식으로 이를 구현했다.

11.4 영화 데이터 매칭, 병합

무비렌즈와 캐글 데이터셋을 합치는 작업은 예상보다 더 어렵고 긴 작업이었다. 필자들의 경험상 여러 데이터 소스를 매칭, 병합하는 작업은 예상보다 오래 걸린다.

두 데이터 소스를 해석하려면 두 시스템의 데이터를 연결하는 데 사용할 강력한 식별자를 매핑해야 한다. 바로 이전 절에서 이를 살펴봤다. TMDB와 IMDB의 영화 식별자를 두 데이터셋의 강력한 식별자로 사용할 수 있음을 확인했다.

하지만 각 데이터셋이 포함하는 ID 분포가 서로 다르다. 두 소스를 확인한 결과 다음과 같은 사실을 알게 되었다.

1 무비렌즈 데이터셋의 각 항목은 IMDB 식별자를 갖는다.
2 무비렌즈 데이터셋의 영화 중 1%는 TMDB 식별자를 갖지 않는다.
3 캐글 데이터셋의 각 항목은 TMDB 식별자를 갖는다.
4 캐글 데이터셋의 영화 중 24%는 IMDB 식별자를 갖지 않는다.

이 정보를 통해 IMDB나 TMDB에만 의존할 수 없으므로 두 ID를 모두 활용해야 함을 알 수 있다.

> NOTE_ 데이터 소스를 병합할 때는 항상 각 시스템의 강력한 식별자를 찾고 분포를 이해하는 것이 1순위가 되어야 한다.

모든 것을 정확하게 매칭할 수 있는 상황에서 여러 소스의 데이터를 절차적으로 매칭하고 병합하는 방법을 살펴보자. 그리고 두 데이터셋에서 발견한 오류가 무엇인지 살펴보고 이를 해결하는 방법을 설명한다.

11.4.1 매칭 과정

처음에는 단순하게 매칭 과정을 진행했다. 먼저 무비렌즈 데이터를 처리했다. 그리고 캐글 데이터셋과 데이터를 매치하는 데 필요한 것이 무엇이고 어떻게 정보를 합칠지 고민했다.

무비렌즈 데이터가 캐글 데이터의 한 항목의 정보(TMDB, IMDB 식별자)와 정확하게 일치하는 상황을 영화 정보가 매치한다고 정의했다.

[예제 11-2]는 이렇게 성공적으로 매치된 데이터를 합치는 과정이다.

예제 11-2

```
1 캐글 데이터셋의 각 영화 movie_k로 다음을 반복:
2    movie_m = movie_k의 tmdb_id로 MovieLens 데이터 MATCH
3    if movie_m을 발견했다면:
4        if movie_k의 imdb_id == movie_m의 imdb_id:
5            movie_m2 = movie_k의 imdb_id로 MovieLens 데이터 MATCH:
6            if tmdb_id == tmdb_id_m2:
7                Kaggle 데이터 UPSERT
8    else:
9        movie_m = movie_k의 imdb_id로 MovieLens 데이터 MATCH:
10       if movie_m이 null이 아니면:
11           if imdb_id 식별자가 일치하면:
12               데이터 UPSERT
13       else:
14           movie_k는 MovieLens 데이터에 존재하지 않음
15           Kaggle의 movie_k INSERT
```

[예제 11-2]를 수행하면 두 데이터베이스에서 26,853개의 영화가 일치한다. 매칭 과정을 시작하기 전에 무비렌즈 데이터베이스의 252개 영화는 IMDB 식별자가 없었다. 다만 TMDB 식별자를 이용해 이들 중 15개의 영화를 캐글 데이터셋에서 발견했다.

> **NOTE_** [예제 11-2]의 5행, 6행 로직이 필요한 이유가 궁금할 것이다. 이는 소스 데이터의 오류 때문이다. 11.5절에서 어떤 오류인지 자세히 살펴본다.

[그림 11-11]은 [예제 11-2]의 절차를 이용해 두 데이터 소스에서 〈토이 스토리〉를 성공적으로 매치하는 방법을 보여준다.

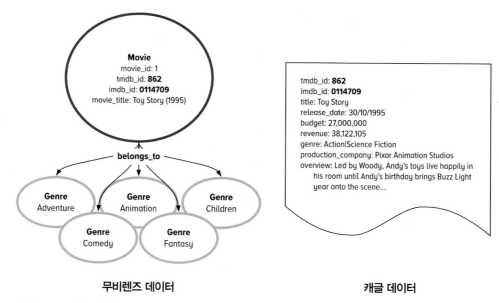

그림 11-11 캐글 데이터 소스의 〈토이 스토리〉 정보를 무비렌즈 데이터와 매치하는 방법

무비렌즈 데이터   캐글 데이터

[그림 11-11]의 가장 중요한 기능은 두 소스 간의 강력한 식별자 값을 찾는 것이다. 'Toy Story (1995)'라는 제목을 가진 영화를 무비렌즈 데이터에서 모델링했으며 `tmdb_id`는 862, `imdb_id`는 0114709를 얻었다. 캐글 영화를 처리할 때 [예제 11-3]의 알고리즘을 사용한다.

예제 11-3

```
1 캐글 데이터셋의 "Toy Story" 영화로:
2     movie_m = 862로 MovieLens 데이터를 검색한다:
3     if movie_m을 찾았으면:
4         if 0114709 == 0114709:
5             movie_m2 = movie_k의 0114709로 MovieLens 데이터를 검색한다:
6             if 862 == 862:
7                 Kaggle 데이터 UPSERT
```

아파치 카산드라를 내부 데이터 저장소로 이용하므로 데이터를 삽입할 때 UPSERT를 사용한다. 이 상황을 포함한 대부분의 상황에서 UPSERT가 가장 빨리 데이터 기록을 처리한다.

[그림 11-12]는 〈토이 스토리〉 영화 정보를 합친 데이터셋 모습이다.

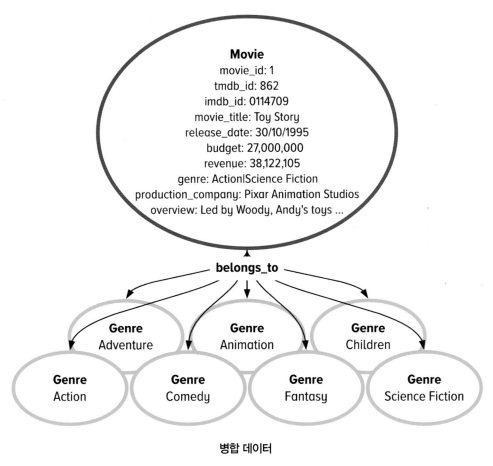

병합 데이터

그림 11-12 데이터가 병합된 〈토이 스토리〉 최종 모습

이 과정에서 우리는 걸림돌과 결정이 필요한 부분을 별도로 정리했다. 다음 절에서 이를 살펴본다.

11.5 거짓 긍정 해결

여러분은 [예제 11-2]의 매칭 과정을 처음 읽으면서 일부 검사는 중복되었다고 생각했을 것이다. 예를 들어 캐글 데이터가 무비렌즈 영화와 일치하는지 결정할 때 먼저 TMDB 식별자로 영화를 찾은 다음 IMDB 식별자로 영화를 다시 찾았다. 이렇게 두 가지 방식으로 영화를 검색했을 때 같은 영화와 식별자를 얻어야 일치한다고 간주했다.

무비렌즈 데이터를 처리하면서 정말 흥미로운 사실을 발견했다. 바로 데이터에 거짓 긍정이 포함되어 있다는 점이다.

11.5.1 무비렌즈 데이터셋에서 찾은 거짓 긍정

[예제 11-2]의 매칭 과정을 실제 수행해보면 무비렌즈 데이터셋의 링크 안에서 오류를 발견할 수 있다. 구체적으로 무비렌즈 데이터에 TMDB 식별자가 동일한 17건의 데이터가 있는데, 이들은 각각 다른 IMDB 식별자를 가리킨다. 이를 **거짓 긍정**false positive이라 부른다.

• **거짓 긍정**: 개체 해석 과정에서 두 참조가 동일하지 않은 상황을 거짓 긍정 오류라 한다.

TMDB 식별자로 캐글 레코드를 합치려고 할 때 무비렌즈 데이터에 거짓 긍정이 있음을 발견했다. 캐글 항목의 `tmdb_ids`는 무비렌즈의 영화와 일치했는데, 다시 캐글 항목의 IMDB 식별자로 무비렌즈 데이터를 찾으니 두 개의 결과가 나왔다.

무비렌즈 데이터 내에 존재하는 몇 가지 거짓 긍정을 살펴보자(표 11-1).

표 11-1 tmdbId가 imdbId로 매핑되지 않는 무비렌즈 데이터 때문에 발생하는 여섯 가지 거짓 긍정

movie_id	imdb_id	tmdb_id	movie_title
1533	0117398	105045	The Promise (1996)
690	0111613	105045	Das Versprechen (1994)
7587	0062229	5511	Samouraï, Le (Godson, The) (1967)
27136	0165303	5511	The Godson (1998)
8795	0275083	23305	The Warrior (2001)
27528	0295682	23305	The Warrior (2001)

이들이 같은 영화인지 다른 영화인지 알아내려면 원본 소스를 확인하는 수밖에 없다. 하지만 이 예제에서는 원본 소스를 확인하지 않는다. 무비렌즈 데이터에서 발견된 17개 쌍의 매핑 충돌 사례(총 34개)를 삭제했다.

IMDB, TMDB를 조금 더 자세히 살펴보면서 캐글 데이터셋이 올바른 항목을 갖는다는 사실을 알게 되었다. 따라서 이런 인스턴스가 발견되었을 때 캐글 데이터를 근거 자료로 사용해 결정했다.

무비렌즈 소스에서 발생한 거짓 긍정 문제를 해결한 다음 두 데이터 소스를 매핑할 때 발견된 오류 정보를 수집했다.

11.5.2 개체 해석 과정에서 발견된 추가 오류

두 데이터셋에서 다음과 같은 오류와 불일치를 발견했다.

1 TMDB 식별자는 일치하면서 IMDB 식별자가 일치하지 않는 영화는 없었다.
2 IMDB 식별자는 일치하지만 TMDB 식별자가 일치하지 않는 143개의 오류를 발견했다.

처음에는 143개의 오류가 거짓 긍정인지 거짓 부정인지 알 수 없었다. 이들을 면밀히 조사한 다음에야 이들이 어떤 형식의 오류인지 알 수 있었다.

143개의 불일치 데이터와 관련해 다음 추가 데이터를 비교할 수 있었다.

1 각 데이터베이스의 영화 제목
2 IMDB상의 영화 공개 페이지
3 TMDB상의 영화 공개 페이지

오류를 해결할 때 여러분이 갖고 있는 데이터부터 해결하고 싶을 것이다. 이런 상황에서는 영화 제목을 비교할 수 있다. 제목을 비교한 방법을 [표 11-2]에서 살펴보자.

표 11-2 무비렌즈, 캐글 데이터셋의 영화 제목이 일치하지 않는 이유

제목이 다른 이유	총 발견 횟수	백분율
"A"	5	3.50%
제목이 다름	9	6.29%
제목은 같지만 언어가 다름	1	0.70%
"The"	36	25.17%
(연도)	92	64.34%

무비렌즈 데이터 소스는 발행 연도 정보가 있으면 영화의 제목에 연도를 추가한다. 따라서 데이터를 제작 방법에 따라 충돌 개수가 달라진다. [표 11-2]의 마지막 행에서 64%의 불일치가 발생한 이유는 무비렌즈는 제목 옆에 (연도)를 포함하는 반면 캐글 데이터는 이를 포함하지 않기 때문이다.

무비렌즈와 캐글의 제목이 다른 나머지 이유도 상당히 흥미롭다.

1 3.5%의 오류는 제목에 "A"가 추가되면서 발생했다.
2 25.1%의 오류는 제목에 "The"가 추가되면서 발생했다.
3 제목은 같지만 다른 언어로 표시된 오류도 1건 있었다. 예를 들어 ⟨The Promise⟩(영어), ⟨La Promesse⟩(프랑스어)로 표시된 건이 있다.
4 두 제목이 실제로 다른 경우는 9건이었다.

제목이 다른 이유를 분석하는 것만으로는 두 영화가 실제로 동일한 영화인지 아닌지 구별할 수 없다.

불일치 영화의 10%(15개)는 TMDB, IMDB의 영화 상세 정보를 이용해 어떤 소스가 올바른 데이터를 갖고 있는지 확인했다. 더 자세히 오류 데이터를 분석한 결과, 필자들이 확인한 모든 상황에서 캐글 데이터 소스가 올바른 TMDB 식별자와 IMDB 식별자를 갖고 있었다. 다음은 일치하지 않는 영화에 대해 심층적으로 연구한 세부 정보다.

1 15개 중 12개의 무비렌즈 데이터는 삭제된 웹 페이지를 가리키는 TMDB 식별자를 포함했다.
2 TMDB와 IMDB 원본 소스를 확인한 결과 부정확하게 매치된 143개 중 15개의 데이터는 캐글이 올바른 정보를 갖고 있었다.
3 필자들이 조사한 모든 불일치 매핑 데이터와 관련해 항상 무비렌즈 데이터의 정보가 부정확했다.

그 결과 강력한 식별자가 일치하지 않는 143개의 오류 데이터에는 캐글 데이터 소스의 정보를 사용했다. 결론적으로 무비렌즈 데이터가 부정확하게 TMDB 식별자를 IMDB 식별자로 연결하는 143개의 거짓 긍정 오류를 해결해 데이터로 활용했다.

11.5.3 병합 과정 최종 분석

해석 과정을 완료한 후 병합된 데이터베이스에 총 329,469개의 영화를 저장했다. 다음은 병합된 데이터셋의 추가 통계 정보다.

1 26,853개의 영화는 무비렌즈와 캐글 데이터 소스 모두에 포함된다.

2 병합된 데이터베이스에서 78,480개의 영화는 IMDB 식별자가 없다.

3 병합된 데이터베이스에서 237개의 영화는 TMDB 식별자가 없다.

데이터셋을 합치는 과정이 생각보다 단순한 작업임을 확인했을 것이다. 그래프에서 데이터를 사용하려면 이 과정을 거쳐야 하는 경우가 대부분이다.

이제 '어떻게 그래프로 영화 데이터 문제를 해결할 수 있을까?'라는 의문이 생긴다.

11.5.4 영화 데이터 병합 시 그래프 구조의 역할

영화 데이터의 거짓 긍정 문제를 해결하는 방법을 살펴보면서 데이터의 간선을 이용해 일부 거짓 긍정 문제를 해결했다. 이 상황을 조금 더 자세히 살펴보자.

만약 무비렌즈 소스가 배우 정보를 제공했다면 아마 그래프 구조로 일부 거짓 긍정 문제를 해결했을 것이다. 예를 들어 무비렌즈 데이터의 거짓 긍정 예를 [표 11-3]에서 살펴보자.

표 11-3 추가 데이터가 있어야 두 영화가 같은 영화인지 결정할 수 있는 상황

movie_id	imdb_id	tmdb_id	movie_title
8795	0275083	23305	The Warrior (2001)
27528	0295682	23305	The Warrior (2001)

[표 11-3]은 두 영화와 관련해 얻을 수 있는 모든 정보다. 이 데이터로는 두 영화가 같은 영화인지 확신할 수 없다. TMDB 식별자는 같지만 IMDB 식별자는 다르다. 하지만 제목은 같다.

이 데이터로는 결론을 내릴 수 없다. 이 두 영화와 관련해 어떤 정보를 더 알아낼 수 있는지 살펴보자.

IMDB 데이터를 이용해 각 영화의 배우 정보를 얻을 수 있다. [그림 11-13]은 각 영화의 배우 정보를 토대로 만든 그래프다.

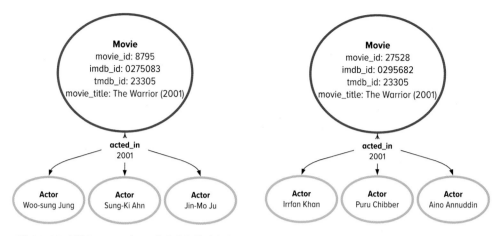

그림 11-13 영화 'Warrior (2001)'의 배우 확인하기

배우 정보, 영화와 배우 사이의 관계를 확인해 두 영화가 서로 다른 영화임을 알 수 있다. 배우 출연 목록에 공통된 배우가 없기 때문이다(지면상 [그림 11-13]은 처음 세 배우만 나타냄).

[그림 11-13]은 그래프 간선을 이용해 데이터가 같은지 구별할 수 있음을 보여준다.

이 장의 간단한 개체 해석을 살펴보면서 일반적으로 개체 해석 과정에 그래프 구조가 필요하지 않다는 사실을 알 수 있다. 강한 식별자끼리 정확히 일치하는 상황부터 처리하는 것이 정상적인 과정이다. 강한 식별자로 문제를 해결할 수 없는 상황이라면 데이터의 가장 중요한 키와 값을 기준으로 문자 편집 거리edit distance를 활용할 수 있다.

기본적인 과정을 마친 다음 데이터의 관계를 충분히 확보했다면 이를 개체 해석 과정에 적용할 수 있다.

[그림 11-13]은 이 예제의 개체 해석 과정(강한 식별자, 이름을 이용한 편집 거리를 해석한 다음)에서 그래프 구조를 사용해야 할 구체적 이유를 보여준다. 그래프 구조로 두 영화가 서로 다른 영화라는 사실을 확인할 수 있기 때문이다. 또한 두 영화가 다른 이유도 추론할 수 있다. 물론 모든 문제를 이렇게 그래프로 해석할 수는 없지만, 그래프는 표 형식의 정보를 이용하는 것보다 더 쉽게 개체 해석 과정에 도움을 줄 수 있는 유용한 도구다.

그래프로 데이터를 해석하고 합치는 기능은 다면적인 문제다. 일반적인 개체 해석 과정에서 그래프를 언제, 어떻게, 어떤 상황에서 사용할지를 설명하려면 따로 책 한 권을 집필해야 할 정도다.

이제 본론으로 돌아가서 지금까지 확인한 권장 사항을 조금 더 큰 범위의 제품 애플리케이션에 적용해보자.

CHAPTER 12

추천 제품화

요즘 거의 모든 애플리케이션은 '추천' 기능을 제공한다.

여러분이 즐겨 사용하는 디지털 미디어, 의류 또는 소매 제공 업체의 애플리케이션을 생각해보자. 미디어 애플리케이션이 제공하는 추천 창을 통해 새로운 영화나 책을 발견한다. 나이키와 같은 브랜드는 맞춤형 의상을 추천해 개인적인 인앱^{in-app} 경험을 제공한다. 심지어 지역 식료품점의 애플리케이션은 다음 번 상점을 방문했을 때 사용할 수 있는 추천 쿠폰을 제공한다. 추천 및 개인화는 디지털 경험의 거의 모든 구석에 스며들어 있다.

하지만 애플리케이션 내에서 적절한 속도로 추천을 제공하는 과정을 어떻게 구축해야 할까?

10장에서 살펴본 것처럼 그래프의 데이터 소스를 연결해 사용자를 위한 개인화된 추천을 만들 수 있다. 그러나 대규모 그래프 기반 추천을 처리하는 데 필요한 데이터의 양 때문에 제품 애플리케이션 내에서 사용할 수 있는 협업 필터링을 방식은 큰 제약을 받는다.

나이키 애플리케이션 사용자는 NPS 기반 협업 필터링 그래프 질의 처리를 위해 몇 초 동안 하염없이 기다리지는 않을 것이다. 이는 우리가 구현하려는 제품도 마찬가지다.

대신 여러분은 제품 엔지니어의 입장에서 생각해야 한다. 최종 사용자의 인앱 경험을 우선시해 절차를 만든 다음 그래프 기반 협업 필터링처럼 조금 더 오래 걸리는 질의를 연결해야 한다. 하지만 이때 최종 사용자는 웹 응답 시간 내에 추천 콘텐츠를 받을 수 있어야 한다.

12장에서는 복잡한 그래프 문제를 일괄 처리가 필요한 부분과 실시간으로 질의할 수 있는 부분으로 나누는 방법을 설명한다.

12.1 12장 미리 보기: 지름길 간선, 사전 계산, 고급 가지치기 기술 이해하기

마지막 12장은 네 개의 주요 부분으로 구성된다.

먼저 지름길 간선shortcut edge을 설명한다. 개발 과정의 확장성이 부족한 이유와 지름길 간선으로 문제를 해결하는 방법을 설명한다.

다음으로 영화 데이터의 지름길 간선을 사전 계산하는 방법을 설명한다. 데이터 병렬 처리와 트랜잭션transaction 질의에 사용할 장기 실행 계산을 통합할 때 겪을 수 있는 다양한 운영 문제도 자세히 살펴본다.

세 번째 부분에서는 영화 데이터에 사용할 최종 제품 스키마를 소개한다. 지금까지 여러 번 살펴본 것처럼 스키마 코드를 살펴보고, 계산된 간선을 로딩하는 방법을 설명한다.

마지막 부분에서는 지름길 간선으로 최종 사용자에게 추천을 제공하는 방법을 소개한다. 아파치 카산드라 내의 파티셔닝 기법을 자세히 확인하면서 다양한 종류의 추천 질의 시 발생하는 지연을 예측해본다.

12.2 실시간 추천용 지름길 간선

10장에서 그래프 데이터에 협업 필터링을 수행하는 방법까지 살펴봤다. NPS 기반 메트릭을 만들고 계산하면서 사용자들의 영화 평가에 따라 영화를 추천하는 방법을 살펴봤다. [그림 12-1]은 우리가 구현한 방법의 일반적인 개념이다.

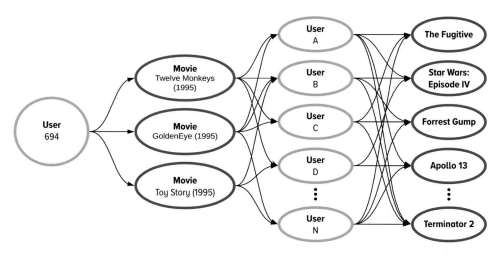

그림 12-1 10장의 개발 질의를 처리하는 데 필요한 엄청난 양의 데이터를 보여주는 예

[그림 12-1]은 개발 그래프 데이터에서 추천을 찾는 과정을 왼쪽에서 오른쪽 방향으로 보여준다. 노트북으로 이 과정을 따라 해본 독자라면 제품 애플리케이션에 이 방식을 사용했을 때 전체 질의 처리 시간을 충분히 단축할 수 없다는 사실을 발견했을 것이다. 질의 처리가 너무 오래 걸리므로 사용자는 추천 결과를 얻기까지 오래 기다려야 한다.

이런 문제가 발생하는 이유가 무엇이며 이 문제를 어떻게 해결할 수 있는지 살펴보자.

12.2.1 개발 과정의 확장성 문제

개발 그래프 질의를 활용할 수 없는 이유는 간단하다. 분기 요소, 슈퍼노드 때문이다. 아마 여러분은 이 두 가지 문제를 동시에 해결하는 일이 쉽지 않다는 사실에 동의할 것이다.

하지만 기존에 그래프 분기 요소와 슈퍼노드 문제를 이미 경험했다.

6장에서 센서 네트워크의 타워에서 모든 센서로 탐색해나갈 때 분기 요소 문제를 만났었다. 데이터 간선의 분기 요소 때문에 질의 처리 오버헤드가 기하급수적으로 증가했다.

추천 문제에서도 비슷한 분기 문제가 발생한다. 사용자에서 영화로 또다시 사용자에서 영화로 탐색하면서 데이터 내의 모든 간선을 처리해야 할 탐색자의 질의 분기의 수가 기하급수적으로 늘어난다.

협업 필터링 질의의 슈퍼노드 문제도 처리해야 한다. 슈퍼노드는 분기 요소와 밀접하게 관련된다. 슈퍼노드는 그래프 분기 요소의 극단적인 상황(가장 높은 차수를 갖는 정점)이기 때문이다.

9장 경로 찾기 문제에서 필터를 만들고 최적화하면서 슈퍼노드 문제를 겪었다. 보통 경로 찾기 애플리케이션에서 슈퍼노드는 의미 있는 결과를 제공하지 않으므로 차수가 높은 정점은 경로 찾기 질의에서 제외시켰다.

하지만 추천 데이터에서는 슈퍼노드를 조금 다른 방식으로 처리한다.

추천 문제에서는 슈퍼노드를 슈퍼사용자superuser, 슈퍼인기superpopular 콘텐츠 두 가지로 구분한다. 슈퍼사용자는 플랫폼의 거의 모든 콘텐츠를 봤거나 평가한 멤버다. 협업 필터링 질의에서 슈퍼사용자가 발견될 때마다 결과 집합으로 수많은 영화가 삽입된다. 또한 대다수의 사용자가 보았거나 평가한 아주 인기 있는 콘텐츠도 있다.

경로 찾기와 달리 추천 시스템에서는 슈퍼노드의 종류에 따라 어떤 트렌드를 반영하거나 또는 추천 항목 발견 가능성이 높아질 수 있다.

그렇다면 이 두 가지 문제를 어떻게 해결해야 할까? 여기서는 그 해결책으로 이 둘을 둘러싼 연결을 만든다.

12.2.2 확장성 문제 해결법: 지름길 간선

지름길 간선은 이 책에서 마지막으로 소개하는 제품 기법이다. 전 세계의 많은 팀이 지름길 간선을 이용해 제품 질의에서 발생하는 그래프의 분기 요소와 슈퍼노드를 해결한다.

- **지름길 간선**: 정점 a에서 정점 n까지의 멀티홉multihop 질의를 미리 계산한 결과를 a에서 n으로 이어지는 간선에 직접 저장한다.

이번 장에서 지름길 간선을 어떻게 사용하는지 살펴보자. [그림 12-2]는 recommend 간선으로 중간의 NPS 기반 사용자 평점 메트릭에 따라 영화를 추천 영화로 직접 연결하는 모습을 보여준다.

recommend 간선이 협업 필터링 질의의 가장 까다로운 문제를 해결하므로 애플리케이션의 사용자는 추천 결과를 기다릴 필요가 없다.

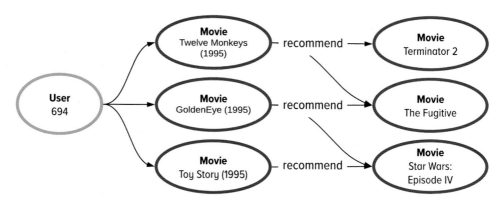

그림 12-2 미리 계산된 recommend 지름길 간선을 이용해 영화와 추천 영화를 직접 연결하는 예

그렇다면 이러한 상황에서 여러분이나 팀은 사용자와 콘텐츠를 직접 연결하는 추천 간선을 만들지 않는 이유가 궁금할 것이다. 기술적으로는 이를 실현할 수 있다. 하지만 우리의 목표는 사용자의 최근 평가 기반으로 추천을 즉시 제공하려는 것이기 때문이다.

이제부터는 지름길 간선의 사용 방법을 자세히 살펴본다.

12.2.3 제품에 적용할 설계 확인하기

제품 질의에 필요한 것이 무엇인지 고민하면 지름길 간선을 미리 계산하는 복잡한 문제의 경계를 정의하는 데 도움이 된다. [그림 12-3]은 예제가 최종적으로 달성하려는 목표를 보여준다.

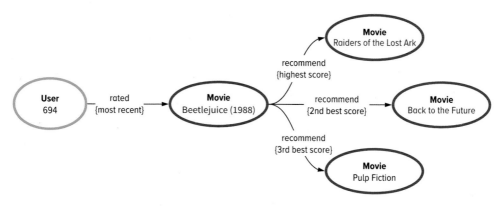

그림 12-3 일괄 작업으로 무엇을 미리 계산해야 하는지 보여주는 그림

[그림 12-3]은 영화 추천 제품 버전의 최종 질의에 지름길 간선을 적용한 개념적 모델이다. 사용자의 **가장 최근 추천**을 이용해 가장 높은 순위의 영화 집합을 만들어야 한다. 그러려면 사용자의 최근 영화 평가와 사용자에게 추천할 새로운 콘텐츠를 연결하는 recommend 지름길 간선을 미리 계산해야 한다.

12.2.4 가지치기: 다양한 방법으로 지름길 간선 미리 계산하기

이번 절에서는 데이터에서 지름길 간선을 다양한 방법으로 가지치기하고 계산하는 방법을 설명한다.

지름길 간선을 얼마나 잘 활용할 수 있는가는 건너뛰는$^{hop\ over}$ 집계를 계산하는 항목과 빈도를 어떻게 설정할 것인지에 달렸다. 여러분의 추천 애플리케이션에 적용할 만한 기술을 살펴보자. 예제 데이터를 처리하면서 필자들이 내렸던 결정을 자세히 소개한다.

지름길 간선 사용 방법을 처음 살펴볼 때 여러분의 팀은 계산 과정 복잡도의 한계를 어느 정도로 제한할 것인지 토론할 것이다. 보통 지름길 간선에서는 총점, 총 결과의 수, 도메인 지식 기대치와 같은 세 가지 방법으로 총 데이터 양을 제한한다.

각 옵션의 의미를 간단히 살펴보자.

점수 임곗값으로 가지치기

먼저 미리 정한 점수를 기준으로 지름길 간선을 필터링하는 방법이 있다. 이 기법에서는 정해진 기준치 점수 이상의 추천만 지름길 간선에 포함시킨다.

우리는 이미 결과 집합에 미리 정한 하드 임곗값$^{hard\ threshold}$을 적용하는 방법을 살펴봤다. 9장에서 특정 임곗값을 기준으로 신뢰 여부를 결정하는 방법을 설명했다. 이 임곗값을 기준으로 더 높은 가중치의 경로는 신뢰할 수 있음을 의미했다. 이는 수학적으로 도출한 한계점으로 이 값보다 큰 경로는 신뢰할 수 있는 경로이며 그렇지 않으면 신뢰할 수 없는 경로로 구분한다.

하지만 추천, 영화 데이터 예제에서는 이렇게 고정된 값을 사용하지 않는다.

9장과 같은 방식을 사용하려면 데이터에서 추천 점수를 분석해 사용자가 선호하는 범위의 값을 파악해야 한다. 안타깝게도 예제 영화 데이터에는 NPS 기반 메트릭과 관련해 제공할 수 있는 특정 임곗값을 찾지 못했다. 하지만 상황에 따라서 여러분은 언젠가 이 방식을 활용해야 할 수 있다는 사실을 기억하자.

수학적 임곗값이 없으므로(혹은 임곗값이 있더라도) 결과에 포함할 지름길 간선 수 또한 제한할 수 있다.

제한된 총 추천 수를 기준으로 가지치기

두 번째는 제품에 포함할 총 간선 수를 기준으로 지름길 간선을 제한하는 방법이다. 예를 들어 100개의 지름길 간선만 저장하기로 결정할 수 있다. 여러분은 최고 점수를 갖는 100개의 추천만 포함하거나 특정 범위의 추천을 포함할 수 있다.

특정 점수 임곗값을 사용하는 기법보다 간선의 총 개수를 제한하는 기법을 더 자주 사용하는 이유는 두 가지다. 첫째, 총 개수를 제한하는 기법을 애플리케이션에 적용했을 때 나타날 영향을 더 쉽게 추론할 수 있다. 이를 이용해 제품에서 데이터를 저장하고 유지 보수하는 데 총 공간이 얼마만큼 필요한지 계산 가능하다. 둘째, 제품 질의에서 사용자에게 가장 인기 있는 추천을 선택해 합리적으로 사용할 수 있다. 또는 사용자가 기존에 시청한 적이 없는 가장 높은 추천을 받은 콘텐츠를 선택할 수 있다.

영화 데이터 예제에서는 간선의 총 개수를 제한하는 기법으로 지름길 간선을 계산한다.

지름길 간선 과정을 개발하고 배포했다면 사용자와 더 관련된 추천을 제공할 수 있도록 한 가지 개념을 살펴봐야 한다.

도메인 지식 필터를 적용해 가지치기

영화의 장르에 필터를 적용해 사용자 맞춤 추천을 제공하는 방식은 도메인 지식으로 추천을 가지치는 기법의 한 예다.

사용자가 드라마를 좋아한다면 새로운 영화를 추천할 때 드라마 유형의 필터를 적용한다. 영화 데이터에서 도메인 지식으로 맞춤 추천을 제공하는 방법은 다양하다. 아마 여러분은 넷플릭스에서 제공하는 장르별, 배우별, 최신 트렌드별 추천 서비스를 통해 이미 이를 경험했을 것이다.

애플리케이션에 도메인 지식을 이용해 추천을 필터링하는 기능은 언젠가 꼭 필요하다. 도메인 지식 필터를 적용하는 기능은 애플리케이션이 발전하는 데 필요한 부품이다.

먼저 기초를 살펴보면서 제품에 적용할 수 있는 방법을 확인해보자.

12.2.5 추천 업데이트 고려 사항

추천 기능을 제품으로 출시하려면 지름길 간선을 얼마나 자주 갱신할 것인지 결정해야 한다. 이를 결정한 후 적절한 시간 안에 계산을 완료할 수 있도록 파이프라인을 설계해야 한다.

> **NOTE_** 넷플릭스의 추천 기능과 비슷한 추천 경험을 제공하고 싶다고 가정해보자. 여러분은 얼마나 자주 넷플릭스 계정에 로그인하며 또 얼마나 자주 새롭게 갱신된 영화 추천 목록을 확인하는가? 최근 본 영화 때문에 추천 목록이 언제 갱신되었는지 알 수 있는가? 더 나은 사용자 경험을 제공하기 위해 추천 목록을 업데이트하는 빈도를 결정해야 이러한 질문과 고려 사항에 답할 수 있다.

모든 사용자의 평점에서 지름길 간선을 계산하는 방식은 매우 비싼 동작이다. 계산 빈도를 가능한 줄여야 한다. 여러분의 애플리케이션에서 지름길 간선 절차를 설계할 때 고려해야 할 세 가지 팁을 소개한다.

1 변경된 콘텐츠의 지름길 간선만 갱신
2 성공적 추천으로 판명된 데이터 파이프라인 구축
3 탄탄한 계산 과정 구축

각 팁의 의미를 간단히 살펴보자.

첫째, 플랫폼의 모든 콘텐츠를 매일 혹은 매주 보거나 평가하진 않는다. 따라서 전체 그래프의 지름길 간선을 다시 계산할 필요가 없다. 최신 트렌드를 유지할 수 있도록 가장 자주 갱신된 데이터의 지름길 간선만 만드는 방법을 찾아야 한다.

둘째, 사용자가 실제로 클릭하는 추천 항목을 확인하고 이 정보를 활용해 다시 계산해야 하는 추천 범주를 식별할 수 있다. 여러분은 애플리케이션에서 제공하는 '지금 뜨는 콘텐츠' 기능을 경험했을 것이다. 애플리케이션이 제공하는 이러한 신호는 놓치지 말아야 할 가장 중요한 기능 중 하나다. 사용자가 지금 무엇을 좋아하는지 학습하는 데 필요한 성공의 열쇠를 보여주기 때문이다. 여러분은 이러한 성공적 추천을 어떻게 파악하고 이 정보를 어떻게 현재 트렌드와 연결할지 계획해야 한다.

마지막으로 탄탄한 계산 과정을 만들어야 한다. '탄탄한robust'이라는 표현은 문제를 쉽게 반복할 수 있는 더 작고 결정적인 계산으로 나누는 것을 의미한다. 큰 전역 계산이 아니라 작고 지역적인 계산을 사용해 더 빠르고 내결함성fault tolerant이 있는 데이터 파이프라인을 만들 수 있다.

이제 예제를 이용해 지름길 간선을 어떻게 계산하는지 살펴보자.

12.3 영화 데이터의 지름길 간선 계산하기

지름길 간선을 이용하면 질의 시간에 발생하는 그래프 분기 요소, 슈퍼노드 문제를 해결할 수 있다.

다만 어쩔 수 없이 지름길 간선을 미리 계산하는 데 드는 시간은 회피할 방법이 없다.

영화 데이터의 경우 지름길 간선을 미리 계산할 수 있는 환경을 별도로 설정했다. 이번 절에서는 필자들의 결정과 그 이유를 설명한다. 물론 이 책에서 소개하는 방법 외에 오프라인 또는 일괄 처리를 설정해 제품 데이터에 기능을 추가하는 다양한 방법이 있다.

따라서 여기에서 소개하는 접근 방법이 모든 상황에 적합한 것은 아니라는 점을 기억하자. 이번 절의 마지막 부분에서는 다른 접근 방식과 그에 따른 장단점을 설명한다.

12.3.1 지름길 간선을 미리 계산하는 복잡한 문제 쪼개기

10장에서 만든 스키마와 질의로 충분히 지름길 간선을 계산할 수 있다는 사실을 발견했다. 다만 모든 데이터를 처리하려면 시간이 더 필요하다. 따라서 지름길 간선을 계산하는 과정을 다음처럼 세 단계로 나누었다.

1 제품 그래프에 NPS 기반 메트릭을 사용할 수 있는 스키마 만들기
2 10장의 최종 질의를 이용해 한 영화의 지름길 간선 목록 만들기
3 단순 병렬 처리로 지름길 간선 계산 작업 나누기

이 환경에서 사용한 스키마부터 확인하자.

영화 데이터 지름길 간선 계산에 사용할 스키마

메트릭과는 별개로 협업 필터링 질의를 사용하려면 영화, 사용자, rated 간선이 필요하다. rated 간선의 요구 사항은 두 가지다. 첫째, 간선을 평점에 따라 그룹화할 수 있도록 간선을 rating으로 정렬해야 한다. 둘째, 양방향으로 간선을 탐색할 수 있어야 한다.

[그림 12-4]는 두 가지 요구 사항을 적용한 스키마 모습이다.

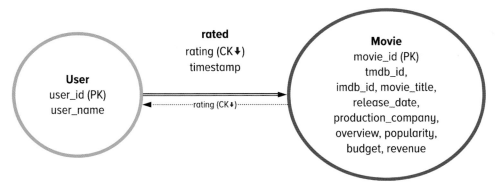

그림 12-4 지름길 간선을 계산할 외부 환경에 필요한 제품 스키마

[그림 12-4]는 필자들이 구성해 별도의 환경에 로딩한 전체 그래프 데이터 모델 모습이다. 여기서 영화와 사용자 정점만 로딩했다. rating 클러스터링 키를 갖는 rated라는 한 개의 간선을 만들었다. 그리고 협업 필터링 질의에서 간선을 양방향으로 탐색할 수 있도록 구체화 뷰를 추가했다. [그림 12-4]의 정점과 간선 레이블을 다음처럼 정의한다.

```
schema.vertexLabel("Movie").
    ifNotExists().
    partitionBy("movie_id", Bigint).
    property("tmdb_id", Text).
    property("imdb_id", Text).
    property("movie_title", Text).
    property("release_date", Text).
    property("production_company", Text).
    property("overview", Text).
    property("popularity", Double).
    property("budget", Bigint).
    property("revenue", Bigint).
```

```
        create();
 schema.vertexLabel("User").
        ifNotExists().
        partitionBy("user_id", Int).
        property("user_name", Text). // 추가됨, 무작위 데이터
        create();
 schema.edgeLabel("rated").
        ifNotExists().
        from("User").
        to("Movie").
        clusterBy("rating", Double).
        property("timestamp", Text).
        create()
```

[그림 12-4]에는 한 개의 양방향 간선 또는 구체화 뷰가 필요한 하나의 간선이 있다. 다음은 이를 구현한 코드다.

```
 schema.edgeLabel("rated").
        from("User").
        to("Movie").
        materializedView("User__rated__Movie_by_Movie_movie_id_rating").
        ifNotExists().
        inverse().
        clusterBy("rating", Asc).
        create()
```

이 데이터 모델을 이용해 지름길 간선을 계산해보자.

협업 필터링 질의로 지름길 간선 계산하기

스키마를 구현했으니 이번에는 10장의 그래프 데이터로 만든 질의를 어떻게 사용할 것인지 생각해보자.

NPS 기반으로 개발했던 질의를 가져와 다음 세 가지를 수정했다.

1 사람 대신 영화에서 탐색을 시작한다.

2 상위 1,000개 점수로 결과를 제한한다.

3 기존 영화, 추천 영화, NPS 기반 메트릭이 포함된 목록을 만들어야 한다.

10장에서 개발한 그렘린 질의에 이 세 가지를 수정했다. 바뀐 코드는 뒤에서 보여준다. [예제 12-1]은 주어진 영화에서 1,000개의 지름길 간선을 계산하는 데 사용한 질의다. 여기서는 앞으로 살펴볼 질의에 적합하고, 여러분이 추가로 데이터를 살펴볼 때 흥미로운 점을 발견할 수 있도록 1,000개의 결과를 선택했다.

예제 12-1

```
 1 g.withSack(0.0).                                     // 시작 점수: 0.0
 2   V().has("Movie","movie_id", movie_id).             // 영화 찾기
 3     aggregate("originalMovie").                       // "originalMovie"로 저장
 4   inE("rated").has("rating", P.gte(4.5)).outV().// 4.5+ 평점을 준 모든 사용자
 5   outE("rated").                                      // 이들 사용자가 평점을 매긴 영화
 6   choose(values("rating").is(P.gte(4.5)),            // "rating"이 4.5이상인가
 7       sack(sum).by(constant(1.0)),                    // 참이면 색에 1 추가
 8       sack(minus).by(constant(1.0))).                 // 아니면 1 차감
 9   inV().                                              // 영화로 이동
10   where(without("originalMovie")).                   // 원래 영화 제거
11   group().                                            // 그룹 만들기
12     by().              // 키: 영화 정점, 중복된 탐색자는 합칠 예정
13     by(sack().sum()).  // 값: 중복된 탐색자의 색을 더함
14   unfold().            // 맵의 모든 항목을 파이프라인으로 제공
15   order().             // 전체 파이프라인 정렬
16     by(values, desc).  // 개별 맵 항목의 값으로
17   limit(1000).         // 첫 1,000개의 결과 즉, 1,000개의 최고 점수를 취함
18   project("original", "recommendation", "score"). // 결과 구조 설정
19     by(select("originalMovie")).                     // "original": 원본 영화
20     by(select(keys)).                                // "recommendation": 추천 영화
21     by(select(values)).                              // "score": NPS 메트릭 합
22   toList()                                            // 결과를 리스트로 감싸기
```

10장에서 개발한 질의 세 곳을 [예제 12-1]에서 어떻게 바꿨는지 살펴보자. 먼저 2행에서는 특정 영화에서 탐색을 시작한다. 이후로 3행에서 16행까지는 기존과 동일한 과정으로 협업 필터링을 수행하고 NPS 기반 메트릭을 계산한다.

수정된 나머지 두 곳은 나중에 사용할 결과 포매팅 부분이다. 17행에서는 오직 최상위 점수를 받은 1,000개의 추천만 결과에 포함하도록 바꾸었다. 이런 제한이 없다면 데이터베이스에 저장된 327,000개가 넘는 모든 영화에 대한 간선을 계산하는 결과를 초래한다. 18행부터 22행까지는 제품 환경에 작업 결과를 쉽게 저장할 수 있도록 결과를 포매팅한다. 기존 영화, 추천

영화, NPS와 같은 구조로 1,000개의 항목을 포함하는 리스트를 만들었다.

[그림 12-5]는 한 영화의 추천 결과 목록에서 최고 점수를 받은 여섯 개의 추천 영화다.

index ↑	Original	Recommendation	Score
0	Aladdin (1992)	Lion King The (1994)	4911.0
1	Aladdin (1992)	Shawshank Redemption The (1994)	4697.0
2	Aladdin (1992)	Beauty and the Beast (1991)	4624.0
3	Aladdin (1992)	Forrest Gump (1994)	4310.0
4	Aladdin (1992)	Toy Story (1995)	4186.0

그림 12-5 588 영화를 기준으로 일괄 처리해 계산한 최상위 여섯 개의 지름길 간선

[그림 12-5]의 기준 영화 588은 〈알라딘Aladdin〉이다. 점수를 계산한 결과 〈라이온 킹The Lion King〉, 〈쇼생크 탈출The Shawshank Redemption〉, 〈미녀와 야수Beauty and The Beast〉, 〈포레스트 검프Forrest Gump〉, 〈토이 스토리Toy Story〉를 최상위 다섯 개의 지름길 간선으로 저장한다.

스키마와 질의를 살펴봤으니 이제 어떻게 작업을 나누어야 할지 살펴보자.

단순 병렬 처리로 지름길 간선 계산 작업 나누기

전체 그래프의 지름길 간선을 계산하는 큰 과정을 작은 독립적 문제로 나눈다. 각 영화의 추천 집합은 다른 영화의 추천 집합과 연관이 없으므로 영화 추천 문제를 여러 개의 작은 질의로 나눌 수 있다.

[예제 12-2]는 지름길 간선 계산 작업을 작고 독립적인 질의로 나누는 방법을 설명한다.

예제 12-2

```
1 셋업: 사용자, 영화, 평점 그래프를 별도 환경으로 로딩
2 분해: movie_ids를 N개의 더 작고 독립적인 목록으로 나누기
3 할당: 프로세서당 한 개의 목록 할당
4 결합: 각 영화의 지름길 간선을 병렬로 계산
5 추출: 로딩될 결과를 제품 그래프로 저장
```

[예제 12-2]의 접근 방법은 영화 지름길 간선을 계산하는 데 필요한 작업을 비교적 직관적이고 기본적인 방식으로 나눈다. 먼저 별도의 환경에 사용자, 영화, 평점을 로딩한다. 그리고 `movie_ids` 목록을 N개의 독립적 그룹으로 나눈다. 개별 영화의 지름길 간선 계산을 병렬로 수행할 수 있도록 각 목록을 별도의 프로세서로 할당한다. 마지막으로 제품 모델에 로딩할 수 있도록 목록에 결과를 저장한다.

> NOTE_ 지름길 간선 계산을 여러 작은 질의로 나누는 과정을 데이터 병렬화parallelism라 부른다. 동일한 계산을 동일한 데이터의 다른 부분집합으로 수행할 때 데이터 병렬화를 이용할 수 있다. 이때 컴퓨팅 환경의 각 스레드에 동일한 모델을 사용하지만 각 스레드에 제공한 데이터는 나누어지고 공유된다. 더 자세한 사항은 비핀 쿠마르Vipin Kumar의 책을 확인해보자.[1]

[예제 12-2]에서 설명한 기법은 메모리보다 계산 시간 최소화를 최우선으로 고려한다. 각 영화의 추천 집합은 독립적이므로 영화 추천을 여러 개의 작은 질의로 나눌 수 있다. 하지만 페이지랭크PageRank 같은 일부 복잡한 문제에는 이런 기법을 적용할 수 없다.

제품 그래프에 이 기법을 적용하기 전에 이 문제를 해결하는 데 자주 사용하는 다른 기법을 잠시 살펴보자.

12.3.2 방 안의 코끼리 문제: 일괄 계산

지름길 간선 계산 기법을 결정할 때 약간의 절충이 필요했다. 지금까지 살펴본 것처럼 단순 병렬을 적용해 작업을 나누고 개별 영화의 지름길 간선을 독립적으로 계산했다.

하지만 그렘린 질의 언어는 그래프의 큰 부분에서 대규모 일괄 계산을 할 때 사용할 수 있는 일괄 실행 모델을 제공한다. 그렇다면 일괄 실행 모델로 지름길 간선을 계산하지 않은 이유는 뭘까?

그 이유는 이 책이 다루는 범위를 벗어나기 때문이다. 일괄 계산을 사용하는 방법을 제대로 설명하려면 책 한 권이 따로 필요하다. 이런 이유로 여기서는 일괄 그래프 질의를 맛보기로만 보여주고 이후로 이어질 신나는 여정은 여러분이 직접 살펴보기를 권장한다.

....
1 『Introduction to Parallel Computing, Second Edition』(Boston: Addison-Wesley Professional, 2003), https://www.oreilly.com/library/view/introduction-to-parallel/0201648652

지름길 간선을 계산할 때 병렬 트랜잭션 질의와 일괄 계산 중 어떤 기법을 사용해야 할지 고민이라면 다음에 소개하는 각 기법의 장단점을 살펴보자.

일괄 계산이 더 나은 경우

일괄 계산을 수행하는 그렘린 질의는 공유된 계산을 활용할 수 있다. 덕분에 그래프의 동일한 부분을 반복 탐색할 필요가 없어져 전체 계산 성능이 좋아진다. 예를 들어 영화 예제에서 같은 리뷰어가 평점을 매긴 많은 영화가 존재한다. 병렬 트랜잭션 질의에서는 이런 리뷰어 정점을 여러 번 반복 탐색해야 한다. 하지만 일괄 계산에서는 이런 작업을 한 번에 처리할 수 있다.

일괄 계산은 보통 더 많은 자원(특히 메모리)을 소비하므로 동시 수행하는 트랜잭션 작업 부하를 방해할 수 있다. 예를 들어 예제에서 동시에 일괄 작업 질의를 이용하면 데이터베이스에 부하가 걸려 추천 결과를 받는 데 지연을 일으킬 수 있다. 상황에 따라 긴 지연이 발생해 좋지 않은 사용자 경험을 제공할 수 있다. 따라서 보통 일괄 계산은 데이터베이스에 부하를 적게 주는 상황 또는 별도의 데이터 센터와 아파치 카산드라 클러스터에서 사용한다.

데이터스택스 그래프에서는 동일한 클러스터의 분석 데이터 센터에서 일괄 계산을 수행할 수 있다. 미리 계산된 결과는 그래프로 기록되며 운영 중인 데이터센터에 자동으로 복제된다. 아파치 카산드라와 데이터스택스 그래프는 이런 방식으로 작업 부하를 분산한다.

트랜잭션 질의가 더 나은 경우

일괄 계산에서는 항상 모든 지름길 간선을 다시 계산하며 이때 계산 성능이 향상된다. 하지만 때로는 일부 지름길 간선을 다른 지름길 간선보다 더 자주 갱신해야 하는데 이때는 트랜잭션 질의의 유연성을 활용하는 것이 더 적합하다.

트랜잭션 질의를 이용하면 선택적으로 필요한 간선을 미리 계산할 수 있다. 예를 들어 최신 영화는 새로운 평점이 더 빨리 채워지므로 최신 영화의 지름길 간선 데이터는 금세 옛 정보로 전락한다. 이런 상황에서는 정보가 자주 바뀌지 않는 오래된 영화의 간선보다 최신 영화의 간선을 더 자주 갱신해야 한다. 두 번째 시나리오로 미리 계산하는 작업이 실패해 다시 계산을 수행하는 상황을 생각해보자. 전체 그래프를 재계산하는 일괄 계산에 비해 작은 트랜잭션 질의를 이용하면 더 쉽게 문제를 추적하고 재시작할 수 있다.

시작 지점이 몇 개 안 되는 상황에서는 트랜잭션 데이터 병렬화가 더 적합하다. 예제에서는 수천 개의 영화에서 탐색을 시작할 수 있는데 이는 비교적 작은 숫자다. 하지만 시작 지점이 수백만 개라면 트랜잭션 기법을 수행하는 시간이 길어지고 오류도 자주 발생하므로 일괄 작업이 더 적합하다.

여러분 각자의 상황, 환경, 인프라에 따라 장단점이 달라질 수 있지만 이 두 가지는 어떤 기법을 사용할지 고민할 때 꼭 고려해야 할 주요 쟁점이다.

이 책에서는 트랜잭션 데이터 병렬화를 선택해 지름길 간선 계산을 추론하는 방식을 설명한다. 모든 상황에서 트랜잭션 데이터 병렬화가 적합한 것은 아니다. 여러분의 환경, 애플리케이션의 기대치를 고려해 적합한 지름길 간선 미리 계산 방식을 결정하는 것이 좋다.

지름길 간선을 계산하는 방법을 확인했으니 이번에는 제품에서 사용한 추천 데이터 모델을 확인하고 데이터를 로딩한 다음 마지막으로 질의를 살펴보자.

12.4 영화 추천 제품 스키마와 데이터 로딩

앞서 추천 기능을 어떻게 제공할지 보여주는 개념적 설계를 소개했다. [그림 12-3]은 사용자의 가장 최근 평점을 질의하는 방법과 사용자에게 최상의 추천으로 새로운 콘텐츠를 제공하는 방법을 보여준다. 이 그림을 자세히 살펴보면서 현재 환경에서 추천 기능을 제공하는 방법을 파악할 수 있었다.

그렇다면 이제 마지막 예제에 사용할 스키마와 최종 데이터 로딩 과정을 살펴보자.

12.4.1 영화 추천 제품 스키마

[그림 12-3]의 개념적 시각화에서 가장 중요한 핵심은 간선 아래 부분이다. 우리는 사용자의 가장 최근 평점을 이용해 가장 높은 점수를 갖는 세 개의 추천 항목을 제공하고 싶다. 이 제약 조건을 이용해 성능을 최대로 끌어올릴 수 있도록 간선을 클러스터링한다.

[그림 12-6]은 추천 기능에 사용할 최종 스키마 모델이다. 지름길 간선에 사용했던 두 개의 정점 레이블(사용자, 영화)을 그대로 사용한다.

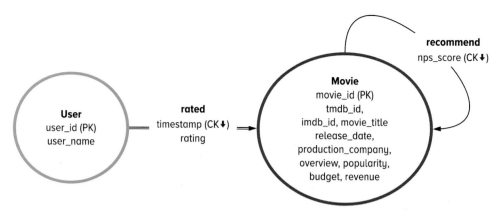

그림 12-6 추천 시스템의 제품 버전에 사용할 스키마 개념 모델

이번 장의 두 모델은 간선 레이블이 서로 다르다. 가장 최근 평점에 쉽게 접근할 수 있도록 사용자의 평점을 시간 기준으로 클러스터링한다. 12.3절에서 미리 계산한 지름길 간선을 이용해 주어진 영화를 추천 영화와 직접 연결한다. 지름길 간선은 평점으로 정렬해 recommend 간선에 저장된다. [예제 12-3]은 정점 레이블, [예제 12-4]는 간선 레이블이다.

예제 12-3

```
schema.vertexLabel("Movie").
       ifNotExists().
       partitionBy("movie_id", Bigint).
       property("tmdb_id", Text).
       property("imdb_id", Text).
       property("movie_title", Text).
       property("release_date", Text).
       property("production_company", Text).
       property("overview", Text).
       property("popularity", Double).
       property("budget", Bigint).
       property("revenue", Bigint).
       create();
schema.vertexLabel("User").
       ifNotExists().
       partitionBy("user_id", Int).
       property("user_name", Text). // 추가됨, 무작위 데이터
       create();
```

```
schema.edgeLabel("rated").
        ifNotExists().
        from("User").
        to("Movie").
        clusterBy("timestamp", Text, Desc).  // 노트: 클러스터링 키 바뀜
        property("rating", Text).
        create()
schema.edgeLabel("recommend").
        ifNotExists().
        from("Movie").
        to("Movie").
        clusterBy("nps_score", Double, Desc).
        create()
```

이제 마지막 설정 과정으로 데이터를 로딩한다.

12.4.2 영화 추천 제품 데이터 로딩

10장과 동일한 방법으로 사용자 정점과 영화 정점을 로딩한다. 10장과 동일한 파일을 사용해 같은 방식으로 로딩하므로 이 과정은 생략한다.

새로 추가된 데이터 로딩은 recommend 간선 레이블의 지름길 간선을 로딩하는 부분이다. 최종 제품 추천 질의 그래프에 쉽게 로딩할 수 있도록 미리 계산된 모든 간선을 포함하는 CSV 파일을 만들었다.

이번 장에서 미리 계산한 모든 지름길 간선을 로딩할 수 있는 파일을 만들었다. [표 12-1]은 이 파일 구조다

표 12-1 책에서 제공하는 CSV 파일에 포함된 여섯 개의 지름길 간선

out_movie_id	in_movie_id	nps_score
588	364	4911.0
588	318	4697.0
588	595	4624.0
588	356	4310.0

| 588 | 1 | 4186.0 |
| 588 | 593 | 3734.0 |

이미 여러 번 살펴봤듯이 간선 파일 구조의 가장 중요한 부분은 데이터, 헤더, 그래프 스키마를 통일하는 것이다. [표 12-1]의 헤더 행은 첫 movie_id가 out_movie_id와 대응함을 보여준다. out_movie_id는 추천을 계산한 영화를 가리킨다. 각 행의 두 번째 movie_id는 in_movie_id와 대응한다. 이 두 번째 식별자는 간선을 추천 영화로 연결한다. 각 행의 마지막 데이터 nps_score는 NPS 기반 협업 필터링 기법으로 미리 계산한 추천 영화 점수를 가리킨다.

recommend 간선 레이블의 테이블 정의 스키마를 검사해 헤더, 데이터, 스키마가 일치하는지 확인할 수 있다.

마지막으로 지름길 간선을 그래프에 로딩한다. [예제 12-5]는 벌크 로딩 도구로 데이터를 로딩하는 명령이다.

예제 12-5

```
dsbulk load -g movies_prod
            -e recommend
            -from Movie
            -to Movie
            -url "short_cut_edges.csv"
            -header true
```

최종 버전의 추천 질의를 살펴보면서 지름길 간선을 활용해 추천을 제공하는 방법을 확인해보자.

12.5 지름길 간선을 이용한 추천 질의

최종 사용자에게 추천 기능을 가능한 한 빨리 제공할 수 있도록 스키마를 설계하고 지름길 간선을 미리 계산했다. 지금까지 수행한 작업 덕분에 여러분의 애플리케이션은 가장 빠른 최상의 사용자 경험을 제공할 수 있다.

이번 마지막 절에서는 세 가지를 수행한다. 첫째, 로딩한 지름길 간선이 오프라인 과정에서 계산한 결과와 일치하는지 검사한다. 둘째, 세 가지 다른 추천 질의 형식에서 지름길 간선을 사용하는 방법을 보여준다. 셋째, 세 가지 제품 질의 중 두 가지를 수행하면서 접근한 간선 파티션 수를 매핑해 질의 성능을 추론하는 방법을 보여준다.

우선 12.3절에서 보여준 계산과 로딩한 지름길 간선이 일치하는지 확인하자.

12.5.1 간선을 올바르게 로딩했는지 확인하기

12.3절에서 영화 〈알라딘〉을 기준으로 계산한 지름길 간선 스냅숏snapshot을 이용한다. 〈알라딘〉의 movie_id는 588이라는 사실을 알고 있으므로 [예제 12-6]에서는 〈알라딘〉을 기준으로 최상위 다섯 개의 추천을 질의해보고 예상 결과와 일치하는지 확인한다.

예제 12-6

```
1 g.V().has("Movie", "movie_id", 588).as("original_movie").
2     outE("recommend").
3     limit(5).
4     project("Original","Recommendation", "Score").
5       by(select("original_movie").values("movie_title")).
6       by(inV().values("movie_title")).
7       by(values("nps_score"))
```

[예제 12-6]에서는 지금까지 책에서 사용한 여러 그렘린 패턴을 적용한다. 1행에서는 파티션 키로 〈알라딘〉의 영화 정점을 찾는다. 그리고 2행에서는 recommend 간선으로 탐색해나간다.

3행에서는 아주 중요한 두 개의 개념 아파치 카산드라의 클러스터링 키, 그렘린의 제한을 사용한다. recommend 간선은 평점을 기준으로 클러스터링되었다. 따라서 간선 테이블에 limit(5)를 사용하면 테이블의 파티션에서 첫 다섯 행 즉, 평점이 높은 다섯 개의 추천을 찾는다. 이는 아파치 카산드라의 분산 인접 목록에서 그렘린이 빠르게 작동하는 이유를 보여준다.

4행부터 7행에서는 결과를 보기 좋게 포맷한다. 〈알라딘〉으로 찾은 목록 구조를 추천 영화 제목과 점수로 보기 쉽게 만든다. [그림 12-7]은 데이터스택스 스튜디오 노트북[2]으로 확인할 수

---

2 https://oreil.ly/G1Lrz

있는 결과다.

index ↑	Original	Recommendation	Score
0	Aladdin (1992)	Lion King The (1994)	4911.0
1	Aladdin (1992)	Shawshank Redemption The (1994)	4697.0
2	Aladdin (1992)	Beauty and the Beast (1991)	4624.0
3	Aladdin (1992)	Forrest Gump (1994)	4310.0
4	Aladdin (1992)	Toy Story (1995)	4186.0

그림 12-7 [예제 12-6]의 첫 번째 질의로 지름길 간선을 제대로 로딩했는지 확인기

[그림 12-7]은 12.3절에서 〈알라딘〉으로 찾은 상위 다섯 개의 추천 결과와 일치한다.

이들 간선을 이용해 특정 사용자에게 추천을 제공하는 방법을 살펴보자.

12.5.2 사용자를 위한 추천 제품화

이번 절에서는 다음 세 가지 질의를 살펴본다.

1 사용자가 가장 최근 평가한 하나의 영화로 상위 세 개의 영화 추천
2 사용자가 가장 최근 평가한 세 영화로 상위 세 개의 영화 추천
3 1번, 2번 질의를 합쳐 가장 최근 평가한 세 영화 각각에 대한 상위 세 개의 영화 추천

첫 두 개의 질의는 서로 다른 방법으로 세 개의 영화를 최종 사용자에게 추천한다. 마지막 질의
에서는 그렘린의 장벽 단계를 이용해 아홉 개의 영화를 추천하는 방법을 확인할 수 있다.

질의 1: 사용자가 가장 최근 평가한 하나의 영화로 상위 세 개의 영화 추천

사용자의 최근 평점 기반으로 새로운 콘텐츠를 즉시 제공한다는 목표를 염두에 두고 스키마,
과정, 지름길 간선을 설계했다. 목표를 수행하기 위해서는 사용자가 평점을 매긴 최근 영화, 미
리 계산된 상위 세 개의 추천 영화에 접근할 수 있어야 한다. [예제 12-7]은 그렘린으로 이를
구현한 코드다.

```
1 g.V().has("User","user_id", 694).        // 사용자
2     outE("rated").limit(1).inV().        // 첫 "rated" 간선이 가장 최근
3     outE("recommend").limit(3).          // 첫 3개는 상위 3개의 추천
4     project("Recommendation", "Score").  // 두 키로 맵 만들기
5       by(inV().values("movie_title")).   // 영화로 이동, 제목 얻기
6       by(values("nps_score"))            // 간선에 머무르면서 점수 얻기
```

[예제 12-7]의 모든 그렘린 단계는 기존에 사용한 기능이다. 이번 예제의 핵심은 간선에 limit(x)를 사용한 2행, 3행이다.

2행에서 rated 간선을 시간으로 클러스터링했다는 사실을 기억하자. 따라서 outE("rated"). limit(1)은 파티션의 첫 번째 간선, 즉 가장 최근 평점을 가리킨다.

3행에서는 recommend 간선을 평점순으로 디스크상에 정렬했으므로 outE("recommend"). limit(3)처럼 비슷한 패턴을 사용한다. 4행부터 6행까지는 project() 단계를 이용해 사용자 친화적으로 포맷된 데이터를 만든다. [그림 12-8]은 이 질의의 결과다.

index ↑	Recommendation	Score
0	Rear Window (1954)	85.0
1	Casablanca (1942)	78.0
2	Dr. Strangelove or: How I Learned to Stop Worrying and Love the Bomb (1964)	77.0

그림 12-8 [예제 12-7]의 최근 평점 기준으로 만든 세 가지 추천 콘텐츠

[그림 12-8]은 사용자의 최근 영화 평점을 기준으로 사용자에게 새로운 세 영화 〈이창Rear Window〉, 〈카사블랑카Casablanca〉, 〈닥터 스트레인지러브Dr. Strangelove〉를 추천한다. 사용자 694의 흥미로운 취향을 확인할 수 있다.

하지만 이러한 영화의 점수가 비교적 낮은 편이므로 더 많은 평점을 고려해 추천 영화 집합을 조금 더 넓혀볼 수 있다. 평점의 다양성을 고려하는 질의 2를 구현해보자.

질의 2: 사용자가 가장 최근 평가한 세 영화로 상위 세 개의 영화 추천

이번에도 사용자에게 세 개의 추천 영화를 제공한다는 목표는 같지만 다른 방식으로 이 문제를 해결해본다. 이번에는 사용자가 최근 평가한 세 개의 영화를 찾아 각각의 영화에 대해 추천 영화를 제공한다. [예제 12-8]은 그렘린으로 이를 구현한 코드다.

예제 12-8

```
 1 g.V().has("User","user_id", 694).        // 사용자
 2     outE("rated").limit(3).inV().         // 가장 최근 평점을 준 세 개의 영화
 3     project("rated_movie", "recommended_movie", "nps_score"). // 키 세 개로 매핑
 4       by("movie_title").                  // "rated_movie" 키의 값
 5       by(outE("recommend").              // "recommended_movie" 키의 값
 6         limit(1).                         // 가장 높은 점수를 가진 영화를 추천
 7         inV().values("movie_title")).     // 영화로 이동해 제목 얻기
 8       by(outE("recommend").              // "nps_score" 키의 값
 9         limit(1).                         // 가장 높은 점수를 가진 영화를 추천
10         values("nps_score"))             // 간선에 머무르면서 점수 얻기
```

[예제 12-8]은 추천 집합에 다양성을 추가하는 방법이다. 2행에서는 rated 간선이 시간별로 클러스터링되어 있다는 사실을 활용하지만 이번에는 limit(3)으로 세 개의 최신 평점을 수집한다. 그리고 5행과 6행에서 수집한 각 세 개의 평점으로 최상위 추천 영화를 찾는다. 각 탐색자는 최상위 추천 영화를 방문해 영화 제목을 찾는다. [예제 12-8]의 나머지 행에서는 결과 데이터를 쉽게 확인할 수 있도록 결과를 다듬는다. [그림 12-9]는 질의의 실행 결과다.

index ↑	rated_movie	recommended_movie	nps_score
0	Safety Last! (1923)	Rear Window (1954)	85.0
1	Bill & Ted's Excellent Adventure (1989)	Back to the Future (1985)	691.0
2	Overboard (1987)	Shawshank Redemption The (1994)	52.0

그림 12-9 사용자의 최근 평점으로 세 가지 추천 콘텐츠를 제공하는 다른 방법

[그림 12-9]의 결과 중 한 개⟨이창^Rear Window⟩은 질의 1의 결과와 같다. 이 영화는 ⟨안전불감증^Safety Last⟩이라는 영화와 관련된 최고의 추천 영화다. [그림 12-9]에서 사용자 694가 최근 평

가한 다른 두 영화와 관련된 추천 영화도 확인할 수 있다.

사용자의 최근 평점 집합의 범위를 넓힌 결과, 상당히 인기 있는 영화 〈백 투 더 퓨처Back to the Future〉도 찾을 수 있었다. 이 영화는 NPS 기반 메트릭에서 가장 높은 점수를 갖고 있으며 추천 집합에서 가장 인기 있는 영화이기도 하다.

질의 3: 최근 평가한 세 영화 각각에 대한 상위 세 개의 영화 추천

마지막으로 사용자가 평점을 매긴 세 영화마다 각각 세 개의 추천 영화를 찾는다. 각 평점을 이용해 탐색자가 추천 영화를 세 개씩 찾도록 지시한다. 탐색자에 local()을 적용해 이를 그렘린으로 구현한다. 나중에는 모든 추천 영화를 모아 한 개의 목록으로 만든다. [예제 12-9]는 이 데이터셋을 이용하는 마지막 예제 코드다.

예제 12-9

```
1 g.V().has    ("User","user_id", 694).        // 사용자
2     outE("rated").limit(3).inV().             // 가장 최근 평점을 매긴 세 영화
3     local(outE("recommend").limit(3)).        // 각 영화당 세 개의 최고 추천 영화
4     group().                                   // 맵 만들기
5       by(inV().values("movie_title")).         // 맵의 키, 중복 합치기
6       by(values("nps_score").sum()).           // 값, 중복된 값 더하기
7     order(local).                              // 맵 정렬
8       by(values, desc)                         // 값 기준 내림차순으로
```

[예제 12-9]는 [예제 12-8]과 같은 지점에서 출발하지만 3행에서 local 영역이 등장한다. local을 이용해 각 탐색자가 세 개의 추천을 수집해 4행에서 만든 맵을 채운다. 5행에서 영화 제목을 맵의 키로 사용한다. 6행에서는 모든 평점을 하나의 값으로 더한다. [그림 12-10]은 질의 실행 결과다.

index ↑	keys	values
0	Back to the Future (1985)	737.0
1	Raiders of the Lost Ark (Indiana Jones and the Raiders of the Lost Ark) (1981)	665.0
2	Matrix The (1999)	660.0
3	Rear Window (1954)	85.0
4	Casablanca (1942)	78.0
5	Dr. Strangelove or: How I Learned to Stop Worrying and Love the Bomb (1964)	77.0
6	Shawshank Redemption The (1994)	52.0
7	Forrest Gump (1994)	42.0

그림 12-10 사용자의 최근 세 개의 평가별로 추천 영화를 세 개씩 꼽은 결과

[그림 12-10]은 각 영화의 최종 점수에 따라 추천 영화를 선택한 모습이다. 이상하게도 총 추천 영화의 개수가 아홉 개가 아니다. 이는 영화 〈오버보드Overboard〉와 〈엑설런트 어드벤처Bill and Ted's Excellent Adventure〉의 추천 영화가 〈레이더스Raiders of the Lost Ark〉로 같기 때문이다. 각각의 추천 점수를 합쳐서 〈레이더스〉의 최종 평점을 계산했다.

데이터스택스 스튜디오 노트북[3]으로 이들 질의를 직접 실행해보자. 특히 fold()를 사용했을 때와 사용하지 않을 때 어떤 일이 일어나는지 살펴보자. 장벽 단계를 제거하면 결과 구조가 어떻게 바뀔까? 여전히 원하는 결과를 얻을 수 있을까?

지금까지 무시했지만 고려해야 할 사항

여러분의 애플리케이션에 고려해야 할 세 가지 주제가 남았다.

첫째, 사용자의 기호에 따라 추천을 제한하는 필터를 추가해야 한다. 이런 필터로 이미 시청했거나 평점이 안 좋은 영화를 제거할 수 있다.

둘째, 결과 집합의 크기를 고려해야 한다. 예제에서는 세 개의 추천을 고려했지만 실제로 영화당 1,000개의 추천을 미리 계산했다. 이번 예제에서는 개념 설명에 집중하기 위해 추천 개수를 줄였다. 여러분은 1,000개의 간선 샘플링을 탐색하면서 이를 다른 방법으로 활용할 수 있는지

---

3 https://oreil.ly/G1Lrz

비교해볼 수 있다.

상위 세 개의 추천을 확장하는 좋은 방법은 추천 질의에 제공하는 마지막 팁이기도 하다. 사용자가 일정한 수의 추천 결과를 확인한 다음, 화면을 스크롤하면 더 많은 추천 결과가 나타나는 기능을 제공할 수 있다. 최종 사용자에게 더 많은 결과를 스트림으로 제공하도록 설정할 수 있는데, 바로 이 때문에 지름길 간선 집합을 더 깊이 살펴봐야 한다.

이 책의 모든 연습 문제를 통해 `limit`, `filter`를 적용해 사용자에게 적절한 형식의 추천을 제공하는 방법을 이미 배웠으리라 생각한다.

12.5.3 간선 파티션 개수와 제품 응답 시간과의 관계

그렘린의 `limit(x)`와 그래프 스키마의 분산 아키텍처의 조화는 이 책에서 제공하는 가장 중요한 개념 중 하나다. 마지막 절에서는 이 중요한 개념을 다시 한번 강조하려 한다.

이전 절에서 소개한 각 질의는 최종 사용자에게 다른 추천 집합을 제공한다. 질의 2, 질의 3은 질의 1에 비해 더 다양한 결과를 제공한다. 따라서 사용자에게 폭넓은 선택을 제공하는 질의 2나 질의 3을 여러분의 애플리케이션에 적용하는 게 더 낫다고 결론 내릴 수 있다. 하지만 질의 1, 질의 2, 질의 3 중 어떤 것을 사용할지 선택하기 전에 성능상 장단점부터 파악해야 한다.

추천 결과를 제공하는 동안 얼마나 많은 간선 파티션을 접근하는지에 따라 각 질의의 성능이 결정된다. 그리고 세 질의 중 하나는 다른 두 질의에 비해 뛰어난 월등이 뛰어난 성능을 발휘한다.

각 탐색자에 필요한 파티션 수를 확인해 5장에서 소개한 개념을 현재 탐색에 적용해보자. 첫 번째 질의에서 방문한 간선 파티션 수부터 확인한다.

질의 1에서 방문한 파티션: 사용자가 가장 최근 평가한 하나의 영화로 상위 세 개의 영화 추천

[그림 12-11]은 세 개의 추천을 확인하는 과정에서 두 개의 간선 파티션에 접근했음을 보여준다.

그림 12-11 [예제 12-7]에서 접근한 파티션 수: 두 개의 간선 파티션을 사용함

사용자 694에서 〈안전불감증Safety Last!〉 영화 정점으로 이동할 때 첫 번째 간선 파티션을 이용한다. 한 영화 정점에서 높은 평점을 받은 세 개의 영화로 이동할 때 두 번째 간선 파티션을 이용한다. [그림 12-11]의 그래프 데이터에 나란히 그려진 표는 탐색자가 정확히 언제 다른 간선 파티션에 접근하는지 보여준다.

질의 2에서 방문한 파티션: 사용자가 가장 최근 평가한 세 영화로 상위 세 개의 영화 추천

[그림 12-12]는 질의 2에서 방문한 간선 파티션 수를 보여준다. 이 결과를 질의 1의 파티션 수와 비교해보자.

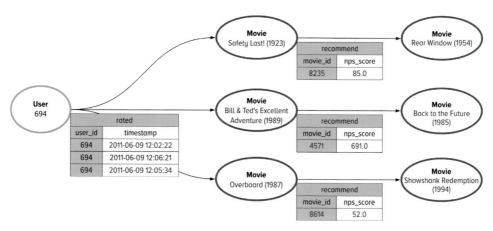

그림 12-12 [예제 12-8]에서 접근한 파티션 수: 네 개의 간선 파티션을 사용함

[그림 12-12]는 세 개의 추천 영화를 수집하는 동안 네 개의 간선 파티션에 접근했음을 보여준다. 이전과 마찬가지로 사용자의 평점 간선에 첫 번째 파티션을 사용했다. 하지만 이번에는 세 개의 영화 정점을 선택한다. 각 영화에서 가장 추천하는 영화에 접근하려면 세 개의 파티션에 접근해야 한다. 따라서 질의 2에서는 세 개의 추천 영화를 찾는 동안 네 개의 파티션을 이용한다.

질의 3에서 방문한 파티션: 가장 최근 평가한 세 영화 각각에 대한 상위 세 개의 영화 추천

[그림 12-12]와 마찬가지로 [그림 12-13] 역시 질의 3에서 네 개의 파티션에 접근했음을 보여준다.

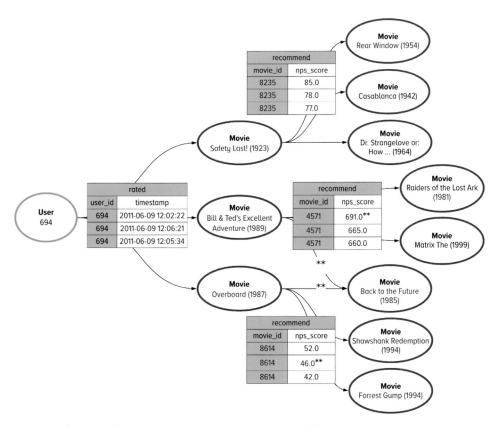

그림 12-13 [예제 12-9]에서 접근한 파티션 수: 네 개의 간선 파티션을 사용함

이전과 마찬가지로 사용자의 평점 간선에 첫 번째 파티션을 사용했다. 이번에도 세 개의 영화 정점을 선택한다. 각 영화에서 세 개씩 영화를 추천하려면 세 가지 파티션에 접근해야 한다. 결과적으로 질의 3에서는 네 개의 파티션을 이용해 영화를 추천한다.

[그림 12-13]에서 두 번째 영화와 세 번째 영화 모두 〈백 투 더 퓨처Back to the Future〉를 추천한다는 사실을 알 수 있다. [그림 12-10]의 결과를 다시 살펴보자. 두 〈백 투 더 퓨처〉의 nps_score를 합하면 691.0 + 52.0 = 737.0라는 사실을 알 수 있다.

12.5.4 분산 그래프 질의 성능에 대한 마지막 고찰

분산 환경에서 질의 성능은 크게 두 가지 개념의 조합으로 이해할 수 있다. 탐색하는 동안 분산 환경에서 방문해야 할 파티션 개수는 질의 속도에 직접적인 영향을 미친다.

꾸준히 연습하면 질의에서 방문하는 파티션 개수를 쉽게 확인할 수 있게 된다. [그림 12-13] 처럼 질의를 생각하고 시각화하는 연습을 하다 보면 점점 더 빠르게 파악할 수 있는 능력이 생긴다.

데이터의 연결성 또한 질의 성능에 영향을 미치는 주요 요소다. 이번 장에서는 지름길 간선을 이용해 데이터의 분기 요소와 슈퍼노드 문제를 해결했다.

여기까지 질의 성능을 추론하는 데 필요한 많은 정보를 설명했다. 분산 파티션 관리, 데이터의 분기 계획 간의 복잡한 균형을 어떻게 유지하느냐에 따라 그래프 질의 성능이 달라진다. 결국 이 모든 기본 개념을 연습해야 분산 그래프 질의 성능을 추론할 수 있게 된다. 이번 장의 내용이 여러분에게 도움이 되었길 바란다.

CHAPTER 13

마치며

지금까지 그래프 씽킹의 여정을 함께하고 복잡한 문제 해결에 적용한 여러분에게 감사의 마음을 전한다. 여러분은 복잡한 문제를 해결하는 새로운 방식과 이 사고를 정형화하는 새로운 이론 체계, 실용적인 해결책을 개발하는 데 필요한 새로운 기술과 기법을 배웠다.

레오나르도 다 빈치는 "예제 코드로는 간단히 표현할 수 있는 내용을 말로 설명하려면 개발자는 수면, 배고픔과 싸워야 할 것"이라고 말했다.

모든 공예 작업처럼 꾸준히 연습하면 그래프 씽킹을 숙달할 수 있다. 여러분이 새로운 기술을 익힐 수 있도록 노트북과 예제 문제를 준비했다. 노트북을 자유롭게 활용해 여러분이 겪는 문제에 활용해보자.

이번에 배운 프레임워크를 여러분이 일상에서 겪는 문제에 적용해보길 권장한다. 이 책의 첫 장에서 그래프 씽킹으로 해결하기 적합한 문제인지 추론하는 방법을 설명했다. 이때 살펴본 기준은 그리 복잡하지 않으며 어떤 문제가 그래프 씽킹으로 접근하기 적합한 특징을 갖고 있는지 대략적으로 확인할 수 있었다.

처음에는 데이터 문제를 테이블형 데이터의 관계를 이용해 해결하는 것이 더 편하고 자연스럽게 느껴질 수 있다. 조금 불편하더라도 그래프 씽킹을 적용해 다른 관점으로 바라보는 것을 시도해보자. 특히 데이터의 관계와 연결 구조가 문제 해결의 중요한 열쇠인 상황이라면 더욱 도전해볼 만하다.

관계형으로 데이터를 표현하는 데 문제가 있다거나 그래프 씽킹이 더 좋다는 것은 아니다. 두 기법은 서로 다를 뿐이며 문제의 종류에 따라 각각의 장단점이 존재한다. 보통 복잡한 문제를 해결하려면 이를 작은 하위 문제로 나눈 다음 두 기법을 모두 사용하는 상황이 많으므로 이 두 기법을 모두 이해하는 것이 좋다.

그래프 씽킹을 처음 문제에 적용하기 시작한다면 이 책에서 그러했듯 개발을 먼저 완료한 다음 제품화를 진행하기를 권장한다. 즉 그래프로 여러분의 데이터를 탐색하고 적합한 그래프 기법을 적용, 정제한 다음, 제품에 적합한 기술로 이를 튜닝한다. 4장부터 12장까지는 가장 흔히 볼 수 있는 연결된 데이터 문제(이웃 탐색, 트리의 분기, 경로 찾기, 협업 필터링, 개체 해석)에 이러한 방식으로 그래프 씽킹을 적용했다.

마치 이런 기법을 특정 애플리케이션에 적합한 솔루션을 만드는 데 사용할 수 있는 레고 블록처럼 생각하면 쉽다.

13.1 이제 어디로 가야 할까

지금까지 그래프 씽킹에 필요한 모든 것을 배운 것일까?

정반대다. 여러분은 단지 여정을 시작했을 뿐이다.

그래프 씽킹은 컴퓨터 과학, 물리학, 수학, 생물학 등 다양한 분야와 관련되는 풍부한 주제다. 어떤 문제를 정점과 이를 연결하는 간선으로 파악할 수 있는 안목을 기르고 난 후에는, 일상에서 겪는 다양한 문제를 이러한 관점으로 새롭게 정의할 수 있다는 사실에 놀라게 될 것이다.

그래프 알고리즘, 분산 그래프, 그래프 이론, 네트워크 이론의 네 가지 방법을 사용해 그래프 씽킹을 꾸준히 살펴볼 것을 권장한다. 네 가지 방법은 여러분이 앞으로 배울 수 있는 대략적인 개요일 뿐 완벽한 목록은 아니라는 사실을 잊지 말자.

이 네 가지 방법을 간단히 살펴보면서 앞으로 여러분이 무엇을 살펴볼 수 있는지 확인해보자.

13.1.1 그래프 알고리즘

그래프 알고리즘이라는 그래프 문제도 있다. 이 책에서 배운 특정한 제품 탐색 기법과 달리 그래프 알고리즘에서는 연결된 데이터의 특정 분석을 계산하는 방식으로 전체 그래프 구조를 분석한다.

10장에서 소개한 협업 필터링은 그래프 알고리즘의 한 예다. 다른 인기 있는 그래프 알고리즘에는 모든 쌍 최단 경로, 페이지랭크, 그래프 색칠graph coloring, 연결된 컴포넌트 식별, 매개 중심성betweenness centrality, 그래프 파티셔닝, 모듈화 등이 있다.

그래프 알고리즘에서는 두 가지 개념을 알아야 한다.

첫째, 그래프 알고리즘에서는 보통 그래프 대부분(또는 전체)에 걸친 전역 계산을 수행한다. 그렘린 질의 언어로 그래프 구조 데이터의 전역 계산을 수행할 때 일괄 계산 방식을 대안으로 소개했다.

둘째, 일부 그래프 알고리즘은 여러 지역화된 계산으로 나눌 수 있지만 또 일부는 그렇지 않을 수 있다. 그래프 알고리즘의 협업 필터링은 전역 분산 계산 또는 여러 지역화된 계산으로 해결할 수 있다.

페이지랭크, 연결된 컴포넌트처럼 인기 있는 대부분의 전역 그래프 알고리즘은 작은 계산으로 분해할 수 없으므로 대규모 그래프에 이를 적용하려면 분산된 일괄 계산을 이용해야 한다. 이런 종류의 그래프 알고리즘에서는 클러스터의 여러 기기로 계산을 분산하는 일괄 계산(또는 대량 동기bulk synchronous) 모드로 그래프 계산을 수행해야 한다.

전역 그래프 알고리즘을 더 자세히 알고 싶다면 다음 두 책을 추천한다. 그래프 알고리즘을 언제, 어떻게 작은 지역 문제로 나눌 수 있는지 자세히 알고 싶다면 『Distributed Graph Algorithms for Computer Networks(Springer, 2013)』를 살펴보자. 직접 예제 코드를 살펴보는 것을 좋아하는 독자라면 『그래프 알고리즘』(에이콘출판사, 2021)을 참고하자.

13.1.2 분산 그래프

이 책은 분산 그래프를 주로 살펴봤다. 하나의 기기에 적합하지 않을 정도로 큰 그래프는 분산해야 한다. 그래야 데이터의 작업 부하 요구 사항(예를 들어 어떤 결과를 낮은 지연으로 저장)

이나 지역 분산 요구 사항을 만족할 수 있다.

아파치 카산드라의 데이터스택스 그래프는 사용자 대신 데이터 복제, 내결함성과 같은 복잡한 문제를 해결하지만, 분산 시스템이 내부적으로 어떻게 작동하는지 이해해야 극한 조건에서 시스템이 어떻게 작동할지 파악할 수 있다.

이 책에서 데이터 일관성은 설명하지 않았다. 데이터스택스 그래프는 강력한 일관성 보장보다 시스템 가동 시간이 우선순위인 궁극적 일관성 모델을 사용한다. 다른 그래프 데이터베이스는 이와 다른 방식으로 동작하며 높은 데이터베이스 가용성을 제공함과 동시에 강력한 일관성을 보장한다.

여러분의 비즈니스 요구 사항에 따라 필요한 시스템 동작이 달라진다. 다만 시스템에서 어떤 수준의 일관성과 가용성을 보장하는지 이해하고 이들을 추론할 수 있어야 한다.

분산 데이터베이스는 매력적인 시스템이며 이들을 설명하려면 따로 책을 집필해야 한다. 여러분이 분산 데이터베이스에 대해 더 많이 찾아보기를 권장한다. 데이터스택스 그래프를 구동시키는 아파치 카산드라를 자세히 알아보고 싶다면 『카산드라 완벽 가이드』(한빛미디어, 2011)를 살펴보자. 분산 데이터베이스와 관련된 더 다양한 주제를 살펴보고 싶다면 『Principles of Distributed Database Systems』(Springer, 2019)를 참고하자.

13.1.3 그래프 이론

그래프 구조만 연구하는 '그래프 이론'이라는 수학 분야도 있다. 이 책에서 소개한 많은 용어는 이 그래프 이론에서 유래했다. 그래프 실무자의 입장에서 이들 용어에 익숙해지는 것이 중요하며 그 이후에 그래프 이론과 다른 기본 개념을 차차 알아가는 것이 가장 좋다.

그래프 씽킹에 사용되는 용어와 기본 개념을 더 자세히 이해하고 싶다면 그래프 이론을 학습해보기를 권장한다. 그래프 이론은 평면 그래프planar graph 같은 그래프 종류를 소개하며 이들 그래프의 특징을 설명한다. 유명한 그래프 색칠 문제도 배울 수 있다.

그래프 이론을 처음 접하는 독자라면 『Introduction to Graph Theory』(Dover Publications, 1994)를 살펴볼 것을 권한다.

인터넷에 그래프 이론 관련 콘텐츠를 검색해보면 **네트워크 이론**network theory이라는 용어가 바로 등장한다.

13.1.4 네트워크 이론

네트워크라는 용어는 그래프와 같은 의미로 사용되며 네트워크 이론이란 그래프 이론을 실생활에 적용한 것이다. 네트워크 이론은 우리 주변 실생활에서 일어나는 그래프 구조나 자연 그래프를 연구한다.

예를 들어 사회학자는 네트워크 이론을 적용해 소셜 네트워크와 자연적으로 연결된 구조를 탐구한다. 생물학자는 먹이사슬, 사람 간의 관계, 분자 경로, 단백질 간의 상호작용 네트워크 등의 생물학 세계에서 발생하는 그래프를 관찰한다.

네트워크 이론에서 발견한 한 가지 흥미로운 사실은 자연적으로 발생하는 많은 네트워크가 '스케일 프리scale-free'라는 점과 이들 네트워크의 분산 정점의 차수는 멱법칙power law 분포를 갖는다는 것이다. 간단히 설명하자면 많은 간선을 포함하는 일부 정점이 있고 나머지 대다수의 정점은 단지 몇 개의 간선을 포함한다는 말이다. 트위터는 스케일 프리 그래프의 좋은 예다. 트위터에 수백만 명의 팔로워를 갖는 사람은 몇 안 되며 나머지 대다수의 사람은 팔로워가 그다지 많지 않다.

자연 네트워크 중 상당수는 스케일 프리다. 그래프에 슈퍼노드가 존재하는 이유가 바로 이 때문이다.

선호적 연결preferential attachment은 스케일 프리 네트워크가 많은 이유를 설명하는 대중적인 이론 중 하나다. 시간이 흐르면서 네트워크에 새로운 정점이 추가됨에 따라 기존에 많은 간선을 갖고 있던 정점에 간선이 추가될 가능성이 더 높다고 추측한다. 즉 이는 고전적인 '부익부' 현상과 같다.

트위터에 이 원칙을 대입해보면 잘 들어맞는다. 새로운 사용자가 트위터에 가입한다면 아무 사람이나 팔로우하기보다 버락 오바마 같은 유명인을 팔로우할 가능성이 크다.

네트워크 이론은 자연 그래프와 이들을 형성하는 역학과 관련된 다양한 내용을 설명한다. 이는 문제를 그래프로 해결하는 시스템을 만들려는 그래프 실무자와도 관련된다. 여러분은 이미 슈퍼노드를 조심하는 것이 얼마나 중요하며 이를 해결하는 방법도 알고 있다. 네트워크 이론은 언제, 어떻게 슈퍼노드가 발생하는지 이해하는 데 도움을 준다. 마찬가지로 네트워크 이론에는 특정 도메인 그래프를 더 잘 이해하는 데 유용한 다양한 주제를 제공한다.

선호적 연결 이론의 과학적 아버지인 앨버트 라슬로 바라바시Albert-László Barabási의 『링크: 21세기를 지배하는 네트워크 과학』(동아시아, 2002)은 네트워크 개념을 소개하는 훌륭한 과학 입문서다. 빼곡한 글을 읽는 데 문제가 없거나 수학에 두려움이 없는 독자라면 마크 뉴먼Mark Newman이 발표한 조사 논문 「The Structure and Function of Complex Networks」를 추천한다.[1] 이 논문은 네트워크 과학의 많은 분야를 높은 수준에서 소개하므로 다양한 내용을 다루는 동시에 실용적인 수학적 깊이도 제공한다. 이 논문에는 참고할 만한 다양한 추가 자료가 포함되어 있다.

13.2 연락 주고받기

실용적인 그래프 씽킹을 배우는 과정이 즐거웠고, 더 배우고 싶거나 비슷한 생각을 가진 이들과 소통하고 싶다면 트위터에서 @Graph_Thinking 계정을 팔로우하거나 https://github.com/datastax/graph-book 깃허브를 방문하자.

---

1   SIAM Review 45, no. 2 (2003): 167–256. https://arxiv.org/abs/cond-mat/0303516

INDEX

ㄱ

가중치 경로 314, 341
가지치기 412
간선 56
간선 가중치 정규화 319, 326, 329
간선 레이블 61
간선 로딩 362
간선 리스트 165
강력한 식별자 383, 394, 397
개념적 그래프 모델 52, 70
개발 탐색 소스 156
개체 54
개체 해석 41, 381, 405
개체-관계 30
개체-관계 다이어그램(ERD) 53, 80
갱신 탐색(순회) 140
거리 58, 278
거짓 긍정 382, 400
경로 찾기 273, 283, 296
경로(패스) 202, 278
경험 법칙 117, 118, 120, 123, 176, 180, 245, 248,
  250
계층 데이터 29, 195
고유 키 파티셔닝 163
관계 51
관계형 51
관계형 시스템 31
구체화 뷰 157, 172, 416
그래프 33
그래프 데이터 모델링 팁 192
그래프 스키마 언어(GSL) 50, 60
그래프 씽킹 10, 27
그래프 알고리즘 439
그래프 이웃 58
그래프 탐색(순회) 101
그래프 파티셔닝(분할) 160

그렘린 91
글로벌 휴리스틱 316, 318
기본 키 81, 158
길이 278
깊이 201
깊이 우선 탐색(DFS) 279

ㄴ ~ ㄷ

내결함성 415
내차수 59
너비 우선 탐색(BFS) 279, 301, 330, 371
네트워크 이론 441
넷플릭스 프라이즈 343
노드 57
논리적 식별자 383
느긋한 계산법 294
다대다 67
다중성 67
단방향 63
단일 소스 최단 경로 279
데이터 모델링 53
데이터 지역성 160
데이터 직렬화 표준 32
데이터스택스 그래프 91
데이터스택스 벌크 로더 213
데이터스택스 스튜디오 93
데이터스택스 스튜디오 노트북 93, 230
데이터의 형태 40
도메인 64
도메인 지식 필터 413

ㄹ

라운드 로빈 226
루뱅 커뮤니티 감지 알고리즘 288
루트 201
루프 209
룩업 테이블 334

리프 59, 201

ㅁ ~ ㅂ

멀티홉 410
먹법칙 441
명명 규칙 124, 214
명명 규칙의 함정 124
모든 쌍 최단 경로 279
무방향 65
무비렌즈 355, 386
무한대 모델링 323
방문한 집합 280
벌크 로딩 185, 361, 363
범용 고유 식별자(UUID) 317
범위 65
병렬화 420
보행(워크) 202
복잡한 문제 36
복잡한 시스템 36
부모 정점 200
분기 계수 246
분산 그래프 439
분석 43
블록체인 284
블루–그린 배포 패턴 180
비즈니스 인텔리전스(BI) 44
비트코인 284

ㅅ

사용자 기반 협업 필터링 349
상향식 205, 238
선입 선출(FIFO) 281
선호적 연결 441
소셜 데이터 마이닝 348
속성 54
순수 추천 고객 지수(NPS) 351
순환(사이클) 200, 202, 209

슈퍼노드 60, 316
슈퍼노드 회피 316, 318
슈퍼사용자 410
슈퍼인기 410
스냅숏 426
스네이크 케이스 126
스케일 프리 441
스택 281
스튜디오 스키마 검사 도구 362
신뢰 거리 322, 329
신뢰 등급 303
신뢰 수량화 274
신뢰 커뮤니티 287

ㅇ

양방향 63, 172, 416
에폭 283, 389
역정규화 177, 182
연결된 컴포넌트 162
영역 138
영화 NPS 공식 353
옴니채널 78
외래 키 81
외차수 59
이웃 57
이중선 69, 357
이차 이웃 58, 290
익명 탐색 231
인접 57
인접 리스트 165
인접 행렬 165
일괄 계산 420
일차 이웃 58, 289

ㅈ

자기 참조 간선 레이블 66
자식 정점 200

자체 구성 네트워크 203

장벽 단계 228, 294

정규화된 NPS 354, 377

정점 56

정점 레이블 61

정점 로딩 360

제품 탐색 소스 156

조급한 계산법 294, 301

조인 테이블 82

조절자 217

지능형 인덱스 추천 시스템 179

지름길 간선 408, 410, 415, 425

질의 43

질의 주도 42, 116

집합 67

차수 59

참 부정 382

최단 가중치 경로 313, 315, 330

최단 경로 278, 296

최소 비용 경로 313

최소 비용 최적화 316, 318

추천 시스템 343, 348

충분히 좋은 383

카디널리티 67

캐글 355, 393

캐멀 케이스 126

캐즘 이론 34

컬렉션 67

코다실 접근법 29

콘텐츠 기반 348

큐 281

클러스터 33, 161

클러스터링 열 167

클러스터링 키(CK) 357

타워 장애 266

타임스탬프 127

탐색 소스 101

태그 게놈 391

통합 모델링 언어(UML) 53

통합 자원 식별자(URI) 107

트랜잭션 408, 421

트리 29, 200

틈새 기간 34

파티셔닝 기법 162

파티션 160

파티션 키 158, 161

페이로드 133

편집 거리 405

프레디케이트(찬반형) 137

프로퍼티 62, 123

플레이스홀더 150

하드 임곗값 412

하이브리드 모델 348

하향식 208, 242

항목 기반 344

항목 기반 협업 필터링 349

협업 필터링 344, 348, 417

확률적 규칙 383

후입 선출(LIFO) 281

A* 알고리즘 314, 316

adjacency 57

adjacency list 165

INDEX

adjacency matrix   165

analyze   43

and( )   339

anonymous traversal   231

as( )   224

attribute   54

B

barrier step   228, 294

bidirectional   63, 172, 416

Bigint   358

blue–green deployment pattern   180

BOM(자재 명세서)   196

branching factor   246

breadth–first search(BFS)   279, 301, 330, 371

bulk loading   185, 361, 363

business intelligence(BI)   44

by( )   134, 143, 146, 152, 217, 223, 226

by(sack( ).min( ))   334

C

camelCase   126

cap( )   228

cardinality   67

choose( )   366, 376

cluster   33, 161

clustering column   167

coalesce( )   149, 150, 217, 253, 367

CODASYL approach   29

collaborative filtering   344, 348, 417

collection   67

complex problem   36

conceptual graph model   52, 70

connected component   162

constant( )   150

content–based   348

Customer 360(C360)   77

cycle   200, 202, 209

D

data locality   160

DataStax Graph   91

DataStax Studio   93

DataStax Studio Notebook   93, 230

degree   59

denormalization   177, 182

depth   201

depth–first search(DFS)   279

dev.V( )   156

dev.V( ).has( )   134

directed   63

distance   58, 278

do/while   221

domain   64

dsbulk load   214

E

eager evaluation   294, 301

edge   56

edge label   61

edit distance   405

entity   54

entity resolution   41, 381, 405

entity–relationship   30

entity–relationship diagram(ERD)   53, 80

epoch   283, 389

ERD 구축   55

explain( )   301

F

false positive   382, 400

fault tolerant   415

filter( )   335

first neighborhood   58, 289

fold( ) 145

foreign key 81

G

g.V( ) 156

good enough 383

graph neighborhood 58

graph partitioning 160

Graph Schema Language(GSL) 50, 60

graph thinking 27

graph traversal 101

Gremlin 91

groupCount( ) 142

H ~ K

hard threshold 412

has( ) 216, 258

hierarchical data 195

hybrid model 348

in−degree 59

in( ) 134, 189

indexFor 179

inE( ) 189

intelligent index recommendation system 179

inverse( ) 250

ISO 8601 136, 286

item−based 344

join table 82

Kaggle 355, 393

L

label( ) 217

lazy evaluation 294

leaf 59, 201

limit( ) 134, 432

local 138, 430

lookup table 334

loop 209

loops( ) 256

Louvain Community Detection Algorithm 288

M

m:n 관계 67

many−to−many 67

materialized view 157, 172, 416

minimum cost path 313

modulator 217

MovieLens 355, 386

multihop 410

multiplicity 67

mutating traversal 140

N

naming convention 124, 214

neighborhood 57

net promoter score(NPS) 351

Netflix Prize 343

node 57

NoSQL 31

NP−완결(NP−complete) 165

O ~ P

omnichannel 78

order( ) 134, 332

order( ).by( ) 137

out−degree 59

out( ) 134

parallelism 420

partition 160

partitionBy( ) 159

path 202, 278

path( ) 223

payload 133

placeholder 150

power law   441

predicate   137

preferential attachment   441

primary key   81, 158

probabilistic rule   383

project()   143, 261, 336

project().where()   336

property   62, 123

 ~

query   43

query–driven   42, 116

queue   281

range   65

relational   51

relationship   51

repeat().times(x)   299

repeat().until()   300, 302, 306, 330, 371

root   201

round–robin   226

Rule of Thumb   117, 118, 120, 123, 176, 180, 245, 248, 250

sack()   262, 304

scale–free   441

scope   138

second neighborhood   58, 290

self–organizing network   203

self–reference   66

set   67

shape of data   40

shortcut edge   408, 410, 415, 425

shortest weighted path   313, 315, 330

sideEffect()   339

simplePath()   221, 308, 369

snake_case   126

snapshot   426

social data mining   348

sqlsh   362

stack   281

supernode   60, 316

supernode avoidance   316, 318

superpopular   410

superuser   410

 ~

tag genome   391

timestamp   127

transaction   408, 421

traversal source   101

tree   29, 200

true negative   382

try/catch   149, 152, 253

undirected   65

Unified Modeling Language(UML)   53

Uniform Resource Identifier(URI)   107

until().repeat()   221, 253

V(vertex) 문법   217

values()   134

vertex   56

vertex label   61

visited set   280

walk   202

WHERE–JOIN–SELECT   102

where()   260, 336

where().by()   258

where(neq())   147

while/do   221, 253

withSack()   263, 306